SUDHIR KAKAR

Die Seele der Anderen

Mit 32 Abbildungen

Die Originalausgabe erschien 2011 unter dem Titel «A Book of Memory. Confessions and Reflections» bei Viking, Penguin Books India.

Für die deutsche Ausgabe:

Satz: Fotosatz Amann, Aichstetten
Druck und Bindung: Druckerei C.H.Beck, Nördlingen
Gedruckt auf säurefreiem, alterungsbeständigem Papier
(hergestellt aus chlorfrei gebleichtem Zellstoff)
Printed in Germany
ISBN 978 3 406 64125 1

www.beck.de

SUDHIR KAKAR

Die Seele der Anderen

Mein Leben zwischen Indien und dem Westen

Aus dem Englischen von Klaus Modick

C.H.BECK

Den wahren Wert unserer Erfahrungen erkennen wir erst, wenn sie die Probe der Erinnerung bestehen.

Georges Duhamel

INHALT

BEVOR ICH BEGINNE

2. Februar 2009
Goa

Der Trick, sagte ich mir, die Einäscherung und den Rest des Tages ohne Zusammenbruch zu überstehen, bestünde darin, meine Aufmerksamkeit entschieden auf den Leichnam meines Vaters und das, was man mit ihm machen würde, zu konzentrieren, um sämtliche Fenster und Türen vor der Bilderflut aus der Vergangenheit zu schließen.

Im Wohnzimmer unseres Hauses in Jaipur, dem der Tod alle Vertrautheit geraubt hatte, beobachtete ich mit trockenen Augen, wie die beiden Männer die Bambusbahre vorbereiteten und mit Stroh bedeckten; meine Ohren waren betäubt vom murmelnden Singsang des Priesters, der krächzenden, frommen Musik von einem Schallplattenspieler in der Zimmerecke und dem Wehklagen von Frauen vor der Tür. Ich sah zu, wie der Barbier zum Auftakt der rituellen Körperwaschung, bei der ich mithelfen sollte, den Kopf meines Vaters kahl schor. Als mir der Priester einen feuchten Lappen gab, sagte ich mir, wenn auch nicht in diesen nunmehr wohl gewählten Worten: «Denk daran, dass es eine Leiche ist, totes Fleisch, nicht der Vater, den du verehrt und bewundert hast. Trenne den Beobachter von dem Schauspieler, der den Körper wäscht.» Und dennoch konnte ich nicht verhindern, dass ich beim ersten Kontakt mit seinem eiskalten Fleisch zurückzuckte. Meine wie mit eigenem Willen ausgestatteten Augen weigerten sich, den Blick von seinem Genital abzuwenden, von dem mächtigen patriarchalischen Phallus, der nun eingeschrumpft an einen mattblauen Oberschenkel sank.

Nach der Waschung wurde der Leichnam in ein derbes, weißes Tuch gewickelt; ich half dabei, es mit dicken Juteschnüren zusammenzubinden, damit es nicht verrutschen oder herunterfallen konnte, wenn die Bahre zum städtischen Leichenwagen getragen wurde, der draußen auf der Straße wartete. Die Sonne stand bereits hoch, als der Leichenwagen, gefolgt von den mit Trauernden voll besetzten Ambassador- und Fiatwagen, den Verbrennungsplatz am Fuß der Festung Moti Doongri erreichte, die die Herrscher Jaipurs zu Beginn des zwanzigsten Jahrhunderts für Lust und Liebe, nicht für den Krieg erbaut hatten.

Indem ich versuche, mir die Einäscherung zu vergegenwärtigen, läßt mich meine Erinnerung im Stich. Sie liefert mir eher Eindrücke der Palastfestung, hoch gelegen über dem Verbrennungsplatz auf dem felsigen Ausläufer der Aravallis, aus dessen feinen Spalten orangefarbene und rote Bougainvillea hervorschauen. Ich frage mich, ob das Vergnügen an romantischen Rendezvous in Moti Doongri durch die tägliche Demonstration körperlicher Endlichkeit unten auf dem Platz gesteigert wird. Ich bin mir auch bewusst, dass dieser Gedanke nichts als die List meines Kopfes ist, mich von der Qual visueller Eindrücke der Verbrennung abzulenken.

Am schwersten fiel es mir, mit einem brennenden Bündel trockenen Grases um den Scheiterhaufen herumzugehen, das Feuer in der Nähe des Kopfes zu entzünden und dann mit einer Kelle geklärte Butter auf den brennenden Scheiterhaufen zu schöpfen, um die Verbrennung zu beschleunigen. Nachdem inzwischen achtundzwanzig Jahre vergangen sind, fällt es mir immer noch schwer, mir das letzte Bild ins Gedächtnis zu rufen: das Aufbrechen seines Schädels mittels einer langen Stange durch einen der Arbeiter des Verbrennungsplatzes, damit die Seele entweichen konnte, als der Körper erst halb verbrannt war. Die Seele meines Vaters. Die Seele eines Mannes, der nicht an die Existenz einer Seele glaubte. Ein Agnostiker, der das Leben liebte und unduldsam war gegenüber den religiösen Ritualen, die das Ende des Lebens begleiten, der aber wusste, dass sie lediglich den Zweck hatten, die endgültige Unwiderruflichkeit des Todes in die verstockten Herzen der Hinterbliebenen zu hämmern.

Erst als ich mit meiner Schwester, meiner Großmutter, Kamla und Prem, den Schwestern meiner Mutter, den drei Schwestern meines Vaters und seinen beiden überlebenden Brüdern wieder zu Hause war und auf dem blank gewaschenen Fußboden unseres leer geräumten Wohnzimmers saß, ließ ich meinen Tränen freien Lauf. Sie liefen über mein Gesicht und versuchten vergebens, den Abgrund zu füllen, der sich in meiner Seele aufgetan hatte.

*

Niedergeschlagen erwachte ich heute Morgen im Dorf Benaulim in Goa, wo ich nun wohne. Es bedurfte einiger Stunden und einiger Tassen Tee, bis mir einfiel, dass heute der 2. Februar ist, der Geburtstag meines Vaters, der 1982 starb. Heute wäre er 99 geworden. Seit seinem Tod habe ich am Vorabend seines Geburtstags oft von meinem Vater geträumt und den Tag gefeiert, indem ich ihn in meinem Traum ins Leben zurückholte. In den Jahren, in denen der Traum sich nicht einstellen wollte, erwachte ich morgens aus unruhigem Schlaf mit dem Gefühl, von einer unbestimmten Last niedergedrückt zu werden, bis mir manchmal erst Stunden oder gar einige Tage später einfiel, was meine Stimmung trübte. Ich frage mich, ob der Beginn der Niederschrift meiner Erinnerungen und der Geburtstag meines Vaters als ein «Jubiläumsreflex» der besonderen Art miteinander in Beziehung stehen. Wenn diese Erinnerungen in vielleicht zwei Jahren veröffentlicht werden, werde ich so alt sein wie mein Vater, als er starb. Die meisten von uns tragen sich mit der Vorahnung, dass wir die Lebenszeit unserer Eltern nicht übertreffen, dass es uns irgendwie untersagt ist, länger als sie zu leben. Ist die Niederschrift meiner Erinnerungen auch ein Versuch, dieser Angst zu begegnen? Oder ist das eine allzu phantastische Konstruktion? Vielleicht. Aber man sollte nie die Tragweite und Kraft des unbewussten Teils des menschlichen Geistes unterschätzen. Unser Unterbewusstsein bestimmt mehr als 90 Prozent unseres geistigen Lebens und ist deshalb nicht nur Freuds «Hexenkessel voll brodelnder Erregung» oder Platons «Begleiter bei wüster Prahlerei und Wollust», sondern gelegentlich eine präzise, wenn nicht gar pedantische Rechenmaschine.

Warum dann also diese Erzählung meines Lebens? War das Leben selbst nicht genug? Warum die Vergangenheit nicht ruhen lassen, anstatt sie auszugraben und in der Gegenwart zwangsläufig zu bestaunen? Wie jedermann bin ich mir der Unmöglichkeit eines Selbstporträts bewusst, der unvermeidbaren Auslassungen und Selbsttäuschungen eines Vorhabens, dessen einziges Gebot darin besteht, dass das Erzählen von Lebenserinnerungen dem eigenen Selbstwertgefühl keinen ernsthaften Schaden zufügen darf. Psychoanalytiker bilden keine Ausnahme von der Regel, dass Menschen in ihrer Wahrnehmung anderer Personen ziemlich genau, in ihrer Selbstwahrnehmung aber gestört sind. Ich kann nicht so tun, was einige Memoirenschreiber in früheren und psychologisch unschuldigeren Zeiten manchmal getan haben, als schriebe ich meine Erinnerungen zum erzieherischen Nutzen der Jugend nieder. Oder dass meine Erinnerungen zur Geschichtsschreibung beitragen. Ja, als ein seit fast dreißig Jahren in Delhi praktizierender Psychoanalytiker habe ich Einblicke ins Intimleben vieler Menschen gewonnen, die in den Augen der Welt bedeutend sind: Politiker, Künstler, Gelehrter, Journalisten, Industrieller. Manche habe ich beruflich kennengelernt, andere durch die Erzählungen ihrer Kinder, Gatten oder Geliebten. Ich habe keinen Grund und auch nicht den Wunsch, die ethischen Standards meines Berufs zu verletzen, indem ich schlüpfrigen Klatsch über die privaten Schwächen bekannter Persönlichkeiten ausbreite. Obwohl sie von einem Seelenklempner geschrieben sind, handelt es sich nicht um die Memoiren eines Seelenklempners. Mit Ausnahme beiläufiger Bezugnahmen auf einige Patienten, deren Fallgeschichten publiziert sind, bin ich keinem der Männer und Frauen, die auf diesen Seiten ein- und ausgehen, auf professioneller Ebene begegnet.

Spielt Eitelkeit beim Schreiben der eigenen Memoiren eine gewisse Rolle? Mit Sicherheit. Alle Memoiren sind immer auch Ausdruck von Selbstliebe, und seine Memoiren kann niemand verfassen, der mit Pascal glaubt, dass das Ich hasserfüllt sei. Einige der extremsten Manifestationen der Selbstliebe wie etwa Rousseaus *Geständnisse*, denen nichts zu trivial oder zu infantil ist (wie Probleme beim Urinieren und Katheter), sofern es den Verfasser betrifft, gelten sogar als Klassiker autobiografischen Schrifttums. Meine Selbstliebe siedelt deutlich unterhalb dieser Rousseau'schen Höhen, ist jedoch immerhin so ausgeprägt, es mit dieser «merkwürdigen Aufgabe, die darin besteht, von sich selbst zu sprechen»,[1] aufzunehmen.

Der autobiografische Impuls kann auch durch die Aussicht befeuert werden, sich für die Verletzungen zu rächen, die einem das Leben zugefügt hat, indem man seine kalte Rache genießt. Ich bin nicht frei von Rachegelüsten, aber die Verletzungen sind mit zunehmendem Alter verheilt und verfügen nicht mehr über ihre frühere Kraft, mich in Wallung zu bringen. Ich blicke mit Gelassenheit auf sie zurück, obwohl mich gelegentlich ein Traum wissen lässt, dass der durch die eine oder andere psychische Verletzung vor langer Zeit provozierte Schmerz erst noch vollständig verwunden werden muss. Ich sehe in diesen Memoiren eher die Chance, meine Lieben wach zu rufen, als alten Hass zu schüren. Ich möchte all denen Leben verleihen, die ich geliebt habe, statt denjenigen übel zu wollen, von denen ich glaube, dass sie mir Schaden zugefügt haben, obwohl ich diesem Vorsatz wohl nicht immer erfolgreich folgen kann.

Wenn es eine vorherrschende Motivation beim Schreiben dieser Memoiren gibt, dann besteht sie darin, den Sinn des Lebens zu erfassen, der jene Ereignisse belebt hat, die mir in der Erinnerung als bedeutsam erscheinen. Memoiren, die sich nicht mit den emotional lebhaftesten Lebensabschnitten befassen, liefern nur einen halben Lebensbericht, und zwar den des unwichtigsten Teils. Wer seinen Erinnerungen freien Lauf lässt, für den gibt es keine Nischen und Winkel mehr, die nicht ausgeleuchtet werden können.

Vor langer Zeit habe ich einmal eine ähnliche Aufgabe absolviert, als ich bei meiner Lehranalyse während der Ausbildung zum Psychoanalytiker auf der Couch lag. Aber das war die Interpretation des gelebten Lebens eines Dreißigjährigen, der das emotionale Chaos ungelöster, vergangener Konflikte unterm wohlwollenden Blick des ihn ausbildenden Analytikers durcharbeitete. Diese Interpretation stammt nun jedoch von einem älteren Mann mit mehr Vergangenheit, der gelassen zurückblicken und die Geschichte leidenschaftlicher Momente, die mehr als seine Kindheit und Jugend umspannen, erzählen möchte. Die Erinnerungen stammen von einem, der die besondere Empfindungsstärke dieser Momente wachrufen will, ohne die Memoiren lediglich eine leblose Aneinanderreihung von Ereignissen wären. Einige dieser Momente verweisen auf innere Konflikte, ohne die sich keine Geschichten erzählen lassen. Die Erinnerung an einige andere Momente lässt mich immer noch innerlich vor Scham zusammenzucken oder vor Schuldgefühlen schrumpfen. Gleichwohl bin ich mir bewusst, dass ich im Gegensatz zu dem, was manche Psychoanalytiker vielleicht glauben, niemals genau wissen werde, wie sich alles zusammenfügte. Wie unser aller Leben wurde auch das meine von unbewussten Kräften bewegt, die ich nicht vollständig beherrschen und nur teilweise in jene Richtungen lenken konnte, die ich auch bewusst eingeschlagen hätte.

URSPRÜNGE

Juli–Oktober 1943
Lahore

Geboren wurde ich am Montag, dem 25. Juli 1938, um 11 Uhr 40 in Nainital, einer Bergstation im Himalaja, die heute im Bundesstaat Uttaranchal liegt, zur Zeit meiner Geburt aber noch Teil der *United Provinces* von Britisch-Indien war. Die präzisen Koordinaten dieses nicht erinnerten Ereignisses liefert mein Horoskop, dem weiterhin zu entnehmen ist, dass der Sonnenaufgang um 5 Uhr 55 Ortszeit stattfand. Das trug zur Bestimmung der genauen Planetenkonstellationen zum Zeitpunkt meiner Geburt bei. Wie bei jedem Hindukind wurden meine Verbindung zum Kosmos und mein spezifischer Platz darin einige Tage später definiert – in einer schmalen Broschüre mit rosa Umschlag und dem Bild des Gottes Ganesha, der mit nackter Brust auf einem Thron sitzt und eine seiner rechten Hände segnend hebt. Es ist gut, dass wir uns nicht an den Augenblick unserer Geburt und den zentralen Platz im Universum, den wir in diesem besonderen Moment einnahmen, erinnern können. Sonst würde uns der Rest unseres Lebens wie ein langer Abstieg vorkommen, was er natürlich sehr wohl sein kann.

«Du hast deine Mutter beinah umgebracht!», sagte die Mutter meiner Mutter oft zu mir, wenn ich sie während meiner Schulzeit und der Jahre auf dem College besuchte; daraus sprach eher Stolz als Tadel über mein Geburtsgewicht von zehn Pfund und einen unstillbaren Hunger, der meine Mutter zu Tränen der Verzweiflung trieb. Der zufriedene Blick meiner Mutter angesichts der Erzählungen meiner Großmutter über die Heldentat meiner Geburt war nicht immer die reinste Freude; manchmal kam es mir so vor, als wäre ihr stolzer Blick von einem unterdrückten Vorwurf getrübt, der auf eine Schuld verwies, die ich niemals würde zurückzahlen können.

Meine ersten, lebhaften Erinnerungen stammen aus meinem fünften Lebensjahr. Es ist kein Zufall, dass diese Erinnerungen mit der Geburt meiner Schwester zusammenfallen, einem Störenfried im Paradies, in dem ich glücklich als einziges Kind gelebt hatte.

1938. Acht Monate alt.

Ludhiana, Februar 1941

Wenn ich mir Fotos aus meiner Kindheit anschaue, die meine Mutter so liebevoll ins Album geklebt hat und die von meiner Mutter oder meinem Vater auf der Rückseite mit den genauen Daten und Orten beschriftet wurden, fallen mir immer zuerst die Schwarz-Weiß-Fotos ins Auge, die mich als Zweijährigen zeigen. Die Fotos zeigen ein pummeliges Kind mit schulterlangen, an den Spitzen gelockten Haaren (die Zeremonie des Haareschneidens stand erst noch bevor), das im Garten unseres Hauses in Ludhiana in einem Kinderwagen oder auf der Lenkstange eines Fahrrads oder auf einem Felsen in Manali sitzt und den Fotografen, der vermutlich mein Vater ist, voller Vertrauen anlächelt.

Auf der nächsten Seite findet sich das kolorierte Foto eines Vierjährigen mit unfassbar lila Lippen (gegen eine Gebühr kolorierte der Fotograf einen Schwarz-Weiß-Abzug per Hand), gekleidet in Shorts und ein schlecht geschnittenes Hemd mit einem blauen Kragen, der aus einem dunklen, langärmeligen Pullover mit Diamantmuster ragt. Den Pullover hatte wahrscheinlich meine Mutter gestrickt, weil vorgefertigte Strickwaren wie überhaupt Konfektionskleidung erst viele Jahre später erhältlich waren. Das Hemd war wahrscheinlich von einem Schneider angefertigt, wie ich sie aus späteren Jahren erinnere, wenn sie auf den Veranden der verschiedenen Häuser hockten, in denen wir wohnten, während ich heranwuchs. Männer in mittleren Jahren mit grauen Bartstoppeln auf den eingefallenen Wangen, tief auf die Nase gerutschten Brillen mit runden Stahlgestellen, die sich über ihre Singer- oder Pfaff-Nähmaschinen beugten. Die Haare des Jungen

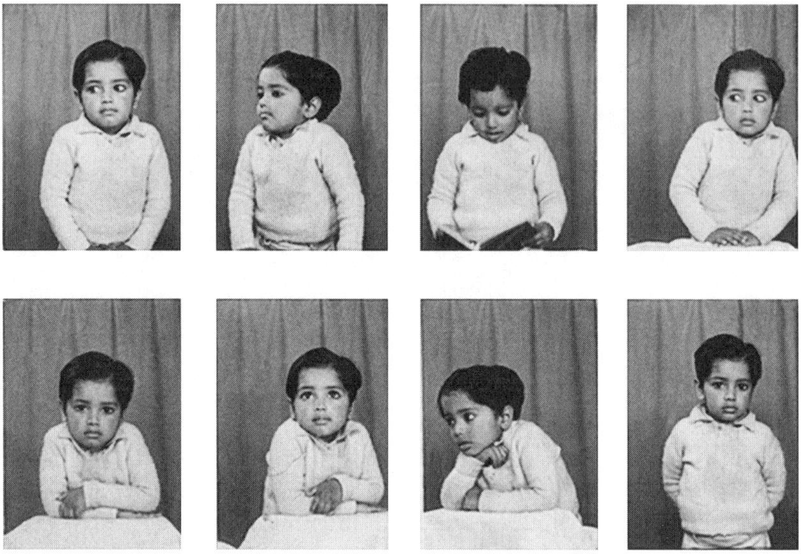

November 1941

sind nun kurz geschnitten, geölt und zu einem sauberen Seitenscheitel nach links gekämmt. Meine Mutter, wie schon zuvor ihre Mutter, glaubte fest daran, dass tägliches Ölen mit Kokosöl dichten Haarwuchs fördere und das Abreiben des Gesichts mit einer Paste aus Weizenmehl und Sahne die Haut heller mache. Auf diesem Foto ist das noch unschuldige Lächeln des Zweijährigen dem etwas frechen Grinsen eines Vierjährigen gewichen, dessen Augenwinkel sich in offensichtlichem Vergnügen kräuseln.

Indem ich mir diese oder andere Fotos aus meiner Kindheit anschaue, auf denen nur ich mit meiner Mutter im Rahmen stecke und bewundernd zu ihr aufschaue, wobei sich ihr Gesicht zu meinem hinabbeugt, flimmern keine damit verknüpften Erinnerungen über die Leinwand meines Bewusstseins. Ich weiß, dass die autobiografische Erinnerung, die uns allen vertraut ist, mit etwa drei Jahren einsetzt, wenn sich im Gehirn die notwendigen neuronalen Pfade ausgebildet haben. Dennoch würde ich gerne glauben, dass das Fehlen früherer Erinnerungen auch damit zu tun hat, dass ich sie nicht brauchte. Es gibt die Geschichte eines Jungen, der während seiner ersten fünf Lebensjahre kein Wort sprach. Seine Eltern machten sich Sorgen. Sie hielten das Ausbleiben von Sprache für das Symptom einer schweren

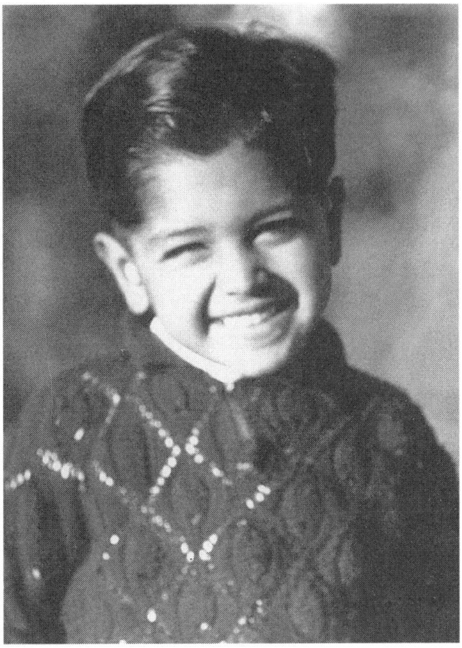

1942. Vier Jahre alt.

Störung und konsultierten reihenweise Kinderärzte, die dem Kind allesamt beste Gesundheit attestierten. Eines Tages, als die Familie am Frühstückstisch saß, deutete der Junge plötzlich auf die Schale mit Schokoladenpulver und sagte: «Ich will Schokolade in meine Milch.» Die Eltern waren überwältigt vor Freude. «Du kannst ja sogar vollständige Sätze bilden», strahlte der Vater. «Warum hast du nicht schon früher geredet?» «Weil ich es nicht musste», erwiderte der Junge.

Ich würde gerne glauben, dass ich vor meinem fünften Lebensjahr keine Erinnerung nötig gehabt habe.

Doch Spaß beiseite. Die frühen Jahre ohne Erinnerung und vor dem Spracherwerb, als ich mit meiner Mutter Teil eines verzauberten Zwei-Personen-Universums bildete, sind nicht unwiederbringlich dahin, nur weil die Art und Weise sich verändert hat, in der ich (wie alle Erwachsenen) wahrnehme und erinnere. Wie die meisten Menschen habe auch ich während meines ganzen Lebens immer wieder flüchtige Erinnerungen an die sinnliche Verschmelzung mit Körper und Geist der Mutter. Durch die Aushöhlung aller Selbstkontrolle mit einer Flut, die ich nur als außerordentliches *Entzücken* bezeichnen kann, sind diese flüchtigen Eindrücke eine Art blitzartiger Schub eines intensiven Zusammengehörigkeitsgefühls mit einer Person und in seltenen Fällen auch zu einem Musikstück, einem Kunstwerk oder einem Naturschauspiel. Mir gefällt die Vorstellung, dass in solchen Augenblicken Momente der Verschmelzung mit meiner Mutter während meiner ersten Lebensjahre wieder lebendig geworden sind, dass sich der frische Blick des Kindes kurzfristig über die erwachsene Wahrnehmung der Welt gelegt hat. Es handelt sich in der Tat um unbeschreibliche «Inseln der Erinnerung», wie C. G. Jung sie nannte, die durch ein Überfließen des Herzens aus einem Ozean des Unbewussten an die Oberfläche strömen. Ich glaube, dass solche flüchtigen Momente wort- und bildlose «Erinnerungen» an die Zeit sind, in der meine Liebesbeziehung zu meiner Mutter auf ihrem Höhepunkt war, als die Welt vom Strahlen unserer gegenseitigen Berauschtheit belebt wurde und ins Fundament meiner Psyche die Überzeugung pflanzte, dass das Universum von einem gütigen Geist durchdrungen ist, dem ich meine Zukunft getrost anvertrauen kann.

Wenn die Geburt meiner Schwester mir etwas vom Zauber dieser urgeschichtlichen, von der ständigen, wenn auch diffusen Gegenwart meiner Mutter durchfluteten Welt nahm und ihre Strahlkraft schwächte, dann lag das nicht an ihrem stillen Eindringen, sondern daran, dass ich mich bereits in die Welt meines Vaters und der Familie hineinbewegte, eine Welt, die paradoxerweise sowohl weiter als auch enger ist als die, in der ich mit meiner Mutter gelebt hatte. Die Geburt meiner Schwester fiel mit dem Erwachen meines Bewusstseins und dem Beginn meiner Identität zusammen.

Drei Monate vor dem erwarteten Datum der Geburt meiner Schwester kamen meine Mutter und ich im Juli 1943 nach Lahore, um bei meinen Großeltern zu wohnen. Töchter brachten ihre Kinder stets in ihren Elternhäusern zur Welt. Die schützende Aura ihrer Mütter, Tanten und anderer weiblicher Familienmitglieder, die sie während des Geburtsprozesses umgaben, galt als wichtiger als profane medizinische Erwägungen.

Mein Vater blieb in Sargodha, heute eine Stadt von über zwei Millionen Einwohnern, die 175 Kilometer nordwestlich von Lahore liegt. Damals, in den 1940er-Jahren, lebten in Sargodha weniger als hunderttausend Menschen. Gelegen in einer flachen Ebene, die ihre Fruchtbarkeit einem abzweigenden Kanal vom Fluss Jhelum verdankt und der

Vater

Mutter

Region Wohlstand beschert hat, war Sargodha die Markt- und Bezirkshauptstadt für die umliegenden Dörfer. Beladene Ochsenkarren voller Weizen, Zuckerrohr, Seide und Blutorangen, die wir «Malta» nannten, waren ein vertrauter Anblick in den Basaren von Ameena, Kachehri und Anarkali, die das Herz der Stadt bildeten. Mein Vater, der Justizbeamter in der britischen Kolonialverwaltung war, konnte uns nicht nach Lahore begleiten, weil er zu viel zu tun hatte. Angesichts der Aufgabe, ein riesiges Land mit geringem Personal zu verwalten, hatten die Briten zu Beginn ihrer Herrschaft legislative und exekutive Funktionen auf Bezirksebene zusammengelegt. Deshalb erstreckte sich der Aufgabenbereich meines Vaters vom Gerichtsvorsitz in der Stadt bis zur Aufrechterhaltung von Recht und Ordnung im Verwaltungsbezirk, wo er die Pachteinnahmen überwachte, Grundbücher inspizierte und über Landansprüche und andere Konflikte in den Dörfern zu entscheiden hatte. Er hatte vor, uns Anfang Oktober zu besuchen, wenn die Geburt direkt bevorstehen würde.

Mit einer Einwohnerzahl von fast 700 000 war Lahore Anfang und Mitte der 1940er-Jahre nach Delhi die zweitgrößte Stadt in Nordindien. Man war stolz, seit der zweiten Hälfte des 19. Jahrhunderts das kulturelle Zentrum der Region zu sein. Nach dem Aufstand von 1857 gegen die Briten hatten viele Intellektuelle aus Delhi im Punjab Zuflucht gesucht, und die Stadt entwickelte sich zu einem Zentrum der urdischen und persischen Literatur. Durch die Eingliederung des Punjab in Britisch-Indien wurde Lahores herausragende Bedeutung noch weiter gefestigt, indem eine Reihe moderner Schulen und Hochschulen gegründet wurden, zu denen auch die ersten medizinischen und juristischen Hochschulen der Provinz zählten.

Offen für moderne westliche Ideen und Trends, blickte Lahore auf Delhi, die Hauptstadt Britisch-Indiens, als eine altmodische und provinzielle, von öden Bürokraten bevölkerte Stadt herab. Diese Haltung war nicht unähnlich derjenigen Bombays gegenüber Delhi in der zweiten Hälfte des 20. Jahrhunderts. Zur Zeit meines Großvaters lebten in Lahore 250 000 Hindus und Sikhs; der Rest waren Muslime. Die Zahl der Hindus sank mit dem Ende der britischen Kolonialherrschaft im August 1947 auf weniger als 10 000, als Spannungen zwischen Hindus und Muslimen am Vorabend der Teilung des Landes zur Gründung der unabhängigen Staaten Indien und Pakistan führten und Lahore Pakistan zugeschlagen wurde. Ende August 1947 gab es dort nur noch weniger als 1000 Hindus und Sikhs.[1] Tausende zogen als Flüchtlinge nach Indien, während Tausende anderer dem Blutbad zum Opfer fielen, das mit der Teilung des Punjab einherging.

1943 war diese Zukunft undenkbar – aber welche Zukunft ist das schon? Lahore war eine friedliche Stadt gewesen, in der die verschiedenen Religionsgemeinschaften in beträchtlicher Harmonie und friedlichem Handel zusammenlebten, auch wenn sie ihre eigenen Traditionen und Lebensstile pflegten. Manche Stadtviertel wurden ausschließlich von Hindus und Sikhs bewohnt, andere waren gemischt und wieder andere rein muslimisch geprägt. Obwohl sie die Mehrheit bildeten, spielten Muslime fast keine Rolle im Geschäftsleben, in der Beamtenschaft oder anderen modernen Berufsgruppen. Die meisten Muslime waren entweder Handwerker oder arbeiteten als Angestellte in den Handwerks- und Industriebetrieben. Selbst in der Altstadt gehörten die meisten großen Herrenhäuser und Villen Hindus und Sikhs. Historiker haben verschiedene Gründe für die Rückständigkeit der muslimischen Punjabi angeführt. Manche behaupten, dass sie beim Bildungserwerb nachhinkten, weil vor der britischen Herrschaft die Sikhherrscher des Punjab Muslimen kaum

Zugang zur Verwaltung gewährten. Weil die Sikhherrschaft nicht länger als 50 Jahre dauerte, beteuern andere, dass die Wurzeln der muslimischen Rückständigkeit weiter zurück in der indischen Geschichte liegen und bis in die Epoche der Mughals oder sogar des Sultanats zurückreichen. Im Gegensatz zur persischsprachigen, ausländischen Elite bekamen einheimische, konvertierte Muslime keine Stellen in der Mughal-Verwaltung. Die Mughals zogen besser qualifizierte Hindus den aus niedrigen Kasten zum Islam Konvertierten vor, die im Allgemeinen als *Julaha* (Weber) bezeichnet und von der persischsprachigen Mughal-Elite verachtet wurden.[2]

Die Chancen, die sich mit der Öffnung des Schulsystems boten, nachdem Punjab in Britisch-Indien eingegliedert worden war, wurden zumeist von Hindus und Sikhs wahrgenommen. Sie strömten in moderne Schulen, Colleges und Universitäten, um Rechtsanwälte, Ärzte, Wissenschaftler und Akademiker zu werden, und traten auch der Verwaltungsbürokratie bei. Zwischen 1870 und 1920 bildeten Hindus und Sikhs eine dynamische Mittelklasse, die in Lahore fast ein Drittel der Gesamtbevölkerung von 300 000 ausmachte. Der Vater meiner Mutter, ein Chirurg, gehörte zur ersten Aufstiegswelle dieser florierenden Mittelklasse, während mein Vater, der in die Provinzverwaltung eintrat, von der zweiten Welle getragen wurde.

Neben den religiösen Unterschieden war Lahore in den 1940er-Jahren auch Schauplatz einer anderen Spaltung: auf der einen Seite eine durch und durch indische Innenstadt, umgeben von alten, verfallenen Mauern, auf der anderen neue Wohngebiete außerhalb der Stadtmauern, deren Bewohner eine westlich geprägte Modernität und einen Lebensstil annahmen, in dem sich ihre indischen Wurzeln mit europäischen beziehungsweise englischen Anmaßungen mischten. Sie waren Vorläufer der urbanen Mittel- und Oberschichten des heutigen Indien, deren Nachahmungstrieb nun aber nicht mehr England, sondern den Vereinigten Staaten gilt.

Auf der Schwelle zu dieser Gesellschaftsschicht, der sich mein Vater als Erster anschloss, lebte die wachsende Familie meines Vaters in einem dreistöckigen Haus in einer der vielen schmalen Gassen tief im Zentrum der Altstadt in Machhi Hatta. Im Gegensatz dazu wohnte die Familie meiner Mutter in einem großzügigen, einstöckigen Bungalow in der Nähe von Lawrence Gardens, benannt nach einem britischen Vizekönig, außerhalb der Stadtmauern. Wie viele andere Häuser um

Großvater mütterlicherseits

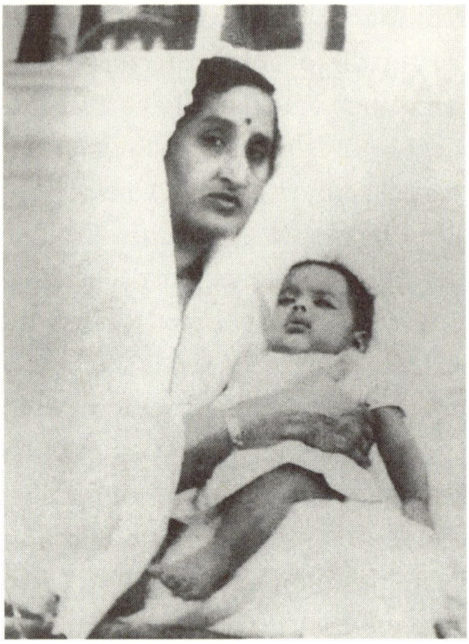

Großmutter mütterlicherseits (mit Sudhir)

Lawrence Gardens, die hohen Richtern, Ärzten, aber auch reichen Geschäftsleuten und einigen Mitgliedern der muslimischen Aristokratie wie etwa den Tiwanas gehörten, lag der Bungalow meines Chirurgen-Großvaters hinter einem weitläufigen Rasen mit üppigen Shetoot-, Jamun- und Mangobäumen, die, wenn sie im Sommer Früchte trugen, mir als Jungen viel Freude machten. Die Klinik meines Großvaters, in die meine Mutter zu ihrer Niederkunft gebracht wurde, befand sich in der gleichen Gegend an der nahe gelegenen Nisber Road.

Im modernen Lahore war Lawrence Gardens eine der begehrtesten Adressen. Die Gegend schmückte sich mit derart modernen Symbolen wie dem *Faletti's Hotel*, in dem indische Frauen aus der Oberschicht, modisch gekleidet in Chiffonsaris und dezenten, aber teuren Schmuck, sich nachmittags zu Tee und Gurkensandwiches trafen. Zum Zeitpunkt der Teilung des Landes im August 1947 tanzten in *Faletti's* großem Ballsaal britische Offizielle und ihre Frauen, die Letzten der Kolonialverwaltung, zur sanften Musik eines goanischen, aus Bombay importierten Orchesters, während in der Nachbarschaft bereits von Brandstiftern gelegte Feuer wüteten.

Meine Kindheitserinnerung an den Vater meiner Mutter gilt nicht einer Person, sondern einer Präsenz. Es ist eine mürrische Präsenz, nicht unähnlich der des rechtschaffenen schwedischen Pastors in Ingmar Bergmans autobiografischem Film *Fanny und Alexander*. Ich erlebte Pitaji, wie mein Großvater genannt wurde, als einen Schatten, der sich morgens hob, wenn er das Haus verließ, um in seine Klinik in der Nisbet Road zu fahren, und die Fröhlichkeit und Lebendigkeit, die in seiner Abwesenheit aufkam, wieder dämpfte, wenn er abends zurückkehrte. Wenn er das Haus verlassen hatte, war es, als würde die Lautstärke, die meine Großmutter, Onkel, Tanten, Verwandte auf Besuch und Hausangestellte erzeugten, plötzlich aufgedreht, jedoch sofort wieder leise gestellt, wenn sein grauer (oder war er blau?) amerikanischer *De-Soto*-Wagen durchs Tor in die Einfahrt einbog. War ich zu ungestüm, flüsterte meine Mutter mir schnell ein Pst-Pst zu. Wenn ich von unserem Zimmer auf die Veranda oder nach draußen in den Garten gehen musste, bemühte ich mich, leise aufzutreten, weil der Weg am Wohnzimmer vorbeiführte, wo er abends saß und Whisky mit Soda trank. So war das im Winter. Im Sommer brachte ein Diener den Whisky mit Soda nach draußen auf den frisch gewässerten Rasen, wo er auf einem Liegestuhl saß und vor seinen Söhnen und Töchtern Hof hielt: Einer nach der anderen informierte ihn über die Fortschritte im Studium.

Mein späterer Eindruck von Pitaji ist der eines harten Mannes, der gegen sich selbst härter als gegenüber anderen war. Als einer der bekanntesten Chirurgen Lahores, von den Briten mit dem Titel *Rai Bahadur* ausgezeichnet, trug er sich wie jemand, den schwere Verantwortung zu Boden drückt und der zumindest von seiner Familie erwartet, nicht auch noch mit kleineren Beschwerden und Sorgen belastet zu werden. Andererseits hinderte ihn sein ausgeprägtes Selbstbewusstsein, das er mit den meisten Chirurgen teilte, nicht daran, sich als hingebungsvoller Patriarch um das Wohlergehen jedes Familienmitglieds zu kümmern und alle wichtigen Entscheidungen zu treffen. Für seine Entscheidungen hinsichtlich der Eheverbindungen seiner Kinder bereitete allerdings meine Großmutter behutsam den Boden. Nach seinem Tod hörte ich meine Onkel und Tanten manchmal sagen, Pitaji sei ein Mann mit rauer Schale, aber einem Herzen aus Gold gewesen. Während der erste Teil der Behauptung gewiss zutraf, frage ich mich, wie sehr der zweite eher ein frommer Wunsch gewesen ist.

Über Pitajis Herkunft weiß ich nicht viel, außer dass er schon früh Waise wurde und seine Familie aus einem Dorf im Bezirk Hafizabad stammte. Sein Vater war ein kleiner Beamter in der britischen Finanzverwaltung gewesen, und nach seinem Tod waren harte Zeiten für die Familie angebrochen. Pitajis langer Weg von einer Dorfkindheit bis zu den Gipfeln des Arztberufs in Lahore war gepflastert mit intellektueller Brillanz, harter Arbeit und einem ausgeprägten Sinn für Integrität. Obwohl er einen westlichen Lebensstil angenommen hatte – er trug maßgeschneiderte Anzüge, muffige Socken und Schuhe statt offener, luftiger Sandalen, die Lahores heißen Sommern viel angemessener gewesen wären, er ging lieber ohne Kopfbedeckung als mit einem Turban herum, aß zum Frühstück lieber geschmackloses Porridge und Toast als gefülltes Fladenbrot oder lockere, frittierte *Puri* mit gewürzten Kartoffeln –, war sein dörflicher Ursprung nicht völlig verschwunden. In einer meiner Kindheitserinnerungen, von der ich mir aber nicht sicher bin, ob sie aus der Zeit stammt, von der ich hier schreibe, sehe ich fasziniert zu, wie in der Küche seine Wasserpfeife vorbereitet wird: Das Messingbecken wird mit Wasser gefüllt, der mit Rohzucker umhüllte Ball aus rohem Tabak sorgfältig auf glühende Kohlen im Tongefäß an der Spitze des Ständers gelegt, der scharfe Rauch verwirbelt in der Luft. Anstatt zu seinem Feierabendwhisky eine Zigarette zu rauchen, paffte Pitaji lieber seine Wasserpfeife.

Pitajis Eintritt in die westlich geprägte, urbane Mittelschicht hatte auch dazu geführt, dass er die althergebrachte hinduistische Religionstradition *Sanatan dharma*, in der er erzogen worden war, über Bord warf. Er wurde ein begeisterter Anhänger der *Arya Samaj*, einer Reformbewegung, die Ende des 19. Jahrhunderts in Nord- und Westindien Zulauf bekommen hatte. Als Resultat des Zusammentreffens von Hinduismus und westlicher Modernität versuchte die *Arya Samaj* der Kritik christlicher Missionare am Hinduismus etwas entgegenzusetzen, indem er zehn Prinzipien verkündete, von denen beispielsweise eines darin bestand, sich nicht mit dem eigenen Wohlergehen zufriedenzugeben, sondern auch im Wohlergehen anderer Befriedigung zu finden. Merkwürdigerweise wollte die *Arya Samaj* den Hinduismus modernisieren, indem sie die Hindus zur Rückkehr zu ihren vedischen Wurzeln aufrief. Sie verdammte die Unzahl hinduistischer Götter und Göttinnen, Götzendienst, Ahnenkult, Pilgerschaft, Priester, den Glauben an Avatare oder Verkörperungen Gottes, aber auch das soziale Elend des Kastensystems wie Unberührbarkeit und Kinderehen, weil all diese Phänomene in den Veden nicht vorkommen.

Ich bin mir nicht sicher, wie viele von Pitajis Geschwistern, die nicht die gleiche wirtschaftliche, intellektuelle und emotionale Reise angetreten hatten, seine neuen religiösen Überzeugungen teilten. Meine Großmutter teilte seine «protestantischen» Anwandlungen gewiss nicht, sondern hielt es lieber mit der Vertrautheit ihres eher katholischen *Sanatan dharma*, obwohl sie eine viel zu kluge Frau war, um ihm offen zu widersprechen. Als er sie heiratete, war sie noch ein Mädchen und Analphabetin; mit zwanzig lernte sie Englisch, weil sie darauf bestand, ihn nach Edinburgh zu begleiten, wo er sich nach seinem Medizinstudium in Lahore zum Chirurgen ausbilden lassen wollte. Pitaji ist hoch anzurechnen, dass er ihr bis zu ihrer Abreise sechs Monate lang jeden Abend gewissenhaft zwei Stunden Englischunterricht gab. Bezeichnenderweise benutzte er im Unterricht keine Anfängerfibel, sondern las ihr Charles Dickens' *Eine Geschichte aus zwei Städten* vor; bis ins hohe Alter erinnerte sie sich an die ersten Sätze ihres ungewöhnlichen Schulbuchs: «Es war die beste aller Zeiten, es war die schlechteste aller Zeiten.»

Mataji, wie sie von allen genannt wurde, war eine bemerkenswerte, vitale Frau mit gesundem Menschenverstand, die den Haushalt führte wie eine Dorfgöttin, die, anders als die würdevolleren und ferneren Vatergötter, erdverbunden, handfest und den Ungewissheiten und Nöten des täglichen Lebens vollständig gewachsen ist. Bei mehreren Geburten in den Unterkünften der Dienerschaft half sie als Hebamme, kümmerte sich um die Küche und die Gemüsegärten, organisierte die Kuhställe, packte beim Kalben selber mit an und verabreichte kranken Tieren Arzneien. Wenn die Situation es erforderte, konnte sie sich jedoch auch an den Gesprächen mit Pitajis westlich gesinnten Freunden beteiligen. Wie auch andere Frauen in der Familie begriff Mataji intuitiv – und gab diese Intuition an meine Mutter weiter –, dass Religion zu einem Zauberberg gehört, der sich jenseits der alltäglichen Realität unseres Lebens erhebt. Wenn Religion etwas bedeuten soll, muss sie das Erlebnis des Zaubers und der Verzauberung vermitteln – nicht mehr, aber auch nicht weniger. Ich glaube, sie hatte recht. Über praktizierte Religion lässt sich sagen, was der große Jazzmusiker Duke Ellington über die Seele des Jazz ausdrücken wollte, als er eines seiner

Stücke *It don't mean a thing, if it ain't got that swing* nannte. Die Götter und Göttinnen des alten Glaubens mögen illusorisch sein, aber sie und ihre Mythen sind notwendige und sogar wünschenswerte Illusionen, die unsere kleine, banale Welt der Alltäglichkeit erleuchten, eine Welt, die immer schon «unserer Erfahrung nicht angemessen und nicht dazu geeignet war, die Last unserer Hoffnungen zu tragen». Das Eintauchen in die Rituale, Pilgerschaften und andere barocke Praktiken des traditionellen Hinduismus lässt uns für kurze Zeit das transzendieren, was Yates «die Verzweifelung der Realität» nannte, und zwar auf eine Weise, die dem nüchternen Protestantismus der *Arya Samaj*, der «moderneren» Religion meines Großvaters, nie möglich gewesen wäre.

Ich erinnere mich, dass meine Mutter während der vier Monate, die wir 1943 in Lahore verbrachten, oft weinerlich wirkte. Sie neigte dann dazu, mich plötzlich fest zu umarmen, und ich versuchte, mich aus dieser Umarmung zu befreien. Aus den Briefen, die meine Mutter an meinen Vater schrieb, entnehme ich, dass sie sich in ihrem Elternhaus nicht wohlfühlte. Heute kann ich ihre Not teilweise auf eine Ängstlichkeit hinsichtlich der näherrückenden Geburt meiner Schwester zurückführen, die eine verdrängte Ambivalenz gegenüber meinem Vater beziehungsweise gegenüber Männern im Allgemeinen an die Oberfläche brachte, wenn sie etwa schreibt:

«Nachdem ich mich oft in den Schlaf geweint habe, schreibe ich Dir diesen Brief. Vorgestern fühlte ich mich elend, und gestern weinte ich wie ein Kind... Ich habe das Gefühl, untröstlich zu sein. Jetzt wird mir klar, dass Du mich verwöhnt hast. Wenn mir bei der Geburt meines Babys etwas zustößt, hoffe ich, dass Du Dich gut um Sudhir kümmerst, obwohl ich weiß, dass Du Dich wie jeder andere Teufel verhalten wirst.»

Aus anderen Briefen geht hervor, dass der Hauptgrund ihrer Unzufriedenheit dem Gefühl entsprang, die benachteiligte Tochter zu sein, eine arme Verwandte, die nach außen Haltung wahrt, in deren Innerem jedoch ein Anspruchsdenken herrscht. In den Briefen listet sie präzise das Geld auf, das sie sich von meiner Großmutter oder ihrer Schwester geliehen und ausgegeben hat und das zurückgezahlt werden muss. Sie scheint zu befürchten, dass mein Vater ihr Geldverschwendung vorwerfen könnte. Das Gehalt meines Vaters, etwa dreihundertfünfzig Rupien vor Steuern und verschiedenen Abzügen, reichte vielleicht aus, um den Lebensstandard zu sichern, der von einem jungen Beamten der Provinzverwaltung erwartet wurde. Es blieb aber kaum etwas übrig für Extraausgaben wie die Geburt eines Kindes oder Geschenke für die vielen Verwandten, wenn wir Lahore besuchten; in den weitverzweigten Familien meiner Eltern wurde ständig geheiratet oder noch ein Kind geboren. Außerdem war mein Vater neben allen anderen bewundernswerten Eigenschaften in seinen eigenen Worten «vorsichtig» im Umgang mit Geld. Bei den wenigen Malen, bei denen ich Streit zwischen meinen Eltern erlebte, drehte es sich um Geld; mein Vater warf meiner Mutter vor, verschwenderisch zu sein, was nicht der Fall war, jedenfalls nicht dann, wenn sie mir heimlich ein paar Scheine zusteckte, die sie von ihrem Haushaltsgeld gespart hatte, damit ich mir irgendeinen dringenden Kinderwunsch erfüllen konnte.

Der wirkliche Grund für die Traurigkeit meiner Mutter in Lahore bestand vermutlich darin, dass bei diesem Besuch ihre unbewussten Eifersuchtsgefühle gegenüber ihren beiden jüngeren Schwestern aufbrachen, aber auch Ressentiments gegen ihre Mutter, die sie brauchte und liebte, allerdings auch für ihr Schicksal verantwortlich machte. Meine Mutter hatte das Gefühl, unter ihrem Niveau geheiratet zu haben. Sie war die älteste der drei schönen Töchter von Rai Bahadur Ganesh Das Kapur, Absolvent des königlichen Colleges für Chirurgen, einer der hervorragendsten Ärzte Punjabs. Mein Vater war der Sohn eines Bauunternehmers, dessen Familie «Lahori» waren, verachtete Bewohner der Basare innerhalb der Stadtmauern. In einem ihrer Briefe an meinen Vater, den sie 1942 aus Dalhousie schrieb, einer Bergstation in Nordindien, in die, dem Beispiel der Briten folgend, die wohlhabenden Bürger der größeren Städte Punjabs wie Lahore, Amritsar, Ludhiana und Jullundhar während der Sommermonate reisten, um der Hitze der Ebenen zu entgehen, und wo sie mit ihrer Familie die Ferien verbrachte, lese ich:

Auf der Promenade herrscht immer Gedränge, aber vernünftiges Niveau bekommt man kaum zu Gesicht. Man sieht Amritsaris und Lahoris. Deine Nichte Pushpa ist mit Om Prakash [ihrem Mann] auch hier. Er hat für 100 Rupien im Monat eine kleine Zweizimmerwohnung, die sich zwei Freunde mit ihren Frauen und Kindern teilen.

Solche Leute kommen also hierher und leben dann auf diese Weise.

Ihr Sohn ist genauso wie Jhalla [der geistig behinderte Sohn einer Schwester meines Vaters]… Bekommst Du Urlaub, oder musst Du wegen der Unruhen bleiben?

Bei den Unruhen, die sie erwähnt, handelt es sich um den Beginn der *Quit-India*-Bewegung, die von der Kongresspartei unter Führung Gandhis am 9. August 1942 gegründet wurde und die völlige Unabhängigkeit von den britischen Kolonialherrschaft forderte.

Alarmiert durch den Vorstoß japanischer Truppen, die die indische Ostgrenze zu Burma erreicht hatten, malten die Briten das Schreckgespenst eines von Japan versklavten Indien an die Wand, was jedoch der Entschlossenheit der Kongresspartei, die Briten zum Abzug aus Indien zu zwingen, nicht schmälerte. «Überlassen Sie Indien Gott, und falls das zu viel verlangt sein sollte, überlassen Sie Indien der Anarchie», sagte Gandhi, als er sich anschickte, mit der Parole *Do or die!* eine massive Kampagne zivilen Ungehorsams in Gang zu setzen.

Die Briten antworteten mit dem Verbot der Kongresspartei, sperrten Gandhi ein und verhafteten im ganzen Land Parteiführer. Ohne eine Führerschaft, die die Bewegung mit Gandhis Prinzip der Gewaltlosigkeit in Einklang bringen konnte, endeten die groß angelegten Protestaktionen, Demonstrationen und Arbeiterstreiks oft in Gewalt. Untergrundorganisationen verschärften die Lage, indem sie überall im Land Sabotageakte durchführten, Züge zum Entgleisen brachten, Regierungsgebäude in Brand steckten, Strom- und Kommunikationsleitungen unterbrachen. Auf eine Situation, die die Fortexistenz des Raj bedrohte, reagierten die Briten mit Straf- und Repressionsmaßnahmen, die von Hunderttausenden Männern durchgeführt wurden, auch von meinem Vater, der in der Armee, bei der Polizei und in der Verwaltung Dienst tat. Erst viel später begriff ich, dass einer der Kampfgesänge der Demonstranten, *Toddie bachcha, hai, hai,* vor den Regierungsbüros sich nicht gegen die Briten richtete, sondern dass sie zur Ausrottung ihrer «buckelnden Nachfahren» (*toady offspring*) aufriefen, Inder wie mein Vater, auf die sich die britische Kolonialherrschaft stützte.

Manchmal bedauere ich es, meinen Vater zu Lebzeiten nie nach seiner Arbeit als Amtsrichter während des Aufruhrs der indischen Unabhängigkeitsbewegung gefragt zu haben, als er dafür verantwortlich war, in Sargodha für Recht und Ordnung zu sorgen und über die zu richten, die Recht und Ordnung brachen. Wie konnte er die Erwartungen seiner britischen Vorgesetzten, die Freiheitskämpfer hart zu bestrafen, mit seiner indischen Herkunft und den nationalistischen Neigungen seines eigenen Vaters und dessen offener Unterstützung für den von Gandhi geführten Kampf in Einklang bringen? Hegte mein Vater insgeheim Sympathien für die Unabhängigkeitsbewegung? In Anbetracht der vielen alten Beamten des Raj, die später in ihren Memoiren behaupteten, im Grunde Nationalisten gewesen zu sein und als fleißige Beamte lediglich ihre Pflicht in der Kolonialverwaltung getan zu haben, möchte ich das gern glauben. Aber ich bin mir nicht sicher, ob mein Vater hinsichtlich seiner Loyalität ambivalent war. Ich kann mich nicht entsinnen, dass er seine Verbindung zum Raj je infrage gestellt hätte, bewunderte er das System doch dafür, einer korrupten Feudalherrschaft die Errungenschaften der modernen Zivilisation und der anarchischen indischen Gesellschaft Recht und Gesetz gebracht zu haben. Obwohl er starke indische Wurzeln hatte, war er doch auch ein Produkt des Kolonialismus seiner Zeit, in der viele unterjochte Menschen auf der ganzen Welt auf die Entwertung ihrer traditionellen Kulturen in einer Weise reagierten, die Psychoanalytiker als Selbstverteidigung mittels «Identifikation mit dem Aggressor», in diesem Fall dem Kolonialherrn, bezeichnen. Ich erinnere mich, wie er sein Leben lang darauf bestand, dass seine Kinder und später dann seine Enkel mindestens einmal am Tag Fleisch aßen – eine widerliche Prozedur für die hinduistische, vegetarische Lebensauffassung meiner Großmutter und Tanten.

«Alle Vegetarier sind sanfte, verklemmte Kreaturen, die sich leicht unterdrücken lassen», pflegte mein Vater zu sagen und tat so, als bemerkte er nicht, wie dabei seine Frau und Kinder in gespieltem Entsetzen mit den Augen rollten. «Was glaubt ihr wohl, warum uns die Briten seit Hunderten von Jahren beherrschen? Nicht wegen ihrer überlegenen Waffen, sondern wegen ihres unabhängigen Kampfgeistes, der vom Verzehr von Rind und anderem Fleisch kommt. Ein Elefant ist ungeheuer stark, lässt sich vom Menschen aber leicht versklaven. Eine Katze mag klein sein, wird aber stets für ihre Unabhängigkeit kämpfen.» Er selbst hätte jedoch nicht einmal im Traum daran gedacht, den Rindfleisch essenden Engländern nachzueifern, indem er selbst Rindfleisch gegessen hätte. Aber er hat mich von den meisten Nahrungstabus befreit, sodass ich ein Steak genießen konnte (natürlich gut durchgebraten), wenn ich mich außerhalb Indiens aufhielt; heilig war nur die indische Kuh.

Zusätzlich zu den Standesunterschieden gab es noch eine kleinere Differenz hinsichtlich der Stellungen meiner Eltern innerhalb der komplexen Kastenhierarchien. Ich möchte vorausschicken, dass ich während meiner Kindheit das Kastendenken zwar am Rande mitbekam, aber in unserem Alltag spielte es keine zentrale Rolle. Ich durfte mit den Kindern von Dienern aus niedrigeren Kasten und sogar mit Kindern kastenloser Muslime spielen. Sie konnten sich im Haus frei bewegen; lediglich zur Küche wurde ihnen der Zutritt von Cher Ram, unserem brahmanischen Koch aus den Hügeln von Garwhal, untersagt. Aber dieses Verbot verdankte sich weniger der Bedrohung, die diese Kinder gegenüber den Kastentabus von Reinheit und Unreinheit darstellten, als vielmehr einer exzentrischen Verteidigung der Küche, die er als sein privates Reich ansah, in dem sogar meine Mutter nur eine schwer zu tolerierende Besucherin war.

Die wenigen Gelegenheiten, an denen mir Kastenfragen bewusst wurden, ergaben sich, wenn die Mutter meines Vaters aus Lahore zu Besuch kam. Sie war schockiert und beklagte sich bei meinem Vater darüber, dass es Shanti, der unberührbaren Putzfrau, gestattet war, unsere Zimmer sauber zu machen oder sogar den Küchenfußboden zu fegen, wenn Cher Ram abwesend war. Provoziert von meiner Mutter, die auf meine Großmutter als eine Lahori-Analphabetin herabsah, schalt mein Vater seine Mutter wegen ihrer altmodischen Vorstellungen über Unberührbarkeit. Meine Großmutter zog sich dann schmollend in ihr Zimmer zurück, wo wir sie dann etwas grummeln hörten über das bevorstehende *Kaliyug* – das Zeitalter kurz vor dem Untergang des Universums, in dem alle moralischen Werte zusammenbrechen –, und dass sie nie wieder das Haus ihres ältesten Sohns betreten würde.

Die einzigen anderen Gelegenheiten, bei denen mir Kastendenken bewusst wurde, ergaben sich, als ich hörte, wie Erwachsene über eine bevorstehende Verheiratung innerhalb der weitläufigen Familie diskutierten. Sowohl die Familie meiner Mutter als auch die meines Vaters waren Khatris. *Khatri* ist ein Wort aus dem Punjabi für *Kshatriya*, in der alten indischen Gesellschaftsordnung die Kriegerkaste, die traditionell Verwaltung und Herrscher stellte. Infolge ökonomischer und politischer Schwierigkeiten wichen die Khatris im Lauf der Zeit in kaufmännische Berufe aus, ursprünglich die Domäne der Vaisyas, der Klasse der Händler. Etwa dreißig Jahre später, als ich Material sammelte über die innere Erfahrung des Kastenwesens bei modernen Indern für *The Inner World (*dtsch. *Kindheit und Gesellschaft in Indien)*, mein erstes Buch über die indische Gesellschaft, hatte ich meinem Vater geschrieben, der kurz zuvor vom Verwaltungsdienst in den Ruhestand versetzt worden war, um ihn zu fragen, ob es für ihn irgendeine Bedeutung gehabt hatte, ein Khatri zu sein. Er hatte geantwortet:

Seit ich verstanden habe, dass Khatri von Ksatriya, der Krieger- und Königsklasse des vedischen und klassischen Zeitalters abgeleitet ist, habe ich mich immer im Vergleich mit anderen Kasten als Mitglied eines Herrenvolkes begriffen. Ich war stolz über Geschichten, in denen sie (die Khatris) sich weigerten, sich mit Aroras, die Vaisyas, der Händlerkaste, entstammen sollen, zu verheiraten oder gemeinzumachen. Ich war stolz darauf, dass die Khatris im großen und ganzen gut aussehen und eine helle Hautfarbe haben, ohne dass es mich störte, dass beides auf mich nicht zutraf. Ich weiß, dass ich keines der Attribute der Kriegerklasse besitze, aber ich hänge an dem Dogma, dass ich ein Kriegertyp vergangener Zeiten bin, ein Herrschertyp mit all den Verpflichtungen des Auftretens, die damit einhergehen.[4]

In Punjab waren die meisten Khatris Hindus oder Sikhs. Im autobiografischen Abschnitt des *Dasam Granth*, eines heiligen Buches der Sikhs aus dem 17. Jahrhundert, liefert Guru Gobind Singh einen detaillierten Bericht über zwei Linien der Khatris: seine eigene Sodhi-Linie und die Bedi-Linie von Guru Nanak, dem Gründer des Sikhismus. Hindu- und Sikh-Khatris bildeten eine Gemeinschaft und heirateten traditionell auch untereinander. Zum Beispiel war Prem, die jüngste Schwester meiner Mutter, verheiratet mit Bawa Arjan Singh, einem Mona-Sikh, das heißt einem Sikh, der sich die langen Haare abgeschnitten und den Bart rasiert hat. Mit ihrer andauernden panindischen Faszination für Hierarchien schufen die Khatris allerdings Statusunterschiede, wo zuvor gar keine bestanden hatten, und zerfielen in Subkasten. Die höchste war die Gruppe der *Dhai Ghar* (d. h. zweieinhalb Häuser – die Zahl 3 galt als Unglückszahl), die sich aus Familien mit den Namen Malhotra, Khanna und Kapur zusammensetzte. Die Familie meines Vaters gehörte zur Gruppe der *Char Ghar* (vier Häuser), die sich ergibt, wenn man die Kakars (oder Seths) zu den ersten drei Gruppen hinzuzählt. Die Unterteilung setzt sich fort bis zu zwölf Subkasten der Gruppe der *Barah Jati* wie etwa den Bhandari, Chopra, Dhawan, Sahgal, Talwar, Tandon, Vohra, Wadhawan und noch weiter bis zu zweiundfünfzig Subkasten der *Bavanijai*.

Als ich aufwuchs, war mir die Kompliziertheit des Kastenwesens nicht bewusst, aber ich wusste, dass meine Mutter als eine Kapur so etwas wie eine *Dhaighari* war; indem sie mit meinem Vater einen Kakar heiratete, der zu den *Charghari* gehörte, hatte sie zwar nicht außerhalb ihrer Kaste, aber gewiss unterhalb ihres Status geheiratet. Und wenn mein Vater verschämt, aber stolz lächelte, sobald sie vom höheren Status der Kapurs sprach, verstand ich, dass es zutraf. Ein modernes Kapur-Mädchen zu heiraten, dazu die Tochter eines berühmten Chirurgen, war für meinen Vater wie ein Verdienstorden für seinen Erfolg, eine weitere Goldmedaille bei seinem Aufstieg in die Welt der indischen Elite. Schon vor 70 Jahren gehörte Meritokratie zur indischen Gesellschaft, war allerdings noch nicht so weit verbreitet wie heutzutage.

Damals war das Kastenwesen eine Möglichkeit, die eigene Wertschätzung zu stärken, indem man ohne Schuldgefühle auf eine andere Gruppe hinabschaute. Dhaigharis fühlten sich anderen Khatris überlegen, die wiederum auf die *Banias* hinabschauten, die «Geschäftsleute», wie meine Mutter sie nannte; nur wenn sie zufälligerweise sehr reich waren, wurde ihnen der Khatri-Status ehrenhalber zuerkannt. Die derart Begünstigten waren sich dieser Ehre natürlich nicht bewusst und blickten weiterhin auf die Sudra-Kasten hinab, die wiederum ihre als verachtenswert geltenden Lieblingskasten verachteten, und immer so fort in einem beinah endlosen Abstieg. Obwohl ich in einem «modernen» Haushalt aufwuchs, in dem das Kastenwesen nur ein unregelmäßiger und unehrenhafter Gast war, den man sich nicht an den Tisch lud, frage ich mich dennoch nach seinem Beitrag zu einem unbewusst hierarchischen Blick auf meine soziale Welt und dem Erwerb eines leichten Überlegenheitsgefühls, das bewusst einzuräumen mir gegen den Strich geht. Ich erinnere mich immer noch an die Beschämung, die ich als Zwanzigjähriger empfand, als ich in Kalkutta bei einem sehr geschätzten Musiker aus Goa Klarinettenunterricht nehmen wollte und mein Großonkel, den ich damals besuchte, mich zurechtwies: «Du bist ein Khatri und kein Mirasi [traditionell die Musikerkaste]. Du solltest zur Pistole greifen, nicht zu so einem *Tuti.*» Tuti ist die abschätzige Bezeichnung für ein Blasinstrument.

Nicht nur Musiker, sondern alle darstellenden Künstler wurden von der «besseren Gesellschaft» als bloße Unterhalter geschmäht. Diese Form der Verunglimpfung war sehr alt. Zum Beispiel fordern alte hinduistische Gesetzestexte wie etwa die *Manusmriti* strenge Strafen bei Ehebruch. Eine der wenigen Ausnahmen kommt jedoch zum Tragen, wenn «die widerrechtliche Unterhaltung mit der Frau eines anderen Manns mit den Frauen von Schauspielern und Sängern» erfolgt. Während heutzutage etwas Übung im klassischen indischen Tanz als Talent gilt, das die Chancen einer jungen Frau auf dem Heiratsmarkt erhöht, wurde Tanz in den 1940er- und 1950er-Jahren mit «*Nautch*-Mädchen» in Verbindung gebracht, einer Tanztechnik, die Edelprostituierte praktizierten. Zum Beispiel hielt man *Bharatanatyam*-Tanz für die Domäne der Devadasis, Frauen, die von alters her Gott mit Gesang und Tanz verehrten, im 20. Jahrhundert jedoch eine Klasse der Tempelprostituierten bildeten. Erst 1935 konnte Rukmini Devi, die Gründerin der bekannten *Kalakshetra*-Tanzakademie in Madras, als erste Frau aus einer angesehenen Familie öffentlich *Bharatanatyam* aufführen.

Noch verrufener waren Filmschauspielerinnen, da viele der führenden Leinwandheldinnen – Naseem Bano, Mumtaz Shanti, Khursheed, Noor Jahan oder später in den Fünfzigerjahren Nargis, Suraiya, Nimmi und Madhubala – Töchter oder zumindest mutmaßliche Töchter von *Tawaifs* waren, Sängerinnen und Tänzerinnen, die das erdverbundenere Äquivalent der japanischen Geisha waren. Als Beweis seines materiellen Besitzes und zugleich als Neidobjekt für andere Männer durfte sich ein reicher Mann eine Schauspielerin als Geliebte leisten, niemals jedoch zur Frau nehmen. Der liederliche Geruch des *Kotha*, eines gehobenen Bordells, das von Aristokraten und Reichen frequentiert wurde, umgab Schauspielerinnen bis in die 1960er-Jahre. Ich erinnere mich, wie eine Tante sich darüber wunderte, dass so ehrenwerte Leute wie die Tagores aus Bengalen, die mit dem großen Rabindranath persönlich verwandt waren, es ertragen konnten, dass Sharmila Tagore, eine Tochter ihrer weitläufigen Familie, als populärer Kinostar jener Zeit in Filmen auftrat.

Ich erbte die Kluft zwischen der Herkunft meines Vaters und der meiner Mutter in Form einer Persönlichkeitsspaltung. Die Lahori-

Großvater väterlicherseits

Großmutter väterlicherseits

familie meines Vaters hatte stets hohe Erwartungen in ihren ältesten Sohn gesetzt. Während des Studiums hatte er brilliert und brachte es auf der Schule und auf dem College anstrengungslos zum Klassenbesten. Angesichts seiner intellektuellen Begabung hielt man es für selbstverständlich, dass er es als Erster aus der Familie schaffen würde, aus der indischen Welt der Basare Lahores in die indisch-englische Welt aufzusteigen, die durch Model Town oder vielleicht sogar Lawrence Gardens repräsentiert wurde. Von diesem Weg, der als geografische Entfernung nur einige Kilometer betrug, aber in der kulturellen Sphäre gewaltig war, träumten viele junge Männer seiner Generation aus der Mittelklasse. Der beste Pass in diese andere Welt bestand darin, die anspruchsvolle Prüfung für Beamte zu bestehen, eine Prüfung, die durchaus einen ähnlichen Traum verkörperte, wie ihn heutzutage der indische Verwaltungsdienst für Hunderttausende junger Männer und Frauen aus den Dörfern und Kleinstädten Indiens darstellt. Die schriftliche Prüfung, der noch ein mündliches Examen folgte, war extrem schwierig; aus ganz Punjab wurden jedes Jahr lediglich vier bis fünf Kandidaten eingestellt. Andere Wege in die indisch-englische Welt führten über die Offiziersausbildung in der Armee und das Jura-, Ingenieurs- oder Medizinstudium, doch war das prestigeträchtigste Examen das für den indischen Staatsdienst, den *Indian Civil Service*, kurz ICS.

Der Zugang zum ICS, zum «harten Kern» von etwa 1500 auf ganz Indien verteilten Beamten, stand Indern seit einigen Jahren offen, doch die höheren Dienstränge wurden immer noch mit Auslandsbriten besetzt.

Der Familie meines Vaters ging es gut, doch fehlte das Geld, um ihm Studienjahre in England zu finanzieren, was als Voraussetzung galt, um das Examen zu bestehen. So lautet die offizielle Version. Ich glaube jedoch, dass mein Vater das Examen fürs «himmlische» ICS, auf das man sich am besten in England vorbereitete, intellektuell sehr wohl gemeistert hätte, dass es aber jenseits seiner kulturellen Kompetenz lag. Um in den Dienst zu gelangen, mussten die jungen Männer (im ICS gab es keine Frauen) mindestens in zweiter, wenn nicht dritter Generation aus den Basaren heraus sein, um mit Selbstverständlichkeit über westliche Manieren und jene soziale Kaltblütigkeit zu verfügen, auf die die britischen Prüfer bei indischen Bewerbern Wert legten, um sie in passable Imitate ihrer selbst verwandeln zu können. Als er als junger Mann das College verließ, wusste mein Vater nicht, wie man mit Messer und Gabel isst. Vom Unterschied zwischen einem Pink Gin und einem Gin mit Tonic hatte er keinen Schimmer; da er als Heranwachsender den Nährwert von Milch und gewürztem Trinkjoghurt geschätzt und nie Alkohol probiert hatte, hätte er nicht einmal den Unterschied zwischen Whisky und Rum gewusst. In den Gassen von Machhi Hatta hatte er *Gilli Danda* gespielt, aber mit den Feinheiten von Kricket war er nicht vertraut. Er konnte weder reiten noch Tennis spielen, noch tanzen; die Gegenwart einer jungen Frau, die nicht zu seiner Familie gehörte, hätte ihm die Zunge gelähmt. Er liebte indische Ringkämpfe, die frühmorgens am Ufer des Ravi stattfanden. Eine weitere Leidenschaft war das Rezitieren von Sanskritversen vor bewundernden Freunden – in seiner Jugend die romantischen Gedichte Kalidasas und später, als er älter geworden war, die zynischeren Verse Bharrtiharis.

Obwohl mein Vater studiert hatte, die klassische englische Literatur schätzte und grammatisch korrekte Prosa schrieb, hatte er in seiner Jugend nur selten Gelegenheit, Englisch zu sprechen. Über die korrekte Aussprache vieler englischer Wörter war er sich unsicher – eine fast todsichere Vorgabe für ein Desaster in der ICS-Prüfung. Meine Mutter, meine Schwester und ich, die wir allesamt Immigranten der zweiten Generation in die anglo-indische Welt waren, erzogen auf Konventschulen, die von britischen und irischen Missionaren geleitet wurden, neckten ihn später oft wegen seines Akzents und seiner Aussprache englischer Wörter. Er mochte diese Neckereien, provozierte sie sogar; selbst wenn wir Kinder ihn oft korrigiert hatten, sprach er absichtlich *meadow* weiterhin wie *meedow* aus und brachte uns damit zu Heiterkeitsstürmen. Bei diesen Gelegenheiten gelang es ihm nicht, hinter einem missbilligenden Grinsen seinen Stolz zu verbergen, dass er es seinen Kindern ermöglicht hatte, seine eigene «Leerstelle» zu füllen – Englisch mit korrekter Aussprache und nur minimalem indischen Beiklang in der Intonation zu sprechen. Als ich mich als Erwachsener absichtlich um einen Punjabi-Akzent in meinem gesprochenen Englisch bemühte, empfand ich immer ein kleines Schuldgefühl, weil ich meinen Vater um eine Hoffnung betrog, die er gegenüber seinen Kinder gehegt hatte.

Der Traum der Familie meines Vaters, ihr ältester Sohn möge in die Welt der *Sahibs* aufsteigen, endete fast, bevor er noch richtig begonnen hatte. 1934, in dem Jahr, in dem er seine Prüfung ablegte, gab es in der Provinzverwaltung vier offene Stellen. Um die vierte Stelle konkurrierte er mit zwei anderen jungen Männern, einem Moslem und einem Sikh. Nachdem einer der erfolgreichen Bewerber aus medizinischen Gründen abgelehnt worden war, wurden die beiden anderen Kandidaten unter der Voraussetzung ausgewählt, dass sie im mündlichen Examen, das natürlich auf Englisch abgehalten wurde, besser abschnitten. Meine Vater glaubte, dass seine relativ schlechte Leistung nicht nur mit seinem erbarmungswürdigen Akzent zusammenhing, sondern auch mit seiner «schlechten Erscheinung», die er mit seiner geringen Körpergröße in Verbindung brachte. Das war eine Katastrophe, da er im folgenden Jahr nicht noch einmal zur Prüfung antreten konnte, weil er dann die Altersgrenze überschritten hatte. Mein Vater wandte sich schriftlich an den Gouverneur von Punjab, legte seinen Fall haarklein dar und schloss mit den kriecherischen Floskeln, die Inder bei ihrer Korrespondenz mit dem Raj pflegten: «Euer Exzellenz untertänigster Bittsteller appelliert schließlich an Euer Exzellenz wohlbekannten Sinn für Gerechtigkeit und Fairness und bittet darum, ihm die Position, auf die er Anspruch erhebt, gnädigst zuzuerkennen.» Man machte eine Ausnahme und erlaubte ihm, im folgenden Jahr noch einmal zur Prüfung anzutreten, und diesmal meisterte er die Prüfung sicher.

Meine Mutter war siebzehn, als sie meinen Vater heiratete. Pitaji, der über die Verbindung begeistert war, sah in meinem Vater einen «kommenden Mann», der ihn an sich selbst in jenem Alter erinnerte – brillant, fleißig, ein Selfmademann –, und akzeptierte den Heiratsantrag, als er ihm von einem Bekannten beider Familien übermittelt wurde. Meine Mutter, die ihren Vater idealisierte, machte ihm wegen der Verheiratung keine Vorwürfe. Irgendwie mochte sie sich sogar geschmeichelt fühlen, dass ihr vergötterter Vater ihr einen Ehemann ausgesucht hatte, der seinem eigenen Bild entsprach. Als meine Mutter von meiner Großmutter gefragt wurde, ob sie zustimme, soll sie angeblich geantwortet haben: «Was immer Pitaji für richtig hält.»

Später machte sie ihrer Mutter Vorwürfe, die arrangierte Verbindung nicht verhindert zu haben. Mein Vater war nicht nur ein Lahori, sondern auch klein und dunkelhäutig, wenn auch keineswegs so hässlich, wie er sich selbst stets empfand. Außerdem war er nicht in der ICS, sondern nur Mitglied des niedrigen Provinzdienstes, der PCS. Meine Mutter hatte das Gefühl, dass Mataji ihren Einfluss bei der Verheiratung ihrer beiden jüngeren Schwestern stärker geltend gemacht hatte und ihre beiden anderen Schwiegersöhne höher schätzte als meinen Vater. In der Beziehung meiner Mutter zu ihren Schwestern fehlte es nicht an Neidgefühlen. Diese hatten nämlich einen College-Abschluß gemacht, während sie wegen ihrer bevorstehenden Heirat vom College abging. Die Schwestern hatten nicht nur später, sondern auch «besser» geheiratet. Kamla heiratete einen ICS-Mann und Prem, die jüngste Schwester, einen Geschäftsmann. Letzteren hätte man theoretisch verachten können, weil er «Händler» war, es sei denn, wie schon gesagt, der Geschäftsmann wäre extrem reich – was Prems Gatte war. In einem Brief an meinen Vater vom September 1943 aus Lahore kommt dieser Neid deutlich zum Ausdruck. Nachdem sie über ihre finanziellen Probleme geklagt hat, erwähnt meine Mutter, dass ihre Schwester Prem, die «mit ihrem Mann aus Kaschmir [wo sie ein Sommerhaus besaßen] gekommen ist, drei Tage in der Lawrence Road 8 wohnte, und jetzt sind [sie] zum Pferderennen nach Poona gefahren». Dass Kamlas Ehe ein paar Monate nach der Hochzeit mit der Ermordung ihres Manns tragisch endete und Prems Ehe sich in eine Katastrophe verwandelte, weil ihr Mann Alkoholiker war und gewalttätig wurde, nachdem er fast sein gesamtes Vermögen verloren hatte, als sie nach der Teilung als Flüchtlinge nach Indien kamen, muss meiner Mutter wie eine Art göttlicher Wiedergutmachung vorgekommen sein.

Der Idealmann meiner Mutter war ihr älterer Bruder Krishan, der Militärarzt war, dessen Interesse für Medizin aber gegen null ging. Krishan *Mama* war groß, über einsachtzig, gut gebaut und machoartig hübsch inklusive eines gepflegten Schnurrbarts, der seine Oberlippe zierte. Wenn er, vorschriftsmäßig gefolgt von einem Uniformierten, morgens zur Arbeit ins Militärhospital ging und dabei seinen auf Hochglanz polierten Teakholzstock herumwirbelte, machte er in seiner gestärkten Kakiuniform mit dem Leutnantsstern auf den Schulterklappen, der spitz zulaufenden Mütze und einen glänzenden Sam-Browne-Gürtel um die schlanken Hüften enormen Eindruck. Gleichermaßen flott und hübsch sah er aus, wenn er in weißem Hemd und Hose abends zum Tennisspielen in den Club ging; er war Meister des Clubs.

Krishan *Mama* hatte einen lockeren, spielerischen Charme, den meine Mutter und meine Großmutter unwiderstehlich fanden. Er war ein starker Trinker und stand in dem Ruf, «ein Auge für die Damen» zu haben, und so manche Dame erwiderte sein Interesse mit beiden Augen. Als impulsiver Mann mit einer Nach-mir-die-Sintflut-Attitüde neigte Krishan *Mama* eher dazu, etwas zu bedauern, was er getan hatte, als etwas zu bedauern, was er nicht getan hatte.

Mein puritanischer Großvater missbilligte den ungezügelten Charakter seines ältesten Sohns nachdrücklich. Doch immer wenn sein Vater ihn zurechtgewiesen hatte, tröstete meine Großmutter ihn und nahm ihn unter ihre Fittiche. Krishan *Mama* roch oft nach einer Mischung aus Whisky und Rasierwasser und hatte immer ein gutes Wort und ein Schulterklopfen für mich, wenn er mir im Haus begegnete. Er nannte mich *Yaar*, was sich als «lieber Freund» übersetzen lässt, für einen Inder aber auch den Beiklang lebenslanger, emotionaler Bindung und Zuneigung zwischen Männern hat, die sich von Kindesbeinen an kennen. Für einen Fünfjährigen konnte es kein größeres Kompliment geben, als von dieser Lichtgestalt, die seine Mutter mit leuchtenden Augen, verzückter Miene und vielen Worten für das Ideal eines echten Mannes hielt, *Yaar* genannt zu werden.

Abgesehen von flüchtigen Begegnungen bei familiären Anlässen verlor ich ihn aus den Augen, als ich älter wurde. Gelegentlich wurde er noch in den Gesprächen meiner Eltern erwähnt, üblicherweise im Zusammenhang mit seiner Trinkerei und seinen Eheproblemen. Ich war sein *Sarbala* gewesen, der kleine Neffe, der hinter dem Bräutigam auf dem Pferd sitzt, als Krishan *Mama* dem Hochzeitszug voranritt, um Vimla zu heiraten, die als das schönste Mädchen in der Stadt Firozpur galt, in der die Hochzeit stattfand. In Anbetracht ihrer sinnlichen Ausstrahlung kann ich mir vorstellen, dass Krishan *Mama* und Vimla *Mami* um sich herum ein Kraftfeld der Begierde erzeugten, das Möchtegern-Liebhaber dazu reizte, die Grenzen ihrer Zweisamkeit zu durchbrechen. Wie ich den Gesprächen meiner Eltern entnehmen konnte, wurde diesen Verlockungen nicht immer widerstanden. Meine Mutter beharrte jedoch darauf, dass die Geschichten über die Flirts ihres Bruders stark übertrieben seien, und außerdem war an solchen Affären immer die Frau schuld, was sich sowohl auf Krishan *Mamas* Frau als auch auf den Klatsch über seine neueste Eroberung bezog. Mein Vater lächelte nur.

Krishan *Mama* starb früh mit Anfang fünfzig an einem Herzinfarkt auf dem Tennisplatz; das starke Rauchen und Trinken forderte schließlich seinen Tribut. Meine Kindheitserinnerungen an sein Lachen und seinen Charme, der Hauch Mondänität, der von ihm ausging und die Menschen in seinem Dunstkreis belebten, wird durch eine Erinnerung an unsere letzte Begegnung verdüstert. Sie ergab sich anlässlich meiner Hochzeit. Wir kamen alle aus Bombay, wo die Hochzeit stattgefunden hatte, nach Delhi zurück. Als der Zug durch Rajasthan fuhr, hatte er mich gebeten, ihm an einem der Bahnhöfe, an denen der Zug hielt, eine Flasche Schnaps zu besorgen.

«Was möchtest du denn? Whisky, Rum, Gin?», fragte ich. Er sah mich mit müden Augen an, und die grauen Bartstoppeln auf seinen unrasierten Wangen ließen ihn nicht nur älter aussehen, sondern auch wie jemanden, der mit der jetzt abschüssigen Bahn seines einst goldenen Lebens fertig zu werden versuchte. Die Genusssucht hatte an seinem guten Aussehen gezehrt. Die Tage seiner sportlichen Triumphe waren längst Vergangenheit. Er wusste, dass er in der Armee nicht mehr über seinen derzeitigen Rang als Oberstleutnant hinauskommen würde. Die Leute lästerten über seine medizinische Kompetenz, am meisten ausgerechnet sein bester Freund und Saufkumpan Ajji, der Mann seiner Schwester Prem, der ihn «liebevoll» als «Pferdedoktor» bezeichnete. *«Kuch vi lya de, yaar. Mat hi te marni hai»*, sagte er zu mir auf Punjabi. «Bring irgendwas, *Yaar*. Hauptsache, es löscht das Bewusstsein aus.»

Meine Mutter mag auf die soziale Herkunft meines Vaters herabgeschaut haben, aber auf seine intellektuellen Fähigkeiten und beruflichen Leistungen war sie stolz. Wenn sie im Lauf der Jahre durch die Familienfotoalben blätterte, zeigte sie oft auf sein Foto als junger Mann, am Revers seines Ausgehanzugs zwei Goldmedaillen, die ihm verliehen worden waren, weil er auf der Universität bei seinem Examen zum *Master of Arts* sowohl in Wirtschaftswissenschaft als auch in Politik als Bester abgeschnitten hatte. Sie brauchte ihre Erwartung gar nicht laut auszusprechen, dass ich, wenn meine Zeit käme, den Goldmedaillen meines Vaters, die sie zusammen mit dem Schmuck, der ein Teil ihrer Aussteuer war, in einem Bankschließfach verwahrte, weitere Orden hinzufügen würde.

Als sie älter wurde, wuchs ihre Bewunderung für meinen Vater, und die Beziehung zwischen ihnen wurde intimer. Nach und nach lernte sie seine Integrität zu schätzen, seine Gelassenheit und Aufmerksamkeit gegenüber der Familie, besonders ihr selbst gegenüber. Mein Vater vergötterte meine Mutter. Er fand, dass sie von den Schwestern Kapur die Schönste war. «Sieh sie dir doch an», sagte er und deutete auf ein Studiofoto meiner Mutter, als sie Anfang zwanzig war; es war sorgfältig gerahmt und schmückte die Kaminsimse der Wohnzimmer sämtlicher Häuser, in denen wir wegen der häufigen Versetzungen meines Vaters, die sich aus seiner Arbeit ergaben, wohnten. Auf diesem Foto trägt meine Mutter eine kurze, bestickte *Kurta* aus Seide, die bis an die Knie reicht, und eine glänzendweiße *Garara*, eine Hose, deren Beine ausgestellt sind, sodass das Kleidungsstück wie ein langer Rock wirkt. In einer Hand hält sie den Saum eines fast durchsichtigen *Chunni*, der einen Teil des Kopfes und ihre gewagte, schulterlange «Bubikopf»-Frisur verbirgt. Sie ist sehr schön.

Unwahrscheinlicher ist da schon, dass mein Vater behauptete, meine Mutter sei auch die intelligenteste der Schwestern gewesen. «Wenn sie doch nur die Möglichkeiten gehabt hätte, die Kamla hatte», pflegte er zu sagen und meinte die zweite Schwester, die Ende der 1940er-Jahre in den USA zum Dr. phil. promovierte und eine glänzende Karriere als Pionierin der Managementschulung in Indien machte, «hätte deine Mutter es genauso geschafft, wenn nicht noch besser.»

Seit meinem fünften Lebensjahr wuchs ich also mit zwei Idealvorstellungen des Mannes auf, der ich werden sollte: eine Kombination der Bilder meines Vaters und meines Onkels Krishan, gespiegelt in der Psyche meiner Mutter und meinen eigenen Erfahrungen mit beiden

Männern. Diese beiden Bilder begleiteten mich als Zielvorstellung bis weit in die Erwachsenenzeit. Das Ideal war das eines Mannes, der sowohl Intellektueller wie Sportsmann ist, Gelehrter und Bonvivant, ein Mann, der ein geistiges, wenn nicht gar spirituelles Leben anstrebt, aber genauso der Körperlichkeit zugewandt ist. Eine der unbewussten Botschaften meiner Mutter an mich als ihren ernannten Konquistador bestand darin, jemand zu werden, der die Aufmerksamkeit der Frauen und den Neid der Männer erregt – eine schlechte Idee, wenn der Neidende zufälligerweise der Gatte jener Frau ist, die den Eroberer anhimmelt.

*

Ebenfalls in meinem fünften Lebensjahr entdeckte ich während unseres langen Aufenthalts in Lahore das Vergnügen von Kinobesuchen, die meiner bereits überaus lebhaften Phantasie zusätzlich Flügel verliehen. Ich habe bereits an anderer Stelle berichtet,[6] dass Kinobesuche während der 1940er-Jahre als etwas Ungehöriges, wenn nicht empörend Unmoralisches galten und für die sich entwickelnde Sensibilität kleiner Kinder angeblich besonders gefährlich waren. Nicht alle Filme waren gleichermaßen durch moralische Missbilligung verpönt. Im Kastensystem des Kinos bildeten Stuntfilme, die indische Spielart der Kung-Fu-Filme, die niedrigste Kaste, während die brahmanischen Mythenstoffe und *Kshatriya*-Historien miteinander um den edlen Spitzenplatz konkurrierten. Ich war in der glücklichen Lage, dass den Brüdern meiner Großmutter ein Kino gehörte, das *Prahbat Talkies*, und ich gut Freund mit dem Portier war, der als Aushilfskraft nebenan im Haus meiner Großonkel beschäftigt war. Während die Familie ihren Mittagsschlaf hielt, schlich ich mich manchmal ins Kino, um meiner heimlichen Leidenschaft zu frönen.

Ich benutze den Begriff Leidenschaft wörtlich und nicht als Metapher, weil meine Gier nach Filmen unersättlich und mein Konsum entsprechend hoch waren. Als *Ratan* 1943 anlief, sah ich den Film 16-mal, *Shikari* 14-mal und selbst das extrem unterdurchschnittliche Mythologiemachwerk *Kadambri* dreimal. Mein Filmgeschmack war katholisch, geprägt von hemmungsloser Bewunderung.

Wenn ich in Gesellschaft von Studenten, die sich eine Pause vom Studium gönnten, und Hausangestellten, die ihre Einkaufstouren verlängerten, in den ersten Reihen des dunklen Parketts saß, war ich nicht mehr das kleine Kind aus einer Provinzstadt, sondern ein Mann von Welt, ein Teil der ersehnten Erwachsenenwelt, selbst wenn ich deren Mysterien und Rituale nur erst vage erahnte. Ich stimmte ins zustimmende Gelächter ein, das einem zweideutigen Zwischenruf aus dem Publikum galt, auch wenn mir die Bedeutung völlig unverständlich war. Und im gespannten Schweigen, das einer besonders gut gespielten Liebesszene folgte, hielt auch ich den Atem an und versuchte heimlich mit zum «O» zusammengelegtem Daumen und Zeigefinger unter der Zunge das anerkennende Pfeifen nachzuahmen, das zur unvermeidlichen Szene erscholl, in der die Heldin, sterbliche Frau oder Göttin, vom Regen durchnässt ihre Reize durch einen nassen, eng am Körper anliegenden Sari preisgab.

Als ich zwölf oder dreizehn war und in Shimla zur Schule ging, hatte sich mein Filmgeschmack weiterentwickelt oder, besser gesagt, degeneriert zu einer Zuneigung zu Stuntfilmen, den zweitklassigen Actionfilmen Bollywoods, die sonntags morgens um 11 Uhr liefen. Außer ein paar Schuljungen und Collegestudenten war das Publikum dieser Filme überwiegend jung, männlich und entstammte der Unterschicht: Rikschafahrer, Handwerker, Verkäufer. Die unbestrittene Königin dieser Filme war Nadia, die «Furchtlose Nadia» der Kinoplakate. Ihre Filme *Hunterwali* (Die Frau mit der Peitsche) und *Toofanmail* (Storm Express – der Name eines Zugs von Bombay nach Amritsar) waren noch Jahre nach ihren Erstaufführungen große Erfolge und liefen regelmäßig in Shimlas drei Kinos.

Nadia war eine für Indien höchst untypische Filmheldin, nämlich eine stämmige, blonde Australierin, die schlecht Hindi sprach, eine Maske aufhatte und enge, kurze Lederhosen trug, die ihre muskulösen Schenkel zeigten. Zu einer Zeit, als die Beine indischer Frauen stets mit einem Sari, Salwar oder knöchellangem Rock bedeckt zu sein hatten, waren Nadias weiße Beine von dieser Vorschrift ausgenommen und boten eine gebilligte Quelle sexueller Anregung. Es handelte sich um die gleiche, wenn auch umgekehrte Logik, die es im Westen Zeitschriften wie *National Geographic* erlaubte, nackte Brüste brauner oder schwarzer Frauen abzubilden, lange bevor der *Playboy* es wagte, die Brüste weißer Frauen zu zeigen.

Nadia zückte Revolver, schwang eine Peitsche, lief über die Waggondächer fahrender Züge, schwang sich von Kronleuchtern herab, verprügelte Schurken und spielte mit Löwen. In kultureller Hinsicht war sie eine phantasierte Reinkarnation Durgas, der beschützenden Muttergöttin, die einen Speer schleudert, statt mit der Peitsche zu knallen, und unerschrocken innere und äußere Dämonen abschlachtet. In psychologischer Hinsicht war Nadia die mächtige Phallusmutter, die es Männern und Jungen auf der Schwelle zum Erwachsenwerden erlaubte, sich mit den Launen der Sexualität und den fließenden Grenzen zwischen den Geschlechtern auseinanderzusetzen, bevor sie ins Stadium selbstbewusster Männlichkeit eintraten. Indem man sich unbewusst mit dieser Superfrau identifizierte, die sowohl Mann als auch Frau war, blieb man nicht auf seine Männlichkeit reduziert, sondern bekam auch Zugang zum Weiblichen: Man konnte beide Geschlechter sein. Als Lust- und zugleich Angstobjekt half Nadia bei der Freisetzung von Phantasien, die mit dem zusammenhängen, was in der Psychoanalyse als fundamentales Objekt unserer unbewussten Begierden gilt: der Körper der Mutter. In dieser Hinsicht unterschied sie sich von Ava Gardner, der anderen großen Liebe meines damaligen Kinolebens, die mit ihren Smaragdaugen, hohen Wangenknochen und vollen Lippen ein reines Lustobjekt war – falls Lust, besonders für Teenager, denn überhaupt unkompliziert rein sein kann.

Filme sind immer noch meine Leidenschaft, obwohl mein Geschmack sich weiter verändert hat – ich zögere zu behaupten, er habe sich ständig «verbessert». In der Jugend als einer prätentiösen Lebensepoche der besten Jahre galt mein Respekt als der eines Möchte-gern-Intellektuellen ausschließlich europäischen «Kunstfilmen» – den Kinoarbeiten solcher Regisseure wie Ingmar Bergman, Satyajit Ray, François Truffaut, Jean Goddard, Federico Fellini, Michael Antonioni, Akiro Kurosawa, Andre Wajda. Mit Ausnahme der Filme Satyajit Rays waren dies die Jahre, in denen ich mich der modischen Verachtung sämtlicher indischer Filme anschloss – aber auch der Standardware aus Hollywood. Zu einer Zeit, als ich Wunschphantasien hegte, Filmregisseur zu werden (worauf ich später noch zurückkommen werde), hätte ich mich sogar mir selbst gegenüber zuzugeben geschämt, dass ich einige dieser Schwarz-Weiß-Meisterwerke, über die ich mit Pseudowissen begeistert mit Freunden diskutierte, im Grunde langweilig, wenn nicht gar einschläfernd fand.

Filme befeuern immer noch auf besondere Weise meine Vorstellungskraft, obwohl ich heute nur noch milde von ihnen abhängig bin;

eine Dosis von zwei oder drei Filmen pro Woche aus dem Angebot des Weltkinos, das heute auf dem kleinen Bildschirm zugänglich ist, befriedigt meine bescheidenen Bedürfnisse. Wenn mir als Kind das Kino erregende Ausblicke in die ersehnte Erwachsenenwelt gewährte, hilft es mir nun dabei, die Straße, die zur Kindheit zurückführt, frei zu halten.

Zurück zu meinen Erinnerungen an Lahore. Die wichtigste ist die an jene Tage, die ich mit der Familie meines Vaters in ihrem Haus innerhalb der Stadtmauern verbrachte. Den Briefen meiner Mutter an meinen Vater entnehme ich, dass mich meine Erinnerung nicht darüber täuscht, wie gern ich bei meinen Großeltern väterlicherseits und ihrer großen, weitverzweigten Familie war, die an jedem x-beliebigen Tag zwischen 15 und 25 Erwachsenen und Kindern variieren konnte.

«Unser Baby bleibt nicht in der Lawrence Road», schreibt meine Mutter. «Er ist lieber in Machhi Hatta und fühlt sich dort wohl. Sohan [der jüngste Bruder meines Vaters] ist gekommen und hat ihn mitgenommen, und er bleibt mit Bauji [meinem Großvater] für ein paar Tage.» Und wieder: «Sudhir wird dort verwöhnt. Ich weiß nicht, was ich machen soll. Ich bin erschöpft.»

«Verwöhnt» bezieht sich auf die Aufmerksamkeit, die mir meine Großeltern und der jüngere Bruder meines Vaters entgegenbrachten, aber auch unverheiratete Schwestern und Cousinen, die bei ihnen lebten oder nur zufällig einen Tag oder auch einen ganzen Monat zu Besuch waren. Es war hilfreich, dass ich der älteste Sohn des ältesten Sohns war, der wiederum der Stolz der Familie und der ganzen Hiranand Gali war, eine der vielen kleinen Gassen, die vom Shah-Almi-Basar abzweigten. Die Ladenbesitzer dieses Basars waren zumeist Hindus, weshalb Kühe und Ochsen, die mitten auf der belebten Straße ruhten oder aus Wassertrögen soffen, die von frommen Ladenbesitzern eigens für sie gebaut worden waren, ein vertrauter Anblick waren. Der Kutscher des Pferdetaxis, mit dem mich mein Onkel von der Lawrence Road abholte, musste oft mit der Peitsche knallen, um eine Kuh, die an einem Salzblock leckte, für das Pferdetaxi von der Straße zu scheuchen. Während der Unruhen von 1947 infolge der Teilung brannte der Basar vollständig aus, aber wie ich höre – denn ich war nie wieder in Lahore, seit die Stadt pakistanisch wurde –, blieb unsere Gasse von der Zerstörung verschont.

Wie andere Gassen innerhalb der Stadtmauern, einige mit Namen wie Laila Majnun di Gali, der die Erinnerung an das legendäre persische Liebespaar wach hielt, war auch die Hiranand Gali auf beiden Seiten von dreistöckigen Häusern gesäumt. Sie waren nicht nach irgendwelchen ästhetischen Kriterien, sondern nach dem Nützlichkeitsprinzip gebaut, und das bedeutet, dass so viele Räume wie möglich in den vorhandenen Platz gequetscht wurden. Die Häuser waren so dicht aneinandergedrängt wie Bücher, die Rücken an Rücken auf einem Regal stehen, und man konnte über einen kleinen Wall von einer Terrasse zur nächsten gehen. Das Leben, das sich auf den Dachterrassen abspielte, war allen Nachbarn zugänglich: Morgens hängten Frauen die Wäsche zum Trocknen auf, in Lahores kalten Wintern wärmten sich ältere Männer und Frauen in der Nachmittagssonne, bei festlichen Anlässen versammelten sich Familien zu Feiern, flirtende Teenager-Cousins schlichen auf der Suche nach einem lauschigen Plätzchen herum, wenn die Dachterrasse verlassen war, und im Sommer gab es an verschiedenen Stellen der Terrasse viele Gespräche, bevor die Leute abends schlafen gingen, und wenn sie morgens wieder erwachten, gab es Lärm. Hiranand Gali lag sogar tagsüber im Dämmerlicht. Die Gasse war auch ständig feucht und roch nach den schmalen, offenen Rinnsteinen, die vor den Häusern entlangliefen und einen tintigen, schleimigen Matsch aus Gemüseabfällen, Obstschalen und Kinderpisse fortschwemmten.

Laut Familienmythologie hatte Bauji während seines Arbeitslebens als Bauunternehmer für das staatliche Bauamt mehr als eine Million Rupien verdient und ausgegeben oder, besser gesagt, verschenkt. Gemäß der Legende, mit der ich aufwuchs, gab es in ganz Lahore kein größeres Herz. Jeder, der mit einem Rührstück aufwartete, insbesondere wenn der Mann für ihn arbeitete, konnte sich sicher sein, es mit einem mitfühlenden Herzen und einer offenen Brieftasche zu tun zu bekommen. Meine praktische Großmutter hatte die Angewohnheit, die Taschen seines Mantels (im Sommer seiner Kurta) auszuleeren, wenn er von der Arbeit kam und ins Bad ging, um sich zu waschen und sich für den Abend bequemer anzuziehen. Ich kann diesen Mythos nicht untermauern, aber persönlich belegen, dass, immer wenn ich bei meinen Großeltern in Machhi Hatta war, jedes Kind, das Geld brauchte, um sich einen Pullover oder ein Spielzeug zu kaufen, von einem untrüglichen Instinkt zu Baujis Zimmer geleitet wurde.

Wenn noch Geld übrig war, nachdem auch vergleichsweise Wildfremde ihren Anteil gefordert hatten, spendete Bauji es der Kongresspartei Punjabs. Bauji war ein Nationalist, der große Bauprojekte für die britische Verwaltung realisierte, aber auch ein glühender Anhänger des indischen Unabhängigkeitskampfs. Während Gandhi *Quit-India*-Kampagne beschloss er 1942, keine britischen Bauaufträge mehr anzunehmen, eine Entscheidung, die unmittelbare und katastrophale Folgen für die Finanzen der Familie hatte. Seine politischen Überzeugungen hinderten ihn nicht daran, mächtig stolz zu sein, dass sein ältester Sohn als Amtsrichter für das gleiche Kolonialregime arbeitete, dem er sich resolut widersetzte. Die Gefühle meines Vater widersprachen denen Baujis. In bester hinduistischer Tradition empfanden beide ihre gegensätzlichen Ansichten und widersprüchlichen Haltungen gegenüber dem Raj als Teil ihrer unterschiedlichen *Svadharmas*, ihrer unverwechselbaren Lebensaufgaben und abweichenden Lebensentwürfe, die friedlich nebeneinander existieren konnten und keinen Einfluss auf die Liebe und den Respekt hatten, die sie füreinander hegten.

Rückblickend frage ich mich, ob für meine Erinnerung an meinen Vater – wie er in einem beigen Gabardineanzug mit brauner Krawatte stolz neben der Kutsche des stellvertretenden Hochkommissars von Sargodha marschiert, die von vier gestriegelten Rappen gezogen wird, und an der Spitze der Parade spielt eine Polizeikapelle (wie ich mir heute ausmale) *It's a long way to Tipperary*, um den Sieg des britischen Empire am Ende des Zweiten Weltkriegs zu feiern – die ungelösten politischen Differenzen mit seinem eigenen Vater das verbogene Motiv bilden. Ich frage mich, ob das Flüstern der längst verstummten Stimme meines Großvaters mich daran hinderte, mein Studium in Großbritannien fortzusetzen – im Gegensatz zu den meisten meiner Altersgenossen, für die nach dem College der Weg auf eine britische Universität fast zu einem Initiationserlebnis wurde. Während vieler Jahre meiner frühen Erwachsenenzeit war ich sogar nicht willens, Großbritannien auch nur zu besuchen, jenes Land, das die Phantasien meines Vaters und Großvaters so weitgehend und widersprüchlich beherrscht hatte. Das verdrängte Element der Psyche meines Vaters, sein Indertum, brach, als ich älter wurde, als ein Aspekt meiner eigenen Identität auf und verband mich mit jenem Teil des Ichs meines Vaters, den er als unwürdig aus seinem Bewusstsein verbannt hatte, als er 1935 in den Kolonialdienst eintrat. Die komplizierte emotionale Haltung vieler Inder gegenüber dem Westen, die von rückhaltloser Bewunderung und Nachahmung bis zu heftiger Verunglimpfung reicht, ist nicht frei von ihren kaum bewussten Beziehungen zu ihren eigenen Vätern und Großvätern.

Ich erinnere mich, dass mein Großvater während der drei Monate im Jahr 1943, von denen ich hier schreibe, meistens zu Hause war. Die lebhafteste Erinnerung besteht darin, dass ich seinen imposanten Bauch kitzele, während er versucht, seinen Mittagsschlaf zu halten. Ich versuche ihn dazu zu bringen, mit mir *Jhoote Maian* zu spielen. Das ist unser ganz privates Spiel, bei dem ich auf seinen Füßen reite, während er auf dem Rücken liegt. Meine Brust lehnt an seinen bis zu seiner Brust angezogenen Knien. Mein Großvater hält mich an den Händen und ruft «Jhoote!», streckt die Knie nach oben aus, und ich werde auf seinen Beinen hoch in die Luft geschwungen. Wenn er die Knie wieder an die Brust zieht, ruft er «Maian!» und legt die Füße wieder aufs Bett, wobei ich für einen Moment das Gefühl habe zu fallen, ein köstliches Gefühl, weil ich weiß, dass es ein gutes Ende nehmen und Glück und Angst in ein ausgewogenes Verhältnis bringen wird.

Die materielle Umgebung und fehlende Möblierung im Haus der Familie meines Vaters bilden lediglich den Hintergrund für meine Erinnerungen an jene Zeit. Die Bilder, die sich meiner Psyche unverlierbar eingeprägt haben, vermitteln den Eindruck wirbelnder Bewegung und Erregung, die in den sicheren Grenzen der Loyalität und Geborgenheit stattfinden, mit denen die Familie jedes einzelne Mitglied umgab, wie klein es auch sein mochte. Indem ich mich von einem Teil des Hauses zum nächsten bewegte, konnte ich innerhalb weniger Minuten Zeuge lautstarken Streits, herzerweichenden Schluchzens, sanfter Tröstungen, verliebter Techtelmechtel, brüllenden Gelächters und nüchterner Geschäftsverhandlungen werden. Die Küche im zweiten Stock, die sowohl Herz als auch Magen des Hauses war, wimmelte stets von Frauen – Töchtern des Hauses, weiblichen Verwandten und Gästen. Die Küche, die meiner willensstarken Großmutter unterstand, war schon am frühen Morgen belebt und schloss erst, abgesehen von einer mehrstündigen Nachmittagspause, spät in der Nacht. Man aß, was man wollte und wann man wollte, und es gab immer einen dampfenden Imbiss, der in einer hochrandigen Bratpfanne aus Gusseisen frisch zubereitet worden war. Ständig waren mehr als ein Dutzend Cousins und Kinder aus der Nachbarschaft anwesend, und wir spielten überall: auf der Dachterrasse, in sämtlichen Räumen des Hauses, draußen in der Gasse. Es gab keine Privatsphären, und all diese Orte waren grenzenlos und gingen nahtlos ineinander über. Wenn ich müde war, suchte ich mir irgendein leeres Bett, meistens eine Matratze auf dem Fußboden, und irgendwann kam eine der Frauen hinzu und legte mich schlafen. Als ältester Sohn des ältesten Sohns hatte ich das Privileg zu verlangen, dass meine Lieblingstante Darshana, die jüngste Schwester meines Vaters, ihre Küchen- oder anderen Haushaltsarbeiten beiseitelegte und mir Geschichten erzählte, während ich gegen den heraufdämmernden Schlaf ankämpfte. Viele dieser Geschichten waren aus den Epen *Ramayana* und *Mahabharata*, aber am liebsten war es mir, wenn sie aus *Chandrakanta* vorlas, einer sechsbändigen Romanze, die ihr Lieblingsbuch war und für mich bald zu einer Obsession wurde.

Chandrakanta von Devaki Nandan Khatri gilt als das erste Prosawerk in modernem Hindi und soll stark zur Verbreitung der Sprache beigetragen haben; Hunderttausende Menschen in Nordindien lernten Anfang des 20. Jahrhunderts Hindi, um den Roman und seine Fortsetzungen lesen zu können. Die Geschichte handelt von einem Liebespaar aus rivalisierenden Königreichen. Der Vater der Prinzessin Chandrakanta hat dem Liebhaber seiner Tochter Rache geschworen, weil er glaubt, dass er für den Tod seines einzigen Bruders verantwortlich ist. In Wahrheit ist der Mörder jedoch der böse Krur Singh aus dem Gefolge des Königs, der davon träumt, Chandrakanta selber zu heiraten und den Thron zu übernehmen. Die Geschichte ist voller phantastischer Abenteuer von *Tilisms* und *Aiyars*. Ein *Tilism* ist eine Art Labyrinth, in dem es viele Geheimkammern, Gänge und Kerker gibt. Die Person, die das *Tilism* erfolgreich aufbricht, befreit nicht nur alle dort Eingekerkerten, sondern kommt auch in den Besitz seiner unermesslichen Schätze. Ich wurde zu einem eingefleischten Befreier des *Tilism*, aber nur, wenn ich nicht gerade ein *Aiyar* war, ein Spion im Dienst des Königs, ein formidabler Krieger, der sich auch so verwandeln kann, dass er jeder anderen Person oder jedem Tier ähnelt. Für ein Kind gibt es kaum eine stärkere Befriedigung als geliebte Erwachsene aus unerträglichen Gefängnissen zu befreien, in die das Kind sie in seinem Zorn, seiner «bösen» Phase, überhaupt erst geworfen hat. Die einzige andere Tat, die annähernd das gleiche Vergnügen bereitet, besteht darin, eigenmächtig aus der Haut eines Fünfjährigen schlüpfen zu können und in die der Person oder des Tieres zu fahren, die man in diesem Augenblick sein möchte.

Ich war süchtig nach dieser zauberhaften, fiktiven Welt, in der nichts unmöglich war. Ein Teil von mir blieb in den Geschehnissen dieser Phantasiewelt zurück, wenn meine Tante gar nicht mehr da, sondern tagsüber mit ihren Pflichten beschäftigt war, und die Abenteuer des *Chandrakanta* beherrschten meine Tagträume, bis ich einschlief.

Ein altmodischer Psychoanalytiker, Teil jener aussterbenden Zunft, die Eins-zu-eins-Beziehungen zwischen psychischer Ursache und Wirkung herstellen, würde die Morgenröte meiner Einbildungskraft wohl mit der Geburt meiner Schwester verknüpfen. «Ach ja», würde er bemerken, «die Allmachtsphantasien des Jungen waren eine natürliche Folge seines Eintritts in die Erwachsenenwelt als Fünfjähriger und der sich anschließenden Entdeckung seiner eigenen Winzigkeit im Vergleich zum paternalen Phallus.» Ich bin meiner damals sechzehnjährigen Tante Darshana, die ich mit einigen Nuancen meiner kindlichen Leidenschaft für meine Mutter gezeichnet habe, ewig dankbar, dass sie mir die Schönheit literarischer Imagination zugänglich machte.

Chandrakanta und seine Fortsetzungen wie etwa die Abenteuer meines Lieblings*aiyars* Bhootnath in sieben Bänden weckten in mir die wilde Entschlossenheit, Hindi zu lernen, um die Bücher selber lesen zu können und nicht auf die liebevolle, aber doch auch noch etwas kapriziöse Zuneigung meiner jungen Tante angewiesen zu sein. Darshana ermunterte mich nicht nur, sondern nahm auch meinen Hindiunterricht in ihre kompetenten Hände.

Als Fünfjähriger, sechs Monate nach der Geburt meiner Schwester im Oktober 1943, als wir wegen einer Familienhochzeit nach Lahore zurückkehrten, schrieb ich meinen ersten Brief in Hindi an meinen Vater und teilte ihm mit, dass sich auf dem Körper meiner kleinen Schwester Sudha rote Flecken zeigten. Sudha war der erste Name, der meiner Mutter für meine Schwester eingefallen war. Sudhir und Sudha schienen wie harmonierende Kleidungsstücke gut als Namen für Geschwister zu passen, doch meine Großmutter erhob Einspruch. «Was soll das heißen? *Sudda, Sudda?*», sagte sie und sprach den nagelneuen Namen meiner Schwester im Punjabi mit einem harten «d» aus statt mit dem weichen «dh» des ursprünglichen Sanskrit. «Wenn andere Kinder sie damit hänseln, wird sie den Namen hassen.»

Angesichts der Stärke ihres Arguments – «sudda» ist nämlich auf Punjabi das Wort für «harte Scheiße» – änderte mein Vater den Namen in Suleena, ein ungewöhnliches und vage an Sanskrit erinnerndes Wort, von dem er behauptete, es bedeute «eine, die im Göttlichen aufgeht». Mein eigener Name bedeutet «einer, der standfest ist», aber wenn ich danach gefragt wurde, habe ich die Bedeutung immer mit «einer, der mutig ist» angegeben. Meine Interpretation, Mut durch Geduld und Standhaftigkeit zu ersetzen, deckt sich eher mit meinem Selbstbild – jedenfalls hätte ich es gern so.

Heute frage ich mich, wie viel der Wärme und Begeisterung in den Erinnerungen an mein wiederholtes Eintauchen in das Leben der weitläufigen Familie meines Vaters sich der Majestät des Eros verdankt. Das promiske Teilen von Betten und der Kontakt mit vielen unterschiedlichen Körpern im Schlaf sind für ein Kind hochgradig erotisierend. In Anbetracht der räumlichen Enge, in der die meisten Inder leben, schafft andererseits die Großfamilie ein erotisches Feld, das denjenigen, die in modernen Kleinfamilien aufgewachsen sind, nicht nachvollziehbar ist. Das Zusammenleben mit vielen Paaren in engen Quartieren und einer zumindest vorbewussten Ahnung ihres Sexuallebens, das sich im nächtlichen Halbschlaf durch einschlägiges Flüstern, Kichern und unterdrückte Lustschreie vor dem Hintergrundgeräusch des Schnarchens in verschiedenen Tonlagen offenbart, und die Wahrnehmung von Zeichen der Leidenschaft auf den Gesichtern und Körpern am Morgen, wenn die Matratzen zusammengerollt werden, ist eine ständige Quelle sexueller Erregung. Die indische Großfamilie ist nicht nur ein System aus Pflichten und Verpflichtungen, sondern auch ein erotisch hochgradig aufgeladenes Kraftfeld. Anlässe wie eine Hochzeit, bei denen die bevorstehende sexuelle Vereinigung *raison d'être* für die Versammlung der ganzen Familie ist, knistern von erotischer Spannung. Dutzende Vettern und Cousinen werden für eine Abfolge festlicher Abende mit Musik und Tanz ohne die Verbote und Vorschriften, die normalerweise den Kontakt zwischen den Geschlechtern reglementieren, in nächster Nähe zusammengeführt. Die anhaltende Beliebtheit ausführlicher Hochzeitsszenen in Bollywoodfilmen lassen sich demnach auch erklären, weil sie neuerliche Verbindungen zu jenen Momenten im Leben eines Kindes schaffen, die durch die Farben des Eros zum Leuchten gebracht wurden.

VON VÄTERN UND MÄNNERN

1944–1945 Sargodha
1947–1948 Rohtak

An die Rückkehr meiner Mutter mit dem Baby nach Sargodha kann ich mich nicht erinnern. Es muss Ende 1943 gewesen sein. Ich habe einige lebhafte Erinnerungen an die zwei oder drei Monate, die ich allein mit meinem Vater in Sargodha verbrachte, während meine Mutter und meine neugeborene Schwester in Lahore waren. Unter diesen Erinnerungen gibt es zwei Szenen, die mit besonderer Klarheit hervorstechen.

Mein Vater und ich unternehmen einen Abendspaziergang. Wir gehen auf der Brücke zwischen den Bahngleisen über den Fluss. Die Brücke ist so schmal, dass zwischen dem Geländer und den Gleisen kaum Platz ist. Plötzlich sehe ich im Gegenlicht der untergehenden Sonne die enorme Lokomotive eines Zugs auf uns zukommen. Zur Umkehr reicht die Zeit nicht mehr. Einer der Brückenträger hat eine schmale Verstrebung, die etwa anderthalb Meter unterhalb der Brücke hervorragt.

«Keine Panik», sagt mein Vater und rutscht am Brückenpfeiler auf die Verstrebung hinab.

Er breitet die Arme aus. «Spring!», ruft er. Der Zug hat mich fast erreicht. Ich sehe die ausgebreiteten Arme meines Vaters und darunter die heftig bewegte Wasserfläche. Ich schließe die Augen und springe. Er fängt mich in seinen Armen auf und hebt mich auf die Verstrebung, während die Räder der Waggons über unsere Köpfe hinwegrattern.

War es wirklich ein Angst einflößender Fluss oder nur ein Kanal des sanften Jhelum? Wie sind wir wieder auf die Brücke geklettert? Das sind Details, die meine Erinnerung für unwichtig hält, wenn sie daran arbeitet, das zentrale Geschehen der Szene, den Sturz in unbekannte und erschreckende Gewässer und die Rettung durch meinen Vater, in einen zu bestimmten Krisenmomenten meines Lebens wiederkehrenden Traum umzuformen.

Die zweite Szene zeigt meinen Vater auf einem Schaukelstuhl auf der Veranda unseres Hauses an einem entspannten Sonntagnachmittag. Er liest in einem Buch. Ich sitze zu seinen Füßen auf dem Boden; vielleicht spiele ich. Plötzlich werden wir von einem Schwarm gelber Wespen attackiert. Noch während er mich auf den Arm nimmt und ins Haus läuft, werden wir im Gesicht übel zerstochen. Unsere Gesichter schwellen aufs Format großer Melonen an. Wir sind nicht in der Lage, die Augen zu öffnen, weil die Lider zugeschwollen sind. Mein Vater muss zwei Tage lang das Bett hüten. Ich verbringe fast eine Woche in Rückenlage, bis endlich der Schmerz und dann auch die Schwellungen verschwinden. Während der ersten beiden Tage, schreibe ich stolz an meine Mutter, konnten wir nur zerdrückte Bananen essen. Ich spüre, dass wir, mein Vater und ich, gemeinsam eine gefährliche Tortur durchgemacht haben. Eine besondere Verbindung hat sich ergeben. Wann immer ich zufällig die «Narbe unter dem rechten Auge» berühre, einen kleinen, von der Wespe erzeugten Krater, den mein Reisepass als unveränderliches Kennzeichen ausweist, jubelt ein Teil meines Ichs, der tief unter der Oberfläche des Bewusstseins liegt, in der Erinnerung an diese enge Verbindung mit meinem Vater.

Diese Erinnerungen sind für mich Metaphern eines folgenschweren, inneren Prozesses: die Schärfung des Bilds meines Vaters und seine verstärkte Rolle bei der Prägung meiner Psyche. Es sind keine Erinnerungen an seinen dramatischen Auftritt auf der Bühne meines jungen Lebens – er war ja immer schon da gewesen. Sie verweisen vielmehr auf die Strahlkraft, die sein Bild heute annimmt. Ich glaube, dass ich meinen Vater zuvor als eine Shiva-artige Hintergrundgestalt wahrgenommen habe, der als stilles, aber machtvolles Gefäß den Überschwang meiner Mutter, den Tanz ihrer weiblichen Energie aufgefangen hat. Heute wird er konkreter. Er ist kein ferner Gott mehr, obwohl immer noch gottgleich, und erlangt eine Bedeutung, die ihrer zumindest entspricht, wenn nicht gar übersteigt. Er hat eine Präsenz, die noch wachsen wird, indem ich damit beginne, mich mehr und mehr als Sohn meines Vaters zu verstehen.

Die äußeren Umstände dieses inneren Prozesses, unser Leben in Sargodha, wo wir von 1943 bis 1946 wohnten, habe ich bereits an anderer Stelle beschrieben.[1] Mit den belebten Basaren und der lebenslustigen Schmuddeligkeit war Sargodha in Punjab eine Provinzstadt von vielen. Es gibt Erinnerungen daran, wie ich im Basar neben unserem Koch Chet Ram stehe und den Ochsenkarren zusehe, die nach der

Die Familie in Delhi 1946. Sudhir vor seinem Vater stehend.

Ernte beladen mit Leinensäcken voll Weizen in die Stadt strömen. Ihre Ankunft verkündete das Klingeln kleiner Glocken an den Hälsen der Ochsen, die die Karren zogen und gelassen die Provokationsversuche räudiger, kläffender Köter ignorierten. An Markttagen wurden die Bauern von ihren hübsch gekleideten Frauen und aufgeregten Kindern begleitet, was der düsteren Stadt einen Hauch schüchterner Festlichkeit verlieh. Nachdem die Weizensäcke am *Mandi* abgeladen und verkauft worden waren, schlenderten diese Großfamilien gruppenweise von Laden zu Laden und feilschten ohne Eile um kleine Luxusgüter – Armreifen aus buntem Glas, ein Stück Stoff für ein Kinderhemd, einen polierten Kupfertopf und Messingbecher für die Familienküchen.

Als Kind war ich in den Basaren von Sargodha ein Außenseiter wie jedes andere Kind vom Dorf. Wir wohnten einige Meilen vom Stadtzentrum entfernt in einem Gebiet, das Civil Lines hieß. Die Civil Lines und ihr militärisches Pendant, das Cantonment, eine Schöpfung unserer Kolonialherren, wurden in vielen Städten Britisch-Indiens gegründet. Die Häuser in Civil Lines waren Ende des 19. oder Anfang des 20. Jahrhunderts gebaut worden, verstreute Bungalows auf großen Grundstücken mit einigen Unterkünften für das Personal. Rasenflächen und Blumenbeete, ein Gemüsegarten, ein Teich oder ein Brunnen, Obstbaumhaine – in Sargodha Malta-Haine – waren oft Bestandteil der Anwesen. Es waren die Wohnsitze der Sahibs des Raj und einiger hochgestellter Personen, die nicht im Staatsdienst tätig waren, wie etwa der Direktor des örtlichen College und ein paar führende Anwälte und Ärzte.

1943 wohnten nicht mehr viele Briten in diesen Siedlungen. In Sargodha war nicht einmal mehr der stellvertretende Hochkommissar, der höchste Repräsentant des Raj und Chef meines Vaters, der für die über eine halbe Million im Bezirk lebenden Inder eine Art Herrscher war, ein Engländer, sondern der indische ICS-Beamte Nasir Ahmad, der später Verwaltungschef General Ayub Khans wurde, einer der Militärdiktatoren Pakistans. Der Polizeichef und der Direktor der Gesundheitsbehörde, die beiden Schlüsselpositionen der Kolonialverwaltung, waren ebenfalls Inder.

Das gesellschaftliche Leben der Familien in diesen Civil-Lines-Siedlungen konzentrierte sich auf den sogenannten Club. Im Winter traf man sich in hohen Räumen mit Chintz gepolsterten Sesseln, einem langen Speisesalon mit Tanzparkett, einer Bibliothek mit Teakholzregalen, in denen Bücher über die Großwildjagd standen, die Sitten obskurer indischer Stämme, die Detektivromane Conan Doyles, Agatha Christies und Dorothy Sayers und die Liebesromane Ethel Dells, Linda Howards und anderer Liebhaberinnen rosaroter Prosa. Im Sommer verlagerte sich das gesellschaftliche Leben hinaus auf die Rasenanlagen des Clubs.

Ich habe eine Erinnerung an einen Sommerabend entweder in Sargodha oder in Rohtak, als ich meinen Vater und seine Freunde beobachte, wie sie auf dem Clubrasen sitzen. In ihren weißen Drillhosen und Buschhemden aus Baumwolle sehen sie frisch und entspannt aus, verströmen eine Aura gelassener Autorität, die mir das Gefühl von Sicherheit und Schutz schenkt. Ein Teil dieser Wirkung verdankt sich dem sinnlichen Hintergrund der Szene – der hereinbrechenden Dämmerung, dem Duft frisch gesprengten Grases, dem leisen Gemurmel weiß uniformierter Kellner, die mit geeister Limonade und frisch gepresstem Orangensaft zwischen dem Clubhaus und den großflächigen Bridgetischen hin und her huschen. Und wie sie da so sitzen und die senkrechten Gartenlampen den Rasen in eine dunkelgelbe Insel verwandeln, umschlossen von der schimmernden Dunkelheit Indiens, aus der lediglich Motten und Glühwürmchen eindringen, und die Stille nur durch den gelegentlichen Schrei eines Pfaus gestört wird, sind sie weit entfernt von der Dämmerung, den Farben und dem Lärm der Stadt, die sie verwalten.

Normalerweise genügte es mir, mit meinen Freunden, zumeist Kinder des Personals, auf unserem Grundstück zu spielen. Wenn ich einen der Bediensteten, vor allem Fateh Khan, der Hauptdiener meines Vaters und sein Mann für alle Fälle, in die Basare begleitete, genoss ich es sehr, von den Ladenbesitzern, die mich alle als den Sohn des Sahib-Amtsrichters kannten, verwöhnt zu werden. Die Hätscheleien – eine Handvoll harte Karamelltoffees, ein Stück Obst, Gläser mit süßem Sorbet oder frisch gepresstem, mit Ingwer und Limonen versetztem Zuckerrohrsaft – nahm ich als selbstverständlich hin und verwechselte sie mit Liebesbezeugungen, die mir meiner Meinung nach zustanden.

Manchmal erlaubte mein Vater, dass Fateh Khan mich mit ins Gericht brachte. Mit seiner großen und mächtigen Statur, gekleidet in seine Uniform aus einer langen, roten Robe, die locker über die weiße Shalwar-Hose fiel, und dem gestärkten, weißen Turban, im Stil der Punjabi-Muslime um eine hohe, bestickte Mütze gebunden, wobei ein Ende des Turbans wie ein Fächer von der Seite der Mütze abstand und das andere Ende über seinen breiten Rücken hing, war Fateh Khan eine imposante Erscheinung, wenn er hinter meinem Vater ins Gericht ging, in einer Hand seine Essensdose und mit roten Bändern verschnürte Gerichtsakten unter dem anderen Arm. Wenn ich hinten im Gerichtssaal neben Fateh Khan saß, waren mir die neugierigen Blicke der Anwälte und Prozessparteien sehr wohl bewusst, aber ich tat so, als würde ich sie nicht bemerken. Ich starrte geradeaus zur Empore und beobachtete die Veränderungen, die in meinem Vater vorgingen, wenn er den Richterstuhl einnahm. Zu Hause war er ein umgänglicher Mann; ich kann mich nicht erinnern, dass er je die Stimme, geschweige denn die Hand gegen eines von uns Kindern gehoben hätte; gelegentlicher Zorn zeigte sich nur durchs Zusammenkneifen der Augenbrauen zu einem Stirnrunzeln. Aber wenn er glaubte, dass Anwälte schlecht vorbereitet oder einfach inkompetent waren, verlor mein Vater die Geduld. Er unterbrach sie abrupt mitten im Satz, sagte ihnen, sich mit ihrer Argumentation, die er juristisch für ebenso dumm wie schlecht hielt, zu beeilen, und gab seiner Haltung Ausdruck, dass sie während ihres Jurastudiums hoffentlich nicht die Vorlesungen geschwänzt hätten.

Auch in den Dörfern, in die ich meinen Vater während seiner Dienstreisen begleitete, wurde ich verhätschelt. So eine einwöchige Reise glich geradezu einer Expedition. Mit Zelten, Campingausrüstung, Küchengeräten und Nahrungsvorräten beladene Ochsenkarren brachen frühmorgens auf, und wir schlossen uns mit einem Gefolge aus Dienstboten, Polizisten und Gerichtsdienern an. Abends erreichten wir unser erstes Ziel, ein Dorf, wo mein Vater am nächsten Tag die Pachtbücher des *Patwari*, des örtlichen Finanzbeamten, kontrollieren, Beschwerden anhören, Klagen abhelfen und Zwistigkeiten beilegen würde. In der hereinbrechenden Dunkelheit, die sich mit den bewegten Lichtpunkten der Glühwürmchen zauberhaft belebte, wurden Kochfeuer entzündet, deren angenehm riechender Rauch aus brennenden Scheiten und getrocknetem Büffeldung die Luft erfüllte.

Wenn mein Vater tagsüber in einem großen Zelt arbeitete, das als sein Feldbüro diente, stromerte ich durchs Dorf und war neugierig auf die Kinder, deren Leben so ganz anders als meines war. An ihren Spielen hätte ich mich gern beteiligt, erntete aber statt der erhofften freundlichen Einladung nur demonstrativ gelangweilte Blicke. Wir waren uns der Kluft, die uns trennte, sehr wohl bewusst, obwohl sie während der Kindheit gelegentlich überbrückt werden konnte. Ich mochte mir wie ein bezauberndes Wesen vorkommen, doch bestanden kaum Zweifel daran, dass ich jenseits ihrer zauberhaften Kreise stand.

In unserem Lager hockten scharenweise Dorfbewohner vor dem Zelt und warteten, bis sie an der Reihe waren, eine Beschwerde vorzubringen oder um eine Gunst zu bitten. Mit der mehrhundertjährigen Erfahrung eines versklavten Volks waren sie in der Kunst des Schmeichelns sehr bewandert; zu ihrem Standardrepertoire gehörten Komplimente über mein Aussehen und meine Intelligenz, und sie prophezeiten dem Sohn des Sahib-Amtsrichters eine glänzende Zukunft. Ich sollte nur allzu bald erfahren, dass die Schmeicheleien, die mir von den Dorfbewohnern und Mitgliedern unseres Trosses zuteil wurden, nicht immer Zuneigung entsprangen und dass ich nicht für jedermann das Zentrum der Welt war. Trotzdem bin ich meinem Vater dankbar, dass er mir als Kind Einblicke in seine Arbeitswelt gewährte, die ja vielleicht den lebendigsten Aspekt seiner beziehungsweise jedermanns Identität ausmacht. Solche Einblicke, die zu einer Zeit, noch weitverbreitet waren, als Väter noch nicht in Hochhaus-Büros verschwanden, sind vielleicht das wertvollste Geschenk, das ein Vater seinem Sohn machen kann, ein Geschenk, das dem Jungen den Weg weist, eines Tages auf seine eigene Weise selbst ein «Arbeitender» zu werden.

In Sargodha wurde ich auch eingeschult, aber die einzige Erinnerung an diese Monate (eigentlich müssen es zwei Jahre gewesen sein) gilt meiner täglichen Übung, die Buchstaben des Urdu-Alphabets zu schreiben. Schreibkunst war ein sehr geschätzter Teil des Unterrichts, wurde aber nicht einfach nebenbei mit Kreide und Schiefertafel geübt, die für den Unterricht in anderen Fächern benutzt wurden, und Füllfederhalter und Papier waren selbstverständlich den Erwachsenen vorbehaltene Luxusgegenstände. Nein, Schreibkunst war ein Ritual, zu dem der Umgang mit der *Kitta* gehörte, einer einfachen, aus leicht zugänglichem Schilfrohr gefertigten Schreibfeder, und mit der *Takhti*, einer rechteckigen Holztafel, die mit einer dünnen Schicht gelben Tons bedeckt war. Zuerst musste die *Takhti* gewaschen und abgewischt werden. Dann wurde dem Ton Wasser zugesetzt, bis er die richtige Konsistenz annahm. Er wurde in einer dünnen, glatten Schicht auf die Holztafel gestrichen und dann für einige Stunden zum Trocknen in die Sonne gelegt. Das Schilfrohr musste auf die richtige Länge gestutzt und die Spitze mit einem scharfen Messer auf die erforderliche Stärke zugeschnitten werden. Die Stärke der Linien, die die Schilfrohr-Feder zog, konnte mittels des Drucks von Daumen und Zeigefinger, mit denen sie gehalten wurde, variiert werden. Die Tinte wurde durchs Mischen von Wasser mit einem Klumpen schwarzen Harzes hergestellt, ein Verfahren, das meine Fingerspitzen schwarz färbte. Aber das Ergebnis war der Mühe wert. Ich liebte die Schönheit der urdischen Buchstaben, wenn sie auf der Leinwand des hölzernen *Takhtis* Gestalt annahmen. Ihre Kurven und Schwünge, die ornamentalen Punkte um die Buchstaben herum, die wie die Tätowierungen auf den Stirnen nomadischer Stammesfrauen aussahen, sind mir stets eine Quelle ästhetischen Genusses geblieben, obwohl ich inzwischen vergessen habe, wie man Urdu schreibt und liest.

Urdu war in Nordindien nicht nur die vorwiegende Amtssprache, sondern auch die Sprache der Literatur, ja der Zivilisation. Urdu ist eine elegante Sprache, die sich besonders gut für die Ansprüche romantischer Lyrik eignet. Es ist eine Tragödie, dass nach der Unabhängigkeit und den Unruhen infolge der Teilung Urdu nur noch als Sprache der Moslems galt und zu einer Gettoexistenz verdammt wurde, während sich die religiösen Lager weiter verhärteten. Der Verlust einer mit der Sprache verbundenen, spezifisch indischen Sensibilität, die ich als eine Sehnsucht bezeichnen würde, die gleichermaßen Körper, Herz und Geist umfasst, bedeutet für alle Inder einen Heimatverlust.

Mein Vater liebte traditionelle Urdu-*Ghazals*, jene Elegien unglücklicher Liebe, in denen der Liebhaber darum trauert, die Geliebte verloren zu haben, abgewiesen oder verlassen worden zu sein. Wenn er abends von der Arbeit nach Hause kam, saßen wir manchmal vor dem Essen vor dem HMV-Grammophon und hörten uns *Ghazals* von Schallplatten mit 78 ump an. Seine Lieblingslieder waren von Master Madan, dem Wunderknaben aus Lahore, der mit androgyner Stimme sang: «*Youn na reh reh hamein tarsaiye* – Lass mich dich nicht mehr begehren», und Mallika Pukhrajs «*Abhi to main jawan hoon* – Ich bin noch jung», gesungen in ihrem unnachahmlich heiseren Tenor. Später wurde er ein Fan von Noor Jahan und dann von Suraiya, deren Stimme «wie eine Glocke» klang. Lata Mangeshkhars Stimme war süß, aber, wie er fand, die eines jungfräulichen Mädchens, nicht die einer Frau. Auch ich lernte bald, das Grammophon zu bedienen: Man steckte die Kurbel ins seitliche Loch, drehte daran, um die Feder aufzuziehen, die den Plattenteller antrieb, nahm eine Stahlnadel aus einer Schachtel und steckte sie in den Tonabnehmerkopf des Arms, löste die Arretierung des Plattenspielers, hob dann den Tonarm und setzte vorsichtig die Nadelspitze in die erste Rille der Platte. Die Prozedur musste etwa alle drei Minuten wiederholt werden, wenn ein Stück endete und die Platte durch eine neue ersetzt wurde.

*

Es fällt mir schwer, die emotionale Dimension meiner Erinnerungen an die Teilung des Landes im Jahr 1947 auf einfache Weise auszuloten. Es sind Erinnerungen, denen ich schon früher in meinem Buch *Die Farben der Gewalt* nachgegangen bin. Wir wohnten damals in Rohtak, einer etwa fünfzig Meilen von Delhi entfernten Stadt, in die mein Vater 1946 nach seiner Zeit in Sargodha versetzt wurde. Während die Plünderungen, Brandschatzungen, Vergewaltigungen und Morde, die mit dem schrecklichsten Ereignis in der zeitgenössischen Geschichte Indiens einhergingen, unkontrolliert in den Dörfern und Städten

Punjabs wüteten, strömten immer mehr Mitglieder der weitläufigen Familie meines Vaters nach Rohtak – mittellose Flüchtlinge aus Lahore, das jetzt im neu gegründeten Staat Pakistan lag. Sie hatten ihre Häuser und allen Besitz verloren, und viele hatten nur die Kleider, die sie am Leib trugen, retten können. Die Zimmer und Veranden unseres Hauses wurden mit nebeneinander auf dem Boden ausgelegten Matten und Dhurrieteppichen zu überfüllten Schlafstätten, und Onkel, Tanten, Vettern und Cousinen der verschiedensten Verwandtschaftsgrade lebten und schliefen in einem heillosen Durcheinander, das für ein Kind intim und aufregend war. Zu jeder Tageszeit konnte man ein paar Körper sehen, die in verschiedenen Schlafstadien in Ecken und Nischen lagen. Die Küche, über die meine Mutter jede Kontrolle verloren hatte, war den ganzen Tag mit der emsigen Tätigkeit von Frauen erfüllt. Ich fühlte mich an die Küche im Haus meiner Großeltern in Machhi Hatta in Lahore erinnert, aber die Fröhlichkeit und das Lachen fehlten.

Mit dem Verlust ihrer Häuser und Arbeitsplätze, dem Zerbrechen langjähriger Freundschaften und anderer gesellschaftlicher Verbindungen gab es für die Flüchtlinge in unserem Haus wenig mehr zu tun, als sich gegenseitig über die Erfahrungen der Gewalt hinwegzutrösten, der sie mit knapper Not entronnen waren. Dies geschah in Gruppen, deren Zusammensetzung sich ständig änderte, wenn die Leute von einem Raum in den anderen wechselten. Als kleiner Junge, der das Privileg genoss, Sohn des Mannes zu sein, der ihnen Zuflucht gewährte, konnte ich mich an der Peripherie all dieser Erwachsenengruppen aufhalten, ohne verscheucht und aufgefordert zu werden, mit den anderen Kindern spielen zu gehen. Mich verwirrten die Verbitterung und der Hass, den Leute verbreiteten, die ich stets als nett, liebevoll und fröhlich erfahren hatte. Die Verbitterung der Flüchtlinge richtete sich gegen Nehru und insbesondere Gandhi, die Führer des neuen unabhängigen Indiens, die ihrer Ansicht nach die Vertreibung der Moslems aus Indien verhinderten, sodass die Hinduflüchtlinge nicht die Häuser und den Grundbesitz der Moslems übernehmen konnten, wie es die Moslems in Pakistan mit den Hindus und Sikhs gemacht hatten. Gandhi, sagten sie, sei ein «Muselmanenfreund» und weitgehend für die Tragödie verantwortlich, die über die Hindus und Sikhs des Punjabs hereingebrochen war. Viele meiner Onkel und Tanten bestärkten schamlos die Mutter meines Vaters, wenn sie mit ihrer zahnlosen Gummistimme, die merkwürdigerweise der Mahatmas glich, Gandhi zahlreicher Verletzungen hinduistischer Gefühle bezichtigte. Wenn er im Radio sprach, imitierte sie gnadenlos seine Stimme und zischte jedes «s» wie ein «sh», weil Gandhi den Konsonanten wegen seines fehlenden Schneidezahns so aussprach. Meine Faszination für Gandhi, die sich zu immer größerer Bewunderung für den Mann steigerte, als ich älter wurde und mich mit seinem Leben und seinen Schriften beschäftigte, hat ihre Wurzeln in den Tiraden meiner Großmutter gegen Mahatma.

Der Hass der Flüchtlinge richtete sich gegen den «Muselman» – den «Anderen» im wenig eleganten Diskurs der Postmoderne –, eine Kategorie, von der nur einige moslemische Freunde ausgenommen waren, die meine Verwandtschaft beschützt oder ihnen die Flucht ermöglicht hatten. Alle anderen Muslime waren immer schon ein Mörderpack gewesen, raubgierige Invasoren seit den Zeiten der marodierenden afghanischen Könige Ghazni und Ghouri, die Hindumänner massakriert, Hindufrauen vergewaltigt und Hindutempel zerstört hatten. Man applaudierte Sohan Lal, dem jüngsten Bruder meines Vaters, meinem Lieblingsonkel, der mich immer aus der Lawrence Road nach Machhi Hatta mitgenommen hatte, weil er der Einzige war, der sich gewehrt und während der Gewaltausbrüche in Lahore sogar einen Moslem getötet hatte. Als er zusammen mit einer Gruppe anderer junger Männer den schmalen Zugang zur Hiranand Gali gegen einen Angriff des moslemischen Mobs verteidigte, der ihre Häuser in Brand setzen wollte, hatte Sohan Lal dem Anführer des Mobs mit einem Axthieb den Kopf gespalten und damit die anderen Aufrührer in die Flucht geschlagen. Wir Kinder blickten jetzt mit neuer Bewunderung zu Sohan auf, der unter seinen Brüdern nicht als sonderlich helle galt, weil akademischer Erfolg ihr einziger Maßstab dafür war, ob ein Mann Respekt verdiente. Wir gingen ihm so lange auf die Nerven, bis er den Bizeps seines rechten Arms spannte und wir die harten Muskeln unter der Haut befühlen durften. Als umgänglicher junger Mann mit lautem, ansteckendem Lachen entsprach Sohan gutmütig unserem Flehen. Eine Weile standen wir sogar schon frühmorgens auf, um am Sportunterricht teilzunehmen, den er uns Jungen gab, damit auch wir harte, muskulöse Körper bekämen, um für den Kampf gegen moslemische Aggressoren gewappnet zu sein. Wir absolvierten Bauchmuskeltraining und Liegestützen, lernten Bambusstöcke um unsere Köpfe zu schwingen, während wir von einer Stelle zur anderen wirbelten, um so einen imaginären Kreis von Angreifern auf Distanz zu halten. Sohan Lals Heldentat war allerdings eine Ausnahme, weil in den anderen Kriegsgeschichten, von denen ich einige in *Die Farben der Gewalt* erzählt habe, die Hindus am bitteren Ende meistens die Opfer waren.

Einer dieser Geschichten über einen entfernten Vetter, die sein älterer Bruder erzählte, hat meine kindliche Phantasie lebhafte Details hinzugefügt:

Roshan Lal hat sich auf dem Weg nach Rohtak selber umgebracht. Er warf sich vor einen Zug. Ich konnte ihn nicht daran hindern. Für unsere Flucht aus Lyallpur hatten wir alles vorbereitet. Ein moslemischer Lastwagenfahrer war für sechshundert Rupien bereit, uns die dreihundert Meilen zur Grenze zu fahren. Roshan Lal war erst seit fünf Monaten verheiratet. Er hatte eine sehr hübsche Frau.

Am Tag unserer Abreise gingen wir zu dem Lastwagenfahrer, um mit ihm letzte Details zu besprechen. Während unserer Abwesenheit wurde unser Haus überfallen. Als wir zurückkamen, versteckten wir uns auf dem Dach des leer stehenden Nachbarhauses eines Hindus. Wir beobachteten fünf bärenstarke Moslems in unserem Hof. In den Falten ihrer Lungi steckten lange Schlachtermesser. Sie plünderten das Haus systematisch. Die Leiche unseres jüngsten Bruders – wir waren drei – lag im Hof. Der Kopf war vollständig vom Rumpf abgetrennt. Einer der Moslems saß vor der Leiche auf einem Stuhl und kommandierte die Plünderer. Sie schleppten die gepackten Koffer aus dem Haus und warfen sie vor ihm auf den Boden. Auf dem Boden lagen Hochzeitssaris und bunte Seidenblusen. Ich sehe immer noch die umgekippten, glänzenden Messingtöpfe vor mir, die die Strahlen der Nachmittagssonne reflektierten. Wir konnten uns nicht rühren. Der Anblick des behaarten Körpers des Anführers, der über und über von dichtem Pelz bedeckt war, ließ mich erstarren. Dann gingen zwei Moslems ins Haus und brachten Roshan Lans Frau heraus, und der Anführer riss sie an sich. Nackt bis zur Hüfte mit zerrissenem Petticoat, saß sie auf dem Schoß des Mannes, und die behaarte Hand des Manns lag wie eine schwarze Riesenspinne auf ihrem Schenkel. Nachdem sie die Frau neben die Leiche unseres Bruders, aus dessen durchtrenntem Hals immer noch Bluttropfen austraten, auf den Boden gelegt hatten, vergewaltigten sie sie abwechselnd. Ich hielt Roshan

Lal fest, hielt ihm die Hand vor den Mund. Wenn er auch nur den leisesten Laut von sich gegeben hätte, hätten die Moslems uns entdeckt. Ich glaube aber nicht, dass Roshan Lal etwas unternommen hätte. Seine Beine gaben nach, und ich musste ihn stützen. Als sie fertig waren, schlitzten sie ihr den Bauch auf. Nachdem alles vorbei war und die Moslems abgezogen waren, sagte Roshan Lal kein einziges Wort mehr. Während der Tage, die wir brauchten, um über die Grenze zu kommen, blieb er stumm. Ich versuchte alles, ihn zum Sprechen zu bringen und einen Teil seiner Trauer durch Tränen zu lindern, aber seine Seele blieb abwesend. Kurz bevor wir Rohtak erreichten, nahm er sich das Leben.[2]

Ich kann mich noch gut an den Abend erinnern, an dem die Gewalt in Rohtak ausbrach. Weit entfernt vom Schauplatz der Unruhen in der Stadt hatte sich die Familie auf der Dachterrasse des Hauses versammelt, nachdem ein ständiges gedämpftes Gebrüll die Stille der Nacht gestört hatte; wir zählten mindestens zwanzig verschiedene Brände, als während dieser ersten Nacht die Häuser und Läden der Moslems in Feuer aufgingen. Ich zitiere weiter aus *Die Farben der Gewalt*:

Die Dachterrassen der benachbarten Bungalows waren von ganzen Familien bevölkert, die nach oben gekommen waren, um die entfernten Brände zu beobachten. Verstörtes Weinen von aus dem Schlaf gerissenen Babys mischte sich mit erregten Rufen, wenn neue Brände entdeckt wurden. Zwischen den Dächern kam es zu einem lebhaften Austausch über die genaue Lage eines neuen Brandes und die möglichen Reaktionen der Moslems. Unterm Strich waren die Zuschauer bester Laune; das Gefühl einer Atempause von den Banalitäten des Alltags machte sich breit, eine Art Entspannung, die sich ergibt, wenn sich eine lange aufgestaute Anspannung löst.

«Diese Lektion musste den Moslems erteilt werden! Wir hätten sie schon längst in ihre Schranken weisen sollen!», lautete der allgemeine Konsens.

Obwohl der säuerliche Rauchgeruch die Nachtluft durchzog, waren die Brände weit entfernt und Bedrohungen unserer eigenen Häuser und Leben gering. Der ferne Schrecken löste in uns einen aufregenden Kitzel aus, der die Fröhlichkeit verstärkte und in einem Fest endete.

Für die Kinder, vielleicht sogar für die Erwachsenen, glich also die erste Nacht der Unruhen dem Tag des Drachenfestes bei Frühlingsanfang, wenn die Menschen sich auf den Dächern drängen und der klare Himmel überall mit Drachen in allen Farben gesprenkelt ist; das Kampfgeschrei der Kinder hallt durch die Stadt, und die Männer wetteifern miteinander, die Schnur eines konkurrierenden Drachens zu durchtrennen, wenn sie sich in der eigenen verfängt. Die Duelle jener Nacht in der Stadt wurden jedoch nicht mit Papierdrachen ausgefochten, und die Schlachtrufe, die wir von fern hörten, waren keine Freudenschreie von Kindern, sondern Ausdruck tödlicher Entschlossenheit. Während der Stunden, die ich in der Sicherheit meines Elternhauses und im Schutz meiner Familie auf dem Dach verbrachte, vermittelten die Unruhen dennoch den unheimlichen Eindruck eines makaberen Schauspiels.

Ich erinnere mich, dass mein Vater meinem Drängen nachgab und mir versprach, mich am nächsten Morgen mit in die Stadt zu nehmen, um die Zerstörungen zu sehen, nachdem die Unruhen nach drei Tagen unter Kontrolle gebracht worden waren. Ich erinnere mich auch, dass ich an jenem Tag früh aufwachte und auf den Rasen hinausblickte, der von der Sonne, die durch die ersten Wolken der Regenzeit brach, gesprenkelt wurde. Der Monsun war nur noch wenige Tage entfernt. Ich stützte die Ellbogen auf das Fensterbrett im Schlafzimmer meiner Eltern und beobachtete die Vorläufer; dunkle, flauschige Wolken rasten wie gebieterische Herolde über den Himmel. Der Morgen war anders als andere, roch nicht nur nach Sonnenwärme, sondern auch nach treibendem Gras und dem dunklen, weit entfernten Donner. Der Weg durch die Basare Rohtaks mit meinem Vater und einem Polizeitrupp im Schlepptau war enttäuschend. Ich hatte damit gerechnet, schwelende Brandherde, amputierte Gliedmaßen und abgeschnittene Brüste zu sehen – die ich mir als blasse Fleischbälle ohne jede Blutspur vorstellte. Die Wirklichkeit war merkwürdig ernüchternd. Abgesehen von einigen Häusern mit verkohlten Türen, zerbrochenen oder fehlenden Fensterscheiben und Rauchspuren an den Fassaden zeigten die Basare den unveränderten Anblick einer Provinzstadt, die zu einem neuen Tag erwacht. Die Männer kauten zum Zähneputzen heftig und laut auf Marigossa-Zweigen und räusperten sich heftig würgend und spuckend. Andere murmelten ihre Gebete, während sie sich im kühlen Wasserstrahl öffentlicher Hydranten wuschen. Die Frauen zischten nackten Babys, die sie über dem Rinnstein abhielten, Ermunterungen zu. Ältere Kinder hockten allein da mit dem abwesenden Gesichtsausdruck, der von der innerlichen Beschäftigung mit der Arbeit der eigenen Eingeweide kündet, eine Trance, die nur gelegentlich unterbrochen wurde, wenn sie sich bückten, um ihre Ausscheidungen zu betrachten.[3]

An einem anderen Tag gingen wir abends zum Bahnhof. Hindu- und Sikhflüchtlinge campierten auf dem Bahnsteig. Viele lagen noch stöhnend im Schlaf, und einige erwachten schreiend (so stelle ich es mir heute vor) aus ihren ständigen Albträumen. Wir bahnten uns einen Weg durch die Menge der Schlafenden, deren Gesichter im violetten Schimmer der Neonröhren, die hoch über dem Bahnsteig hingen, wie entfärbt wirkten. Kinder saßen still zwischen zerwühlten Bettrollen, schreckten zusammen, als wir näher kamen, weinten aber nicht und wimmerten kaum; ihre großen Augen waren voll schmerzlicher Verwirrung und (wieder stelle ich es mir so vor) der Erinnerung an erstochene und zerstückelte Körper, die in den Straßen der Städte und Dörfer lagen, die nun zu Pakistan gehörten. Besonders ein Bild hat sich mir unvergesslich eingebrannt: Einem vierjährigen Jungen läuft gelbgrüner Schleim aus der Nase und gerinnt auf der Oberlippe zu einer dünnen Schicht salzigen Schweißes, auf dem brummende Fliegen sitzen, aber der Junge hebt nicht die Hand, um sie zu verscheuchen – vielleicht weil er fürchtet, noch das unscheinbarste Lebewesen zu verletzen.

Wenn ich mich so lebhaft an die Teilungsunruhen in Rohtak erinnere, liegt es nicht nur daran, dass ich ein leicht zu beeindruckendes Kind war oder weil die Großfamilie meines Vaters sich wieder einmal, wenn auch in unruhigen Zeiten, unter einem Dach versammelt hatte. Die Erzählungen von Gewalt wie auch die kurzlebigen Unruhen in Rohtak hatten in mir vielmehr heitere Gefühle der Nähe und Zugehörigkeit ausgelöst, einen tiefen Sinn für das Eingebundensein in meine Familie und für eine umfassendere, wenn auch vage Einheit von «uns Hindus»; Letzteres stellt für jemanden, der seine religiöse Identität später transzendieren sollte, manchmal eine demütigende Identifikation dar. Es erfüllt mich mit Schamgefühl, dass ich nicht einmal in der Erinnerung an jene Tage vor dieser mörderischen Gewalt angeekelt zurückschrecke; es ist, als würde eine *fleur du mal*, eine Blume des Bösen, die aus dem üblen Boden verwester Leichen und der

Asche der Brandschatzungen gewachsen ist, in einem dunklen Winkel meiner Erinnerung weiterblühen.

Einige Wochen später, als in der Stadt eine trügerische Ruhe eingekehrt war, begleitete ich unseren Aushilfskoch – Chet Ram war wieder einmal in sein Dorf entschwunden, um einen dringenden örtlichen Streit zu schlichten – zum Basar. Der Aushilfskoch, Chet Rams Vetter, war jung, etwa zwanzig, und nachdem der Gemüseeinkauf erledigt war, wollte er sich von einem Straßenkünstler noch den Arm tätowieren lassen. Wir hockten uns auf den Boden, und der Tätowierer zeigte uns verschiedene Motive, die er auf ein großes, fleckiges Blatt Papier gezeichnet hatte, das vom häufigen Gebrauch an der Rändern eingerissen war. Die Spezialität des Tätowierers war ein Schmetterling mit einem grünen und einem roten Flügel, die einzigen Farben, die er anzubieten hatte. Diese Tätowierung war aber mit einer Rupie besonders teuer, und der junge Koch beschloss, sich lediglich seinen Namen in Hindi mit schwarzer Tinte auf die Innenseite des Unterarms schreiben zu lassen. Der Preis betrug vier Annas. Fasziniert von der Prozedur, dem weichen Sirren der Nadel und dem Erscheinen schwarzer, mit Bluttröpfchen geränderter Hindibuchstaben unter der Haut, bestand ich darauf, mich auch tätowieren zu lassen. Der Diener versuchte mich davon abzubringen, weil er den Zorn meiner Eltern fürchtete, aber der junge Herr bestand auf seinem Willen. Wir schlossen insofern einen Kompromiss, als meine Tätowierung winzig sein und nur aus meinen Initialen bestehen sollte, und um meinem Status als Sohn des Amtsrichters gerecht zu werden, sollten es Buchstaben des englischen Alphabets sein. Vielleicht war der Tätowierer nervös, weil er das «S» zu dicht am Ellbogen ansetzte. Der Fehler war nur zu korrigieren, indem das verunglückte «S» in etwas verwandelt wurde, das dem heiligen Hindusymbol für «Om» ähnelte. Als er mich nach meinem Nachnamen fragte, muss ich wegen des Nadelstechens «K-K-Kakar» gestottert haben, weil, bevor ich mich versah, ein «S» unter meiner Haut erschien, dem sogleich zwei «K» folgten. Als ich zu Hause mit der Tätowierung, einem Symbol der Unterschicht, aufkreuzte, waren meine Eltern außer sich, aber es war zu spät. «SKK», gefolgt von dem, was «Om» bedeuten sollte, ziert immer noch die Innenseite meines rechten Unterarms und wird erst in den Flammen meines Beisetzungsscheiterhaufens vergehen. Und, ja, der Aushilfskoch verlor seinen Job.

Nachdem meine Tante Darshana das enorme Ausmaß meiner Dummheit gesehen hatte, versuchte sie mich zu trösten. «Jetzt kannst du nie verloren gehen», sagte sie.

Mein Onkel Sohan Lal sagte: «Betrachte es als einen Segen. Wenn du bei einem Aufstand von einem Hindumob umzingelt wirst und man dich fragt, ob du Hindu bist, musst du nur deinen Arm freimachen und das Om zeigen.»

«Und wenn der Mob Moslems sind?»

«Dann lass einfach die Unterhose runter, und zeig ihnen deinen Penis – der ist beschnitten wie ihre», sagte er und bezog sich darauf, dass mein Großvater als Chirurg Vorhäute für unhygienisch hielt und mir deshalb als Kind die Vorhaut entfernt hatte. «Und dann rezitierst du die *Kalma*», sagte er.

In den nächsten Tagen lernte ich die *Kalma* auswendig, das moslemische Glaubensbekenntnis, das jeder moslemische Junge, egal, wie modern seine Erziehung und wie unreligiös seine Familie auch sein mochte, zu kennen hatte. Ich kann immer noch *La llaha illa Allah, Muhammad Rasul Allah* (Es gibt keinen Gott außer Allah, und Mohammed ist sein Prophet) deklamieren, das Sicherheitsmantra meiner Kindheit für Situationen, in die ich nur in meiner kindlichen Phantasie geriet.

Wenn die Erinnerung eine archäologische Ausgrabung mit vielen übereinanderliegenden Schichten vergangener Epochen ist, dann bilden die Teilungsunruhen, wie sie mir durch die Unterhaltungen und Erzählungen der Flüchtlinge vermittelt wurden, die zweite Schicht meiner Haltung gegenüber Moslems. Die späteren Schichten, die sich in den Jahrzehnten meines Erwachsenenlebens ablagerten, sind bewusster und konventioneller. Sie konstituieren einen liberalen Standpunkt und säkulare Überzeugungen, die eine Unterteilung von Mitmenschen in religiöse Kategorien ablehnen, denen jedoch die emotionale Aufladung – eine komplexe Mischung aus Anziehung und Abstoßung, Liebe und Angst – der früheren, begrabenen Haltungen fehlt. Wenn meine negativen Gefühle aus der Zeit der Teilung stammen, dann stammen die positiven von Anziehung und Wärme aus meiner Kindheit in Sargodha, wo ich Moslems als Kollegen und Freunde meines Vaters und insbesondere als duldsame Diener kennengelernt hatte. Diese bilden die früheste Schicht.

In Sargodha mochte ich besonders gern Fateh Khan, die muslimische Ordonanz, der mit seiner Familie in einer der Personalunterkünfte wohnte. Seine Tochter Fatima, ein Teenager, passte zwischen meinem vierten bis achten Lebensjahr auf mich auf. Als Gegenstand meiner knospenden Begierden und undefinierten Sehnsüchte rangierte sie gleich hinter meiner Mutter. Fatima nahm geduldig und gutwillig an den Spielen teil, die ich für uns beide erfand. Wenn eine meiner eher abenteuerlichen Unternehmungen schiefging, erwies sie sich als unerschrockene Lügnerin zu meinen Gunsten. Halb noch Mädchen, halb bereits Frau, vergaß Fatima in meiner Gegenwart erfreulicherweise ständig, das eine oder andere zu sein. Sie krempelte sich ihre Shalwar-Hose hoch und kletterte auf einen Guavenbaum, um mir die schönste Frucht aus den obersten Zweigen zu pflücken. Als sie wieder unten war, kam ihre mütterliche Seite zum Vorschein, indem sie die Guave wusch und mir das Salz in der Handfläche hinhielt, während ich gesalzene Bissen des Fruchtfleischs aß. Bei unseren Angeltouren zu dem kleinen Teich, der auf dem Grundstück unseres Bungalows lag, war Fatima eine unverzichtbare Begleiterin. Sie half mir, aus einem Zweig, einem Faden und einer gebogenen Nadel eine Angel zu basteln. Sie knetete den Teig, den ich aus der Küche «entlieh», und formte ihn zu kleinen Stücken, die ich als Köder benutzte. Obwohl ich nie einen einzigen Fisch fing, ermunterte sie mich weiterzumachen und hielt meine Illusion lebendig, dass unter dem schmierigen grünen Film, der den Teich bedeckte, tatsächlich Fische lauerten. Es fällt mir nicht schwer, die Erinnerung an die heißen Nachmittage heraufzubeschwören, wenn ich nach unseren Unternehmungen mit dem Kopf auf ihrem Schoß schlief, während sie im Schatten eines Baums saß und die Fliegen von meinem Gesicht verscheuchte. Meine Liebe zu Fateh Khan und Fatima, den beiden Personen in Sargodha, die als Objekte der heißen Liebe eines kindlichen Herzens gleich hinter meinen Eltern rangierten, ist Teil meiner ersten Erinnerungsschicht.

Die anderen Moslems, mit denen ich in Sargodha gelegentlich Kontakt hatte, waren Freunde meines Vaters, die «Onkel», die sich von ihren Hindu- oder Sikhgegenstücken nicht unterschieden: modern, liberal, gleichgültig gegenüber der Religion und skeptisch gegenüber den religiösen Spezialisten, sei es der Hindupriester, spöttisch «Bamane» statt Brahmane genannt, oder der muslimische Mullah. Gleichwohl waren sie und mein Vater sich ihrer religiösen Zugehörigkeit bewusst. Und so gab es zwischen ihnen gutmütige Frotzeleien über die

Marotten der jeweils anderen Glaubensgemeinschaft, ein scherzhaftes Verhältnis, das die Lässigkeit ihres Umgangs mit religiösen Identitäten bewies. Ich erinnere mich, wie mein Vater bei einem Abendessen, zu dem meine Eltern einige ihrer Moslem- und Sikhfreunde eingeladen hatten, einen Witz erzählte, der in gemischter Gesellschaft als riskant galt. Da die Pointe in ihrer Doppeldeutigkeit nur in Punjabi funktioniert, ist der Witz schwer zu übersetzen: Auf seinem Morgenspaziergang beschließt ein Sikh spontan, bei seinem muslimischen Freund vorbeizuschauen. Er trifft den Freund in einem geschlossenen Zimmer an, wo er auf seiner Sitar übt. «*Mian*», sagte der Sikh, «*apne aap vaja rahe ho – du spielst allein*», was auf Punjabi auch bedeuten kann, dass der Freund masturbiert. Der Moslem denkt eine Weile nach und erwidert dann: «*Sardarji, vajana painda hai, sikhni jo hoi* – Sardaji, man muss spielen, um zu lernen.» Die letzten drei Worte *sikhni jo hoi* lassen sich auch übersetzen mit «weil sie eine Sikhfrau ist», was impliziert, dass er eine Frau aus der Religionsgemeinschaft seines Freunds fickt. Ein scherzhaftes Verhältnis zwischen Mitgliedern verschiedener ethnischer Gruppen und der unbefangene Austausch ethnischer Witze, die sich nicht um politische Korrektheit scheren, sind, wie ich später entdeckte, Belege für eine gesunde, friedliche Beziehung zwischen den Gruppen. In Zeiten sich verschärfender ethnischer Spannungen – wie die zwischen Hindus und Sikhs in den späten 1980er-Jahren oder die wiederkehrenden Gewaltausbrüche zwischen Hindus und Muslimen – verschwinden die Witze, während ihr Wiederauftauchen eine Rückkehr zur Normalität signalisiert.

Zu Beginn des Winters 1947 begann die Großfamilie sich zu zerstreuen. Dank familiärer Beziehungen konnte man Jobs finden und mit der neuen Regierung des indischen Punjab über die Zuweisung evakuierten Besitzes verhandeln, aufgegebene Häuser und Läden von Moslems, die in die Gegenrichtung nach Pakistan geflohen waren. Einer der Brüder meines Vaters fand einen Job als Mathematikdozent an einem College in Moga. Ein anderer wurde Versicherungsvertreter in Amritsar. Sohan Lal zog nach Kalkutta und arbeitete dort als Einkaufsleiter für *Usha*-Nähmaschinen, ein Job, den ihm mein Großvater, der Chirurg, beschafft hatte; er war eng befreundet mit dem Besitzer Sir Sri Ram, einem Großindustriellen aus Delhi. Mein Großvater selbst fand anfangs Zuflucht im palastartigen Haus seines Freunds in der Curzon Road, der heutigen Kasturba Gandhi Marg. Später zog er nach Dibrugarh in Assam, wo er ein neu gegründetes medizinisches College leitete, kehrte jedoch nach einigen Jahren nach Delhi zurück, wo er in einer Wohnung im Hinterhaus von Sri Ram bis zu seinem Tod 1970 lebte.

Ich blieb acht Monate bei Sohan Lal und arbeitete als Praktikant bei *Usha*-Nähmaschinen, nachdem ich 1958 mein Ingenieursstudium abgeschlossen hatte. Er war immer noch ein umgänglicher und herzlicher Mann mit einem sonnigen Optimismus, der sich dem Umstand verdankte, dass er als jüngster Sohn der Liebling seiner Mutter war. Er hatte jetzt Familie und war in seine beiden Kinder vernarrt. Seine einst schlanke und starke Figur hatte etwas Fett angesetzt. Als ich ihn einmal an seine Heldentaten als «Killer» während der Teilungsunruhen erinnerte, sagte er nur: «*Chad de yaar, bachpana siga* – Lass gut sein, mein Freund, das war Kinderkram.»

Für diejenigen Familienmitglieder, die am meisten besessen und verloren hatten, war es am schwierigsten, ein neues Leben zu beginnen. Ein Schwager meines Vaters, der ein gut gehendes Geschäft in Lahores gehobenem Anarkali-Basar hatte aufgeben müssen, konnte sich nie mit seiner neuen Rolle als kleiner Büroangestellter in einem Provinznest abfinden und wurde Alkoholiker. Andere Männer und Frauen erholten sich nie von der heimtückischen Depression, die auch das Gefühlsleben ihrer Kinder beschädigte. Diese versteckten Auswirkungen der Teilung, ein Schicksal, das Tausende von Hindu-, Sikh- und Moslemfamilien ereilte, sind nie berücksichtigt worden, wenn man überschwänglich und sehr zu Recht die Zähigkeit der punjabischen Flüchtlinge pries, die Bruchstücke ihres Lebens zusammenrafften und in verschiedenen Regionen Indiens von vorne anfingen. Doch selbst wenn es ihnen wirtschaftlich wieder besser ging, gelang es manchen nie mehr, in ihrem Umfeld neue Gärten der Liebe zu pflanzen.

*

An Mahatma Gandhis Ermordung am 30. Januar 1948 kann ich mich nicht mehr erinnern. Die Radionachrichten und die Gespräche zu Hause und in den Basaren müssen sich stark um diesen bewegenden Moment gedreht haben. Dieses schwarze Loch in meiner Erinnerung ist noch überraschender, weil ich mich sehr gut daran erinnere, dass ich fast achtzehn Monate zuvor, als ich in Delhi zur Schule ging, an einem Sonntagabend von meiner Großtante zu Gandhis Gebetsversammlung in der Harijan-Siedlung mitgenommen wurde, wo er damals wohnte. Nachdem die Versammlung mit dem Singen von *Bhajans* beendet wurde, ging Gandhi, gestützt auf die Schultern zweier Frauen, zu seiner Hütte zurück. Man bahnte ihm einen schmalen Durchgang durch die Menge. Auf beiden Seiten drängten sich die Menschen, die Hände vor der Brust zusammengelegt als Zeichen der Verehrung. Wir standen direkt hinter der eng aneinandergedrückten ersten Reihe. Ich erinnere mich, wie meine Großtante mich nach vorne schob, damit ich mich bücken und ehrfurchtsvoll die Füße des Mahatmas berühren konnte, als er an uns vorbeiging. Ich kann mich aber nicht erinnern, dass mein Vorhaben gelang; entweder war Gandhi bereits an der Stelle, an der wir standen, vorbei, oder es gelang mir nicht, mich durch die Menge zu drängen.

Die Teilungsunruhen und die Ermordung Mahatma Gandhis waren die beiden bösen Vorzeichen für Indiens Reise zu einem freien Land. Es überrascht mich, dass zwar die Gewaltexzesse der Teilung in meiner Erinnerung einen zentralen Platz einnehmen, ihr Höhepunkt jedoch, Gandhis Tod, in mir weder Bilder noch Gefühle auslöst. Vielleicht produziert nur, wie manche Soziologen behaupten, der Schnittpunkt persönlicher mit nationaler Geschichte eine vitale und erinnerungsmächtige Verbindung mit den Zeitläufen, die wir durchlebt haben.[4] Ohne Verbindung mit einem erinnerten Erlebnis ist im Buch unseres Lebens ein historischer Moment so flüchtig wie der Feuerschweif eines Meteors, der über den Nachthimmel zieht. Mahatma Gandhis Tod mag in der Geschichte des Landes ein folgenschweres Ereignis gewesen sein, doch anders als die Teilungsunruhen war es auf meinem inneren Radarschirm nur ein Pünktchen. Anders als die Teilung verstörte es meine Psyche nicht und erforderte deshalb keine emotionale Verarbeitung, die für die Konsolidierung von Erinnerungen unverzichtbar ist.

EIN WILLKOMMENSGRUSS AN DIE WELT

1946–1955
Delhi–Shimla–Jaipur

Zu Beginn des neuen Schuljahrs im Juli 1946 wurde auch ich zu einem Flüchtling wider Willen, als meine Eltern beschlossen, mich für meine Erziehung auf eine gute Schule zu schicken. Da es in Rothak keine Schulen gab, die den hohen Ansprüchen meines Vaters genügten, entschied er, mich als Internatsschüler auf die *Modern School*, eine der führenden Schulen Delhis, zu schicken. Ich war acht Jahre alt.

Meine Mutter brachte mich nach Delhi, um mich in der Schule abzuliefern. Mein schwarzer Metallkoffer enthielt die genaue Anzahl blauer Schuluniformen, Schuhe, Socken, Zahnbürsten, Handtücher und Bettwäsche, die die Schule auf einer Liste vermerkt hatte, die den Eltern aller angehenden Internatsschüler geschickt worden war, und wurde von der *Tonga* abgeladen. Einer der Lehrer, der Leiter des Wohnheims, in dem ich unterkommen sollte, lächelte auf uns herab, als meine Mutter sich zu mir herunterbeugte und zum Abschied umarmte. Sie stieg wieder auf den Rücksitz der *Tonga*. Der Kutscher schwenkte die Peitsche und schnalzte mit der Zunge, um das Pferd auf Trab zu bringen, und dann fuhr die *Tonga* los. Als es von der Einfahrt zur Schule auf die Barakhamba Road eingebogen war, brach der Damm. Verfangen in den Tentakeln einer überwältigenden Panik, riss ich mich von der Hand des Lehrers los, der mich zurückhalten wollte, rannte auf der Straße der *Tonga* nach und heulte, dass ich wieder nach Hause wolle, bis der mich verfolgende Lehrer mich einholte. Aus verweinten Augen sah ich hilflos zu, wie die *Tonga* in der Ferne kleiner und kleiner wurde, bis es schließlich im Morgenverkehr verschwand.

Meine Mutter hat mir später erzählt, dass sie geweint habe, als die *Tonga* abfuhr. Als sie mich hinterherlaufen sah, sei sie versucht gewesen, den Kutscher umkehren zu lassen und mich mitzunehmen. Aber was hätte mein Vater dazu gesagt! Sie musste ihr Herz verhärten – der Normalzustand eines Erwachsenen. Ich glaube, für mich als Kind war dies der Moment, in dem sich in den emotionalen Arterien meines Herzens zum ersten Mal Kalk ablagerte. Meine Mutter ist eine Sirene. Erst hat sie mich verführt, und dann verlässt sie mich. Ihr ehemaliges, Göttinnen gleiches Bild zog sich in ferne Winkel meiner Phantasie zurück und wurde Teil meiner tief begrabenen Mythologie. Sie verlor ihren Glanz, wurde zu einer beständig alternden Frau, war nicht mehr das bezaubernde Wesen, das vor dem Kind die Schätze eines «irrealen Reichtums» ausgebreitet hatte. Jetzt trat sie in meine Geschichte ein.

Ich habe diese Erinnerung als den Punkt der Ablösung von meiner Mutter archiviert, obwohl solch eine Trennung nie ein einziger Moment ist, sondern ein langer Prozess, der lediglich in der Erinnerung an den Moment kulminiert. Meine Mutter tat nur, was alle Mütter tun müssen: das Kind erst durchs Angebot einer Illusion zur Welt verführen und es dann in die Wirklichkeit der Welt stoßen, wo es Bekanntschaft mit einer Grundbedingung seines zukünftigen Lebens macht, nämlich der «Einsamkeit der Subjektivität», in der es lernen muss, ihre Abwesenheit zu ertragen und den Schmerz seiner Sehnsucht nach einer Wiederherstellung ihrer Zweisamkeit auszuhalten.

Nach dem Tod meines Vaters fand ich unter seinen Papieren sechs Briefe, die ich aus dem Internat nach Hause geschrieben hatte. Mein Vater bewahrte sein ganzes Leben lang jeden Papierschnipsel auf, der etwas mit mir zu tun hatte: Briefe, Schulzeugnisse, Zeitungsausschnitte über meine sportlichen Leistungen während meiner Schulzeit, auf dem College und sogar noch später, als ich nach Deutschland ging. In meiner Gegenwart lobte er mich aber nie. Ich sollte es ja immer noch besser machen. Ich sollte mich noch mehr anstrengen und gegen die mich belauernde Sünde der Faulheit ankämpfen. Aber der Ausdruck von Stolz auf seinem Gesicht, wenn seine Freunde ihm Komplimente für seinen Sohn machten, straften seine Worte Lügen. Später, als ich Ende zwanzig war, besuchte John Ross, mein Freund und Co-Autor des Buchs *Tales of Love, Sex and Danger* (dtsch: *Über die Liebe und die Abgründe des Gefühls*), einmal unser Haus in Jaipur, als ich nicht da war. Es war ein kalter Wintermorgen, und John erinnerte sich ebenso amüsiert wie verblüfft, dass meine Eltern ihn auf einen Morgentee in ihr Schlafzimmer einluden. Sie machten für ihn Platz unter der Steppdecke auf dem Doppelbett. Dann begann mein Vater damit, ihm die Alben mit Zeitungsausschnitten und Fotos aus meiner Kindheit und Jugend zu zeigen.

Die ersten drei Briefe sind an Sonntagen geschrieben – Sonntag war der Briefeschreibtag –, und zwar mit Bleistift auf Urdu, der Sprache, mit der ich am vertrautesten war. Die anderen drei wurden einige Monate später Anfang 1947 auf Englisch geschrieben. Die ersten beiden Briefe sind an meine Mutter adressiert. Die Briefe an meinen Vater berichten sachlich, was ich auf der Schule tat, von meinem Unterricht und meinen Freunden und erkundigen sich nach seiner Arbeit und nach meiner kleinen Schwester. In einem frühen Brief findet sich auch der Wunsch nach mehr Kommunikation mit ihm: «Warum schreibst Du mir nicht? Wenn schon nicht jeden Tag, dann wenigstens manchmal. Liest Du meine Briefe wenigstens meiner Mutter vor?»

Die Briefe an meine Mutter enthalten eine Litanei von Vorwürfen, ihren lieben Achtjährigen verlassen zu haben. Ein Abschnitt aus dem ersten, datiert vom 1. August 1946, einen Monat nach Schulbeginn, liest sich, aus dem Urdu übersetzt, so:

«Du denkst nicht an mich. Du hast versprochen, mir zu schreiben. Du kennst doch das Sprichwort Kehna asaan, karna mushkil – Es ist leicht zu versprechen, aber schwer zu halten.»

Als Kliniker bin ich froh festzustellen, dass meine kindlichen Gefühle von Einsamkeit und Verlassenheit durch Protest geprägt wurden, nicht durch Leere.

Mein letzter Brief an sie aus der Schule – die ich im April oder Mai 1947 verließ und auf die ich nie wieder zurückkehrte wegen der Gewaltausbrüche zwischen Hindus und Moslems, die sich im Vorfeld der indischen Unabhängigkeit und der Teilung des Landes in Delhi und anderen großen Städten wie Kalkutta und Lahore entwickelten – ist auf Englisch geschrieben. Mein Lächeln verzieht sich zu einer Grimasse, wenn ich lese, wie der Junge versucht, seiner Mutter ihr Leid zu erleichtern, und dabei unwillentlich sein eigenes zum Ausdruck bringt.

Meine liebe Mutter,

mir geht es hier ganz gut. Wir machen ein Theaterstück, und ich spiele eine Rolle als Katzenmutter. Und hast Du meinen letzten Brief gekriegt? Und an diesem Samstag gehen wir ins Kino, glaube ich. Warum hast Du mir keinen Brief geschrieben und kommst mich jetzt nicht be-

suchen? Und ich lerne fleißig, und wenn Du nach Delhi kommst, bring mir Kekse und Schokolade mit. Und jetzt bin ich ganz froh. Komm jetzt bitte schnell und besuche mich. Und was soll ich jetzt noch schreiben. Wie geht es Dir und Vater? Jetzt geht es mir hier ganz gut.

Dein lieber Sohn
Sudhir

Unsere Beziehung war nicht ruiniert, nahm aber einen anderen Charakter an. Über ihr Bild legte sich seitdem die Patina einer bittersüßen Nostalgie. Das ist das Bild, das die Erinnerungen an meine späteren Kindheitsjahre prägt, etwa die, dass ich ihr zum *Janmashtami-* oder *Diwali*-Fest frisch gepflückte Blumen für ihre morgendliche *Puja* bringe. In diesen Erinnerungen, die alle zu einer zusammenfließen, sitze ich mit gekreuzten Beinen, gefalteten Händen und geschlossenen Augen neben ihr und ahme ihre Frömmigkeit nach, während sie zu der weißen Marmorstatuette des Gottes Krishna betet. Ein feiner Rauchfaden steigt kräuselnd von einem süß duftenden Stück *Dhoop*-Harz auf, das zwischen den Blumen zu Füßen der Statuette liegt. Es bedarf keiner großen Anstrengung, mir den schwül-süßlichen Duft des *Dhoop* in Erinnerung zu rufen.

Merkwürdigerweise kehrte sich während meiner mittleren Jahre der Ablösungsprozess um, als ich mein Herz erneut ihrem mütterlichen Geist und meine Ohren dem Lied des «ewig Weiblichen» öffnete. Sie war damals bereits tot und eine abwesende Zeugin meines Bemühens um etwas, das der französische Philosoph Paul Ricoeur in anderem Zusammenhang als «zweite Naivität» bezeichnet. Mit dem Älterwerden versuchte ich bewusst, die kindliche Unschuld wiederzuerlangen. Oder zumindest eine Unschuld, die einem Erwachsenen noch möglich ist, eine bewusste Wiederverzauberung der Welt.

Das Jahr 1947 war auch der Schauplatz meines ersten literarischen Ausflugs in Form eines Hörspiels auf Urdu, das ich ans *All India Radio* (AIR) in Delhi schickte. Ich kann mich weder an den Inhalt des Stücks noch an seinen Umfang erinnern, vielleicht zehn Seiten, um dem 15-Minuten-Format zu entsprechen, das solchen Hörspielen zugebilligt wurde. Ich war noch nie so stolz gewesen wie an dem Tag, an dem ich den gedruckten Formbrief bekam, mit dem AIR bedauerte, keinen Gebrauch für das Stück zu haben, mir jedoch für meine zukünftigen literarischen Unternehmungen viel Erfolg wünschte. Auch wenn diese erste Kenntnisnahme eine Ablehnung war, beschwingte sie mich mehr als alle Publikationszusagen in meinem späteren Leben. In der Schule lief ich tagelang mit dem Ablehnungsschreiben in der Tasche herum, las es wieder und wieder und zeigte es desinteressierten Freunden, bis es zerbröselte, weil ich vergessen hatte, es aus der Tasche zu nehmen, bevor mein Hemd in die Wäsche kam.

*

Einige der lebhaftesten Erinnerungen an die Monate, die ich im Internat in Delhi verbrachte, haben mit Sex und Gewalt zu tun. Das ist nicht überraschend. Abgesehen von der Triebabfuhr, die Sex und Gewalt ermöglichen, bieten sie auch Chancen, sich in der freudlosen und sterilen Landschaft der Einsamkeit, in der ich mich in der Schule fand, lebendig zu fühlen. Ob lustvoll oder, wie im Fall von Gewalt, schmerzlich, waren beide wichtig, um während der Monate, in denen ich von Elternhaus und Familie getrennt war, die Wüste der Verlassenheit ergrünen zu lassen.

Der Sex ereignete sich morgens im Waschraum des Wohnheims, meinem neuen Zuhause, das ich mit zwanzig anderen Jungen gleichen Alters teilte. Im Waschraum gab es ein Becken zum Zähneputzen und zwei nebeneinanderliegende Duschabtrennungen. Die Abtrennungen hatten keine Türen. Der Sex bestand aus einer eiligen Erforschung des Genitals eines anderen Jungen, von dem man sich gleichzeitig das eigene Genital begrabschen ließ. Es musste schnell gehen, weil andere Neun- und Zehnjährige, im kalten Winter Delhis in ihren Pyjamas zitternd, in der einen Hand die Zahnbürste, in der anderen ein Handtuch, vor der Waschraumtür Schlange standen und ungeduldig darauf warteten, an die Reihe zu kommen. Nach ein paar Monaten wahllosen Begrabschens fanden sich für den Rest des Jahres Partner, und jedes Paar achtete darauf, dass beide morgens nebeneinander in der Schlange vorm Waschraum anstanden.

Das Bild Inderjits, meines Partners beim Sexspiel, kann ich immer noch heraufbeschwören. Das Bild zeigt nicht seine Person, sondern unsere Hände auf dem biegsamen Kinderpenis des anderen, während wir gemeinsam unter einer Dusche standen oder auf dem Boden hockten und darauf achteten, dass aus beiden Duschen Wasser lief. Zeigen durfte man sich nicht, obwohl alle Jungen über die Vorgänge im Waschraum Bescheid wussten und begierig daran teilnahmen. Inderjit hatte noch nie einen beschnittenen Penis gesehen – «*Nangi lulli* – nackter Penis», nannte er ihn –, während ich es faszinierend fand, seine Vorhaut zurückzuziehen, bis die Eichel rosa und nackt wie aus einem beigen Rollkragen hervortrat, und die Vorhaut dann wieder lang zu ziehen, bis die feuchte Eichel verschwand. Das Anschwellen und die gegenseitigen Berührungen waren erregend und lustvoll. Es gab keine Schamgefühle. Sie kamen erst später in der Pubertät mit der Betonung des strikt Sexuellen, als die Erregung unkontrollierbar und promisk und nicht einmal Berührung mehr notwendig war, sondern bereits das Reiben der Unterwäsche am Genital zur Erektion führen konnte. Ja, wie gesagt, ich glaube, nicht nur das Versprechen erotischer Lust, sondern auch das Bedürfnis, aus dem Kerker der Einsamkeit auszubrechen, der die Jungen umgab, die zum ersten Mal von zu Hause fort waren, produzierte diese sexuellen Begegnungen. Im Internat machte ich die Erfahrung einer taktilen Hungerdiät für ein Kind, dem die Berührung durch andere Körper fast so selbstverständlich geworden war wie die Luft, die es atmete. Wenn ich meine Einsamkeit derart schmerzlich empfand, lag das auch daran, dass meine Familie so liebevoll zu mir gewesen war.

Erinnerungen an Gewalt beziehen sich auf Szenen, in denen Lehrer die Jungen in der Klasse züchtigten. Unsere Englischlehrerin Mrs Bose, eine zierliche Frau mit dicken Brillengläsern, die immer einen weißen Sari mit einem dünnen Goldsaum trug, hatte die Angewohnheit, einem unartigen Jungen mit Daumen- und Zeigefingernagel so kräftig ins Ohrläppchen zu kneifen, bis sich rote, halbmondförmige Male auf der Haut abzeichneten. Der Rechenlehrer bevorzugte den *Murga* oder Hahn. Dabei musste der Junge in die Hocke gehen und in einer Art Yogastellung die Ohren so mit den Händen berühren, dass die Hände unter seinen Knien hindurchgestreckt wurden. Der Hintern musste dabei minutenlang angehoben bleiben. Wer die Schenkel ermüdet sinken ließ, bekam mit einem dicken Holzlineal einen schmerzhaften Schlag auf den Po. Unser Urdulehrer, ein junger Mann mit pockennarbigem Gesicht und langen, geölten Haaren, die der damaligen Mode gemäß zurückgekämmt waren, hatte seine eigene, neuartige Methode entwickelt, Schmerz zuzufügen. Konnte ein Junge seine Frage im Unterricht nicht beantworten, musste er sich vom Nächsten, der sie beantworten konnte, ins Gesicht schlagen lassen. Da ich in Urdu gut war, war es oft an mir, einige Jungen, die keine richtige Antwort gegeben hatten, zu ohrfeigen. Ich begriff bald, dass meine Beliebtheit dadurch nicht gesteigert wurde, aber als ich zum ersten Mal den Schlag sanft ausführte, schlug mich der Lehrer so heftig, dass ich zu Boden fiel. Derart verstrickt, entdeckte ich einen Ausweg aus meinem Dilemma, indem ich zwischen meiner Handfläche und der Wange des betreffenden Jungen einen Hohlraum ließ; der Schlag war dann immer noch laut genug, um den Lehrer zu täuschen, tat dem Jungen aber weitaus weniger weh als der eigentliche Schlag.

Lehrergewalt war in jenen Tagen an den Schulen chronisch und ist es an den meisten Schulen Indiens heute noch. Auf meiner nächsten Schule, St. Edwards in Shimla, die von irisch-christlichen Patres geführt wurde, waren Ohrfeigen und Stockschläge als Begleiterscheinungen unseres Unterrichts an der Tagesordnung. Obwohl ihre erklärte Absicht pädagogisch war, boten die Prügeleien manchen Lehrern auch ein Ventil für ihre verborgenen sadistischen Neigungen. Ich erinnere mich, dass in St. Edwards ein gewisser Bruder Conway, wie andere irische Lehrer der Schule auch ein zölibatärer Klosterbruder, einen molligen, gut aussehenden Jungen aus Kaschmir verprügelte, der irgendeinen harmlosen Streich gespielt hatte. Bruder Conway konnte selbst dann nicht mit dem Prügeln aufhören, als sich der Junge in die Hose gemacht hatte. In seinem rot angelaufenen Gesicht und seiner Unfähigkeit innezuhalten wirkte er wie von einem unsichtbaren Dämonen besessen, und wir Jungen spürten, dass etwas geschah, das über die Bestrafung für ein Vergehen weit hinausging, dass andere, dunklere Mächte Bruder Conways Stock führten und seine Ohren vor den Schreien des Jungen verschlossen.

*

1948 wurde mein Vater nach Shimla versetzt, um dort seine neue Stelle als Chef der Stadtverwaltung anzutreten. Meine Mutter war völlig aus dem Häuschen. Von Punjabs staubigen Provinzstädten hatte sie genug, seit mein Vater in Dera Ghazi Khan seine erste Stelle angetreten hatte. Aber Shimla war romantisch. Shimla war kultiviert. Dort gab es auch für die Erziehung ihrer Kinder einige der besten Schulen Nordindiens.

Die Briten hatten Shimla, heute die Hauptstadt des Bundesstaats Himachal Pradesh, Anfang des neunzehnten Jahrhunderts entdeckt und 1857, sieben Jahre nach dem ersten indischen Unabhängigkeitskrieg, zu ihrer Sommerresidenz gemacht. Umgeben von Kiefern-, Himalajazedern- und Rhododendrenwäldern, wurde Shimla als Sommerkurort beliebt, als zu Beginn des 20. Jahrhunderts Lord Curzon, der Vizekönig, eine der spektakulärsten Eisenbahntrassen der Welt bauen ließ, die sich über 96 Kilometer und durch 103 Tunnel von Kalka in der Ebene bis Shimla auf über 2300 Meter Höhe bergauf wand.

Die Briten wünschten sich Shimla als Heimat fern der Heimat, wo sie dem entkommen konnten, was die meisten als unerfreuliche Realität Indiens empfanden. Die Häuser, die sie sich bauten, imitierten Schweizer Chalets mit steilen Schieferdächern, Tudorromantik mit geriffelten Blechdächern und andere Architekturstile, die im England des 19. und frühen 20. Jahrhunderts modern waren. *The Viceregal Lodge*, der Palast des Vizekönigs und bis 1947 Herrschaftssitz, der heute das *Indian Institute of Advanced Study* beherbergt, war der Gipfel dieser anglo-indischen Architektur: eine weitläufige neoelizabethanische Festung aus grauem Stein mit Türmchen und Terrassengärten, die sich über 45 Hektar erstreckte. Hier trafen sich 1946 Gandhi, Nehru und andere Führer des modernen Indien mit Lord Mountbatten zu letzten Verhandlungen über die Machtübergabe, wobei sich Gandhi leidenschaftlich gegen den Plan aussprach, das Land zu teilen.

Die Häuser in Shimla waren entweder nach ihren Eigentümern oder nach ihrer natürlichen Lage benannt: Henderson Cottage, Pine Lodge, Snow View. Green Gate war für unseren Bungalow im Nordwesten der Stadt ein passender Name. Das Haus lag einsam unterhalb Longwoods eine halbe Meile von der Circular Road entfernt am Ende eines gewundenen Pfads, der sich auf einer Seite des Elysium Hill entlangschlängelte, einem der sieben Hügel, auf denen Shimla erbaut wurde und von dem man eine spektakuläre Aussicht über das Tal hatte.

Während der Jahre, die wir in Shimla wohnten, waren auf den Hauptstraßen keine Motorfahrzeuge erlaubt. Außer Senioren, Behinderten und den Wichtigtuern, die sich auf den Schultern von «Kulis» in Sänften tragen ließen oder von sehnigen, aber kräftigen Männern, die in die Livree des Besitzers gekleidet waren, in Rikschas gezogen wurden, gingen wir alle zu Fuß. Ich erinnere mich, dass mein Vater an einem

Sommerabend im Jahr 1948 völlig außer Atem nach Hause kam, weil er mit Anzug und Krawatte fast eine ganze Meile hinter der Rikscha herlaufen musste, in der Lady Mountbatten, die Frau des letzten Vizekönigs, saß; sie war mit dem indischen Premierminister Jawaharlal Nehru zu einem Urlaub nach Shimla gekommen.

Die britischen Bewohner verließen Shimla bereits 1946, als klar wurde, dass Indien sich vom Kolonialregime lösen würde. In dem Ort, den sie den «Indischen Olymp», das «britische Juwel des Orients» oder in scherzhafter Anspielung auf die Horden Offizieller, die während der sechs Sommermonate aus Delhi heraufkamen, «Wohnsitz der Zinngötter» genannt hatten, lebten 1948 nur noch wenige Briten. Manche Geschäftsleute wie die Manager von Shimlas Grandhotel warteten darauf, von Indern abgelöst zu werden. Nur einige wenige blieben, weil sie in ihrem Heimatland keine Häuser besaßen, in die sie zurückkehren konnten. Ihre Situation, der Rückzug in Nostalgie und der Kampf mit den neuen Realitäten, die der Verlust der britischen Herrschaft schuf, ist treffend in Paul Scotts Roman *Staying On* geschildert worden, dem Epilog seines vierbändigen Werks *Raj Quartet*, das in der fiktiven Bergstation Pankot im Himalaja spielt.

Auf der Promenade, einer Esplanade, die am Berg entlangmäanderte und den Nabel des gesellschaftlichen Lebens bildete, sah man unter der ständigen Prozession brauner Gesichter, die ihren Abendspaziergang machten, kaum noch weiße. Am Scandal Point, wo die Promenade auf dem Gipfel endet, hielten jetzt nur noch Inder an, um die ungetrübte Aussicht auf die fernen, schneebedeckten Himalajagipfel zu genießen und Neuigkeiten und Klatsch auszutauschen. Das *Gaiety Theatre*, ein neugotischer Bau an der Promenade, das mit seinem Clubraum und der Bar ein wichtiger Brennpunkt des britischen Gesellschaftslebens gewesen war, wurde nun von den Erben des Raj bevölkert, einer indischen Klasse aus einer anglo-indischen Welt, zu der auch meine Eltern gehörten. Das Laientheater, das früher mit enthusiastischen britischen Armeeoffizieren und ihren Frauen besetzt war – im *Gaiety* war der junge Rudyard Kipling als Brisemouche in Sardous populärer Farce *A Scrap of Paper* aufgetreten –, spielte nun sowohl in Hindi als auch in Englisch mit einer neuen Truppe von Laiendarstellern; meine Mutter war ein begeistertes Mitglied.

Später erinnerte sich meine Mutter an die fünf Jahre, die wir in Shimla verbrachten, als die besten ihres Lebens. Sie war damals Ende

Vater und Mutter in Barnes Court, Shimla, Republic Day, 1950

zwanzig, eine schöne und nun zunehmend selbstbewusste Frau, die bereit und willens war, das gesellschaftliche Leben der sagenhaften Sommerhauptstadt des Raj, die sogar noch die indische Elite aus dem dreitausend Meilen entfernten Kalkutta anzog, zu genießen. Die meisten indischen Prinzen hatten hier ihre Sommerpaläste. Shimla verfügte über legendäre Hotels wie *Cecils* und *Clarkes* und Cafés wie das *Davico*, in dem an Wochenenden und Nationalfeiertagen wie dem Unabhängigkeitstag und dem Tag der Republik Dinnerpartys mit anschließenden Bällen stattfanden. Dann gab es auch noch Annandale, einen berühmten anglo-indischen Sportplatz mit Pferderennbahn in einem tiefen, weiten Tal, eine Stunde Fußmarsch bergab von der Stadtmitte entfernt, ein beliebter Ort für Picknicks, Feiern und Volksfeste, Blumen- und Hundeschauen, Pferderennen an Sonntagnachmittagen und gelegentlichen Polospielen. Meine Mutter war bereit, sich all dem hinzugeben.

Selbst in den städtischen Mittel- und Oberschichten hatte Mitte des 20. Jahrhunderts «sich hingeben» nicht die gleiche hedonistische Konnotation wie heute. Kulturelle Normen und Tabus stellten Sexualität ausschließlich unters Diktat der Ehe, obwohl diskrete Männerbesuche bei Prostituierten toleriert wurden. Das Ventil für das gewaltige Reservoir ungebändigter Sexualität, das es zu jeder Zeit in jeder Gesellschaft insbesondere unter der Jugend gibt, das aber keineswegs auf diese Altersgruppe beschränkt ist, bildete die Großfamilie. Die Großfamilie war der einzige Ort, der solche Kontakte und Flirts zuließ, die zwanglosem Sex vorausgehen. Sie bot darüber hinaus den Vorteil, dass ungewollte Konsequenzen wie eine Schwangerschaft oder eine Depression im Gefolge einer gescheiterten Beziehung im, nun ja, Schoß der Familie blieben. Kurze oder manchmal sogar längere Affären zwischen Vettern und Cousinen, Onkeln und Nichten, Tanten und Neffen waren durchaus üblich – und sind es immer noch. Sexuelles Geplänkel und sogar Fälle körperlicher Intimität zwischen einer Frau und ihrem Schwager, der *Bhabhi* und ihrem *Devar*, wurden in Nordindien (zwischen Onkel und Nichte in Teilen Südindiens) als beinah unvermeidlich akzeptiert. In der indischen Sozialgeschichte wurde die erotische Bedeutung des Schwagers – in dem Sinne, dass er mit der Witwe seines älteren Bruders Sex haben wollte und durfte – eine Zeit lang offiziell durch den Brauch der *Niyoga* legitimiert. Obwohl der Brauch nach und nach in Vergessenheit geriet und nur noch in abgelegenen Gemeinden wie den Bergbewohnern von Uttarakhand praktiziert wurde, ist der psychologische Kern des *Niyoga*, nämlich das auf Gegenseitigkeit beruhende Wissen einer verheirateten Frau und ihres jüngeren Schwagers, potenzielle Sexualpartner zu sein, auch heute noch lebendig. Dieses Bewusstsein zeigt sich in Sita, der Keuschesten aller mythologischen Frauen. Sie beschuldigt Lakshmana im Ramayana, dass er ihrem Mann Rama, der auch sein Bruder ist, nicht helfen würde, weil Lakshmana ein erotisches Interesse an ihr habe – Lakshmana berichtet Rama später von dem Gespräch: «Sita hat zu mir gesagt: ‹Elender, dich hat ein Überschwang der Gefühle für mich überkommen. Aber wenn mein Mann zugrunde geht, wirst du mich nicht besitzen.›»[1]

In meiner klinischen Praxis mit Vertretern der Mittel- und Oberschicht habe ich festgestellt, dass Frauen, die mit einem Schwager sexuelle Beziehungen unterhalten, nur selten Schuldgefühle haben. Ihre Bedenken beziehen sich eher darauf, dass er das Haus verlassen oder eine Ehe eingehen könnte, was die Frau als das Ende ihres sinnlichen und emotionalen Lebens empfindet. In manchen abgelegenen, ländlichen Gemeinden werden diese Affären sogar begrüßt, wenn ihnen ein lang ersehnter, männlicher Erbe entspringt. Ich erinnere mich, dass vor etwa fünfundzwanzig Jahren eines Morgens unser Koch aus einem Dorf in den Kumaonbergen zurückkehrte und mir auf einem Teller Süßigkeiten servierte.

«Ich habe einen Sohn bekommen», sagte er mit höchst erfreuter Miene.

«Wie das?» Ich wunderte mich. «Du bist doch seit einem Jahr nicht mehr zu Hause gewesen.»

«Das spielt doch keine Rolle. Mein Bruder ist ja da.»

Wie für andere «moderne» Frauen in den frühen 1950er-Jahren bedeutete auch für meine Mutter «sich hingeben», dass man den gewagten Schritt unternahm, mit anderen Paaren, mit denen man gut befreundet war, auf eine Tanzparty zu gehen. Es bedeutete, dass Flirts und Komplimente von Freunden meines Vaters und ein züchtiger Foxtrott mit einem Mann, der nicht der eigene Ehemann war, zulässig waren. Nicht, dass meine Mutter Männer nicht angezogen hätte. Ich erinnere mich, dass Mr Singh Roy, ein kultivierter Bengale aus Kalkutta, Manager der *Imperial Bank of India*, der Vorgängerin der *State Bank*, der größten Bank des Landes, von ihr hingerissen war. Sie kamen sich sehr nahe, und Mr Singh Roy fand sich an den meisten Nachmittagen, an denen mein Vater arbeitete, bei uns zu Hause ein. Sie unterhielten sich stundenlang bei halb geöffneter Tür im Schlafzimmer, bis mein Vater nach Hause kam und sie zu dritt Tee tranken. Im Gegensatz zu seinem Sohn war mein Vater kein eifersüchtiger Mann.

Eines Tages verkündete meine Mutter, dass sie sich entschlossen habe, Mr Singh Roy Rakhi zu binden (ein Schwester-Bruder-Freundschaftsband), womit er als sexueller Anwärter ausgeschaltet wurde. Einem Mann Rakhi zu binden ist ein uralter Brauch, den indische Frauen ausüben, um eine Beziehung, die offen erotisch zu werden droht, in ein Bruder-Schwester-Verhältnis zu verwandeln. Onkel Singh Roy und seine Frau wurden somit enge Freunde meiner Eltern und Teil unserer Familie, wie auch wir umgekehrt nun zu ihrer Familie gehörten. Die Beziehung blieb über Jahrzehnte stabil, selbst nachdem wir von Shimla nach Jaipur umgezogen waren und Mr Singh Roy, der jetzt Onkel Shiny war, nach Kalkutta zurückkehrte. Wie auch ihren leiblichen Brüdern schickte meine Mutter ihm jedes Jahr ein Rakhi-Band. Onkel Shiny erfüllte sein Leben lang gewissenhaft die beschützende Rolle eines älteren Bruders: erteilte gute Ratschläge, wenn er

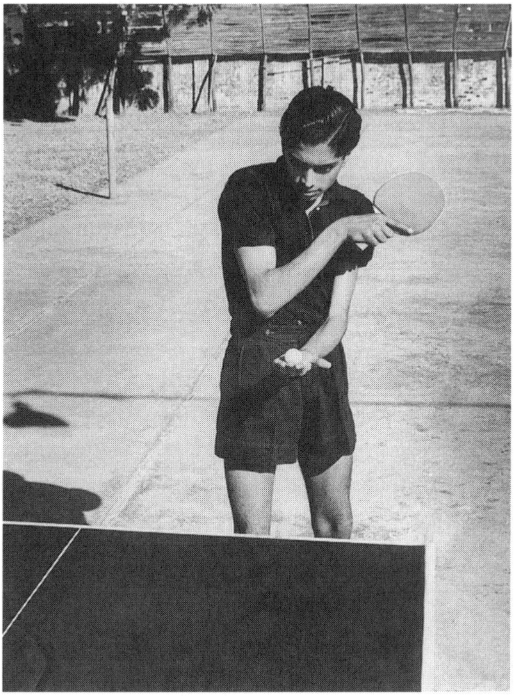

Tischtennis, 1954

danach gefragt wurde, zeigte reges Interesse an unserem Leben und bot seine Hilfe an, wann immer sie gebraucht wurde. Als ich nach meinem Ingenieursstudium in Kalkutta wohnte, besuchte ich ihn jedes Wochenende in seinem Haus in der Hungerford Street. Obwohl ich ein Punjabi war und nicht Bengali sprach, behandelte seine große Familie mich wie einen der Ihren; bei den Mahlzeiten überhäuften die älteren Frauen meinen Teller mit *Sandesh*, weil sie fanden, dass ich zu dünn war. Und Onkel Shinys Vater, ein Direktor der *India Steamship Company*, beschaffte mir ein Praktikum bei der Hamburger Werft *Howaldtswerke*, die für seine Firma Frachtschiffe gebaut hatte.

2003 kehrte ich zum zweiten Mal in fünfzig Jahren für einen Besuch nach Shimla zurück, nachdem wir die Stadt 1953 verlassen hatten. Von ihrem allgemeinen Verfall hatte ich schon gehört, war aber entsetzt über das Ausmaß. Seit der Zeit, in der wir dort gewohnt hatten, war Shimlas Bevölkerungszahl von 20 000 auf fast 250 000 gewachsen. Die Sommertouristen, die 1948 lediglich weniger als 10 000 ausgemacht hatten, zählten nun über eine Million. Die letzten noch vorhandenen Bauwerke der Raj-Ära wie die über den Berg ragende *Christ Church*, das Fachwerkhaus des *General Post Office* aus spartanischen Ziegeln, die gewaltige Eisen- und Stahlkonstruktion des Gebäudes des *Railway Board*, *Barnes Court*, die weitläufige Residenz des Gouverneurs und andere wie das Gebäude der *Municipal Corporation* an der Promenade, der ehemalige Arbeitsplatz meines Vaters, wirkten völlig deplatziert in einem Chaos unkoordinierter Bebauungen, die Shimlas grasige Berghänge unter Zement und Beton begruben. Die spektakuläre, von Stein, Himalajazeder und steilen Schieferdächern geprägte Architektur, die ich aus meiner Kindheit kannte, war mehrstöckigen Hotels, Pensionen, Büro- und Apartmenthäusern gewichen.

Ich war mit meiner Frau Katha nach Shimla gekommen, um sie mit einem wichtigen Schauplatz meiner Vergangenheit bekannt zu machen. Wir begannen unsere Tour am Green Gate. Ich schloss die Augen vor dem gegenwärtigen Verfall und versuchte mit Worten Anblicke heraufzubeschwören, die nur noch in einer archäologischen Schicht meiner Erinnerung existierten. Das Haustor, das in meiner Erinnerung von einem warmen Schimmer kindlichen Glücks durchflutet war, hing wie auch die meisten Fensterläden schief in den Angeln. Sie waren nicht mehr grün, sondern in dem farblosen Weißgrau gestrichen, mit dem die Baubehörde unterschiedslos sämtliche Holzflächen – Stühle, Tische, Türen – in amtlichen Gebäuden anpinselte. Das Haus war in zwei Wohnungen und ein kleines Büro aufgeteilt worden, in dem ein älterer Mann auf einer uralten Schreibmaschine vor sich hintippte. Das Tal lag immer noch tief in geheimnisvoller Ferne, aber der Berghang gegenüber unserem alten Haus war mit Betonkonstruktionen verschandelt, die in einer Mixtur greller Farben gestrichen waren. Als wir den ungepflasterten, mit Kiefernnadeln bedeckten Pfad bergauf gingen, der sich seit der Zeit, da ich ihn auf meinem täglichen Weg zur Schule und zurück gegangen war, nicht verändert hatte, kam mir die Entfernung zur großen Circular Road viel kürzer vor, was natürlich daran lag, dass meine Beine inzwischen länger geworden waren. Oben auf dem Elysium Hill kamen wir am Auckland House vorbei, der ersten Schule meiner Schwester Suleena. Von der Circular Road kletterten wir durch den steilen, örtlichen Basar aufwärts, wo ich auf meinem Heimweg von der Schule oft für einen Imbiss aus faden Zwiebelpakoras mit Minzchutney angehalten und mir anschließend die Finger am Zeitungspapier abgewischt hatte, in das sie eingewickelt waren. Wir bogen dann in den Lakkar-Basar ein, in dem sich jetzt Läden tibetanischer Flüchtlinge aneinanderdrängten; sie verkauften Gebetsglöckchen aus Bronze und Buddhastatuetten, handgestrickte, grobe Wollpullover, furchterregende, aus Holz geschnitzte Gottheiten und plumpe Perlenhalsbänder, versetzt mit türkisfarbenen Steinen. *Regal Cinema*, eines der drei Kinos in Shimla, wo ich meine in Lahore entflammte Leidenschaft für Filme fortgesetzt hatte, war zu einer Eisbahn für Sommertouristen umgebaut worden – ein für den Austausch verliebter Blicke und gelegentlich gewagter Bemerkungen akzeptierter Ort, wo junge Männer und Frauen zur Musik von Liedern aus Hindifilmen aneinander vorbeiflitzten.

Bevor wir den Höhenkamm erreichten, zeigte ich meiner Frau den Pfad, der bergauf zu einem Garten mit Blick auf die fernen Himalajagipfel führt. Als ich 1948 als Fünftklässler nach St. Edwards kam, verliebte ich mich in die attraktive Miss Dean, unsere Kunstlehrerin. Leider war die junge Dame bereits verlobt. Ich war dahintergekommen, dass sie sich abends mit ihrem Verlobten in diesem Park traf. Auf meinem Heimweg von der Schule versteckte ich mich hinter einem Baum und beobachtete das Paar, das eng aneinandergeschmiegt auf einer Steinbank saß, und registrierte eifersüchtig ihr Lächeln, wenn sie ihn anblickte, nachdem er ihre Schulter berührt hatte. Eines Tages musste sie mich entdeckt haben, weil sie mich am nächsten Morgen in der Klasse mit strenger Miene wegen meiner Zeichnung tadelte. Jedenfalls dachte ich mir das so. Der zehnjährige Spanner war tief beschämt.

Wir erreichten die Hochebene, die nun mit einem kitschigen Restaurant und ein paar Cafés und Eisdielen zweifelhaft gesegnet war. Die Christ Church, einst ein hoher, stattlicher Glockenturm, sah wie eine Miniatur aus, weil verschiedene Neubauten am Berg sie schrumpfen ließen. Hinter der Kirche erhob sich Jakhoo Hill, Shimlas höchster Punkt, auf dem unterhalb des Gipfels ein Hanuman-Tempel gestanden hatte. Ich hatte immer Angst, meine Mutter zu diesem gespenstisch in den Morgennebel ragenden Tempel zu begleiten, weil es dort viele Affen gab, die so furchtlos wie die Gottheit waren, auf deren Gesicht sie herumturnten. Einmal hatte sich einer mit gebleckten Zähnen und böse knurrend genähert und mir eine Schachtel Süßigkeiten aus der Hand gerissen, die wir als Opfergabe zum Tempel mitgebracht hatten.

Wir gingen über die Treppe neben dem *Gaiety Theatre* zur Promenade herunter. Ich erzählte meiner Frau von *Shakespearana*, einem Tourneetheater, das jeden Sommer nach Shimla kam und Szenen aus Shakespearestücken aufführte. Der Akzent lag auf Shakespeare, aber gelegentlich gab es Kostproben anderer Dramatiker: Shaw, Wilde, Sheridan, Goldsmith. *Shakespearana* war ein Familienunternehmen, in dem Geoffrey Kendall, seine Frau Laura und die Töchter Jennifer und Felicity die Hauptrollen spielten. Auch angehende indische Schauspieler tourten mit der Truppe, die hauptsächlich in Schulen und Colleges in ganz Indien auftrat. Ich erinnere mich, dass der junge, kaum über zwanzigjährige Shashi Kapoor, der später Jennifer heiratete und ein Bollywoodstar wurde, seine ersten Schritte zum Starruhm auf der Bühne des *Gaiety* machte.

Hinter *Clarkes* am Ende der Promenade, wo die Hauptstraße bergauf nach Chhota Shimla führt, gingen wir eine halbe Meile abwärts nach Milsington zu meiner alten Schule St. Edwards. Die Schule hatte ein paar neue Gebäude bekommen, war aber immer noch gut als der Ort zu erkennen, an dem ich vier wunderbare Jahre verbracht hatte. Der Unterricht war ausgezeichnet, die Missionslehrer waren engagiert, versuchten aber keineswegs ihre Schützlinge, deren überwältigende Mehrheit nicht christlich war, religiös zu beeinflussen. Ihr missionarischer Eifer beschränkte sich darauf, dass an jedem Treppenabsatz die gleiche kolorierte Lithografie von Jesus mit blutendem Herzen an der Wand hing.

Meine Nostalgie entzündete sich besonders am Sportplatz, der an zwei Seiten von einem hohen Drahtnetz umgeben war und wo ich leidenschaftlich gern Kricket und Hockey gespielt hatte. Trotz des Netzes rutschte manchmal ein Ball durch eine schadhafte Masche oder flog beim Schlag für eine Große Sechs beim Kricket darüber. Der Junge, der den Ball zuletzt berührt hatte, musste dann zur Strafe über die steile Böschung, die *Khud*, nach unten klettern, um den Ball zu holen, wobei man darauf achten musste, nicht von Brennnesseln oder Giftsumach – *Bichoo Butia* oder Skorpiongras genannt – berührt zu werden. Ich liebte Sport und war, wie mein Abgangszeugnis belegt, Mitglied der Kricket-Elf und Kapitän der Hockey- und Tischtennismannschaften gewesen und hatte auch eine aktive Rolle in der Theatergruppe der Schule gespielt.

Ich war auch Mitglied des NCC, des *National Cadet Corps*, das in

Schulen militärische Grundausbildung vermittelte, eine Aktivität, bei der ich mich nicht sonderlich hervortat. Ich erinnere mich an unseren Ausbilder, einen pensionierten Sikh-*Subedar*, der höchste Unteroffiziersrang, der eines Tages vor den Kadetten im theoretischen Unterricht folgende Situation ausbreitete: «Sie führen eine Kompanie und haben vom kommandierenden Offizier den Befehl, durch ein enges Tal vorzurücken. Der Feind hat auf beiden Bergseiten Maschinengewehre in Stellung gebracht und bestreicht Ihre vorderste Linie mit Feuer. Wie werden Sie nun vorgehen, Kakar?»

«Gar nicht, Sir», antwortete ich.

Als die anderen Jungen lachten, geriet der *Subedar* vor Wut außer sich. «Genau deshalb können wir in der Armee keine Intellektuellen gebrauchen», sagte er.

Mein Vater ermunterte mich zum Schulsport, aber auch zu außerschulischen Aktivitäten wie Schlittschuhlaufen im Winter, solange ich jedes Jahr Klassenbester blieb, was auch während der vier Jahre, die ich als Schüler auf St. Edwards verbrachte, stets der Fall war.

Schulheld und Liebling von Lehrern zu sein ist ein sicheres Rezept, zur Zielscheibe von Vergeltungen zu werden, und es war unvermeidlich, dass einige Jungen aus höheren Klassen mich von dem Sockel stoßen wollten, den ich für meinen angestammten Platz hielt. Die erste Herausforderung ergab sich in der sechsten Klasse, und mein Herausforderer war Russell, ein anglo-indischer Junge, der fünfzehn Zentimeter größer und in den Schultern dreißig Zentimeter breiter als ich war und dessen Familie nach Australien auswandern wollte. Russell konnte boxen, hätte mich aber auch ohne diese Fähigkeit zurechtgestutzt. Ich konnte von Glück sagen, mit einem blauen Auge und blutender, aber ungebrochener Nase davonzukommen. In diesem Jahr gab es auf dem Heimweg von der Schule noch mehr Prügeleien, die sich alle aus Herausforderungen von Jungen ergaben, die darauf brannten, sich hervorzutun, Herausforderungen, die ich allen Bedenken zum Trotz annehmen musste. Der Kampf fand dann auf einem Grasplatz vor der Schule statt; den Ring bildeten andere Jungen, die aufmerksame Beobachter waren. Dazu kann ich lediglich sagen, dass ich aus diesen Kämpfen blutend und besiegt, aber ungebrochen hervorging. Das Schweigegebot, das diese Kämpfe umgab, hätte von der Mafia stammen können, und ich unterwarf mich dieser *Omertà* auch dann noch, als meine Eltern misstrauisch wurden, dass ich ständig die

Treppe herunterfiel oder von einem Kricketball im Gesicht getroffen wurde – bis mein Vetter Jagmohan, der Sohn einer Schwester meines Vaters, die auch in Shimla wohnte, einschritt. Jagmohan oder Bholu, wie er genannt wurde, war ein Jahr älter als ich und ein rauflustiger Bursche, der gern Prügeleien vom Zaun brach. Als Folge eigener Erfahrungen lag ihm Gewalt im Blut. Bholus Vater, ein kleiner Verwaltungsangestellter, gehörte zu den Männern, denen die Teilung übel mitgespielt hatte. Zu Hause brütete er vor sich hin, sprach kaum ein Wort, brach jedoch in unkontrollierte Wutanfälle aus, wenn sich sein ältester Sohn auch nur die kleinste Übeltat erlaubte. Er legte dann Bholus Hand unter einen Bettfuß und setzte sich aufs Bett, hüpfte auf und ab und brüllte Obszönitäten, während Bholu vor Schmerzen schrie.

Da meine Herausforderer viel größer als ich waren, brachte Bholu mir bei, den Kopf zu senken und sie bei den Füßen zu packen. Ich sollte meine Arme knapp unter den Knien um die Beine meines Gegners schlingen und ihn von unten aushebeln. Diese Taktik hatte eine hervorragende Wirkung. Ich wurde zu einem unerschrockenen Kämpfer. Obwohl ich schmal und nicht besonders stark war, schloss ich die Augen, bückte mich, griff nach den Knien des anderen Jungen und ignorierte dabei die Schläge, die mich an Kopf und Rücken trafen. Und wenn dann der andere Junge auf den Rücken fiel und ich über ihm lag, hielt ich seinen Kopf an den Haaren fest und knallte ihn wie wahnsinnig auf den Boden, immer in der Hoffnung, die Zuschauer würden einschreiten und den Kampf beenden, was normalerweise auch geschah. Ich bekam jedes Mal einen Adrenalinstoß, weil ich zu viel Angst hatte, um ein gelassener Kämpfer zu sein. Es sprach sich schnell herum, dass ein Kampf mit mir zu gefährlich war, und meine Aktien stiegen weiter.

KAMLA

1953–1958
Jaipur–Ahmedabad

Kamla war die jüngere Schwester meiner Mutter. Sie war die «Mutter» meiner Jugend und Erwachsenenzeit. Die drei Jahre, die ich ab meinem siebzehnten Lebensjahr bei ihr verbrachte, verschoben das Mobiliar meiner provinziellen Vorstellungen und eröffneten mir Möglichkeiten und Potenziale, die sonst ungeboren geblieben wären. Sie machte mich mit einer Welt von Ideen und Idealen und den Leuten, die sie verkörperten, bekannt und verschaffte dem Bewusstsein eines Teenagers, der die ersten Schritte aus seinem unmittelbaren Umfeld heraus machte, erstaunliche Ausblicke. Dieses Kapitel erzählt ebenso ihre Geschichte wie es die meine fortsetzt. Es erzählt die Geschichte einer indischen Frau aus der oberen Mittelschicht, die in den 1940er-Jahren ihren eigenen Weg einschlug, zu einer Zeit also, als ihre eigene Familie oder die ihres Ehemanns als einzige Sphäre einer Frau und in schwierigen Momenten als ihre einzige Zuflucht galten. Es ist die Geschichte einer Frau, die sich entschloss, die Verkrustungen zu sprengen und eine eigene Karriere zu machen – zu einer Zeit, als Karrierefrauen in Indien nicht nur eine Seltenheit, sondern auch Objekte schlüpfrigen Klatsches waren. Es ist die Geschichte einer unabhängig denkenden Punjabifrau, die selbständig in einer stockkonservativen Gujarati-Gesellschaft lebte, die sie schockierte, indem sie eine 20 Jahre andauernde Beziehung zu einem verheirateten Mann einging, der eine öffentliche Figur und ein Spross der prominentesten Familie Ahmedabads war. Obwohl sich ihre leidenschaftliche Beziehung in späteren Jahren zu tiefer Freundschaft wandelte, in der sie gegenseitig ihre engsten Vertrauten wurden, und Kamla noch andere Liebhaber hatte, blieb Vikram Sarabhai bis zu seinem geheimnisumwitterten und frühen Tod 1971 die Liebe ihres Lebens.

In meinem Leben als Erwachsener spielte Kamla eine Rolle, die in mancher Hinsicht entscheidender als die meines Vaters war. Ich war der Sohn, den sie selbst nie gehabt hatte, und sie verwöhnte mich mit einer Zuneigung, die mich durch Zeiten emotionaler Dürre trug, zum Beispiel die lange Suche nach einer beruflichen Identität in meiner Jugend, den Tod meiner Eltern und in mittleren Jahren das Ende einer Beziehung, das mich monatelang völlig aus der Fassung brachte. Wir weihten uns gegenseitig in die intimsten Details unseres Lebens ein. Während der schwierigen Zeit meiner ersten Ehe war Kamla die Person, der ich an emotionalem Beistand und Ratschlägen das meiste verdankte. Die Erinnerungen an viele Abende in ihrer Wohnung in Delhi lassen sich leicht zusammenfassen: Wir saßen zusammen, naschten geröstete Gujarati-Erdnüsse und gepfefferte Amritsar-Fladenbrote, schlürften unsere Drinks – Gin mit Tonic für sie und Wodka mit Soda für mich –, während ich ihr mein Leid und meine Verwirrung klagte. Sie hörte schweigend zu, zeigte aber durch die Art ihres Zuhörens, dass sie ganz auf meiner Seite stand und etwas von dem empfand, was ich fühlte, bis sie mich dann freundlich ermahnte, auch meinen eigenen Anteil an dem Schlamassel, in dem ich mich befand, einzugestehen. Während der 50 Jahre zwischen Juli 1955, als ich zu ihr nach Ahmedabad zog, und ein paar Jahren vor ihrem Tod in Delhi im Januar 2005 behielt sie stets die Schlüsselstelle meiner Zuneigung, wenn auch unsere Beziehung in ihren letzten Lebensjahren etwas gespannt war.

Ich hatte wieder geheiratet und beschloss, Delhi zu verlassen und mich mit meiner zweiten Frau in Goa niederzulassen. Kamla empfand diese Entscheidung als Flucht, die sie nur schwer akzeptieren konnte. Diese bemerkenswerte Frau, der ich so viel zu verdanken habe und die entschieden loyal und Fehlern gegenüber nachsichtig war, konnte auch störrisch und gemein werden, wenn sie sich ärgerte. Sie war sich ihres Charakters und dessen starken Einflusses auf ihr Verhalten bewusst. Schon im jungen Alter von dreiundzwanzig erklärte sie in einem Brief an meinen Großvater, den Chirurgen, die Konflikte, die sie mit ihm hatte, mit der Ähnlichkeit ihrer Charaktere. Wie auch er sei sie

introvertiert, lebt in einem von Ideen und Intellektualität geprägten Haus. Ich fürchte mich davor, es zu verlassen, weil Umgebungen mich nicht besonders interessieren und ich verletzt, enttäuscht und desillusioniert werde, sodass ich mich wieder in meine eigene Welt zurückziehe, wo ich zumindest mein eigener Herr bin.

Es ist und bleibt höchst bedauerlich, dass wir uns voneinander entfremdet hatten, als sie starb. Aber mein Bedauern kann den Riss nicht kitten, den ich in meiner eigenen Psyche zu heilen versuche, indem ich ihre Geschichte erzähle.

*

1953 begann ich mein Zwischenstudium am *Maharaja's College* von Jaipur, einer schönen und typisch indischen Stadt. Mit dem alten Stadtpalast im Zentrum (der neue Rambagh-Palast befand sich außerhalb der Stadtmauern), den Villen der Adeligen und den Wohn- und Geschäftsvierteln der Kaufleute und Handwerker, die auf beiden Seiten breite, weiträumige Basare säumten, war Jaipur anders als jede andere Stadt, die ich bislang gesehen hatte. Umgeben von einer hohen, mit Zinnen bewehrten Mauer mit sieben Toren, waren alle Gebäude im einheitlichen Indo-Mughal-Stil erbaut und in verschiedenen Schattierungen rosa gestrichen. Der Einfluss des britischen Kolonialismus, der das urbane Indien so stark prägte, war hier weder in der Architektur noch in der Kleidermode erkennbar. Wie viele andere im Land verstreute Fürstentümer hatte auch Jaipur nie zu Britisch-Indien gehört und war dem neuen, souveränen indischen Staat erst kürzlich beigetreten.

1947, am Vorabend der Unabhängigkeit, bestand Indien nicht nur aus dem Territorium des Raj, das durch den Vizekönig in Delhi direkt von London aus regiert wurde, sondern es gab auch ein «fürstliches Indien». Dieses bestand aus über 500 Königreichen und Fürstentümern und machte zwei Fünftel des Territoriums aus. Fürstentümer gab es in allen Formen und Größen. Sanjeli in Gujarat hatte nur eine Fläche von 88 Quadratkilometern; Hyderabad und Mysore im Süden waren so groß wie mittlere europäische Länder. Die meisten Staaten wurden von ihren Rajas, Maharajas und Nawabs autokratisch regiert, aber einige wie etwa Mysore galten als fortschrittlich und verfügten über ein Verwaltungssystem, das dem Britisch-Indiens ebenbürtig, wenn nicht gar überlegen war.

Die erfolgreiche Eingliederung der Fürstentümer in die Republik Indien innerhalb weniger Monate nach der Unabhängigkeit des Landes war eine bemerkenswerte Leistung der neuen Regierung, insbesondere des Innenministers Sardar Patel. Mit einer Mischung aus Zwang,

Schmeichelei und Verhandlungsgeschick überredete er die meisten Fürsten, das Erbfolgerecht und ihre Privilegien aufzugeben. Im Gegenzug erhielten sie eine großzügige Abfindung, einen monatlichen Unterhalt, privy pure genannt, und einige der üblichen Ehrenbezeugungen wie etwa einen Kanonensalut; die Anzahl der Kanonen hing von der Größe und Bedeutung des jeweiligen Fürstentums ab.

In Rajputana wurden 19 Fürstentümer, von denen Jaipur, Jodhpur, Udaipur und Bikaner die größten waren, zu einer politischen Einheit verschmolzen, nämlich dem Staat Rajasthan mit seiner Hauptstadt Jaipur.[1] Eine Hauptaufgabe Rajasthans wie auch anderer Zusammenschlüsse von Fürstentümern wie etwa Saurashtra in Gujarat, das 228 Fürstentümer vereinigte, oder Madhya Bharat in Zentralindien, das aus dem Zusammenschluss von 18 Staaten entstand, war die Ersetzung des Erbrechts durch eine demokratisch gewählte Regierung. Die andere Aufgabe war die Schaffung neuer und die Reformierung alter Institutionen, um das Regierungssystem der ehemaligen Fürstentümer dem System anzupassen, das im Rest des Landes vorherrschte. Mein Vater wurde in den indischen Verwaltungsdienst berufen, der das alte ICS ablöste, und als einer von einem halben Dutzend Beamten 1952 nach Jaipur versetzt, um die Integration voranzutreiben.

Versunken im solipsistischen Chaos der Pubertät, war ich mir der historischen Bedeutung der Zeit, die ich mit erlebte, nicht bewusst: die Politologen Susanne und Lloyd Rudolph haben darauf verwiesen, dass institutionelle Reformen, die in Britisch-Indien seit über 100 Jahren in Kraft waren, in Rajasthan in weniger als fünf Jahren durchgesetzt wurden.[2] Die alte Feudalelite, die ihren Kontakt zur neuen Ordnung auf ein Minimum reduzierte, betrachtete meinen Vater und seine von der Regierung in Delhi geschickten Kollegen als Eindringlinge. Die drei Clubs in Jaipur spiegelten die Bruchlinien innerhalb der städtischen Elite wider. Der Jai Club neben unserem Haus in der Mahavir Road war der Treffpunkt der Anwälte, Dozenten, Ärzte und anderer Berufe, aber auch der eher modern eingestellten lokalen Geschäftsleute. Der viel weiter außerhalb liegende Jaipur Club, *unser* Club, war der Treffpunkt der neuen bürokratischen Elite und leitender Angestellter aus der Geschäftswelt «britischer Firmen» wie etwa *Burmah Shell* oder der *Imperial Bank*. Der Status dieser *Boxwallahs* war viel höher als jener, die für die als *Banias* verunglimpften indischen Firmen arbeiteten (die *Tatas* bildeten eine Ausnahme) und denen man die Mitgliedschaft im Club nie zugebilligt hätte. Im dritten, dem Ashoka Club, versammelten sich Vertreter von Jaipurs *Ancien Régime* und der Rajput-Adel, Prinzen kleiner Fürstentümer des Staats, unter der Schirmherrschaft ihres Polo spielenden Maharajas Sawai Man Singh und seiner schönen Frau Gayatri Devi. Seine Hoheit und Ihre Hoheit, wie sie üblicherweise genannt wurden, mochten Privatpersonen geworden sein, doch wenn sie den Club aufsuchten, begegnete man ihnen immer noch mit der gleichen katzbuckelnden Unterwürfigkeit wie in früheren Zeiten. Mein Vater und seine Kollegen mochten jetzt zwar Vertreter der neuen herrschenden Ordnung sein, aber es war undenkbar, dass sie die Mitgliedschaft im Ashoka Club angestrebt hätten oder dort erwünscht gewesen wären.

An die beiden Jahre auf dem College habe ich nur eine einzige Erinnerung, die aus einer angenehmen, aber ziemlich ereignislosen Mixtur von Szenen hervorsticht. Während der faulen Tage der Collegeferien verschlang ich ansonsten Hindiromane (meine Lieblingsautoren waren Upendranath Ashk und Jainendra Kumar), schwamm oder spielte abends im Jaipur Club Tennis und hielt mich in Gesellschaft von Freunden und meiner Familie auf. Aber diese besondere Erinnerung gilt einem einschneidenden körperlichen Ereignis: dem Beginn – ich weiß nicht, wie ich es anders ausdrücken soll, ohne klinisch, vulgär oder prüde zu klingen – leibhaftiger Sexualität an einem Sommernachmittag.

Wie viele Jungen, die in den 1950er-Jahren in indischen Dörfern und Kleinstädten aufwuchsen, hatte auch ich die übliche indische Legende über Masturbation aufgeschnappt und glaubte daran. Masturbation war mehr als nur die Vergeudung von Samen, der materiellen Form der Lebensenergie. Nahrung verwandelt sich in Samen, und zwar in einem Zeitraum von dreißig Tagen durch einen Prozess sukzessiver Veränderung (und Verfeinerung) mittels Blut, Fleisch, Fett, Knochen und Mark, bis Samen destilliert ist – vierzig Blutstropfen produzieren einen Samentropfen. Jede Ejakulation führt zu einem Samenverlust von 15 Gramm, was der Lebenskraft entspricht, die durch 60 Pfund Nahrung erzeugt wird. Langlebigkeit, Kreativität, körperliche und geistige Vitalität werden durch Beibehalten des Samens gestärkt; Gedächtnis, Willenskraft, Körperstärke, gutes Sehen und viele andere Fähigkeiten hängen davon ab, dass man in der Jugend nicht masturbiert. Noch zu Beginn des 21. Jahrhunderts glorifizieren Fernsehgurus wie Asaram Bapu, der ein Millionenpublikum anspricht, die Vorzüge der Samenzurückhaltung:

Diese Saat [Samen] ist Mark deiner Knochen, Nahrung deines Gehirns, Öl deiner Gelenke und Süße deines Atems, und wenn du ein Mann bist, sollst du nie auch nur einen einzigen Tropfen verlieren, bevor du dreißig Jahre alt bist, und dann auch nur, um ein Kind zu zeugen, das der Himmel segnen wird.[3]

Ich hatte keinen Grund, diese althergebrachten Wahrheiten zu bezweifeln. Demnach bedeutete Masturbation für jemanden, der Ambitionen auf sportlichen Ruhm hegte, katastrophale Auszehrung. Neben meinen anderen sportlichen Aktivitäten hatte ich mit Tennis und Badminton begonnen und war erst kürzlich Landesmeister im Tischtennis geworden. Tatsächlich war ich bereits fast 18 und wohnte in Ahmedabad bei meiner Tante Kamla, als mich eines Nachmittags eine unerträgliche sexuelle Erregung (auf die ich später in diesem Kapitel zurückkommen werde) überkam und ich erstmals das verbotene Reich des *Hastamaithun* – manuelle Befriedigung – betrat und mich (mit Nabokovs Worten) «in einer Lache der Lust dahinschmolz».[4]

Aber schon früher, ich war 15 Jahre alt, erwachte ich an einem heißen Tag im Mai 1953 plötzlich aus meinem Mittagsschlaf mit einem klebrigen Pyjama, der gegen die Innenseite meines Schenkels scheuerte, und dem zutiefst befriedigenden, zugleich jedoch verstörenden Gefühl, ins Mannesalter eingetreten zu sein. Diese Empfindungen wurden sofort von heißen Schamgefühlen abgelöst. Ich stürzte ins Badezimmer und war heilfroh, dass meine Eltern und meine Schwester noch schliefen. Ich zog den Pyjama aus, dessen Stoff an der verräterischen Stelle steif wie überstärktes Leinen geworden war, und versteckte den Pyjama unter einem Wäschestapel. Ich wusste, dass meine Mutter ihn am Sonntag dort finden würde, weil an dem Tag der Wäschemann kam, um schmutzige Wäsche zum Waschen und Bügeln abzuholen. Ich sah den *Dhobi* wie immer vor dem Wäschehaufen auf dem Fußboden hocken. Unter den wachsamen Augen meiner Mutter würde er prüfen, ob die Hosen- und Hemdtaschen geleert wären. Dann würde er die Sachen zählen und sortieren, während meine Mutter die Zahlen in ihre Wäscheliste eintragen würde. Ich hörte den *Dhobi* sagen: «8 Männerunterhosen, 5 Unterröcke, 4 Hemden, 6 Bettlaken, 6 Kissenbezüge, einer eingerissen, 6 Pyjamas, einer mit Samenfleck.» Ich sah, wie meine Mutter zu schreiben aufhören und schockiert und ungläubig aufblicken würde.

Ich hoffte, sie würde den Fleck nicht entdecken, oder er würde sich bis Sonntag in Luft auflösen. Trotz aller Beweise des Gegenteils war der kindliche Teil meines Bewusstseins wie das der meisten Menschen davon überzeugt, dass Eltern nicht nur keinen Sex haben, sondern hinsichtlich der Tatsachen des Lebens ahnungslos sind. Der Beweis meiner sexuellen Reife würde, wie auch die erste Periode meiner Schwester, ihre Unschuld erschüttern und sie angeekelt zurückzucken lassen. Dass es sich genau genommen nicht um eine nächtliche Entladung, sondern eine nachmittägliche Katastrophe handelte, besänftigte meine Schuldgefühle durchaus nicht. Aber als meine Mutter sich ihr Wissen auch dann noch nicht anmerken ließ, als gestärkte Pyjamas in einiger Regelmäßigkeit auftauchten, machte ich meinen Frieden mit diesen Entladungen und freute mich sogar darauf, weil sie von so angenehmen Träumen begleitet wurden. Die *dramatis personae* dieser Träume verbannte ich natürlich aus meinem Bewusstsein, sobald ich die Augen aufschlug. Hilfreich war auch, dass infolge der Tatsache, dass die Konzentration der Sexualhormone im Blut zu dieser Tageszeit am höchsten ist, die Träume mit ihren Höhepunkten erst in den frühen Morgenstunden eintraten und ich sofort ins Badezimmer gehen konnte, ohne Aufsehen zu erregen. Allerdings fragte ich mich eine Zeit lang, ob ich unter dem litt, was die Ayurveda als *Svapnadosh* – Traumstörung – bezeichnet, eine Krankheit, die typisch für junge Männer ist, durch deren Körper ein Überschuss an *Kama* – Begierde – zirkuliert, wurde aber von anderen Jungen beruhigt, dass die Häufigkeit meiner feuchten Ergüsse normal sei.

Als ich auf der Universität bei der naturwissenschaftlichen Zwischenprüfung nicht wie von meinem Vater erwartet als Bester abschnitt, sondern nur einen «unteren» sechsten Platz belegte, war die Enttäuschung meines Vaters offensichtlich. Seine Pläne für mich sahen vor, am prestigeträchtigen *St. Stephen's College* in Delhi Geschichte zu studieren. Nach einem Masterexamen in diesem Fach sollte ich die landesweite Einstellungsprüfung für den öffentlichen Dienst absolvieren und in den Fußstapfen meines Vaters in die höheren Ränge der indischen Bürokratie aufsteigen. Nach diesem Ergebnis bezweifelte er jedoch, ob ich dazu in der Lage sein würde, die zermürbende Prüfung für den öffentlichen Dienst zu bestehen oder gar aufs College in Delhi zugelassen zu werden.

Ich erinnere mich, dass wir damals zu einem Familienurlaub einen meiner Großonkel in Srinagar besuchten. Ein Familienrat, an dem ich nicht teilnehmen durfte, wurde einberufen. Wenn eine Karriere im öffentlichen Dienst nicht infrage kam, standen einem Mittelklassejungen nur noch zwei andere Berufsmöglichkeiten offen: Ingenieur oder Arzt. In die Armee einzutreten war die dritte Option, die jedoch denjenigen vorbehalten war, die aus Militärsfamilien stammten oder intellektuell als unterdurchschnittlich galten. «Mach dir keine Sorgen, ihm bleibt immer noch die Armee» war ein Trost, den Eltern eines Sohns zu hören bekamen, die über die ungenügenden schulischen Leistungen ihres Kindes klagten. Da ich dazu neigte, beim Anblick von Blut ohnmächtig zu werden, war Medizin zum Bedauern meines Großvaters, des Chirurgen, ausgeschlossen. Die Sache wurde entschieden, als Kamla anbot, mir bei der Zulassung zum Ingenieurscollege in Ahmedabad behilflich zu sein, und darüber hinaus vorschlug, dass ich während der drei Jahre meines Studiums bei ihr wohnen konnte. Die Vorstellung, dass ich nicht allein in einem Studentenwohnheim in einer unbekannten Klein- oder Großstadt leben musste, war für meine Eltern eine enorme Erleichterung.

Im Vertrauen darauf, dass meine Familie, insbesondere meine Familie väterlicherseits, alles für mein Wohlbefinden tun würde, hatte ich mir noch keine ernsthaften Gedanken über meine Zukunft gemacht. Ich würde mit allem einverstanden sein, was die Familie für mein Bestes hielt. Etwas wie «Individualität» geltend zu machen oder die Idee eines Generationskonflikts, in dem die Jungen gegen die Autorität der Alten aufbegehrten, war im Indien jener Zeit unvorstellbar. Obwohl fünfzig Jahre später die Möglichkeit einer *Spannung* zwischen den Generationen anerkannt wird, gilt die Vorstellung eines unausweichlichen Generations*konflikts* immer noch als Fremdimport des Westens, was als weiteres Beispiel einer westlichen Kulturprämisse, die sich als psychologische Universalie maskiert, auch tatsächlich der Fall sein könnte.

Meine einzige Reaktion auf den mir bestimmten Beruf bestand in einem Brief an meinen Vater während meines ersten Jahrs in Ahmedabad.

Suleena und Sudhir mit ihrem Vater, Jaipur, 1954

Hinsichtlich des Colleges bin ich sehr zufrieden. Ich interessiere mich zwar nicht besonders fürs Ingenieursstudium, bemühe mich aber nach Kräften, Interesse dafür zu entwickeln … Das Fach, das mich am meisten interessiert, ist Psychologie. In meiner Freizeit kann ich sogar einschlägige Bücher lesen.

Da es eher eine Vorahnung als ein Protest war, bezweifele ich, ob mein Vater meine vagen Bedenken überhaupt zur Kenntnis nahm.

*

Indem ich damit beginne, Kamlas Geschichte niederzuschreiben, liegen zwei in Pergament gebundene DIN-A3-Notizbücher vor mir. Die starken, mattweißen Seiten sind mit ihrer unverwechselbaren Handschrift bedeckt, die sich im Lauf ihres Lebens kaum veränderte. Bei den Notizbüchern handelt es sich um ihre Tagebücher von Juni 1940 bis Mai 1941, die ich nach ihrem Tod unter ihren Papieren fand. Auf diesen Seiten ist Kamla 18 und verlobt mit Khem Chowdhry, der nach seiner Rückkehr aus England soeben in den öffentlichen Dienst

Indiens eingetreten ist und deshalb von der Familie für eine gute Partie gehalten wird. Eines der Notizbücher hat einen blauen, das andere einen roten Einband; sie sind ein Geschenk Khems, der den Wunsch hat, die «liebste Kamla» möge ihm über ihr Leben Bericht erstatten. Die Widmung lässt erahnen, dass Khem ein ernsthafter junger Mann ist, der an solche Tugenden wie Disziplin und Selbsterziehung glaubt.

Während ich durch das Tagebuch blättere, kann ich mir ein Lächeln nicht verkneifen, weil ich hier dem ganzen Gefühlsspektrum eines jungen Mädchens angesichts ihrer ersten Liebe begegne: ihre staunende Entdeckung der Reichtümer der Liebe, ihre feierliche Hingabe, aber auch ihre erotische Erregung, das Öffnen nicht nur des Körpers, sondern auch der Seele für einen anderen Menschen.

Hatte mit Khem eine köstliche Nacht auf dem Rasen, so köstlich, dass ich ihn erst um 2 Uhr morgens gehen ließ…

Er bemerkt immer als Erster, wie spät es geworden ist, und reißt sich dann los. Manchmal wünschte ich mir, dass er nicht immer so rational und voll gesunden Menschenverstands wäre. Es war wohl nicht sehr damenhaft von mir, darauf zu bestehen, dass er so lange bleibt? Aber ich kann es nicht ändern. Ich liebe ihn so sehr… Nun ja, mein lieber Khem, ich muss jetzt aufhören. Meine Gedanken sind von dir erfüllt und werden es immer sein. Ein Geschenk habe ich aber noch zu machen, und das ist nur für dich.

Aber die Momente, in denen die Welt versinkt und die Zeit «in glückseliger Verzückung» stehen bleibt, während sie sich (vollständig bekleidet) in den Armen liegen, sind rar. Weil Khem dreihundert Meilen entfernt von Lahore in Chakwal im Norden des Punjab arbeitet, beschränkt sich die Werbung im Wesentlichen auf Briefe. Wenn Khem nach Lahore kommt oder die Familie während der Ferien in Kaschmir besucht, billigen meine Großeltern es kaum, dass das verlobte Paar alleine Zeit miteinander verbringt. Aber weil Khem ein hochwillkommener Schwiegersohn ist, erlauben sie es ihrer Tochter widerstrebend, mit ihm spazieren zu gehen oder lange mit ihm aufzubleiben, ohne dass eine Anstandsperson im Hintergrund wacht. Jedoch nur so lange, wie das Paar kein Aufsehen erregt. Khem ist ein «moderner» Mann, und sie selbst haben sich bei der Erziehung ihrer Töchter um ähnliche Modernität bemüht. In dieser Modernität, mit der eine große

Anzahl Inder, die in die wachsende Mittelschicht aufsteigt, immer noch ringt, genießt das Mädchen eine Erziehung nach westlicher Art, pflegt sogar selbstverständlichen Umgang mit Männern, die keine Familienmitglieder sind, befolgt gleichwohl einen strengen indischen Moralkodex, der sexuelle Beziehungen vor der Ehe verbietet. Die indische Modernität durchläuft seit einem Dreivierteljahrhundert einen Definitionsprozess, der eine Suche nach der schwer fassbaren Kombination westlicher und indischer Verhaltensweisen und Werte ist. Einer der Gründe, aus denen Khems Partnerwahl auf Kamla fiel, bestand nicht etwa darin, dass sie eine Collegeausbildung hatte und reiten und tanzen konnte – unverzichtbare Fähigkeiten für die angehende Frau eines *Sahib*, aber selten für ein Mädchen der oberen Mittelschicht aus Punjab –, sondern dass sie in Shantiniketan studiert hatte. Diese berühmte Schulinstitution im ländlichen Bengalen, gegründet von einer indischen Ikone, dem Dichter und Nobelpreisträger Rabindranath Tagore, sollte die Konturen ebendieser indischen Modernität herausarbeiten. In Shantiniketan hatte Kamla Sitar spielen gelernt und voller Begeisterung klassischen indischen Tanz studiert. An einer Stelle ihres Tagebuchs klagt Kamla darüber, dass sie nicht die gesamte Bandbreite ihrer Gefühle in ihrem unzureichenden Englisch auszudrücken vermag, der einzigen Sprache, in der sie schreiben kann, und das ist natürlich ein Teil des Preises für diese Zwittermodernität.

Doch zurück zum Tagebuch des jungen Mädchens, in dem sie auf anrührende Weise so allgemeingültige Formulierungen für leidenschaftliche Liebe findet, als handelte es sich dabei um Neuentdeckungen, was sie in der Tat auch waren. Leidenschaftliche Liebe, die sich nur mit der Spontaneität religiöser Ekstase vergleichen lässt, idealisiert den Geliebten zum intelligentesten und edelsten Mann.

In Khem finde ich alles und noch viel mehr, was ich mir von einem Lebensgefährten erträumt habe. Ich liebe und bewundere ihn.

In der bekannten Manier Verliebter sehnt sie sich danach, sich dem Geliebten zu unterwerfen und ihren eigenen Charakter dem des Geliebten anzuverwandeln.

Er muss sein ernstes und zugleich leidenschaftliches Verlangen nach mir steigern und verbessern, und ich muss das Gleiche für mich selbst und für ihn tun ... Ich muss weiter tanzen, noch mehr auf der Sitar üben, und ab Morgen lerne ich auch zu kochen, was höchst wichtig ist.

Sie staunt über die Veränderungen, die mit ihr vorgehen; ihre Widerspenstigkeit ist zu Fügsamkeit geworden, Überheblichkeit zu Unterwürfigkeit. Aber diese freiwillige Selbstdemontage führt unausweichlich zu Momenten des Selbstzweifels und sogar zu masochistischer Hoffnungslosigkeit.

Ich bin nur eine normale Person mit durchschnittlichen Fähigkeiten. Liebt er mich oder nicht? Wird er seine Entscheidung bereuen?

...

Ich bin mir sicher, dass er mich liebt. Ich werde ihn dazu bringen, dass er mich liebt. Solange ich ihm keinen Anlass biete, gekränkt zu sein, kann er mir nicht böse sein.

...

Ich fürchte mich oft vor meinem zukünftigen Leben. Werde ich ihn glücklich machen, werde ich seinen intellektuellen Ansprüchen gerecht werden können?

Khem nimmt das, was in ihr vorgeht, derart selbstverständlich hin, als habe er ein Anrecht darauf, das Territorium, das sie freiwillig räumt, zu besetzen. Wenn sie das Gefühl hat, dass seinen Briefen die Liebe fehlt, die sie verdient, dass sie lediglich Vorlesungen oder Predigten über Persönlichkeitsbildung sind, meldet sich ihre Individualität zurück, und sie zeigt dann die Fähigkeit, ihn, sich selbst und ihre Liebe mit einer Objektivität zu sehen, die man in den 1940er-Jahren von einer Achtzehnjährigen aus der indischen Mittelschicht normalerweise nicht erwarten würde. Und wenn einige ihrer Beobachtungen über Frauen banal klingen, liegt das lediglich daran, dass es sich um Wahrheiten handelt, die schon vor und nach ihr oft von Frauen auf der ganzen Welt formuliert wurden.

Seine Launen. Obwohl ich ihn liebe, muss ich doch sagen, dass er sehr egoistisch und egomanisch ist ... Eine Frau fürchtet sich nicht vor ihrem Tod oder dem Tod ihres Geliebten, sondern vor dem Tod ihrer Liebe.

...

Wir Frauen sind weniger eitel als vielmehr mitfühlend. Alles in allem ist unser Instinkt ein sicherer Führer durchs Leben als unsere Intelligenz. Liebe bedeutet einer Frau viel mehr als einem Mann; sie bedeutet ihr alles. Männer sind von Natur aus egoistisch.

…

Wir Mädchen sind nicht frei, unterwerfen uns einer Herrschaft nach der anderen, dürfen nie unsere eigenen Ideen und Ambitionen ausdrücken. Sie sterben schließlich in uns ab … Nur Puppen, Ton, der in jede Form gepresst werden kann. Unsere ganze Erziehung zielt lediglich darauf ab, eine gute Hausfrau zu werden.

…

Wir bestehen nicht auf unseren Rechten. Wenn man sie uns gibt, sind wir zufrieden und halten sie für Wohlwollen.

Sie ist sich bewusst, Ambitionen zu hegen – *Ich habe so viele verschiedene Ambitionen. Werden davon welche wahr werden? Ich setze Hoffnungen auf die Zukunft. Ich glaube, dass ich es im Leben zu etwas bringen werde* –, und beklagt doch bereits den drohenden Verlust ihrer Ambitionen durch die Ehe.

Ich tanze immer noch sehr gern, und das wird immer so bleiben. Es ist eine meiner großen Leidenschaften, aber niemand merkt es. K. will, dass ich weitermache, aber letztendlich muss ich es aufgeben. Wenn ich eine Tochter bekomme, werde ich ihr von Anfang an Unterricht geben.

Der Anspruch auf Individualität wird schnell wieder verdrängt durch erneute Beteuerungen, ihr Leben dem seinen und ihrer Liebe zu widmen, und auf ein schlechtes Gewissen folgen Phasen innerer Rebellion und Zweifel. *Wenn das Liebe ist, wünschte ich, mich nie verliebt zu haben,* weint sie oft in die Seiten ihres Tagebuchs. Indem ich diese Tagebuchnotiz lese, erfüllt mich eine schmerzliche Zärtlichkeit. Ich hätte sie gern damit getröstet, dass alle Liebenden weinen und dass leidenschaftliche Liebe genauso häufig als Krankheit verflucht wurde, wie ihre Ekstasen gefeiert worden sind.

Kamla kennt sich selbst gut genug, um zu verstehen, dass ein Teil ihres Schmerzes ihrer eigenen Natur entspringt.

Was mir eine Handleserin über meine Natur gesagt hat, ist sehr wahr – ich bin sehr liebevoll, aber mir wird die Liebe, die man mir entgegenbringt, nie ausreichen. Ich werde immer das Gefühl haben, dass mir mehr zusteht, dass die Quantität und Intensität der Liebe, die ich bekomme, nicht dem entspricht, was ich an Liebe gebe.

Anfang September kommt Kamla zu dem Entschluss, dass sie die für Oktober 1940 festgesetzte Hochzeit auf Februar des nächsten Jahres verschieben möchte. Sie will für einige Monate nach Shantiniketan zurückkehren, um sich musikalisch und tänzerisch zu verbessern. Trotz der Bedenken meines Großvaters unterstützt Khem ihre Entscheidung nachdrücklich. Hinter der Rückkehr nach Shankiniketan, wo sie sich als Person mit Ambitionen und Talenten entdeckt hat, verbirgt sich vermutlich ihre Panik vor der bevorstehenden Hochzeit und damit der Bedrohung, die eine Ehe für ihre erblühende Individualität und Zielstrebigkeit darstellt.

Sobald sie in Shankiniketan ist, verzehrt sie sich nach Khems Briefen, ist aber auch stolz, dass sie unter ihren anderen fünf Zimmernachbarinnen die Einzige ist, die bereits eine große Liebe (und deren bevorstehende Vollendung) vorweisen kann, eine Situation, nach der ihre Freundinnen sich schon lange in ihren Phantasien sehnen, aber in der Realität noch nicht kennen. Eine dieser Freundinnen, eine junge Frau, die ihr von allen vielleicht am nächsten steht, ist Mrinalini Swaminathan, die in ihrem Leben noch eine zentrale Rolle spielen wird.

Die beiden jungen Frauen, die sich in Shantiniketan ein paar Monate lang ein Zimmer teilten, Freundinnen, die nicht alle Eigenheiten der jeweils anderen mochten, hätten sich damals nicht träumen lassen, dass sie 10 Jahre später als zwei Seiten einer Dreiecksbeziehung aufs Engste miteinander verbunden sein und fast 20 Jahre lang den gleichen Mann teilen würden, die eine als Ehefrau, die andere als Geliebte.

Nach ihrer Hochzeit werden Kamlas Tagebucheinträge merkwürdig matt. Ich bin mir nicht sicher, ob der Verlust ihrer früheren Lebhaftigkeit mit dem zusammenhängt, was die meisten Menschen wohl als den beruhigenden Einfluss der Ehe bezeichnen würden. Die Einträge sind bemühte, halbherzige Beschreibungsversuche dessen, was um sie herum geschieht, als folgten sie eher einem Pflichtgefühl als einem inneren Bedürfnis, und gewähren nur selten Einblicke in ihr Gefühlsleben.

In den vergangenen fünfzehn Tagen ist viel passiert. Ich habe geheiratet, war in Chakwal und bin jetzt hier in Kaschmir auf einen kurzen Urlaub mit Khem.

Es folgt eine Beschreibung von Orten, die das Paar besucht hat. Die einzige persönliche Notiz lautet:

Ich habe einen Krampf im Rücken, der mich die halbe Nacht um den Schlaf gebracht hat.

Nicht, dass sie unglücklich wäre. Es gibt folgenden Tagebucheintrag:

Ich hoffe, dass nicht nur unser Urlaub so glücklich wie die letzten beiden Tage [ist], sondern dass unser ganzes Leben ein einziges Glück sein wird.

Aber mein allgemeiner Eindruck ist der einer schleichenden Lethargie, die nicht recht zu ihrem Eheleben passen will.

Chakwal war und ist die ländlichste Region des heutigen pakistanischen Punjab. Der Stadt selbst fehlte jegliche kulturelle Attraktivität (es sei denn, man wäre Anthropologe gewesen) und jegliches gesellschaftliches Leben, für das sich das kosmopolitische junge Paar hätte interessieren können. Als höchste Autorität in Legislative und Exekutive des Bezirks war Khem mit Arbeit ausgelastet; abgesehen von der schattenhaften Präsenz der Diener, die sich ums Haus kümmerten, aber der *Memsahib* ansonsten aus dem Weg gingen, war Kamla allein in dem geräumigen Bungalow. Ihr blieb kaum etwas anderes zu tun, als zu lesen. Der Eintrag vom 16. April 1941 lautet:

Muss etwas tun, sonst kommen mir all die kleinen Dinge, die ich gelernt habe, wie eine Farce vor, wie eine Politur, die Leute anziehen soll… Ich habe den ganzen Tag dösend auf der Couch und später im Bett verbracht.

Die letzten Zeilen des Tagebuchs sind vom 17. Mai 1941 datiert. Sie sprechen davon, dass Khem deprimiert ist, und von ihren fruchtlosen Versuchen, seine Stimmung aufzuhellen. Die nächsten fünf Seiten sind herausgerissen, und die restlichen Seiten des Tagebuchs sind leer.

Um den 20. Mai – das genaue Datum weiß ich nicht – wurde Khem ermordet. Der Mörder war der Bruder eines Mannes, den Khem im Rahmen seiner juristischen Pflichten zu einer langen Gefängnisstrafe verurteilt hatte.

Es war Sommer, die Nacht war warm, und für den Mörder war es nicht schwer, sich Zugang zum Hausgarten zu verschaffen, in dem ihre Betten standen. Als Kamla am nächsten Morgen erwachte, lag ihr Mann in den Kopf geschossen tot im Bett, Fliegen summten über das auf seinem Gesicht verspritzte Gehirn. Sie hatte kein Geräusch gehört, sondern die Wahrnehmung des Schusses im Traum in explodierendes Feuerwerk verwandelt.

Obwohl die Familie sie ermunterte, erneut zu heiraten, da Kamla erst 19 Jahre alt war, heiratete sie nie wieder. Sie kehrte in ihr Elternhaus in Lahore zurück, erwarb ihren M.A. in Philosophie von der *Punjab University* und ging dann in die USA, wo sie fünf Jahre lebte und an der *University of Michigan* in Psychologie promovierte. Als sie wieder nach Indien kam, war das Land geteilt, und in Lahore gab es kein Elternhaus mehr, in das sie hätte zurückkehren können. Und an diesem Punkt kreuzt sich Kamlas Leben wieder mit dem Mrinals, die Vikram geheiratet hatte und nun in Ahmedabad wohnte.

Eigentlich beginnt die Geschichte schon früher. 1944 waren Mrinal und Vikram auf ihrem Weg zu einem Urlaub in Kaschmir durch Lahore gekommen, und Mrinal hatte Kamla geschrieben, um sie am Bahnhof zu treffen. Die Begegnung war für Kamla und Vikram derart beeindruckend, dass er Kamla nicht aussteigen ließ, als der Zug anfuhr. Sie musste am nächsten Bahnhof aussteigen und mit einem anderen Zug nach Lahore zurückfahren. Kamla beeindruckte Vikram so stark, dass er ihr 1949 nach ihrer Rückkehr nach Indien im Anschluss an ihre Promotion in Michigan eine Stelle in der *Ahmedabad Textile Industry Research Association* (ATIRA) anbot, um als Leiterin der Personalabteilung die psychologischen und organisatorischen Arbeitsbedingungen zu analysieren. Es handelte sich um das erste Institut, das Vikram gegründet hatte und dessen Direktor er war. Bald darauf, im Dezember 1949, begannen sie eine Affäre.

An Vikram Sarabhai, Mrinals Mann, erinnert man sich heutzutage hauptsächlich als «Vater des indischen Weltraumprogramms», obwohl er im Lauf seiner glänzenden, auf tragische Weise frühzeitig beendeten Karriere den Aufbau vieler anderer Wissenschafts- und Forschungsinstitute betrieb, beispielsweise das *Physical Research Laboratory* (PRL) und Indiens erstes Institut für Managementschulung, das *Indian Institute of Management, Ahmedabad* (IIM-A), und außerdem einige Monate die Atomenergiebehörde des Landes leitete, nachdem deren Direktor Homi Bhabba bei einem Flugzeugabsturz ums Leben gekommen war. Vikram hatte an der Universität Cambridge Physik studiert, befasste sich aber auch mit den weitverzweigten Unternehmen seiner Familie. Später gab er diese geschäftlichen Verpflichtungen auf, um sich auf das zu konzentrieren, was ihm wirklich Spaß machte, nämlich seine Forschungen über kosmische Strahlungen und der Aufbau von Instituten zum Wohle der wissenschaftlichen und administrativen Erfordernisse des neuen Staats. Bei diesen Unternehmungen genoss er die uneingeschränkte Unterstützung durch Indiens erste Premierminister, insbesondere Jawaharlal Nehru und seine Tochter Indira Gandhi, mit der er persönlich befreundet war.

Zu der Zeit, über die ich schreibe, waren die Sarabhais nicht nur eine der führenden Geschäftsfamilien Indiens, sondern als Clan begabter Persönlichkeiten, die ihren Reichtum zur Schaffung sozial und künstlerisch innovativer Unternehmen im Dienst des Gemeinwohls einsetzten, besetzten sie auch eine einzigartige Nische innerhalb der indischen Vorstellungswelt. In britischen und amerikanischen Medien bezeichnete man sie üblicherweise als die indischen Rockefellers oder Medici. In Gandhis Autobiografie wird Vikrams Vater Ambalal Sarabhai als jener anonyme Spender erwähnt, der Gandhis Ashram durch die rechtzeitige Zuwendung einer beträchtlichen Summe vor der Schließung aus Geldmangel bewahrte. Ambalals Schwester war 1918 Gandhis enge Mitarbeiterin während des Streiks der Textilarbeiter von Ahmedabad. Dort erprobte Gandhi seine Grundhaltung der Gewaltlosigkeit, Satyagraha, an den Fabrikbesitzern unter der Leitung von Ambala. Vikrams Schwester Mridula Sarabhai war eine enge Freundin Nehrus und leistete unschätzbare Hilfe bei der Rettung von Hindu-, Sikh- und Moslemfrauen, die während der Teilungsunruhen entführt und später ihren manchmal sehr reservierten Familien wieder übergeben worden waren. Später wurde sie eine fanatische Partisanin des kaschmirischen Führers Scheich Abdullah. Mridula wurde zusammen mit Abdullah, der separatistischer Umtriebe verdächtigt wurde, von Nehru für kurze Zeit inhaftiert. Vikrams älterer Bruder Gautam und seine Frau Kamalini waren maßgeblich beteiligt am Aufbau des *National Institute of Design* sowie des ersten Instituts zur Ausbildung von Kinderpsychologen, des *B. M. Institute*, in Ahmedabad. Gira, eine weitere Schwester, war für den Aufbau von Indiens erstem und vielleicht immer noch bestem Textilmuseum verantwortlich.

Vikrams Briefe an Kamla während seiner Abwesenheit aus Ahmedabad – wegen seiner zahlreichen Aktivitäten war er viel auf Reisen – oder während ihrer beiden langen Aufenthalte in den USA gehen in die Hunderte und umspannen zwischen 1951 und 1971 einen Zeitraum von 20 Jahren. Sie sind eine Schatztruhe, um einen Einblick in ihre komplizierte Beziehung und in die Persönlichkeit eines brillanten und sensiblen Mannes zu gewinnen. Zugleich geben sie auch einen Einblick ins Denken einer begabten und unabhängigen Frau, die verliebt ist und in einer Beziehung steckt, die ein Teil von ihr als erniedrigend verabscheut. Die Briefe sind auch eine Belehrung für jene Historiker, die immer noch glauben, dass institutionelle Entscheidungen, seien sie privater oder öffentlicher Natur, unabhängig von der Persönlichkeit und den emotionalen Bedürfnissen der Beteiligten getroffen werden und dass die offizielle Geschichtsschreibung ausreicht, um den Verlauf eines historischen Ereignisses *vollständig* zu erklären. Wir werden später noch sehen, dass die Ansiedlung des IIM in Ahmedabad statt in Bombay und seine Zusammenarbeit mit der *Harvard Business School*, statt wie ursprünglich geplant mit der *University of California* in Berkeley, mit den Ansprüchen der Beziehung zwischen Vikram und Kamla genauso viel (wenn nicht gar mehr) zu tun hatten als die rationalen Überlegungen, die den amtlichen Bericht bestimmen.

Vikrams Briefe geben auch faszinierende und humorvolle Einblicke in die Persönlichkeiten der ersten Generation führender indischer Politiker, mit denen Vikram aufs Engste vertraut war; er war sogar einer von ihnen. Er zitiert eine Aussage John Matthais, des ersten Finanzministers des unabhängigen Indien, über C. R. Rajagopalachari, den Amtsnachfolger Sardar Patels als Innenminister: Er habe «die Gabe zu glauben, dass das, was für ihn gut ist, auch gut für das Land ist», eine Beobachtung, die weltweit auf viele führende Politiker zutrifft. Wir sehen Nehrus Unduldsamkeit gegenüber religiösen Zeremonien, als die strenggläubigen Textilfabrikanten aus Gujarat darauf bestehen, dass ein Hindupriester die Einweihungszeremonie für das neue ATIRA-Gebäude vornehmen soll. *«Panditji akzeptierte das anfangs, aber als er [Nehru] aufgefordert wurde, seine Schulter an der Tür zu reiben, explodierte er!! Ich war heilfroh.»*

Vikram ist ein klarsichtiger Beobachter der Menschen und Institutionen, mit denen er es zu tun bekommt, und seine einschlägigen Kommentare sind aufschlussreich.

Ich habe immer ein komisches Gefühl, wenn ich es mit Leuten von der UNESCO und ihrer Arbeit zu tun habe. Sie repräsentieren vielleicht die Creme jedes einzelnen Landes … aber sie sind in erster Linie mit einem der sinnlosesten Jobs der Welt befasst – dem Verfassen einer Menge hochtrabender Dokumente, die niemand in die Tat umsetzen oder überhaupt nur lesen will. Könntest Du das ertragen?

Oder über internationale Zusammenarbeit nach seinen Verhandlungen mit dem *Merck*-Konzern, der zusammen mit *Sarabhai Chemicals* in Baroda eine pharmazeutische Fabrik gebaut hat:

Ich habe bei allen Kooperationen gemerkt, dass den anfänglichen Flitterwochen immer eine Zeit gegenseitigen Testens folgt. Nach etwa drei Jahren, wenn eine der beiden Seiten etwas zu weit geht, kommt es zur Krise. Wenn danach eine Verständigung erzielt wird, ist alles gut – weil danach die Interessen beider Seiten so stark miteinander verflochten sind, dass eine Trennung kaum noch in Erwägung zu ziehen ist. Das Wichtigste ist offenbar, die eigenen Gefühle und Absichten klar auszudrücken, ohne Kompromisse zu machen.

Es gibt Kommentare zu Indiens wirtschaftlicher und politischer Entwicklung, die heute noch so aktuell wie vor fünfzig Jahren sind. Nach einem Gespräch mit dem Harvard-Ökonomen John Kenneth Galbraith notiert er Galbraiths Beobachtung, dass

die Zufriedenheit oder Unzufriedenheit der Menschen nicht so sehr von Ungleichheit innerhalb einer Gesellschaft zu einem bestimmten Zeitpunkt abhängen, sondern davon, wie hoch die Rate positiver Veränderungen innerhalb einzelner Gruppen und Schichten ist. Demnach weist eine Gesellschaft, die sich regelmäßig, aber messbar auf ein Ziel hin entwickelt, Stabilitätselemente auf, selbst wenn man vom Ziel noch weit entfernt ist.

Und:

Im Christian Science Monitor gab es einen aufregenden Bericht über Jaiprakash Narains Ideen über Planungen, regionale Initiativen und Führerschaft – und auch darüber, dass Nehru diese Ideen ernst nahm und einräumte, dass wir die Menschen vielleicht zu sehr verunsichert haben.

Zum Thema eines höheren Frauenanteils im indischen Parlament, ein Thema, das 50 Jahre später immer noch aktuell ist:

Der Aufschrei Laxmi Menons, Panditijs stellvertretender Ministerin, über Frauen auf Listenplätzen der Kongresspartei hat mich amüsiert. Sie hat völlig recht, und ich freue mich, dass sie ihre Meinung sagt. Was mich betrifft, so verneige ich mich vor berufstätigen Frauen und arbeite gern mit ihnen zusammen, oft mit der erforderlichen Sublimierung des «Es».

Mit dem «Es» ist natürlich das ES der psychoanalytischen Theorie gemeint, der unbewusste Sitz (unter anderem) des Sexualtriebs.

Zur Veranstaltung großer Nationalkonferenzen in Delhi:

Drei Tage einer nationalen Integrationskonferenz in Delhi sind eine Erfahrung für sich. Alle Probleme, die wir an der Universität erkennen, werden hier im größeren Maßstab deutlich. Man hat das Bedürfnis nach gemeinsamen Maßnahmen – und muss es immer weiter verwässern, bis das, was übrig bleibt, beliebig interpretiert werden kann. Was würde passieren, wenn die Welt «im Allgemeinen» nicht existieren würde? Wie üblich wurde extrem heiße Luft geredet. Jawaharlalji hatte den Vorsitz.

Es ist ernüchternd zu sehen, dass wir uns mit vielen dieser Themen noch heute herumschlagen, und zwar auf die gleiche Weise, wie wir es damals als junge Nation taten. *Plus ça change, plus c'est la même chose* – Je mehr es sich ändert, desto mehr bleibt es sich gleich, fürwahr!

Kamla und Vikram

In seinen Briefen beurteilt Vikram die Menschen in ihren sozialen und beruflichen Verhältnissen scharfsinnig, aber auch mitfühlend. Selbst wenn es um die Liebe geht und er wie jede andere leidenschaftliche Person hochgradig emotional reagiert, bleibt seine analytische Kompetenz intakt. Während ich bei Kamla wohnte, erlebte ich Vikram als ausnehmend charmante Person, obwohl ich rückblickend das Adjektiv «jungenhaft» vor das Substantiv setzen möchte. Der jungenhafte Charme, eine Krishna-gleiche Verspieltheit, durchzieht viele seiner Briefe an Kamla, in denen Vikram abwechselnd besänftigend, schmeichelnd oder vorwurfsvoll (was häufig vorkommt) reagiert, weil sie nicht so oft schreibt, wie er es sich wünscht, wenn sie voneinander getrennt sind.

Ein echtes menschliches Dreiecksverhältnis, eines, das nicht durch große Machtunterschiede zwischen seinen jeweiligen Seiten gestört wird, ist bekanntermaßen eine labile Konstruktion, egal, wie brillant, begabt und klug die drei Individuen sind, die ihre Eckpunkte bilden. Deswegen ist es bemerkenswert, dass das aus Vikram, Mrinal und Kamla bestehende Dreieck mehr als 20 Jahre hielt, auch wenn alle drei Phasen inneren Aufruhrs aus Vorwürfen, Beschuldigungen, Entschuldigungen und tränenreichen Versöhnungen durchgemacht haben müssen. Als «die andere Frau» in Vikrams Leben reagierte Kamla extrem empfindlich auf ihre demütigende Situation, die einer Frau, die auf ihre Unabhängigkeit stolz war und später eine bekannte Anwältin der Rechte indischer Frauen wurde, besonders bitter aufstieß. Vikram ist anzurechnen, dass er nie versuchte, ihre Beziehung vor der Öffentlichkeit zu verbergen. Er bekannte seine Liebe zu ihr öffentlich, indem er sogar zu privaten oder familiären Anlässen auf ihrer Anwesenheit bestand. Angesichts seiner gesellschaftlichen Stellung hätte ihn allerdings auch niemand, vielleicht mit Ausnahme eines Familienmitglieds, offen kritisiert oder auch nur auf die ehebrecherische Affäre angespielt. Andererseits war Kamla vor schiefen Blicken oder zweideutigen Bemerkungen, an denen man Anstoß nehmen konnte, weniger geschützt. Ich erinnere mich, wie wütend ich war, als sie einmal von einer Party nach Hause kam und fast geweint hätte, weil sie eine rüde Bemerkung eines Fabrikanten über ihre Beziehung zu Vikram gehört hatte.

Rückblickend verstehe ich jetzt, dass meine Gefühle für Vikram nicht einfach nur Bewunderung und eine kindische Dankbarkeit dafür waren, dass dieser berühmte Mann, ein Vertrauter von Premierministern, der mit den Größten des Landes freundschaftlichen Umgang pflegte, stets ein freundliches Wort für einen unbeholfenen Achtzehnjährigen aus der Provinz übrig hatte. Gelegentlich empfand ich damals auch eine vage Abneigung, die ich mir damit erklärte, dass er sich weigerte, meiner geliebten Tante «Gerechtigkeit» angedeihen zu lassen und sie zu heiraten. Erst viele Jahre später während meiner Ausbildungszeit auf der psychoanalytischen Couch verstand ich, dass meine Abneigung gegen Vikram, der immer freundlich zu mir gewesen war, eher durch meine unbewusste Eifersucht auf seinen Platz in Kamlas Zuneigungen entstand als durch meine moralischen Haltungen. In der sexuellen Schmelze der Spätpubertät wurden die reaktivierten ödipalen Gefühle neu entflammt, das heißt die Eifersucht und die Abneigung des kleinen Jungen gegenüber dem sexuellen Zugang seines Vaters zu seiner Mutter – bei den wenigen Gelegenheiten, zu denen ich schon früher am Nachmittag vom College zurückkam –, weil es dann Beweise in Form zerwühlter Kissen und Laken in Kamlas Schlafzimmer gab oder ihr Gesicht noch im Glanz erfüllter Lust strahlte, nachdem Vikram bereits gegangen war.

*

Während ich in Kamlas Haus wohnte, entwickelte ich ein Interesse an westlicher Psychologie und Philosophie. In ihrer großen Bibliothek schmökerte ich mich durch die Bücher Schopenhauers, Whiteheads und Russells und erinnere mich, von Freuds *Die Traumdeutung, Zur Psychopathologie des Alltagslebens* und *Die Zukunft einer Illusion* fasziniert gewesen zu sein. Ich darf nicht behaupten, dass ich alles von dem verstand, was ich gierig verschlang. Diese Bücher zu lesen war wie die Reise durch ein fremdes Land in einem Schnellzug mit Ausblicken auf ungewohnte Landschaften, in denen ich gerne verweilt, und fremde Städte, die ich gern weiter erforscht hätte. Ich war immer noch ein schüchterner Heranwachsender, der niemanden hatte, mit dem er über die Welt, die er in diesen Büchern entdeckte, hätte diskutieren können. Gleichwohl spürte ich, dass ich in meinem Innenleben von meinen ursprünglichen indischen Vorstellungen voller Mythen und Wunder, erleuchtet vom romantischen *Nunminosum,* diesem unaussprechlichen Gefühl angesichts des Heiligen, weggeführt wurde in eine ikonoklastische Sichtweise der Welt, in der, sah man nur genau und tief genug hin, alle Götter auf tönernen Füßen standen. Erst heute, da ich älter werde und immer noch Vertrauen zu Freuds ironischer Sicht der menschlichen Existenz habe, kommt mir nach und nach die Begeisterung für den Handel, den ich in meiner Jugend einging, abhanden. Vielleicht ist es wahr, dass die Augen der Unschuld nichts sehen. Andererseits bleibt der misstrauische Blick unwiderruflich einseitig. Ich habe die romantische Sichtweise als eine zweite Unschuld schätzen gelernt, in der Götter zwar auf tönernen Füßen stehen, in der aber auch jedes Sandkorn mit göttlicher Energie geladen sein kann. Wie viele andere Männer und Frauen, seien sie nun Inder oder nicht, schwanke ich zwischen der romantischen und der ironischen Sicht auf die Welt und unseren Ort in ihr.

Die Gäste in Kamlas Haus waren eine weitere Offenbarung. Indem ich ihren angeregten Gesprächen lauschte und Informationen, Haltungen und Ideen in mich aufsog, entdeckte ich die Phaszination, ein Individuum zu sein, eine Person, die sich nicht ausschließlich als Mitglied einer Familie oder Kaste fühlen und verhalten musste. Durch Kamla, Vikram und ihre Freunde aus Europa und den USA bekam ich Einblicke in einen Okzident, der in meiner Phantasie zur «Heimat» des heroischen Individuums wurde, das seinen Wünschen und Neigungen folgt, ohne sich von gesellschaftlichen Erwartungen und mitmenschlichen Gefühlen fesseln zu lassen. Diese Karikatur des psychologischen Menschen bezauberte mich damals und blieb lange Jahre meiner Jugend mein Ideal. Ja doch, wie sehr ich mich später auch nach Wärme und Gemeinschaft der Familie sehnte und zum Lobpreis ihrer Tugenden zurückkehrte, hielt ich sie in jenen Tagen für total beengend.

Den Konflikt zwischen den Freuden der Individualität und meinen frühen Erinnerungen an die Wärme in der Verbindung mit anderen habe ich nie vollständig lösen können. In Indien habe ich oft die übertriebene verwandtschaftliche Orientierung beklagt, die schnell in Konformität und konventionelles Verhalten umschlägt und, psychologisch gesehen, viele Inder alt sein lässt, wenn sie noch jung sind. Andererseits habe ich im Westen mein Unbehagen an der westlichen individualistischen Orientierung artikuliert, die zu Selbsterhöhung neigt, zur «Suche nach der Nummer eins», und zum Glauben, dass die Bedürfnisbefriedigung der Königsweg zum Glück sei. In einer postmodernen Betonung «fließender Identitäten» und einer durchlässigen Haltung des «Weiterbewegens» in Beziehungen verkörpert die zeitgenössische westliche Persönlichkeit (und der moderne Inder der Oberschicht) durchaus das, was die Jungianer *puer aeternus* nennen – den ewigen Jugendlichen, der stets voller Elan seinen Träumen nachjagt, sich aber nur um sich selbst kümmert und seine Mitmenschen erschöpft. Ich glaube, dass die traditionelle indische Vorstellung der Person, die offen, porös und mit allem Existierenden verbunden ist, ein unverrückbares Erbe der Menschheit darstellt, das erhalten und verteidigt werden muss gegen diejenigen, die dem modernen Modell anhängen und die Existenz eines anderen Persönlichkeitsmodells nicht dulden wollen. Es ist nicht nur wegen seiner Tradition wertvoll, sondern weil es alternative Wege des Denkens und der Kreativität erschließt, die von denen abweichen, die aus der dominierenden zeitgenössischen Konzeption des individuellen, begrenzten Ichs abgeleitet sind.

Erinnerungsträchtig sind meine Jahre in Ahmedabad auch wegen meiner ersten sexuellen Erfahrung, die eine Katastrophe war (nicht, dass die nächste ein Triumph gewesen wäre). Mehr als fünfzig Jahre später hat die Erinnerung daran immer noch die Kraft, Schamesröte durch die neuronalen Pfade meines Gehirns zu jagen. Ich war 18. Als Mitglied des Tischtennisteams von Gujarat war ich nach Colombo gefahren, um an der Landesmeisterschaft teilzunehmen. Ceylon, wie Sri

Lanka damals noch hieß, war zwar ein unabhängiger Staat, aber noch Mitglied des indischen Tischtennisverbands und in jenem Jahr Gastgeber der Meisterschaft. Wenn die Spiele des jeweiligen Tags beendet waren, amüsierten sich die Spieler abends auf unterschiedliche Weise; für einige der älteren Spieler gehörten käufliche Damen dazu.

Unser Trainer, ein jovialer Enddreißiger aus dem Punjab, der für Indien auf internationaler Ebene gespielt hatte, lud meinen guten Freund Subash Mashruwala und mich, seine beiden besten Spieler, zu einem Abend außerhalb der Stadt in ein 15 Meilen von Colombo entferntes Dorf ein, wo er von seinen früheren Aufenthalten auf der Insel eine Prostituierte kannte. Voller Ungeduld, meine bedrückende Unschuld zu verlieren, zumindest aber dazu in der Lage zu sein, meinen Freunden auf dem College wahrheitsgemäß sagen zu können, dass ich mit einer Frau geschlafen hatte, anstatt nur durch vage Anspielungen den Eindruck zu vermitteln, es bereits getan zu haben, kletterte ich in das klapprige Taxi. Nach einer holprigen Fahrt über ungepflasterte Straßen erreichten wir gegen zehn Uhr abends unser Ziel, eine Zweizimmerhütte am Dorfrand. Unterwegs stärkten Subash und ich uns fürs Kommende mit Schlucken aus einer Rumflasche, die unser freundlicher Trainer sich mit uns teilte. Ich war darauf bedacht, nicht zu viel zu trinken, weil ich nicht wusste, wie viel Rum mir Mut machen würde, ohne meine Leistungsfähigkeit zu beeinträchtigen.

Die Frau, die uns einließ und die Tür dann sofort wieder verriegelte, war kaum 20. Sie war klein, dicklich und hässlich. Wenn sie lächelte, was selten geschah, schimmerte vor ihrer teakdunklen Haut ein goldener Backenzahn. Der kleine Raum, der als Wartezimmer diente, war kahl; an einer Wand hing ein eingerahmter Druck von Christus, der sein blutendes Herz entblößt, und an der anderen Wand lehnten zwei Holzstühle. Eine Kerosinlampe, deren brennender Docht durchs verräucherte Glas funzelte, verbreitete eine gelbe Lichtpfütze auf dem Zementboden, der mit Bidikippen und etwas, das wie die zertretenen Reste einer Kichererbsenmahlzeit aussah, übersät war.

Als unser Mentor genoss der Trainer das Vorrecht des Hausherrn und ging als Erster hinein. Meine Erregung wuchs. Ich stellte den Stuhl gegen die Wand und stieg auf die Sitzfläche, um durch den schmalen Schlitz des Querbalkens über der geschlossenen Schlafzimmertür blinzeln zu können. Im Zwielicht konnte ich nur seinen nackten Rücken erkennen, als er zwischen den gespreizten Beinen der Frau lag und mit gemessenem Tempo zwischen ihren Schenkeln auf und ab stieß. Er musste meinen Blick gespürt haben, weil er plötzlich aufhörte, sich zu bewegen, und sich zu mir umdrehte. «Sieh nicht hin, *kaka*», sagte er väterlich, indem er den liebevollen punjabischen Begriff für Sohn benutzte, bevor er weiterstieß, «du bist gleich an der Reihe.»

Nachdem auch Subash wieder herausgekommen war und sich mit einem breiten Grinsen auf dem Gesicht die Hose hochzog, war ich dran. Die Frau lag immer noch mit gespreizten Beinen auf dem Bett und sah zu, wie ich mir die Hose auszog, nach einem Platz suchte, um sie abzulegen, und, da ich keinen fand, sie schließlich auf den Boden fallen ließ. Meine Erregung war längst vorüber. Ich wollte die unausweichliche Feuerprobe nur noch schnell hinter mich bringen. Der Geruch sexueller Flüssigkeiten, vermischt mit Schweiß und schalem Bidirauch, war schrecklich. Aber das Schlimmste war der Anblick weißen Spermas, das aus dem Geschlecht der Frau auf ihre kohlschwarzen Schenkel tropfte. Einige Monate später gestand ich Subash, dass ich es nicht zustande gebracht hatte, was ihn zu dem Geständnis verleitete, dass auch er sich geekelt habe. Er hatte sich erst mit geschlossenen Augen von der Frau masturbieren lassen, dabei von einer anderen Frau phantasiert und, als er in sie eindrang, sofort ejakuliert.

*

Im Sommer 1958 legte ich nach drei Jahren, die mir keine Freude bereitet hatten, mit einer zweitklassigen Note mein Ingenieursexamen ab. Bezeichnenderweise sieht *mein* wiederkehrender Prüfungstraum so aus, dass ich in meinem Examen völlig ahnungslos über dem Fragebogen für Technisches Zeichnen brüte. Wenn ich dann aufwache, bin ich erleichtert, dass ich das Examen bestanden habe und nun dem kommenden Test meines Lebens, der den Traum ausgelöst hat, gelassen entgegensehen kann.

Das Ingenieursstudium, in dem ich schwach war, war gleichwohl für meine persönliche Entwicklung hilfreich. Es dämpfte mein übertriebenes Selbstwertgefühl und kratzte meine Überzeugung an, intellektuell so begabt zu sein, entspannt durch die rauesten akademischen Gewässer kreuzen zu können. Diese Selbstkritik, aber auch den Widerwillen, mein glorreiches Selbstbildnis tiefer zu hängen, erkenne ich in einem Brief, den ich aus Kalkutta an meinen Vater schrieb. Ich war in die Stadt gekommen, um ein Praktikum in der Produktionstechnik bei *Jay Engineering Works* zu machen, insbesondere in der *Usha*-Nähmaschinenfabrik. Es handelte sich um einen Zeitvertrag über acht oder neun Monate, bevor ich zur Fortsetzung meines Studiums ins Ausland gehen wollte. Das Praktikum hatte mir Sir Sri Ram verschafft, der enge Freund meines Großvaters, der ein Förderer der Firma war. In dem Brief an meinen Vater vom 10. Oktober 1958 schrieb ich:

Vorab muss ich Dich warnen, dass dies ein sehr, sehr langer Brief wird, da ich mich in einer Stimmung der Selbstprüfung befinde, als läge ich in einem dunklen Zimmer bei heruntergelassenen Jalousien auf der Couch eines Psychoanalytikers.

Nachdem ich Deinen Brief bekommen habe, habe ich begonnen, über meine Vergangenheit, Gegenwart und Zukunft nachzudenken. Zuvor habe ich beschlossen, das Problem ein für alle Mal auszudiskutieren, weil ich langsam kapiert habe, was klügere Leute als ich schon früher verstanden haben – dass es nämlich leichter ist, Fragen zu stellen, als sie zu beantworten. Und wenn Du nun also weiterliest und Dich ärgerst, dass ich keine Lösungen parat habe, musst Du Dich daran erinnern, dass ich schließlich nichts anderes bin als ein zwanzigjähriger Junge, der seriös sein will, dabei aber vermutlich zu allzu umständlichen Formulierungen greift …

Du weißt, dass ich es bislang im Leben sehr leicht hatte. Meine Ambitionen haben sich alle erfüllt, ich bin auf der Schule und auf dem College immer ein Held gewesen und kann mich an keinen Moment erinnern, zu dem ich innerhalb meiner beschränkten Kreise nicht bewundert worden wäre. Mein akademisches Versagen auf der technischen Hochschule habe ich immer auf die Tatsache geschoben, dass mich der Stoff nicht interessierte. Das mag ein Irrtum gewesen sein, aber wenn es einer war, wurde er nur noch verstärkt durch die guten Noten in den Fächern, die mich interessierten … Trotzdem bleibt ein Zweifel bestehen, und eine kleine Angst nagt am gleichen Punkt: «Bin ich so gut, wie ich zu sein glaube?» Um diesen Zweifel auf die eine oder andere Weise auszuräumen, hatte ich vorgeschlagen, für mein BA-Examen an einer ausländischen Universität die Fächer zu studieren, die mich wirklich interessieren, als da sind Psychologie, Anthropologie, Philosophie usw. Anders, als Du glaubst, war das keine

Marotte, um mich zu amüsieren, sondern ein zentrales Problem, das mein Selbstvertrauen beeinflusst. Weil ich bislang stets im Mittelpunkt, würde es mir schwerfallen, mich mit der mittelmäßigen Existenz eines So-la-la-Ingenieurs einer So-la-la-Firma in einer So-la-la-Stadt zu bescheiden.

In Kalkutta hatte ich Gelegenheit, das gesellschaftliche Leben der Oberschicht aus erster Hand zu beobachten, und hielt es für ziemlich amüsant, alles in Form einer Geschichte zu erzählen, die ich beifüge. Wenn Du sie liest, wirst Du mich vielleicht für ziemlich blasiert und überheblich halten, aber so empfinde ich es eben und kann nicht anders.

Du magst Dich fragen, was mein Ideal ist? Das, was ich schreibe, ist nur ein erstrebenswertes Ideal, das noch eine ganze Weile auf sich warten lassen kann, das ich aber zu erreichen hoffe.

Der Brief fährt dann fort, ein Junggesellendasein in einer kleinen Zweizimmerwohnung voller Bücher und Schallplatten auszumalen. Der Mann treibt Sport, isst dreimal täglich auswärts, hat eine Freundin und reist in den Ferien stets in ein anderes Land.

Und dann auf angenehme Art zu altern mit immer mehr Büchern als meinen Gefährten und Abenden im Club. Denk doch nur an all die ungelesenen Bücher, die noch auf mich warten. So ist es um meine Wünsche bestellt, und ich hege nicht den geringsten Zweifel, dass ich sie mir werde erfüllen können, weil mir bislang noch nie etwas im Weg gestanden hat, und das habe ich Dir und Mammi zu verdanken.

Ich hoffe, dass ich von meinen Gedanken und Gefühlen ein wenig habe mitteilen können. Und obwohl ich nur einer unter Milliarden Menschen bin, bin ich doch für mich selbst der Mittelpunkt des Universums und für Dich und Mammi ein wichtiger Teil des Euren …

Ich weiß nicht mehr, wie mein Vater reagiert hat oder ob er überhaupt reagiert hat, aber die Vorbereitungen und die Vorfreude auf meine Abreise nach Deutschland trieben meine Zweifel schon bald zurück in ihre Verstecke.

REBELL AUS BEKANNTEM GRUND

1959–1964
Deutschland

Das Frachtschiff brauchte fast vier Wochen nach Hamburg. Das Schiff gehörte der *India Steamship Company*, bei der Onkel Shinys Vater, Sir B. P. Singh Roy, Direktor war. Nach Beratungen mit meinem Vater hatte er mir ein sechsmonatiges Praktikum bei den *Howaldtswerken* verschafft, einer bekannten Werft, die während des Zweiten Weltkriegs U-Boote für die deutsche Marine gebaut hatte und nun einige der größten Frachter baute, die die Weltmeere befuhren. Nach dem sechsmonatigen Praktikum sollte ich als Postgraduierter eine Weiterbildung zum Wirtschaftsingenieur absolvieren. Anschließend sollte ich nach Indien zurückkehren und in einer britischen Firma einen gut bezahlten Job als Ingenieur übernehmen; mit Ausnahme der *Tatas* genossen indische Firmen zu jener Zeit keinen guten Ruf.

Anfang Februar 1959 stach das Schiff von Kalkutta aus in See und lief unterwegs viele Häfen an; manchmal musste es nach einem Funkspruch Umwege fahren, wenn in einem Hafen, der nicht auf der direkten Route lag, Fracht aufgenommen werden musste. Abgesehen von einem kühlen Kino, in dem ich an einem schwülen Nachmittag in Madras dem schneidigen Dev Anand zusah, wie er der hinreißenden Madhubala in *Kali Pani* den Hof machte, sind meine Erinnerungen an Cochin, Bombay, Aden, Mombassa, Port Suez, London und Rotterdam, wo das Schiff für ein oder zwei Tage vor Anker ging, verschwommen. Erinnern kann ich mich noch an die Möwen, die schreiend aufeinander einhackten, wenn wir uns einem Hafen näherten, und an die Lektüre von Romanen in meiner gut ausgestatteten Kabine des Schiffs, auf dem ich der einzige Passagier war, sowie an unzählige Schachpartien mit dem Funkoffizier. Als er merkte, dass ich mit den schwarzen Figuren ständig verlor, brachte er mir die klassische sizilianische Verteidigung mit der Najdorf-Variante bei, die zwar meinen Widerstand stärkte, mich aber nicht vor der unausweichlichen Niederlage rettete. Er brachte mir auch zwei deutsche Worte bei, *bitte* und *danke*, und den Satz *Sprechen Sie Englisch?* Daraus bestand zu Beginn meines Aufenthalts in Deutschland mein gesamtes Vokabular.

Als das Schiff ins Mittelmeer lief und sich Europa näherte, vertrieb eine zunehmende Aufregung all meine Bedenken. Meine Phantasien, die immer schon lebhaft gewesen waren, machten Sprünge. Befeuert von der unersättlichen Lektüre europäischer Romane und Hollywoodfilme, bestanden diese Phantasien aus Szenen, die damit begannen, dass ich mich mit einer Flasche Wein an dem Tisch in einem Straßencafé sitzen sah. Neben mir sitzt ein schönes deutsches Mädchen, mit der ich demnächst eine leidenschaftliche Liebesbeziehung eingehen werde. In Wirklichkeit war ich ein schlaksiger Einundzwanzigjähriger aus einem Entwicklungsland, unterwegs zu einem Kontinent, der sich als Nabel der Welt sah (und auch heute noch weitgehend so sieht). In meiner Phantasie segelte ich jedoch nach *Vilayat*, der Heimat des feurig, wenn auch nur insgeheim ersehnten «Weinkelchs und des sinnlichen Kusses», die nur darauf wartete, mir ihre Tore zu öffnen und ihre Reichtümer zur freien Verfügung vor mir auszubreiten. Wenn ein «spirituelles» Indien das Unterbewusste Europas gewesen ist, dann war ein sinnliches Europa der Ort, an dem sich die unterirdischen Phantasien vieler Inder meiner Generation entzündeten.

Ich erwachte in Hamburg um halb sechs an dunklen, häufig vernieselten und bitterkalten Morgen im März, gegen die mein Dufflecoat, den ich während des Zwischenstopps im Londoner *Army and Navy Store* gekauft hatte, nur wenig Schutz bot. Ich nahm die U-Bahn bis zu den Hafenanlagen der Landungsbrücken und überquerte dann die Elbe mit der Fähre, um zur Werft zu gelangen. Während dieser täglichen Tortur war ich meistens eisigen Nordseewinden ausgesetzt, die meine Wangenmuskulatur einfroren und meine Nasenspitze taub werden ließen, meine feurigen Phantasien aber kaum dämpften. Mit einem monatlichen Stipendium von 250 D-Mark konnte ich mir nur billigen Rotwein leisten, der in Kneipen ausgeschenkt wurde. Dort verbrachte ich die Abende mit einem anderen, älteren Inder, der für eine dreimonatige Ausbildung bei der *Deutschen Bank* nach Hamburg gekommen war; er wohnte in einem Zimmer des Gästehauses der Bank für ausländische Auszubildende in der Blumenstraße in der Nähe der Alster. Dank eines Großonkels, Matajis Bruder, der eine hohe Position bei der *Imperial Bank of India* bekleidete, hatte auch ich ein Zimmer in diesem Gästehaus bekommen.

Der «sinnliche Kuss» ließ noch bis weit in den Sommer auf sich warten. Ich ging auf eine Tanzschule, in der ich an jedem Samstagnachmittag von drei bis vier Uhr die Grundschritte des Foxtrott, Walzer, der Rumba, Samba und des letzten lateinamerikanischen Schreis, des Cha-Cha-Cha, lernte. Es dauerte bis Mai, als auf Drängen ihrer jungen Schüler, von denen keiner älter als sechzehn war und die fast alle zur bürgerlichen Mittelschicht gehörten, die Lehrerin sich widerstrebend bereitfand, Rock 'n' Roll zu unterrichten, eine Tanzform, die noch um ihre Anerkennung rang. Rock 'n' Roll, den ich lieben lernte und recht gut beherrschte, war die große Mode unter den Halbstarken, der deutschen Jugend aus der Arbeiterklasse. Wie auch die englischen Teddy Boys trugen die Halbstarken Blue Jeans, fuhren in Gruppen auf Motorrädern herum und faszinierten viele junge Deutsche der Mittelschicht ebenso sehr, wie sie deren Eltern abstießen.

In der Tanzschule war meine Partnerin fast immer die biegsame Lehrerin, eine gut gelaunte Frau von Mitte dreißig, die ihr schulterlanges, blondes Haar zu einem Pferdeschwanz gebunden hatte. Weil sie sich auch ihren anderen Aufgaben widmen musste, strandete ich oft allein mitten auf dem Parkett und machte, während ich auf ihre Rückkehr wartete, ein dummes Gesicht. Alle anderen Schüler waren junge deutsche Teenager; die Jungen trugen ihre dunklen Sonntagsanzüge, ordentliche graue oder blaue Krawatten und hatten sich die Haare mit Pomade nach hinten gekämmt; die Mädchen trugen lange Partykleider, hatten frisch gewaschene Haare und weiße Handschuhe aus einem gazeartigen Stoff, die bis zu den Ellbogen reichten. Die Tanzschule war Teil eines gesellschaftlichen Initiationsprozesses, um die Umgangsformen zu erlernen, und ich kam eindeutig aus einem anderen Stamm – eines Außenseiter, der nicht nur älter war, sondern auch eine andere Hautfarbe hatte.

Wenn ich darauf warten musste, dass die Lehrerin frei wurde, bat sie manchmal eines der Mädchen, meine Tanzpartnerin zu sein. Wir hielten uns mit steifen Armen verkrampft aneinander fest und starrten angestrengt am Gesicht des anderen vorbei, während unsere Füße auf der Suche nach einem gemeinsamen Rhythmus waren. Wenn das Musikstück endete, huschte das Mädchen kichernd zu ihren Freundinnen in eine Ecke zurück. Ich wusste, dass ich das Objekt ihrer geflüsterten Aufmerksamkeit war, spürte jedoch, dass ihre Gespräche eher von Neugier als von offener Abneigung oder Animosität geprägt waren. Da Seeleute aus den nichtweißen Weltgegenden fast nie jenseits der Reeperbahn auftauchten, handelte es sich bei den wenigen farbigen Männern auf Hamburgs Straßen um schwarze amerikanische GIs, die Urlaub von ihren süddeutschen Stützpunkten hatten.

Trotz oder vielleicht gerade wegen der jüngsten Nazivergangenheit war der deutsche Rassismus nicht von der Sorte, die einem offen ins Gesicht gesagt wurde. Man konnte ihn ignorieren, was ich auch tat, weil seine Ausprägung eine gönnerhafte, durchaus liebenswürdige Neugier war. Da ich rassistische Untertöne nicht gewohnt und ihnen gegenüber entsprechend unempfindlich war, fühlte ich mich durch die Aufmerksamkeit, die man mir entgegenbrachte, anfangs sogar geschmeichelt. Eine Woche nach meiner Ankunft in Hamburg schrieb ich in meinem ersten Brief an meinen Vater:

Mir gefällt das Land sehr gut. Es ist sehr sauber und ordentlich. Die Leute sind sehr, sehr freundlich. London war eine düstere Stadt, kalt und neblig, und die Leute sahen aus wie ihr Klima. Inder erregten dort kein Aufsehen, weil es an jeder Straßenecke welche gibt … (hier) bin ich immer überrascht und vielleicht auch ein bisschen geschmeichelt, mich im Zentrum interessierter Blicke zu finden, und die Leute suchen nach Gelegenheiten, mich anzusprechen.

Ich brauchte eine Weile, um hinter dem Interesse die rassistische Arroganz zu entdecken und zu merken, dass das Objekt der Neugier nicht das Kind eines gleichen, sondern entschieden minderwertigen Gottes war. Der Blick, der mir galt, war gönnerhaft: Solange ich der Exot blieb und nicht auf Gleichheit bestand, war ich wohlgelitten. Am schlimmsten war der Rassismus in der Ober- und oberen Mittelschicht, wo er sich, höflich natürlich, in einer kalten und gleichgültigen Herablassung ohne erlösende Neugier äußerte. Mir wurde unmissverständlich signalisiert, dass das Privileg, in Deutschland sein zu dürfen, dazu diene, Disziplin und harte Arbeit zu erlernen, die Indern, Afrikanern und anderen farbigen Menschen schmerzlich fremd seien. Bedauerlich sei auch, dass Indien nicht der protestantischen Ethik Max Webers folge, die schlüssig bewiesen habe, dass sie für wirtschaftlichen Fortschritt unverzichtbar sei. Insofern seien Hindus und andere nichtchristliche Völker der Welt dazu verdammt, auf einer niedrigeren Stufe materieller Entwicklung zu verharren. Am akzeptabelsten war der Rassismus einiger junger Frauen, deren Neugier durch eine sexuelle Unterströmung fermentiert war.

Als er endlich Realität wurde, erwies sich der lang ersehnte «sinnliche Kuss» als herbe Enttäuschung, die notorische Bruchlandung einer hochfliegenden Phantasie. Als der Sommer kam, und die Sommermonate des Jahres 1959 bestehen in meiner Erinnerung aus einer endlosen Folge sonniger Tage und lauschiger Abende, wurde Hamburg seinem Ruf als einer der schönsten Städte Deutschlands gerecht. Dichtes Laub hing an den Buchen, Ahornbäumen und Birken. Orangerot flammende Mohnblumen und violette Schwertlilien blühten im Überfluss. In den zahlreichen Parks der Stadt flanierten die Menschen auf Kieswegen zwischen grünen Grasteppichen, umgeben vom Gezwitscher der Rotkehlchen und Drosseln in den alten Hecken und Gebüschen. An den Wochenenden trieben kleine Segelboote in der Alsterbrise. An einem frühen Sonntagmorgen, als wir von einer Nacht auf einem Vergnügungsdampfer auf der Elbe zurückkehrten, erlebte ich meinen ersten «sinnlichen Kuss».

Vor einigen Jahren wurde ich in einem Interview des deutschen Fernsehens gefragt, was mich bei meinem ersten Aufenthalt in Deutschland am meisten beeindruckt hätte. Das Land befand sich mitten in einem noch nie da gewesenen wirtschaftlichen Aufschwung, dem Wirtschaftswunder, und ich sagte, am meisten hätte mich beeindruckt, wie Hamburg als eine Stadt, die zu 90 Prozent von alliierten Bombern zerstört worden war, in nur 14 Jahren nach Kriegsende wieder aufgebaut worden war. Ich war beeindruckt von den restaurierten Fassaden der öffentlichen Gebäude und großen Kaufmannshäuser, fuhr ich fort, vom Überfluss der Konsumgüter, die ich in Indien nie gesehen hatte, und am stärksten von dem eigentlichen deutschen «Wunder», einer politischen Demokratisierung, die sämtliche Spuren der vergangenen Nazidiktatur getilgt hatte. Meine Antwort war eine Lüge, ein heuchlerisches Nicken in Richtung der Person des grauhaarigen, «bedeutenden indischen Psychoanalytikers und Schriftstellers», den der Interviewer ansprach. Was den Zwanzigjährigen während der ersten Monate seines Aufenthalts faszinierte und mit köstlicher erotischer Wärme erfüllte, war der Anblick schlanker, nackter Frauenbeine in den Straßen Hamburgs. Der aufreizende Anblick eines Schenkels, wenn eine plötzliche Böe den Sommerrock hob, bevor das erschrockene Mädchen ihn wieder herunterziehen konnte, war eine zusätzliche Dreingabe. Es ging jedoch nicht einfach nur um sexuelle Anregungen durch den Anblick nackter weiblicher Haut. Nackte Taillen, beispielsweise zwischen dem Blusensaum und dem Anfang des Saris, waren in Indien ein vertrauter Anblick. Den Landfrauen auf den Straßen Jaipurs oder den *Rabari*-Frauen in Ahmedabad, deren dünne *Cholis* nicht nur die Taille, sondern auch den Rücken entblößten, hatte ich nicht einmal hinterhergeschaut. Nackte Rücken und Taillen waren nicht aufregend, sondern Beine, weil sie in Indien bedeckt waren.

Wenn wir uns am Sonntagnachmittag von einer langen, durchzechten und durchtanzten Nacht erholt hatten, nahmen mein Freund und ich normalerweise die U-Bahn zum Stadtpark, einem riesigen, 150 Hektar großen, um einen See angelegten Areal aus Wald, Wiesen und öffentlichen Parks, schlenderten über die grünen Rasenflächen und Spazierwege und schleckten eine Eiswaffel. Kraft einer unausgesprochenen Übereinkunft war unser Ziel aber nicht der Spaziergang, sondern ein unablässiges Augenschwelgen auf jungen Sonnenanbeterinnen. Heute lebe ich in Goa, und wenn europäische Freundinnen zu Besuch kommen und sich über die komplett bekleideten jungen Inder beklagen, die über die Strände ziehen, um Frauen zu beäugen, die in ihren Bikinis im Sand liegen, stimme ich in ihre Empörung ein, verschweige ihnen aber lieber mein eigenes Begaffen von Frauen 50 Jahre früher.

Ich wuchs in der indischen Mittelklasse auf, in der mit Einsetzen der Pubertät die Geschlechtertrennung ein ungeschriebenes Gesetz war. In meiner Schule oder auf der technischen Hochschule gab es keine Mädchen, und mit einem Mädchen auszugehen, das kein Familienmitglied war, kam nur in Filmen vor; es war sogar deren Hauptattraktion. Ich hatte nie ein Mädchen umarmt, das nicht zur Familie gehörte. Wie die meisten Teenager freute auch ich mich auf Gelegenheiten wie Familienhochzeiten, bei denen ich flüchtige Kontakte mit weiblichen Körpern erhaschen konnte, und sei es nur ein rasches Schulterdrücken mit einer Cousine. Das am heißesten ersehnte Fest war *Holi*, weil man dann einem Mädchen rotes, gelbes und grünes Farbpulver auf die Wangen reiben oder sie sogar, angefeuert von ihren entzückten Protestschreien, hochheben und in eine Wanne mit gefärbtem Wasser tauchen durfte. Ich erinnere mich an den Neid, den auf dem College andere Jungen gegen mich hegten, weil ich bei Tischtennisturnieren im gemischten Doppel die Finger meiner Partnerin berühren konnte, wenn ich ihr den Ball reichte oder ihr auf die Schulter klopfen durfte, wenn ihr ein guter Schlag geglückt war. Kein Wunder also, dass meine ersten Eindrücke von Deutschland weniger vom Vorhandensein eines großen Angebots von Konsumgütern als vielmehr von der erotischen Fülle dominiert wurden.

An Samstagabenden gingen mein Freund und ich zu Tanzveranstaltungen in einen der zahlreichen Hamburger Parks. Sie standen dem allgemeinen Publikum für ein geringes Eintrittsgeld offen und waren Bestandteil des Sommervergnügens in der Stadt. Auf ein Mädchen zuzugehen, mich leicht vor ihr zu verbeugen, um gute Erziehung zu signalisieren, und zu fragen: «Wollen Sie tanzen?» war ein Unternehmen, in das ich mich mit einiger Beklommenheit stürzte, aber in der Hoffnung ausführte, einen möglichen Erfolg zu landen. Um durch eine Menge bleicher Gesichter zu einer Frau zu gehen, die ich attraktiv fand, zu registrieren, wie um sie herum alle Gespräche verstummten, wenn ich meine Frage vorbrachte, das Lächeln nicht zu verlieren, wenn sie ablehnend mit dem Kopf geschüttelt hatte, und dann den Rückweg anzutreten, während sich zahllose Blicke in meinen Rücken bohrten und meine Ohren vor Anstrengung rot anliefen, das einschlägige Getuschel über die Anmaßung des farbigen Mannes zu überhören, bedurfte es schon eines Selbstbewusstseins geradezu heroischen Ausmaßes. Dieses wiederum versuchte ich mir durch einige Gläser Wein anzutrinken.

Ich kann mich immer noch an die erste Frau erinnern, die – jung, klein und dunkelhaarig – meine Aufforderung lächelnd annahm und mich dann auf der Tanzfläche, als die Musik in einen langsamen Walzer überging, mit leichtem Händedruck gegen meinen Rücken dazu ermunterte, ihr näher zu kommen. Nachdem darüber 50 Jahre vergangen sind, rieche ich immer noch den ungewöhnlichen und erregenden Duft, der zwischen ihren Brüsten, die sie sanft gegen meine Brust drückte, aufzusteigen schien. (Als ich meinem erfahreneren Freund später von dem Duft der Frau erzählte, der mich so erregt hatte, lachte er nur und sagte: «Das war wahrscheinlich der Geruch kalten Schweißes, der sich durch üppige Dosen Eau de Cologne arbeitete. Die Deutschen baden nur einmal in der Woche, am Samstag.») Ich schämte mich abgrundtief für die spontane Reaktion meines Körpers, murmelte eine Entschuldigung und verließ fluchtartig die Tanzfläche. Ich rannte zur Herrentoilette und schloss die Zellentür ab. Dann zog ich mir die Hose herunter und sicherte unter Zuhilfenahme eines großen Taschentuchs, das ich bei mir hatte, meine Erektion ab, indem ich mir das Taschentuch gegen den Bauch band und es auf dem Rücken verknotete. In meiner Phantasie waren Frauen reine, unbefleckte Wesen, die einen Schock erleiden und aus der Fassung geraten würden, wenn sie während des Tanzens eine männliche Härte gegen ihren Bauch gepresst spürten. Vor weiteren Unglücksfällen gesichert, kehrte ich auf die Tanzfläche zurück und suchte nach meiner Partnerin. Sie war nicht mehr da.

Wenn ich ab jetzt an den Wochenenden zum Tanzen ging, wurde neben Brieftasche und Schlüsselbund das Taschentuch zu einem unverzichtbaren Element.

*

Der Kuss! Merkwürdigerweise ist er körperlos. Ich kann mich nicht mehr daran erinnern, wie sie aussah, ob sie klein oder groß war, dünn oder dick, blond oder braun. Ich erinnere mich nur, dass es ein milder Sommerabend Ende August war. Wir waren auf einem mit farbigen Lichtern geschmückten Ausflugsdampfer, der fünf Stunden lang die Elbe auf und ab fuhr; an Bord spielte eine Liveband. Bald nachdem das Boot vom Hafenpier abgelegt hatte, begegneten wir uns und tanzten den ganzen Abend zusammen. Sie konnte etwas Englisch, und mein Deutsch war entsprechend, aber an unsere Unterhaltung kann ich mich nicht mehr erinnern. Ich glaube, ich erinnere mich noch an ein paar der Musikstücke: Bill Haleys *Rock Around the Clock* und Chris Barbers packendes *Petit Fleur* auf einer Klarinette (oder war es das Sopranosaxofon?). Aber ich mag mich irren. Im Sommer 1959 gehörten diese Songs, aber auch *Down by the Riverside*, *Besame Mucho* oder Perry Comos *Sway* zum Repertoire jeder Tanzkapelle. Bei ihrer halsbrecherischen Flucht aus der Nazivergangenheit ihrer Elterngeneration hatten junge Deutsche ihre eigenen Lieder über Bord geworfen und sich begeistert der amerikanischen Popmusik zugewandt.

Nachdem das Boot gegen ein Uhr morgens wieder am Kai angelegt hatte, gingen wir von Bord, setzten uns auf eine Parkbank und küssten uns sehr lange. Ich würde gern behaupten, dass es unterm kühlen Licht eines Vollmonds geschah, und vielleicht war es auch wirklich so. Als sie mir die Zunge in den Mund steckte, war ich zuerst entsetzt.

Mein Hindu-Ich, aufgewachsen im Geist der *Jootha*, in der Speichel als Quelle von Verunreinigung gilt, zuckte vor diesem Eindringen anfangs zurück, nahm missbilligend den Geschmack nach Bratwurst mit Senf auf ihrer Zunge und den Weindunst ihres Atems zur Kenntnis. Aber schon bald übermannten mich Kräfte, die unendlich viel drängender und stärker waren als die kulturellen Tabus des Hinduismus. Wir küssten uns stundenlang, oder jedenfalls kam es mir damals so vor – weil ich auch nicht wusste, was ich sonst hätte anfangen sollen. Nach Hause ging ich allein.

Sollte ich den Eindruck vermitteln, dass sich während meiner ersten fünf Monate in Deutschland meine Gehirntätigkeit darin erschöpfte, bei gleichzeitiger hoher Testosteronkonzentration im Blut Neuronen durch den unteren temporalen Cortex, die paralimbischen Bereiche der rechten Insula, des rechten vorderen Cortex und des linken cingulären Cortex zu feuern – alles Anzeichen sexueller Erregung –, dann verdankt sich dieser Eindruck dem Selektionsprozess meines Gedächtnisses, das eine akut werdende psychologische Krise herunterspielt. Denn 1959, während der Hamburger Frühlings- und Sommermonate, wurde die Frage nach der Zukunft, die meine Familie für mich plante, so dringlich, dass sie mich in Konflikt zu der Person brachte, die ich am meisten liebte, meinem Vater. Meine späteren Erinnerungen verwandelten diesen Konflikt in eine freundliche Meinungsverschiedenheit, die nicht lange anhielt und schon bald friedlich beigelegt wurde. Erst als ich die Briefe wieder las, die ich in jenen Monaten an meinen Vater geschrieben hatte, konnte ich die Ernsthaftigkeit der Kluft, die sich zwischen uns aufgetan hatte, nicht länger leugnen.

*

Die ersten sechs Wochen meiner Ausbildung auf der Werft verbrachte ich in der Gießerei der Maschinenwerkstatt. Mit den Arbeitern verstand ich mich gut. Sie waren neugierig auf meine Herkunft – ihre Vorstellungen über Indien waren geprägt durch Klischees von Schlangenbeschwörern, nackten Fakiren und sagenhaft reichen Maharadschas, die *Der Tiger von Eschnapur*, ein damaliger Film von Fritz Lang, noch verstärkt hatte – und hätten mir liebend gern Fragen gestellt, doch der Umstand, dass ich so gut wie kein Deutsch sprach, verhinderte das.

Ihrer Freundlichkeit ist es zu verdanken, dass ich das Gefühl hatte, an ihren Gesprächen beteiligt zu sein, ohne dem, was gesagt wurde, folgen zu können.

Die Frühschicht in der Gießerei begann um Viertel vor acht mit einer fünfzehnminütigen Frühstückspause. Die Arbeiter verdrückten ihre dicken, schwarzen oder braunen Butterbrote mit Käse oder Schinken und spülten sie mit einer Flasche Bier hinunter. Die Hitze in der Gießerei und die schwere Arbeit des Eisengießens machte es fast unabdingbar, jede Stunde eine Flasche Bier zu trinken, und die meisten meiner neuen Freunde waren bei Schichtende nachmittags um Viertel vor fünf leicht beschwipst. Und obwohl ich einen Monat nach meiner Ankunft zweimal pro Woche Sprachunterricht nahm, lernte ich meine ersten deutschen Brocken im Idiom der Hamburger Werften; bevor ich zu höflicher Konversation fähig war, konnte ich in dieser Sprache fluchen. Ich entsinne mich, dass mein erster Fluch *Himmel, Arsch und Donnerwetter* war. Voller Stolz benutzte ich diesen Ausdruck der Frustration bei jeder sich bietenden Gelegenheit – sehr zum Vergnügen meiner Arbeitskollegen. Ich weiß immer noch nicht genau, was dieser Fluch eigentlich bedeutet, schließe jedoch aus dem Wortsinn, dass er sich auf das Donnerwetter bezieht, das sich aus dem Hinterteil des Himmels ergießt.

Die Männer waren nicht dagegen immun, gelegentlich Sprachwitze auf meine Kosten zu machen. Eines Tages schickte mich einer von ihnen zum Lager, wo ich die dort arbeitende Frau nach Tinte fragen sollte. Er schärfte mir den deutschen Satz ein, den ich sagen sollte. Nur dass er ein Wort veränderte: *Tante* statt *Tinte*. Es endete also damit, dass ich die verblüffte Dame fragte, ob ich ihre Tante haben könnte.

Wie in deutschen Firmen der 1950er- und 1960er-Jahre üblich, waren auch die *Howaldtswerke* streng hierarchisch organisiert und selbstverständlich auf autoritäre Weise geführt. Anweisungen wurden ganz oben erlassen und dann von einer Ebene zur nächsten nach unten durchgereicht, bis sie in der Werkstatt ankamen. Meine Freunde aus der Gießerei schimpften über *die da oben*, stellten aber Anweisungen, die sie erhielten, nie infrage, so unsinnig diese auch sein mochten. Die politische Demokratie war noch nicht am Arbeitsplatz angekommen, und meine Kollegen, die aus der Arbeiterklasse stammten und die Sozialdemokratische Partei wählten, waren mit dem gegenwärtigen Stand der Dinge zufrieden. Da ich selbst aus einer auf dem Kastenwesen basierenden, hierarchischen Gesellschaft kam, hatte ich mit dem deutschen System keine Probleme – abgesehen davon, dass ich mich anders als in Indien nun am Fuß der Pyramide befand. Der Blick von unten war ungewohnt und unerwartet und die Erfahrung heilsam. Wenn ich beispielsweise auf der Straße einem deutschen Polizisten begegnete, kam er mir in meiner Vorstellung immer viel größer vor als seine eigentliche körperliche Statur, während in meiner Jugend ein indischer Polizist nie eine Autoritätsperson war und mir immer kleiner erschien, als er tatsächlich war.

Das Leben in einer fremden Kultur ohne Rückzugsmöglichkeit in ein indisches Getto, das mich vor ihren Einflüssen geschützt hätte, brachte die Identitätsfrage «Wer bin ich?», das angestammte Recht privilegierter Jugend, an die Oberfläche. Nun lebt sich Identität zumeist unabhängig und unbelastet von obsessiven und exzessiven Beobachtungen aus. Und so sollte es auch sein. Die Frage «Wer bin ich?» stellt sich normalerweise kein geistig gesunder Erwachsener. Der Alltag schafft hinsichtlich der eigenen Identität einen indifferenten Bereich. Nur wenn dieser Indifferenzbereich durchbrochen wird, drängt sich der eine oder andere Aspekt unserer Identität in unser Bewusstsein. Das Leben in einem fremden Land durchbricht zunächst einmal den Indifferenzbereich, der unsere kulturelle Identität umgibt. Beobachtungen wie «So denken sie», «Das glauben sie», «So sind ihre Sitten» führen unausweichlich zu Fragen, die man sich zuvor bewusst nicht gestellt hat: «Was denken *wir*?», «Was glauben *wir*?», «Was sind *unsere* Sitten?»

Viele dieser Fragen bewegen sich unterhalb der bewussten Oberfläche. Zusammen mit der Trauer über die Verluste, die sich daraus ergeben, dass man die Heimat verlassen hat, produziert diese Identitätskonfrontation, wie ich sie gern nenne, das wachsende Gefühl psychischer Diskontinuität. Die chilenische Dichterin Gabriela Mistral fasst das Wesen dieser psychischen Zerrissenheit so:

Ich bin zwei. Eine blickt zurück
die andere schaut zum Meer.
Mein Genick schmerzt von Abschieden
und meine Brust vor Sehnsucht.[1]

Natürlich sind nicht alle oder nicht einmal die meisten dieser Begegnungen in einem fremden Land emotional neutral. Konfrontiert mit Teilnahmslosigkeit oder Verachtung gegenüber ihren kulturellen Traditionen, neigen Migranten in einem fremden Land dazu, die Mythen, Erinnerungen, Symbole und Rituale, die Teil ihres kulturellen Erbes sind, zu überschätzen. An ihrer kulturellen Identität hängen sie manchmal sogar mit einer Inbrunst, die die ihrer Landsleute in der Heimat bei Weitem übersteigt. Andere versuchen ihre kulturelle Identität vollständig abzuwerfen, um sich in der dominierenden fremden Kultur durch das zu assimilieren, was Psychoanalytiker als «Identifikation mit dem Aggressor» bezeichnen. Mit Identifikation meine ich nicht die Anpassung an die jeweiligen Verhältnisse, die eine lobenswerte Leistung darstellt. Erst wenn das Indischsein vollständig abgelegt wird, wenn nicht nur am Arbeitsplatz und gegenüber ihren amerikanischen Freunden Gurcharan zu «Tony» und Sheila zu «Sally» werden, sondern sich selbst als Tony und Sally zu begreifen und zu empfinden beginnen, kann man von Identifikation (oder sogar von Überidentifikation) mit der dominierenden Kultur sprechen.

Meine eigene psychische Entwicklung ging in beide Richtungen. Ich tauchte mit der gleichen Entschiedenheit in die deutsche Kultur ein, mit der ich zugleich auf meinem Indischsein beharrte. Während meines Aufenthalts in Deutschland las ich Bücher über indische Philosophie, Musik und Sanskritliteratur mit der gleichen Begeisterung, mit der ich mich in Kamlas gut sortierter Bibliothek in Ahmedabad in die Lektüre westlicher Kultur versenkt hatte. Und obwohl ich in Hamburg weiterhin Klarinettenunterricht nahm, mit dem ich in Kalkutta begonnen hatte, beschloss ich, bei meiner Rückkehr Tabla zu lernen; ich hatte die Phantasie, eines Tages in einer Amateurjazzband die indische Trommel zu spielen – in meiner Psyche eine musikalische Verbindung Indiens mit dem Westen.

Damals bot Deutschland mir die Chance, ganz von vorn anzufangen, Kopf und Herz in Einklang zu bringen. Die Möglichkeit war schwindelerregend, und ich hätte mit einer Figur aus dem Roman *An der Biegung des großen Flusses* des Nobelpreisträgers V.S. Naipaul sagen können: «Ich habe Glück gehabt. Ich trage die Welt in mir herum. (…) Ich habe die Wahl. Die Welt ist großartig. Es hängt alles davon ab, was du dir in ihr aussuchst.»[2] Natürlich war mir nicht klar, dass meine Entscheidung nur dann zu meiner Identität wird, wenn sie auch von meinem sozialen Umfeld, das für mich immer meine Famil war, akzeptiert wird. Ohne Bestätigung von außen bleibt eine ang strebte Identität brüchig. Selbsteinschätzung ohne externe Zustimmung hat den gleichen Status wie der Insasse einer psychiatrischen Anstalt, der sich für Jesus oder Napoleon hält.

Der psychische Einbruch, der von Fragen nach meiner kulturellen Identität verursacht wurde, vertiefte sich noch durch das Wiederaufleben von Problemen hinsichtlich meiner beruflichen Identität. Ich spürte, dass es auch für mich *die da oben* gab – meinen Vater, Großvater und meine Onkel, aus denen der Vorstand meiner inneren Firma bestand, und mein Vater war der Vorstandsvorsitzende –, deren Pläne für mein Leben ich bislang nur vage infrage gestellt hatte. In der Maschinenwerkstatt der Werft erschien mir mein zukünftiges Leben als Ingenieur nicht mehr als ferne Perspektive, sondern drohte zu einer unmittelbar bevorstehenden Realität zu werden, wenn ich nicht sofort handelte. Der Anblick, der sich mir in meiner Vorstellung bot, erschreckte mich: in der Entwurfsabteilung einer großen Firma über ein Zeichenbrett gebeugt zu sein und wieder und wieder die gleichen Maschinenteile zu zeichnen oder in einem blauen Overall im Maschinenraum eines Frachtschiffs herumzulaufen und zu hoffen, dass im nächsten anzulaufenden Hafen ein Passagier, der Schach spielen kann, an Bord kommen möge. Beschäftigt mit sportlichen Wettkämpfen und der Entdeckung der unendlichen Vielfalt der Menschen und Lebensmöglichkeiten durch Bücher und Kamlas Freunde, hatte ich bereits auf der Hochschule das Ingenieursstudium nur mit halber Überzeugung und ohne jede Begeisterung absolviert. Aus der sicheren Entfernung von sechstausend Kilometern und zu einer Zeit, als Briefe von Europa nach Indien zwei Wochen unterwegs waren und internationale Telefongespräche nicht nur langes Warten und lautes Schreien in den Hörer erforderten, sondern auch ein Luxus waren, den sich nur die Reichen leisten konnten, schrieb ich an meinen Vater:

Das Ingenieursstudium hängt mir zum Halse heraus. Bevor ich hierherkam, hatte ich mich damit abgefunden, wie ein Verurteilter den letzten Schritt zum Galgen macht. Ich wusste, dass es zu spät für einen Neuanfang war. Aber hier erfahre ich, dass die meisten Studenten erst in meinem Alter auf die Universität kommen… Ich habe noch eine Wahl und [bin] in einem Alter, in dem ich sie auch noch realisie-

ren kann … Ich weiß, dass ich wahrscheinlich gut bezahlt werde, wenn ich als Ingenieur weitermache, aber das Elend während der Arbeitszeit und das Verebben des Selbstbewusstseins werden der Preis dafür sein, wenn ich dahinterkomme, dass ich nicht mehr der Spitzenmann oder die Führungskraft bin, die ich sonst immer war, sondern nur noch ein Mitläufer. Stattdessen möchte ich mich an einer Universität in einem Fach einschreiben, das ich sehr interessant finde und das auch unter praktischen Gesichtspunkten keine schlechten Perspektiven bietet. Das Fach gehört an der Universität zwar zum Fachbereich Philosophie, nennt sich jedoch «theoretische Physik». Du erinnerst Dich vielleicht, dass in meiner Liste der Bücher, die ich anzuschaffen beabsichtige, die ersten beiden Plätze belegt waren von diesen beiden Büchern: Eddingtons «Nature of the Physical World» und Einsteins «Evolution der Physik». Ich habe beide aus London bekommen, und sie fesseln mich zutiefst …

Ich habe die Briefe meines Vaters nicht mehr – sie gingen mit meinen anderen Habseligkeiten verloren, als ich 1964 aus Bagdad nach Indien zurückkehrte –, doch meine eigenen Antwortbriefe vermitteln ein klares Bild unseres Gesprächs über große Distanz. In meinem nächsten Brief vom 10. April 1959 schrieb ich:

Es scheint, dass wir unterschiedlicher Ansicht sind … doch muss ich gestehen, dass ein Punkt für mich spricht. Ich versuche mein Bestes, Deine Argumente zu verstehen und ernst zu nehmen, aber Dein Gebrauch von Begriffen wie «milde amüsiert» und «in Deinem Alter» klingen doch etwas altväterlich und haben einen Beigeschmack von «Ach! Er fängt schon wieder damit an» …

Und was «Beharrlichkeit» angeht, handelt es sich doch lediglich um Worte, die vom jeweiligen Standpunkt abhängen. Man könnte es auch formulieren als meine «verstockte Dummheit zuzugeben, dass ich einen Fehler gemacht habe und zu feige bin, ihn zu korrigieren» … Was «Karriere und Auskommen» angeht, weigere ich mich entschieden einzuräumen, dass ausschließlich die Ingenieurstätigkeit der «erwählte» Beruf ist, mit dem ich Zutritt in dieses «Gelobte Land» erlangen kann. Ich weiß, dass sich mein Verhältnis zum Geld ändern mag, wenn ich älter werde, aber ich teile sicherlich nicht die «Mit-den-Leuten-von-nebenan-mithalten»-Haltung, die es so wichtig macht, so viel Geld wie möglich zu verdienen. Wenn ich aus guten Gründen zu der Überzeugung gelange, einer Person intellektuell überlegen zu sein, wäre es mir völlig egal, ob diese Person sehr mächtig oder sehr reich ist. Ich fürchte, dies ist ein sehr naiver Versuch, meine Fähigkeiten zum Ausdruck zu bringen, und bevor die Begriffsprobleme meinen Worten eine Bedeutung verleihen, die sie nicht haben sollen, reite ich lieber nicht länger auf diesem Punkt herum.

Was das Beispiel anderer Leute angeht, so fürchte ich, dagegen völlig respektlos zu sein, was vielleicht dem Zeitgeist geschuldet ist, und es gibt keine Person, deren Urteil ich mich freiwillig unterwerfen würde. Du siehst wiederum, dass man auch dafür [andere] Worte finden könnte, da alles vom Standpunkt abhängt. Du nennst es vielleicht «Dünkel», während ich es lieber als «geistige Unabhängigkeit» oder [mit der] amerikanischen Redewendung als «zum Teufel mit dem, was die anderen denken» bezeichnen möchte.

Du hast die Absicht, mich an dem, was ich gern tun möchte, zu hindern, aber Du kannst mich nicht davon überzeugen, dass es nicht gut für mich ist. Ich muss selber herausfinden, wo mein Platz in der Gesellschaft ist. «Gefüttert zu werden» und «wir wissen, was gut für dich ist» beweist zwar einen gewissen Grad an Liebe und Zuneigung, ist jedoch viel schlimmer, als mir die Entscheidung zu überlassen, was für mich gut ist, denn selbst wenn es ein Fehler sein sollte (was ich in keinem Moment glaube), ist es mein eigener Fehler.

In meinem Brief vom 24. Mai 1959 aus Hamburg heißt es:

Es hat mich sehr geschmerzt zu lesen, dass mein letzter Brief Dich auf den Gedanken gebracht hat, dass ich wütend bin. Ich hoffe, dass Du in die Erziehung, die Du mir hast angedeihen lassen, hinreichend Vertrauen aufbringst, um zu wissen, dass ich nicht einmal eine Minute lang auf Dich wütend sein könnte. Ich hatte nur gedacht, dass Du die Angelegenheit etwas zu leicht nimmst, und wollte der Tatsache Nachdruck verleihen, dass sie mir sehr ernst ist. Der Begriff «altväterlich» war auf eine Weise gemeint, die gar nichts mit «väterlich» zu tun hat. Glaub bitte keinen Moment lang, dass ich mich Deinen Wünschen widersetze. Wenn Du «nein» sagst, würde ich Dir natürlich letztendlich nicht einmal im Traum nicht gehorchen, aber ich dachte immer, dass Du meinen Glauben teilst, dass niemand das Recht hat zu ent-

scheiden, was für ein Leben ein anderer zu führen hat. Meiner Meinung nach besteht die größte Schwierigkeit in der allgemeinen Abneigung von Eltern zu begreifen, dass ihre Kinder als Erwachsene eine Persönlichkeit haben, die sich von der ihren unterscheidet und nicht einfach nur deren Verlängerung ist. Ich glaube, Du erinnerst Dich noch daran, dass ich Dir in meinem ersten Jahr in Ahmedabad einen Brief schrieb, in dem ich mein Unbehagen gegenüber dem Beruf, den ich gewählt hatte, zum Ausdruck brachte. Dass mein Unbehagen [nicht] drastisch ausfiel, lag einzig an meiner Unreife, weil ich damals noch nicht den Mumm hatte, mich dem zu widersetzen, was meine sämtlichen Verwandten als eine sehr gute Karriere für mich sahen. Ich war wie ein Schoßhündchen, das mit dem Schwanz wedelt, weil es allen gefallen will. Lediglich mein wachsendes Unbehagen, das mit meinem Erwachsenwerden zusammenfiel, trieb mich dazu, Dir während meines letzten Schuljahrs zu schreiben, und seitdem ist meine Entschlossenheit stetig gestiegen. Ich fürchte, Du hast den Sinn der Geschichte aus Kalkutta missverstanden. Sie war als Satire auf das Leben gemeint, dem ich entgegenging, ein Leben, in dem die größte geistige Erregung darin besteht, sieben Pik auf der Hand zu haben …

Ich weiß, dass ich kein Eddington oder Einstein sein kann, aber zumindest habe ich sie als erstrebenswertes Vorbild, anstatt lediglich in bequemer Unzufriedenheit durchs Leben zu treiben. Und was die wenigen Auserwählten betrifft, sehe ich absolut keinen Grund, warum ich nicht auch einer derjenigen sein kann, für die Begabung und Beruf eins sind. Bislang habe ich viel Glück gehabt, und mit Deiner Hilfe kann ich die Reihen der vielen anderen verlassen, «die aus einem schlechten Job das Beste machen müssen». Wenn Du mich doch nur davon überzeugen könntest, warum ich nicht zu diesen Glücklichen gehören kann! Jedenfalls bewerbe ich mich derzeit sowohl an der Universität Göttingen als auch an Technischen Universitäten. Dann bleibt uns bis November Zeit, die Angelegenheit zu besprechen.

Zwar war mein Vater von der Tiefe meiner Gefühle überrascht, zögerte jedoch, mich einen Schritt machen zu lassen, von dem er glaubte, dass er mein Leben ruinieren würde; schließlich bot er mir die Kompromisslösung an, Industriemanagement zu studieren, sozusagen ein

Mittelding zwischen dem Ingenieursberuf und der Philosophie. In Deutschland gab es damals keine Spezialdisziplin Management, und die zum Management gehörenden Seminare – Wirtschaft, Statistik, Buchführung, Organisation – waren Bestandteile dessen, was man in Deutschland Betriebswirtschaftslehre nennt. In der Hoffnung, meinen Vater noch vor Beginn des akademischen Jahres im Oktober zu einer Meinungsänderung bewegen zu können, erklärte ich mich widerstrebend dazu bereit, mich um die Zulassung zur Fachrichtung Betriebswirtschaftslehre zu bewerben.

Als ich meine Eltern darüber informierte, an der Universität München zum Physikstudium zugelassen worden zu sein, war der Teufel los. Ich erhielt ein Telegramm, aus dem die Botschaft «lass ab und kehr um» nicht deutlicher hätte sprechen können. Dem Telegramm folgten Briefe, auf die ich gekränkt und mit unverhohlener Verbitterung reagierte.

Die genauen Zahlen hinsichtlich des für mich aufgewandten Gelds in Ahmedabad, Kalkutta & Deutschland waren höchst eindrucksvoll. Es wäre jedoch nicht nötig gewesen, mir auch noch meine vollständige finanzielle Abhängigkeit unter die Nase zu reiben. Ich habe nicht einmal im Traum daran gedacht, gegen Deinen Willen Physik zu studieren. Ich habe lediglich versucht, Dich davon zu überzeugen, dass Du trotz allen Unbehagens so viel Vertrauen in mich hast, dass ich selber weiß, was für mich das Beste ist, aber offensichtlich war das zu viel verlangt. Trotzdem hättest Du den Samthandschuh ein bisschen subtiler ausziehen können. Jedenfalls ist es nicht nötig, dem Sekretariat der Universität zu schreiben. Ich bin [auch] für Betriebswirtschaft zugelassen, & wenn Du willst, dass ich das studiere, dann tue ich es, oder wenn es Dir lieber ist, dass ich wieder nach Hause komme, wie Du geschrieben hast, dann tue ich es auch. Von jetzt an werde ich wie ein dressierter Affe sein, & wenn ich dank Deiner Hilfe einen guten Job bekomme, wirst Du Dich in der Zustimmung der Leute sonnen können, was Dich hoffentlich ein wenig für all die Ziffern entschädigt, die Du aufzählst …

Angesichts eines sich auftuenden Risses in unserer Beziehung muss mein Vater aufgebracht gewesen sein, weil er glaubte, dass die Beziehung seinerseits vom Stolz auf seinen Sohn und meinerseits von

Bewunderung für ihn und auf beiden Seiten von bedingungsloser Liebe erfüllt war. In seiner Verzweiflung bat er meinen Großvater, den Chirurgen, um Rat. Mein Großvater riet ihm, nicht nur hart zu bleiben, sondern lehnte auch den Kompromiss einer Betriebswirtschaftslehre ab, den mein Vater mir angeboten hatte.

Meine Vermutung mag falsch sein, aber ich glaube, der junge Mann ist von Natur aus ein bisschen faul, und Faulheit ist sowohl in der östlichen wie westlichen Ethik eine Todsünde. In unserem Land gibt es zu viele Wandermönche, & und wir wollen, so wir denn können, gewiss nicht noch einen hinzufügen. Ich würde Dir aus väterlicher Pflicht empfehlen, Sudhir jede Woche zu schreiben & und sein Interesse an der Familie zu stärken. Er ist nach Deutschland geschickt worden, um Ingenieur zu werden, & und er muss seinen Aufenthalt in Deutschland dadurch rechtfertigen, indem er ein guter Ingenieur wird. Wir mögen keine faulen Tricks & Zauberkunststückchen… sag ihm immer wieder, dass er zu einer Familie gehört, die daran glaubt, auf der Erde & nicht im Wolkenkuckucksheim zu leben.

Ich unternahm mit wenig Hoffnung einen letzten, verzweifelten Versuch.

22. Oktober 1959
Nach langem Nachdenken werde ich Deinen Brief beantworten. Obwohl er im Ton sehr vernünftig war, hat Dein Brief mich schwer deprimiert… In den vor mir liegenden Jahren sehe ich mich nun als verbitterten, zynischen Menschen, respektlos gegenüber seinen Vorgesetzten, mit enttäuschten Hoffnungen & Idealen, der seine Eltern ständig für seinen Abstieg verantwortlich macht.

Glaub mir, es ist purer Egoismus. Er mag sich mit guten Absichten und dem tröstlichen Gedanken an meine Unreife tarnen, aber ich finde es höchst überraschend, dass Reife mit Alter verwechselt wird. Du hast bestimmte Pläne für mich, und die müssen erfüllt werden, und es spielt keine Rolle, welchen Preis ich dafür zahlen muss; ich werde all meiner Ambitionen, meiner Begeisterung & Ideale beraubt und bekomme nichts dafür, nicht einmal die Befriedigung, ein gehorsamer Sohn zu sein, weil ich es nicht freiwillig tue, sondern weil mir die finanzielle Pistole auf die Brust gesetzt wird.

Ich räume meinen Egoismus ein. Du sagst, Du setzt all Deine Hoffnungen auf mich, aber wenn Dein Stolz außer Geld und gesellschaftlicher Anerkennung noch andere Wurzeln hätte, dann hätte ich Dir Gründe genug geliefert, auf mich stolz zu sein. Noch ist es nicht zu spät. Ich gehe am 28. oder 29. auf die Universität, und wenn ich vorher ein Telegramm von Dir bekomme, kann ich es mir immer noch anders überlegen. Schweigen würde natürlich bedeuten, dass ich Betriebswirtschaft studiere …

Es gab kein Telegramm.

Ende Oktober 1959 zog ich von Hamburg nach Mainz, der Hauptstadt von Rheinland-Pfalz, um Betriebswirtschaft zu studieren. Während der folgenden fünf Jahre schrieb ich regelmäßig geschwätzige Briefe an meine Eltern. Sie berichteten von allem, was in meinem Leben geschah, Fortschritt im Studium, meine Wahl ins Studentenparlament der Universität, Reisen durch Europa, und zählten Erfolge auf wie etwa meine Mitgliedschaft in einem Verein der Deutschen Tischtennis-Liga und den Gewinn mancher Turniere. Ich brauchte jedoch mehrere Jahre, bis ich meinem Vater auch wieder von meinem Innenleben Mitteilung machen konnte.

«Ich habe einen Fehler gemacht», räumte er viele Jahre später ein. «Ich hätte Dir stärker vertrauen sollen. Du hättest in den acht Jahren, die aufs Ingenieursstudium und Betriebswirtschaft verschwendet wurden, Sanskrit, Philosophie und Literatur studieren können.»

«Es waren keine verschwendeten Jahre», versuchte ich ihn zu trösten. «Sie ersparten mir das Minderwertigkeitsgefühl, das Studenten der Geisteswissenschaften gegenüber den exakten Wissenschaften oft plagt. Und», fügte ich scherzhaft hinzu, «sie verhalfen mir zu der Ehre, der einzige Psychoanalytiker auf der Welt zu sein, der zugleich Ingenieur und Ökonom ist.»

«Und der einzige Ingenieur und Ökonom, der zugleich Psychotherapeut ist», sagte er lachend.

*

Die herausragenden Erinnerungen an die Semester, die ich in Mainz absolvierte, sind die beiden «ersten Male», die die Erinnerung jedes Mannes prägen: das erste Mal, dass ich mit einer Frau schlief, und

Bei einer Party in Mainz, 1960

das erste Mal, dass ich mich verliebte. Beide Erfahrungen folgten aufeinander, aber mit unterschiedlichen Frauen.

In meinen Briefen aus Deutschland hatte ich ständig über Geldmangel geklagt. Als Student hatte ich nun noch weniger Geld, als ich in Hamburg als Praktikant gehabt hatte. Ich beschloss, mein eigenes Geld zu verdienen, um nicht immer wieder Bettelbriefe an meine Eltern schicken zu müssen. Die Konsequenzen finanzieller Abhängigkeit von meinem Vater waren mir noch lebhaft in Erinnerung. Durch eine Zufallsbekanntschaft in der Mensa mit einem anderen Inder, einem Mann von Ende zwanzig, der mich mit seinem Selbstbewusstsein und seinem gebrauchten Mercedes 180 beeindruckte, bekam ich einen Teilzeitjob, der darin bestand, eine zirka zwanzigbändige Enzyklopädie an schwarze amerikanische Soldaten zu verkaufen. Mein Verkaufshonorar war großzügig und bestand darüber hinaus in Dollar zu einer Zeit, da der Wechselkurs zum Dollar vier deutsche Mark waren. Der Inder, ich nenne ihn hier Navin, was vielleicht sogar sein richtiger Name gewesen sein könnte, war kein Student, sondern vertrat einen amerikanischen Verlag, der für den speziellen Anteil potenzieller Kundschaft farbige Studenten verpflichten wollte. Der einzige andere Student, den Navin anheuerte, war ein Nigerianer, der die Angewohnheit hatte, nach dem Mittagessen zu einem der vielen Mainzer Postämter zu schlendern. Dort stand er dann vor der Tür in seinem dicken Mantel, gegen die Kälte eine blaue Strickmütze über beide Ohren gezogen, und fragte jede junge Frau, die ins Postamt ging, ob sie mit ihm schlafen wollte – der einzige deutsche Satz, den er problemlos aussprechen konnte. Die fast unausweichliche Abweisung, empört, amüsiert oder überrascht, störte ihn nicht im Geringsten. «Ich freue mich sogar über ein einziges Prozent Zinsen auf meine Investition», sagte er.

Navin holte uns jeden Abend gegen neun mit seinem Mercedes ab und fuhr uns zu einer der amerikanischen Stützpunkte im Rheinland: Rammstein, Landstuhl, Kaiserslautern. Irgendwie gelang es ihm, uns hereinzuschummeln, und er ließ uns dann allein, bis er uns um Mitternacht in einer verabredeten Kneipe in der Nähe des Stützpunktes wieder abholte. Mit dem Verkaufstrick, den Navin uns beibrachte, hätte man auf einem Marketingkongress keinen Blumentopf gewonnen. Ich sollte einen schwarzen Soldaten ansprechen, der allein dasaß oder sich in seine Unterkunft zurückzog, und zwar mit: «Wie geht's, Mann?» Dem sollte dann folgen: «Tolle Stadt, Jim. Sie heißen doch Jim, nicht wahr?» Nachdem er mich korrigiert hätte, sollte ich jeden weiteren Satz mit seinem Namen beginnen. Dann sollte ich das Produkt, das ich verkaufte, vorstellen mit: «Jim, wissen Sie, was für eine Farbe das Arschloch eines Esels hat?» Das amüsierte Kopfschütteln des Soldaten lieferte mir dann das Stichwort, die Vorteile der Enzyklopädie zu rühmen, die die Antwort auf diese Frage und auf sämtliche Informationen lieferte, die er oder seine Familie jemals brauchen würden. Ich fürchte, ich verkaufte nicht viele Enzyklopädien. Die Soldaten waren einsame, schwarzamerikanische Männer, zumeist aus Kleinstädten und ländlichen Gebieten des Südens, und ich konnte nie dem Drang widerstehen, sie über die echten Inder – im Vergleich zur amerikanischen Variante – zu belehren, wenn sie sich über meine Herkunft wunderten und dann etwa sagten: «Ach, komm schon, Mann! Du bist kein Indianer. Kein Scheiß. So wie die, die ich von zu Hause kenne, siehst du nicht aus.»

Zu jener Zeit herrschte in den amerikanischen Truppen noch Rassentrennung; die Weißen und Schwarzen hatten getrennte Wohn- und

Freizeitanlagen. Wenn ich nicht arbeitete, verbrachte ich meine Abende gern in einer Mainzer Kneipe, die fast ausschließlich von schwarzen Soldaten besucht wurde. Manchmal kehrte ich auf dem Heimweg von meinen «Verkaufstouren» noch spätnachts auf einen schnellen Drink in der Kneipe ein. Während ich in einer dieser Schwarzen vorbehaltenen Kneipen in der Nähe eines amerikanischen Stützpunktes auf Navin oder den Nigerianer wartete, fühlte ich mich in diesen freundlichen, schummrig erleuchteten Orten heimisch; die Musikbox spielte außer den Liedern der herrschenden Gottheiten der amerikanischen Popmusik auch Blues oder den Cool Jazz eines Miles Davis oder Gerry Mulligans. Die meisten Deutschen wie beispielsweise meine Vermieterin betrachteten diese Kneipen als Brutstätten sexueller Ausschweifungen und hemmungsloser Gewalt und ihre Ausbreitung in den Dörfern und Städten in der Nähe amerikanischer Stützpunkte als deutliches Zeichen des moralischen Niedergangs der deutschen Nachkriegsgesellschaft.

Die jungen deutschen Frauen, die diese Kneipen besuchten, waren fast alle naturblond oder blond gefärbt und galten als Prostituierte, die der deutschen Gesellschaft «Negerkinder» unterschoben. Die Vorstellung einer sexuellen Beziehung zwischen einer weißen Frau und einem schwarzen Mann war den Weißen im amerikanischen Militär ebenso skandalös wie den Deutschen. In den Kneipen kam es oft zu Razzien, sowohl durch die deutsche Polizei auf der Suche nach Prostituierten als auch durch die amerikanische Militärpolizei, die dazu neigte, einen betrunkenen schwarzen Soldaten deutlich gröber zu behandeln als einen weißen.

Ich begegnete ihr in der Mainzer Kneipe. An ihren Namen erinnere ich mich nicht; nennen wir sie Inge. Inge war ein Stammgast, die mich oft ansprach, wenn ich allein in die Kneipe kam. Es schmeichelte mir, dass dieses schöne Mädchen, das ein paar Jahre älter war als ich, einen armen indischen Studenten den «reichen» Soldaten mit ihren glänzenden Buicks und Chevrolets mit Heckflossen vorzog. Nachdem wir uns an einem kalten Februarabend für eine Weile unterhalten hatten, nahm ich all meinen Mut zusammen und lud sie auf ein Glas Wein zu mir nach Hause ein.

Nun war mein Zuhause aber nur eine umgebaute Garage mit einer angebauten Toilette; um etwas mehr Geld zu verdienen, vermietete der Hausbesitzer sie an Studenten. Geheizt wurde mit Briketts in einem Kachelofen, der nur so lange Wärme abgab, wie die Briketts vorhielten. An Wintermorgen wurde der Raum eiskalt. Ich teilte mir den Raum mit einem pakistanischen Wissenschaftler von Mitte dreißig, einem Doktor der Zoologie, der sich im Rahmen eines akademischen Austauschprogramms für ein Semester in Mainz aufhielt. Wir kamen gut miteinander aus. Er gestand mir, das einzige Ziel seines Europaaufenthalts bestehe darin, mit einer Frau zu schlafen, die sich für den Akt vollständig entkleiden würde. Er sagte, er sei seit zehn Jahren verheiratet, und während der ganzen Zeit hatte er seine Frau noch nie nackt gesehen, auch nicht beim Liebesakt. Als stockkonservative Punjabi-Muslimin zog sich seine Frau die Shalwar-Hose nur bis zu den Fußgelenken herunter und schob sich ihr langes Hemd über Gesicht und Kopf, wenn er sich ihr näherte. Sie weigerte sich entschieden, sich «wie eine Prostituierte» vollständig auszuziehen oder sich auf die Lippen küssen zu lassen. Ich kann mich nicht mehr erinnern, ob sein heißer Wunsch, der ihm wichtiger als sein wissenschaftlicher Erfolg war, in Erfüllung ging.

Mein pakistanischer Mitbewohner besuchte Freunde in Bonn, und da es im Raum außer einem runden, angeschlagenen Esstisch mit vier Stühlen, die unser Vermieter uns gestellt hatte, keine Sitzgelegenheit gab, behalfen wir uns gleich mit dem Bett. Wir hatten genug zu trinken, und ich hatte es eilig – bevor der Alkohol zur Neige ging und Inge es sich anders überlegen könnte. Es war eine kalte Nacht, und Inges warmer Körper an meinem unter der Steppdecke steigerte meine Begierde so heftig, dass meine Liebkosungen rauer als ein zärtliches Streicheln wurden, das in meinen Phantasien immer zum Vorspiel gehört hatte. Inge begann neben mir zu stöhnen und zu zucken, und ich fürchtete, sie verletzt zu haben. Zerknirscht murmelte ich Entschuldigungen, bis Inge die Sache sozusagen selbst in die Hand nahm und schnell vollendete, was ich voller Vorfreude begonnen hatte.

Als ich am nächsten Morgen erwachte, war Inge verschwunden. Ich ließ mich vierzehn Tage lang nicht mehr in der Kneipe blicken, obwohl ich nichts lieber getan hätte, als wieder mit Inge zu schlafen und unter weniger bangen Umständen den Beginn meines Sexuallebens als Mann zu wiederholen. Aber ich war davon überzeugt, sie geschwängert zu haben. Woher sollte ich das Geld für die Reise nach Holland und die Abtreibungsklinik nehmen? Im Deutschland der 60er-Jahre, regiert von der konservativen Christlich Demokratischen Union unter ihrem patriarchalischen Kanzler Konrad Adenauer, war Abtreibung eine kriminelle Handlung. Meine Phantasie wurde hyperaktiv. Ich stellte mir vor, Inge heiraten, mein Studium aufgeben und einen schlechten Job als Kellner oder Arbeiter annehmen zu müssen, um sie und ein «Mischlingskind» durchzubringen, ein wie von schwarzen Soldaten der US-Besatzungsmacht zurückgelassenes Baby. Ich stellte mir das Entsetzen über das, was ich getan hatte, auf den Gesichtern meiner Familie vor. Ich sah meinen mürrischen Großvater meinen Vater beschimpfen, der mit gesenktem Kopf beschämt vor ihm stand: «Ich habe dir immer schon gesagt, dass der Junge verantwortungslos ist. Er braucht die Disziplin, die du ihm nicht beigebracht hast.» Wenn ich abends in meine Garage zurückkehrte, fürchtete ich jedes Mal, dort von Inge bereits mit der Nachricht ihrer Schwangerschaft erwartet zu werden.

Als sich die Heftigkeit des Phantasiefiebers legte und ein wiedererwachtes Bedürfnis die Nebel der Angst aufzulösen begann, ging ich eines Abends wieder in die Kneipe. Inge war da, saß mit einigen Soldaten am Tisch, lachte und trank. Mich ignorierte sie völlig. Ich saß über eine Stunde lang allein in einer dunklen Ecke und trank wie üblich meinen leicht sauren, billigen und schlechten Durkheim-Rotwein. Dann ging ich nach Hause.

Aber in der Jugend ist man emotional flexibel. Einen Monat nach dem Fiasko mit Inge, in der sich jugendliche Naivität mit sexueller Selbstfindung verband, verliebte ich mich. Zum ersten Mal in meinem Leben lernte ich nicht die groteske Maske des Eros kennen, sondern schaute in sein strahlendes Gesicht. Eva (Name geändert), ein schlankes, schönes Mädchen mit weichem, dunkelbraunem Haar, das ihr über die Schultern fiel, hohen Wangenknochen und grauen Augen (oder übertrage ich zu meiner Schande die Augenfarbe späterer Lieben auf sie?), studierte Kunstgeschichte an der Universität. Ich umwarb sie mit einer Leidenschaft, die die Schüchternheit, mit der ich mich sonst Frauen näherte, wegwischte. Man mag geteilter Meinung sein, ob glückliche oder unglückliche Liebe einen Menschen stärker belebt – Dichter scheinen Letzterem zuzuneigen –, aber niemand wird bestreiten, dass für uns Sterbliche das Verliebtsein der höchste Grad der Annäherung an den Zustand mystischer Gnade darstellt.

Nach langen Abenden des Gesprächs – über Bücher, Kunst, Musik und uns selbst –, bei denen wir uns mit freudiger Überraschung gegenseitig entdeckten, begleitete ich sie zu ihrem Wohnheim zurück. Das lebhafte Bild dieser Abende, das meine Erinnerung wachruft, zeigt mich sitzend auf einer niedrigen Mauer zwischen den römischen Ruinen, die nur ein paar hundert Meter von ihrem Wohnheim entfernt waren, und ich schaue zu ihrem Fenster im dritten Stock hinauf, bis das Licht in ihrem Zimmer ausgeschaltet wird. Ich blieb in einem Zustand verzückter Träumerei stundenlang auf den kalten Steinen sitzen – es war gegen Ende des Frühjahrs – und vergaß die Zeit, wobei meine Sinne aufs Rascheln des Grases in der leichten Brise ausgerichtet waren, auf den schrillen Schrei eines schlafenden Vogels, den langsamen Wechsel des Lichts, wenn die Sterne zu funkeln begannen und der rosigen Dämmerung den Weg bereiteten. Niemand vermag mich davon zu überzeugen, dass das Geschenk der Liebe, diese erhöhte, sinnliche Wahrnehmungskraft – die während des Tags anhielt, sich verstärkte, wenn die Zeit unserer abendlichen Treffen nahte und mir völlig neue Blicke auf die Welt um mich her gewährte –, nicht auch etwas zutiefst Spirituelles hat. Für endlose Momente fühlte ich mich wie Johannes vom Kreuz:

Er eilte durch die Haine
Und obgleich er sie sah
Wie die Natur sie geschaffen
Verließ er sie gewandet in
Schönheit nach eigener Art.[3]

Während die Wochen vergingen und der Sommer kam, stießen unsere Treffen an eine Grenze, die wir beide anfangs zu ignorieren versuchten. Obwohl wir in der innigen Suche nach dem Delirium leidenschaftlicher Liebe vereint waren, den Verlust dieses Fieberns und den unausweichlichen Rückfall in eine Welt des fremden, verdorrten Normalbewusstseins fürchteten, wollte ich mehr. Meine Liebe, die unter dem Druck sexueller Erfüllung stand, wurde gebieterisch und zwanghaft. Ich konnte nicht begreifen, warum mein körperliches Verlangen zwar erwidert, aber nicht erfüllt wurde. Bedrängt von der Erotik in mir, war ich oft außer mir. Eva zog sich zurück. In schmerzlicher Wiederholung von Millionen solcher Szenen junger Liebe auf der ganzen Welt, machte sie mir die gleichen Vorwürfe, die Frauen seit undenklichen Zeiten ihren Liebhabern gemacht haben: nur ein Körper zur Befriedigung seiner Lust zu sein. Ich konnte meine widersprüchlichen Gefühle nicht ausdrücken, nicht erklären, dass meine Liebe unschuldig, zärtlich *und* lustvoll war, alles zugleich. Ich schämte mich, sexuell aufdringlich zu sein, und fühlte mich durch die ständigen Zurückweisungen gedemütigt.

Viele Jahre später, als ich in den USA lebte, ergab sich im Vorfeld eines geplanten Wiedersehens bei meinem nächsten Besuch in Europa zwischen uns ein Briefwechsel. Eva hatte geheiratet, hatte eine dreijährige Tochter und war unglücklich. In einem ihrer Briefe schrieb sie:

In der letzten Phase habe ich Dich missverstanden; heute verstehe ich, dass es zwischen uns keine Probleme gab – abgesehen von einem ‹technischen› (diese Einsicht kommt ein bisschen spät, nicht wahr?).

Und in einem weiteren Brief:

Ich habe alte Briefe gelesen und mir dabei an den Kopf gefasst, dass ich Dich missverstanden habe. Ich fühlte mich zu einem austauschbaren ‹erotischen Objekt› herabgewürdigt ... Ich habe herausgefunden, dass ich von Kindheit an gegen meine Eltern rebelliert habe. Eine gehorsame Tochter war ich nur in einer Hinsicht: Ohne zu hinterfragen, schluckte ich die fatale christliche Lehre vom männlichen Dualismus, seine unversöhnliche Spaltung in Körper und Geist. Ich glaube, Dein Rückzug, Dein Schweigen begann an einem bestimmten Punkt. Ich muss Dich tief verletzt haben. Unsere Chance, gemeinsam glücklich zu werden, ist vertan.

Wie die meisten ersten Lieben war vielleicht auch unsere Liebe von Anfang an von ihrer sprunghaften Intensität überschattet. Ohne all das zu bedenken, was uns trennte, hatte diese Liebe nach Vereinigung verlangt. Inwieweit war ich ein Teil ihrer Auflehnung gegen ihre Eltern oder, was das betraf, sie ein Teil der meinen? Ich hatte Eva einmal in ihr Elternhaus in einem etwa hundert Kilometer von Mainz entfernten Dorf begleitet. Ich erinnere die Atmosphäre im Haus als düster, die Eltern als schweigsam. Ich hatte das Gefühl der Dunkelheit auf ihre Erfahrungen im Zweiten Weltkrieg zurückgeführt – ihr Vater war als Wehrmachtsoffizier erst nach jahrelanger Kriegsgefangenschaft in Russland heimgekehrt. Ich kam nie auf den Gedanken, dass ihre Kälte etwas damit zu tun haben konnte, dass ihre Tochter einen Inder mit nach Hause brachte. Indem ich die Aschen eines Feuers durchsiebe, das, von Jugendlichkeit geschürt, einmal so hell brannte, frage ich mich auch, wie vereinbar unsere Temperamente waren. Eva war ein ernstes Mädchen; vielleicht ist hochmütig ein besseres Wort. Am Ende mag meine punjabische Derbheit, ein Teil meiner selbst, den ich vor ihr verschlossen gehalten hatte, sie abgestoßen haben.

Als der Sommer 1960 zu Ende ging wechselte ich auf die Universität Mannheim, eine Industriestadt drei Stunden Bahnfahrt von Mainz entfernt. Während des ersten Jahres kam ich übers Wochenende oft nach Mainz. Ich hatte damit begonnen, Kurzgeschichten auf Deutsch zu schreiben, und Eva, die literarisch und künstlerisch begabt war, half mir, die Geschichten für die Veröffentlichung in der Lokalzeitung zu polieren. Während dieser zunehmend merkwürdigen Besuche saßen wir auf ihrem Sofa und tranken Tee und später am Abend Whisky, während wir uns unterhielten. Wenn wir uns trennten, fiel unsere Umarmung demonstrativ züchtig aus. Nach etwa einem Jahr wurden die Besuche spärlicher. Eva heiratete, und ich wandte mich mit viel größerem Selbstvertrauen anderen Lieben meiner Studentenzeit zu. Keine davon war jedoch so ernsthaft oder tief wie die, die sie ersetzten.

Die Tragödie bestand darin, dass die Liebesbeziehung für mich zwar vorbei war und in mir eine starke Zärtlichkeit und, ja, Dankbarkeit für eine Alchemie hinterließ, von der ich spürte, dass sie mein innerstes Wesen verfeinert hatte, dass sich bei Eva jedoch durch unsere Affäre tiefe Wurzeln eingegraben hatten und sich untergründig verzweigten. Im Lauf der Jahre schwächten sie die Kräfte anderer Lieben, die sie für sich selbst aufzubauen versuchte. In einem Brief vor unserem geplanten Wiedersehen fragt sie, ob unsere Liebe

Dich in Deinem Leben behindert hat? Oder um die Frage anders zu formulieren: Hast Du inzwischen eine «schönere, dunklere und tiefere» Liebe erlebt? Was mich betrifft, war sie eine Behinderung. Sie machte es mir unmöglich, ein echtes erotisches Interesse zu entwickeln. Ich habe es versucht, und es macht mich traurig, aber es war etwas, was ich nicht vorhersehen konnte … Ich möchte Dich treffen, entweder, um alte Gespenster zu verscheuchen, oder? (Hoffentlich bist Du ein fettes, dumpfes Monstrum geworden.)

Wir schliefen schließlich Ende April 1968 zusammen, acht Jahre nachdem wir uns kennengelernt hatten. Das war unser größter Fehler; die Zeit zum Genuss junger Liebe war längst vorbei. Wenn ich die Liebe einer Frau, mit der ich Sex hatte, nicht erwidern konnte, bekam der Sex einen Beigeschmack von Bedauern und Reue. Ich hätte nicht sagen dürfen: «Ich liebe Dich», als ich sie umarmte, weil die Worte im Imperfekt zu sagen gewesen wären. Am nächsten Tag schickte sie mir einen kurzen Brief mit einem Gedicht über eine hemmungslos liebende Frau. Noch einen Tag später erhielt ich einen panischen Brief, dass ihr Mann dahintergekommen war, dass wir zusammen gewesen waren, handgreiflich geworden war und sie aufgefordert hatte, ihre Sachen zu packen und das Haus innerhalb von 14 Tagen zu verlassen; für die Tochter würde er sorgen. Ihre Eltern schlugen sich auf die Seite des Mannes; ihre Mutter sagte brutal zu ihr, sie solle sich zu «deinem Inder» scheren.

Die Geschichte von der Entdeckung der Untreue der Ehefrau war uralt: ein ungespültes Weinglas zu viel, eine plumpe, leicht zu entlarvende Lüge und dann das Geständnis, dass der verflossene Liebhaber, gegen dessen Schatten der Ehemann stets hatte ankämpfen müssen, während seiner Abwesenheit tatsächlich aufgetaucht war. Den Gedanken, dass die Entdeckung vielleicht absichtlich oder auch nur unbewusst herbeigeführt worden sein könnte, verwarf ich schnell als einer Liebe unwürdig, die ich idealisiert hatte. Täglich folgten Briefe, anfangs hoffnungsvoll. Sie war jetzt frei, und wir konnten zusammenleben, entweder in den USA oder in Indien. Dann kam der Zweifel. Hatte ich «immer noch nicht gelernt, dass man das, was man haben will, packen muss»? Und dann wachsende Verzweifelung in Bitten wie «ich brauche dich, ich will dich», während ich stumm blieb. Ich war wie gelähmt. Ich konnte nicht mit «ich liebe dich» antworten, was das Einzige war, was sie hören wollte oder brauchte. Ich konnte aber auch nicht schreiben: «ich liebe dich nicht mehr» oder dass «meine Liebe für dich nun in meiner Erinnerung begraben liegt und nicht länger lebendig ist». Wie sollte ich formulieren, dass ich mich verpflichtet fühlte, dass ich ihr helfen wollte, ohne dass der Ausdruck meiner Sympathie als Liebe interpretiert werden konnte? Vielleicht unterschätzte ich ihre Stärke, denn ich wich feige aus. Ich schrieb einen Brief à la «Es tut mir leid zu hören ...»

Sie reagierte verbittert.

So nimmt also die romantische Geschichte ein banales Ende; aber nicht nur das Ende, das Ganze, jedes gesprochene oder geschriebene Wort, an das ich mich erinnere, kommt mir jetzt lächerlich vor.

Fast 40 Jahre später sahen wir uns im Jahr 2007 wieder. Ihre beste Freundin von der Universität hatte mir geschrieben, nachdem sie einige meiner Bücher gelesen und vorgeschlagen hatte, uns bei meiner nächsten Reise nach Deutschland zu dritt «wie in den alten Tagen» zu treffen. Im letzten Moment war die Freundin verhindert. Eva und ich saßen uns auf Sofas im Foyer eines Schwabinger Hotels gegenüber, wo mein deutscher Verleger mich bei meinen Besuchen in München immer einquartierte. Sie war sehr dünn. Ihr Mund war von tiefen Falten umrahmt und die papierene Haut ihres Gesichts über und über mit Fältchen bedeckt. Sie war alt geworden wie ich selber mit meinem schütteren, grauen Haar und nicht erst dem Ansatz, sondern bereits dem mittleren Stadium einer Wampe. Die halbe Stunde, die wir miteinander verbrachten, verplauderten wir nicht – mit Eva hatte es nie Plaudereien gegeben. Sie wollte immer noch meine Version der Ereignisse hören, der Liebe, die gestorben, aber für sie ein lastendes Gespenst geblieben war. Ich versuchte mein Bestes, bin mir aber unsicher, ob ich Erfolg hatte. Vielleicht weil ich selber nicht an Gespenster glaube.

*

Ich verbrachte vier Jahre in Mannheim und studierte Wirtschafts- und Betriebswissenschaft. «Studieren» mag angesichts des minimalen Zeitaufwands, den ich Lehrbüchern widmete oder in Seminaren verbrachte, übertrieben sein. Für meine jugendliche Liebesaffäre mit der Welt brauchte ich Leidenschaft und Überraschungen, und wie zuvor schon das Ingenieursstudium bot mir die Betriebswirtschaft nichts dergleichen. Zu Beginn meiner Mannheimer Zeit schloss ich drei gute Freundschaften: Gerhard oder «Haik», ein Gymnasiallehrer, Walter, ein Maler, und Lukas, ein Kommilitone. Walter unterrichtete zweimal wöchentlich einen Kurs Porträtmalerei an der Volkshochschule, dem Zentrum für Erwachsenenbildung. Nach dem Kurs trafen sich Walter, ein paar seiner Schüler, Haik und ich in einer Kneipe auf ein Bier und unterhielten uns. Die Abende zogen sich bis tief in die Nacht.

Wenn die anderen schon gegangen waren, streiften Walter und ich auf der Suche nach Kneipen, die trotz der späten Stunde noch geöffnet waren, oft durch die Straßen Mannheims. Normalerweise landeten wir in einer der zwielichtigen Spelunken bei den Anlegern am Fluss, wo wir in der Gesellschaft gelassener Binnenschiffer und Karten spielender, auf Kundschaft lauernder Zuhälter mit verschwommenem Alkoholblick und leer geredet Kaffee tranken.

Gelegentlich gingen wir in die Wohnung von Haiks Schwager und seiner attraktiven Frau Maria, die ebenfalls gern bis zum Morgen durchmachte, und redeten und tranken. An einen dieser langen Abende erinnere ich mich heute mit einem reumütigen Lächeln, aber damals war ich tief beschämt und traute mich mehr als einen Monat nicht, dem Paar unter die Augen zu treten. In der ersten Szene sitze ich Maria gegenüber am Tisch und rede mit ihr, die Ellbogen aufgestützt, die Köpfe zusammengesteckt, wir beide mehr als angetrunken von vielen Flaschen Bier und ich vollgepumpt mit den Hormonen eines jungen Mannes. Alle anderen waren schon zu Bett gegangen. Im nächsten Bild verfolge ich Maria durchs Zimmer, wir kichern beide. Dem folgt das Bild, in dem Maria unter dem Tisch hockt und ich vor ihr auf dem Boden knie und versuche, sie unterm Tisch hervorzuziehen – Verfolger und Verfolgte im gleichen Augenblick vereint, unterschieden lediglich in der Art ihrer Tätigkeit, nicht ihrer Absicht. Hinter mir gibt es ein Geräusch, und ich drehe mich um. Die Kamera schwenkt auf Marias Mann, der in der geöffneten Schlafzimmertür steht. Seine Haare sind vom Schlaf zerzaust, und er blickt aus verkniffenen Augen auf uns herab. «Muss das sein?», fragt er müde.

In Anbetracht meines Nachtlebens wachte ich normalerweise gegen Mittag auf, ging wegen des billigen Mensaessens zur Universität und schaffte es nie in ein Seminar, das vormittags begann. Der westliche, kreativen Exzessen hingegebene Künstler, nicht der kontemplative indische Mystiker war mein Ideal geworden, der Held meines Privatmythos.

Auf deutschen Universitäten ging es damals locker zu. Solange man die erforderlichen Scheine in seinen Studienfächern sammelte – den Schein bekam man für ein schriftliches Referat am Seminarende –, konnte man nach mindestens acht Semestern oder vier Jahren rein theoretisch sein Examen ablegen, ohne eine einzige Vorlesung gehört zu haben.

Meine Ausbildung erhielt ich im Wesentlichen abends in den Kneipen bei angeregten Diskussionen über Politik, besonders aber über Literatur und Kunst. Haik und Walter waren leidenschaftliche linke Sozialdemokraten und revoltierten gegen die Generation ihrer Eltern, die sie für den Aufstieg Hitlers und den Faschismus kollektiv verantwortlich machten. Sie begeisterten sich für bestimmte Phänomene der amerikanischen Kultur, die «Negermusik» des Blues und Jazz, die Literatur Hemingways und Steinbecks, obwohl sie die kommunistischen Regime in Ostdeutschland und der Sowjetunion verteidigten. Bertolt Brecht war ihr literarischer Held und wurde eine Zeit lang auch der meine. Ich tat es Haik gleich, indem ich keine Zigaretten mehr rauchte, sondern Pfeife. Ich bedauerte es, dass meine Augen nicht schwach genug waren, um wie Haik eine Hornbrille tragen zu können. Pfeife, Brille, lange Haare und Jacketts mit Lederflicken auf den Ellbogen bildeten während der 1960er-Jahre die äußeren Kennzeichen der deutschen Intellektuellen, so wie während der 1970er- und 1980er-Jahre die *Khadi Kurta* und die *Jhola* zur Uniform der indischen Intellektuellen gehörten. In jedem April demonstrierten wir unsere politische Überzeugung durch Teilnahme am Ostermarsch gegen Atomwaffen. Die Märsche boten auch Gelegenheit, in einer idealistischen, erregenden und zugleich intimen Atmosphäre Frauen kennenzulernen. Mit Haiks Citroën, dem billigen *deux cheveaux* – zwei Pferde, mit aufrollbarem Leinendach und einem Tachometer, der optimistisch eine Höchstgeschwindigkeit von 100 Stundenkilometern verhieß –, fuhren wir in einem Jahr nach England, um am Ostermarsch von Aldermaston, dem Ort, an dem Englands Atomwaffen gebaut wurden, nach London teilzunehmen. Uns war nicht bewusst, dass diese Demonstrationen von der kommunistischen Internationale unterstützt, wenn nicht gar gesteuert wurden. Für uns garantierte die Schirmherrschaft Bertrand Russells, der zu den auf dem Trafalgar Square versammelten Zehntausenden sprach, die ideologische Reinheit.

Die wie geschmiert ablaufenden abendlichen Diskussionen, die in hitzige Wortgefechte ausarten konnten, formten weniger meine politische Sensibilität, als dass sie mir eine unsystematische Kenntnis westlicher Literatur und Kunst verschafften. Haik war nicht nur Lehrer, sondern auch Literaturkritiker für die Lokalzeitung *Mannheimer Morgen*. Die literarischen Kultfiguren Robert Musil, Joseph Roth, Witold Gombrowicz sowie die anderen bekannten deutschen und französischen Autoren, deren Werke zum Bestand jeder Bibliothek eines gebildeten Intellektuellen gehörten, las ich nicht nur, sondern lernte auch, intelligent über sie zu sprechen. Walter hatte ein Jahr bei Oskar Kokoschka studiert, dem großen österreichischen Porträtisten, und ich übernahm Walters abfällige Meinung über einige berühmte Maler oder gar komplette Kunstrichtungen wie auch die Bewunderung seiner Favoriten – «prätentiöser Kitsch» war sein Lieblingsausdruck für die Abstrakten und sämtliche Künstler, die nicht figurativ arbeiteten, mit Ausnahme Paul Klees.

Meinen Zugang zu dieser provinziellen Bohemewelt verdankte ich einer Zufallsbekanntschaft. Als ich mir während meiner ersten Woche in Mannheim in der Küche des Studentenwohnheims mein Standardabendessen aus Reis und scharf gewürztem *Keema Mattar* kochte, sprach mich ein großer, schlaksiger Deutscher an und erkundigte sich schüchtern, ob ich aus Indien käme. Ich bejahte und bot ihm an, meine Mahlzeit mit ihm zu teilen. Es war mehr als genug für uns beide, weil ich normalerweise einen großen Topf *Keema* kochte, der dann für vier Tage reichte. Nachdem ich das, was ich für mein Abendessen des jeweiligen Tages brauchte, herausgenommen hatte, stellte ich den Topf in den Kühlschrank zurück und ignorierte den angeekelten Gesichtsausdruck anderer Studenten, die jedes Mal, wenn sie die Kühlschranktür öffneten, wegen des Geruchs die Nase rümpften. Beim Essen erzählte mir Lukas von seiner Liebe zu Indien und indischen Dingen. Einige Tage später entdeckte ich die Quelle seiner Faszination für Indien: Sein Vater war der berühmte Indologe Heinrich Zimmer, ein Freund C. G. Jungs und Thomas Manns, die er mit der indischen Gedankenwelt und Literatur bekannt gemacht hatte. Zimmer war bereits verheiratet, als er Lukas' Mutter Mila traf, mit der er zwei uneheliche Kinder hatte. Lukas kannte seinen Vater nicht sehr gut. Ich fragte mich, warum Lukas weder an Büchern noch am intellektuellen Leben Interesse hatte, sondern lieber an Automotoren herumschraubte. Und das, obwohl er einen Teil der Bibliothek seines Vaters und den Bücherschrank eines Großonkels, des berühmten klassischen Historikers Theodor Mommsen, geerbt hatte. Ich bekam eine Ahnung der Antwort, als ich seine Mutter kennenlernte; sie wohnte im Odenwald bei Heidelberg in einem allein stehenden Landhaus, das mit Büchern, kleinen Ölgemälden und Katzen vollgestopft war.

Walter, Haik, Lukas und ich besuchten Mila oft. Mila war Malerin

Mit Freunden, Mannheim, 1962

gewesen, eine Geliebte Kandinskys und somit im Dunstkreis des Blauen Reiters – der Künstlergruppe *Der Blaue Reiter*, zu der u. a. Wassily Kandinsky, Franz Marc, August Macke und Paul Klee gehörten. Sie war damals Anfang 70, aber ihre frühere Schönheit war unter den Verwüstungen des Alters und zweier Weltkriege noch sichtbar. Sie liebte Besuch, rauchte kettenweise filterlose Gauloises-Zigaretten und verfügte über einen Anekdotenfundus über Künstler und Schriftsteller, die sie vor dem Ersten Weltkrieg in München gekannt hatte. Lukas schwieg normalerweise, wenn sie redete, dabei gestikulierte und die Zigarettenasche über die schlabberige rote Strickjacke, die sie zu jeder Jahreszeit trug, fallen ließ. Ich spürte, dass Lukas seine Mutter zwar innig liebte, aber nicht einverstanden war mit ihrer wilden, bohemehaften Art und ihrem Freundeskreis aus Schriftstellern und Malern, in dem er aufgewachsen, in dem sein Vater aber nur ein seltener Gast gewesen war.

Unter dem Einfluss von Haik und Walter schrieb und veröffentlichte ich meine erste Kurzgeschichte auf Deutsch. Literarisches Schreiben bot eine willkommene Abwechslung von den Konventionen und Erfordernissen akademischen Schreibens, bei dem ich mich der Tyrannei der Fußnote beugen musste. Ich erinnere mich noch, dass ich in einem meiner ersten Referate, das für einen Seminarschein verlangt wurde, einen Satz geschrieben hatte, den ich für eine originelle Idee hielt. Ich wurde ins Büro des Professors zitiert und gefragt, warum ich den anstößigen Satz nicht in einer Fußnote versteckt hätte.

«Das ist meine eigene Idee», erklärte ich in einer Mischung aus Stolz und, wie ich hoffte, angemessener Bescheidenheit.

«Herr Kakar», sagte mein Professor freundlich, aber streng, «wenn jemand meint, eine originelle Idee zu haben, bedeutet das lediglich, dass er die Quelle vergessen hat. Bitte gehen Sie in die Bibliothek, und finden Sie die Quelle heraus, damit Sie eine saubere Fußnote setzen können.»

Für jede Geschichte bekam ich 50 D-Mark, für mich eine fürstliche Summe, mit der ich mir ein wenig Luxus leisten konnte wie etwa Buchkäufe und mehr als eine Einkehr in ein Restaurant, wo ich mein Leibgericht Rumpsteak mit Zwiebeln und Bratkartoffeln aß. Abgesehen davon, dass ich sie in deutscher Sprache verfasste, bin ich im Rückblick nicht stolz auf diese frühen literarischen Versuche. Wie man in Russland sagt: «Es geht nicht darum, wie gut ein Bär tanzt, sondern dass er überhaupt tanzt.»

Die literarischen Versuche verschafften mir auf der Universität den Ruf, der Inder zu sein, «der nicht nur Mannheims bester Tischtennisspieler ist, sondern auch ein Schriftsteller, der gedruckt wird». In den Augen einiger Frauen verliehen sie mir auch eine gewisse Anziehungskraft. Die neuen Beziehungen, die ich einging, waren weder flüchtig noch sonderlich tief gehend. Mit den Worten Nabokovs war ich «hundert verschiedene junge Männer auf einmal, die alle einem einzigen wechselhaften Mädchen nachstellen»[4] und in der Vielfalt meine erotische Eigenheit zu entdecken versuchte, um mit den Geheimnissen meiner sexuellen Identität vertraut zu werden.

Die langen Sommerferien widmete ich dem Geldverdienen, indem ich in der Gießerei der Maschinenwerkstatt der *John-Deere-Lanz* Traktorenfabrik in Ludwigshafen Nachtschichten schob (die Seiten von Thomas Manns *Joseph und seine Brüder* zieren immer noch die schwarzen Flecken der vom Öl verschmutzten Hände, die sie während der Pausen umblätterten) und auf einem Bauernhof in Dänemark Erdbeeren pflückte. Im Sommer 1963 wurde ich auf Empfehlung Walters, der im Jahr zuvor dort gewesen war, mit einem sechswöchigen Aufenthalt in Südfrankreich in der Karolyi-Stiftung für junge Künstler

Zürich, 1961

und Schriftsteller ausgezeichnet. Die Stiftung war von der Gräfin Karolyi zur Erinnerung an ihren Gatten Mihail Karolyi eingerichtet worden, der Ende des Ersten Weltkriegs für kurze Zeit Präsident Ungarns und während der kurzlebigen Regierung vor der kommunistischen Machtübernahme des Landes am Ende des Zweiten Weltkriegs Botschafter seines Landes in Frankreich gewesen war. Es war ein neun Morgen großes Anwesen mit Olivenhainen, idyllisch gelegen auf einem Hügel westlich von Vence, einem Dorf mit mittelalterlicher Stadtmauer in den Mittelmeeralpen zwischen Nizza und dem französischen Parfümzentrum Grasse. Neben dem Haupthaus, der Residenz der Gräfin Karolyi, gab es auf dem Gelände sechs kleine Steinhäuser für die anwesenden Künstler und Schriftsteller. Meines lag auf einem mit Pinien bewachsenen Hügel, der in ein schmales Tal abfiel und einen anderen, dicht bewaldeten Hügel überragte, hinter dem an klaren Tagen ein Streifen des Mittelmeers sichtbar war.

An die sechs Wochen, die ich in der Stiftung verbrachte, hege ich zärtliche Erinnerungen. Mittags begab ich mich auf ein Glas Pernod in ein Café am Dorfplatz, bevor ich für «*demi kilo hacher, s'il vous plaît*» in die Schlachterei und für «*demi kilo petit pois, oignon, ail et tomate*» an den Gemüsestand ging – mehr französisches Vokabular brauchte

Vence, 1962

ich nicht, um die Zutaten zu kaufen, aus denen ich mir mein Abendessen *Keema Mattar* kochte. Dann spazierte ich unter der heißen Sonne wieder ins kühle Innere meines Häuschens zurück, wo ich nachmittags schrieb. Abends ging ich wieder ins Café, oft in Begleitung eines anderen Stipendiaten, eines Malers aus dem Kongo. Als ein umgänglicher Mann meines Alters fiel es dem Maler leicht, mit den Stammgästen des Cafés ins Gespräch zu kommen. Meine Beteiligung an diesen Unterhaltungen beschränkte sich auf häufiges Lächeln, Schulterzucken und zwei französische Redewendungen, «*Ça dépend* – Kommt drauf an» und «*C'est la vie* – So ist das Leben», die zu den meisten Situationen passten, wenn mich jemand in Erwartung eines Kommentars ansah. Natürlich musste ich aus dem Tonfall der Worte der jeweiligen Person schließen, welche der beiden Redewendungen, die mir die Aura philosophischen Tiefgangs verliehen, in einem bestimmten Zusammenhang angemessen war.

Die angenehme Schläfrigkeit meiner Tage in Vence wurde durch die Ankunft der Enkelin der Gräfin Karolyi aus England unterbrochen. Ina (Name geändert) hatte soeben ihr Grundstudium beendet und machte Urlaub in Frankreich, bevor sie am Ende des Sommers ihr Universitätsstudium aufnehmen wollte. Wir fühlten uns sofort zueinander hingezogen. Meine Abende mit dem kongolesischen Maler wurden nun durch meine Abende mit Ina ersetzt. Meine Erinnerungen sind voller leidenschaftlicher Umarmungen auf einer hölzernen Bank im versteckten Winkel eines Olivenhains, umgeben von Lavendelduft, und Strähnen ihres langen blonden Haars kitzeln mein Gesicht. Die Erinnerungen sind zutiefst romantisch, kaschieren aber nicht die lustvolle Absicht. Doch bevor sich die Liaison weiterentwickeln konnte, reagierte Madame Karolyi, indem sie ihre Enkelin schnellstens nach England zurückschickte. Als ich eines Morgens nach oben zum Haupthaus ging, war Ina nicht mehr da. Ina und ich waren derart vorsichtig gewesen, dass wir uns in Gegenwart anderer Leute nicht einmal angeschaut hatten. Aber ihre Großmutter war eine aufmerksame Dame und hatte die Weitung meiner Pupillen und den Glanz in meinen Augen, wenn ihre Enkelin in meiner Nähe war, richtig interpretiert. Als ich nach Mannheim zurückkehrte, wechselten Ina und ich noch einige Briefe miteinander, die jedoch eher des Zaubers jener Sommerabende gedachten, als irgendwelche Erwartungen an zukünftige Treffen zu schüren. Im Frühjahr 1964, als mich immer noch das Nachglühen der verflossenen Sommerromanze erfüllte, kehrte ich nach einem fünfjährigen Deutschlandaufenthalt nach Indien zurück. Ich war 25 Jahre alt.

IDENTITÄTSKRISE

1964–1965
Ahmedabad

Die Rückkehr nach Indien war eine Vergnügungsreise. Walter begleitete mich. Wir fuhren mit dem Zug durch Österreich, Jugoslawien, Bulgarien und die Türkei, bis wir Bagdad erreichten. Wir hatten geplant, die ganze Strecke über Land zu fahren, auf dem Weg, der später die Hippieroute nach Indien werden sollte, durch den Iran, Afghanistan und Pakistan, hatten aber genug davon, als wir im Irak ankamen. Unterwegs war uns das Gepäck gestohlen worden, und in unserer Reisekasse herrschte Ebbe. Die Entscheidung, den ursprünglichen Plan fallen zu lassen, fiel, als wir nach einer Zugfahrt von zwei Tagen und Nächten morgens müde und ungewaschen in Bagdad ankamen und uns in einem billigen Hotel ein Zimmer nahmen. Walter war auf die Toilette am Ende des Flurs gegangen. Ich hatte mich soeben auf das verfilzte Laken eines durchgelegenen Betts geworfen, als ich Walters Hilferuf hörte. Als ich die Tür zum Waschraum öffnete, sah ich, dass Walter becherweise Wasser aus einem Eimer über den Fußboden laufen ließ. Ich sah genauer hin und bemerkte, dass Teile des Bodens mit einer dünnen Schicht getrockneter Fäkalien bedeckt waren, die Walter zu beseitigen versuchte, bevor er seine Blase entleeren konnte. Der untere Teil der Wand um das Hockklo herum hatte als Toilettenpapier gedient und war über und über mit braunen Flecken beschmiert, die von Leuten herrührten, die sich nach der Entleerung die Finger abgewischt hatten. Wir nahmen am nächsten Tag den Bus bis Kuwait und von dort einen Air-India-Flug nach Delhi.

Das Haus meiner Großeltern erreichte ich mit einem Dreiwochenbart, einem Kleidersack voller schmutziger Unterwäsche und einer Zahnbürste, die ich in Bagdad gekauft hatte. Der warme Empfang in der Familie, die Freude meiner Eltern und der Anblick meiner inzwischen zu einer schönen jungen Frau gewordenen Schwester entschädigten mich mehr als genug für den Verlust der Kleidung, Schallplatten und der meisten meiner Bücher, die uns auf der Reise gestoh-

Mit Mutter, Walter und Suleena, Delhi, 1964

len wurden, und es fiel mir nicht schwer, mich wieder in meinen alten Platz in unserem Familienleben einzufügen. Ich ließ mich von den Wellen ihrer Liebe und Fürsorge umspülen und vergaß fürs Erste meine erst kürzlich verinnerlichten Ideen von Unabhängigkeit und individueller Selbstbestimmung. Von den Frauen ließ ich mich bis zum Platzen füttern, während sie über die Heiratsvorschläge diskutierten, die während meiner Abwesenheit für mich eingegangen waren.

Hochzeiten und Eheverträge waren in Familienräten ein häufiges Thema. Meine Cousine Nina, mit der ich mich als Kind sehr gut verstanden hatte, hatte vor einem Jahr geheiratet und sich in einer «Liebesheirat» den Ehepartner selbst ausgewählt. Meine Schwester Suleena war einer arrangierten Hochzeit aber nicht abgeneigt. Arrangierte Ehen waren (und sind immer) nicht nur in ganz Indien der Normalfall, der sich durch alle Unterschiede der Bildung, der sozialen Schicht, der Religion und der Region zieht, sondern, was viel wichtiger ist, sie wurden (und werden) von den betreffenden jungen Leuten selten als Zwang empfunden und in überwältigender Mehrheit den für westliche Gesellschaften typischen Liebesheiraten vorgezogen.

Die indische Vorliebe für arrangierte Ehen basiert zum Teil darauf, dass der junge Mensch akzeptiert, dass die kulturelle Definition der

Ehe eine familiäre und weniger eine individuelle Angelegenheit ist, in der Harmonie und übereinstimmende Wertvorstellungen eines gemeinsamen Hintergrunds wichtiger sind als persönliche Faszination. Der größte Vorteil einer arrangierten Ehe liegt jedoch darin, dass sie dem jungen Menschen die Angst nimmt, keinen Partner zu finden. Ob man schlecht oder gut aussieht, dick oder dünn ist – man kann sich ziemlich sicher sein, dass ein passender Partner gefunden wird. Noch in den 1970er-Jahren wurden in Indien Ehen nach verschiedenen Maßstäben arrangiert, abhängig davon, inwieweit ein junges Mädchen oder Junge sich am Prozess der Partnerwahl beteiligte. Eine Extremform war in Bollywoodfilmen zu sehen, dieser Bastion junger Liebe, wenn die Liebenden schließlich heiraten, nachdem sie dem heftigen Widerstand ihrer Familien getrotzt haben. In diesem Fall wurde die Liebesheirat von Held und Heldin als «vollendete Tatsache» zur arrangierten Ehe, wenn die eine oder andere Elternseite ihren Widerstand gegen die Liebesbeziehung aufgab und beide Elternseiten am Schluss des Film zueinanderfanden und dem Paar ihren Segen gaben. Suleena stand im Spektrum des «Arrangierten» irgendwo in der Mitte. Sie war damit einverstanden, dass Eltern und andere Familienangehörige ihr potenzielle Bräutigame vorschlugen. Sie traf sich dann mit dem Mann und fällte eine Entscheidung. Ich glaube, nachdem sie elf potenzielle Freier abgelehnt hatte, war sie es einfach leid, *njet* zu sagen, als imitierte sie die berühmte Reaktion des russischen Außenministers Andrei Gromyko auf die Vorschläge des UN-Sicherheitsrats, und sagte beim zwölften schließlich *da*.

Das Behagen am freiwilligen Rückzug aus dem Erwachsenenstatus, um es sich am Busen der Familie und dem größeren von Mutter Indien gemütlich zu machen, hielt nicht lange an. Auf Kamlas Empfehlung bewarb ich mich um eine Stelle am *Indian Institute of Management* (IIM) in Ahmedabad, und in Anbetracht des «Sogs», den Vikram als Direktor und Kamla als seine Stellvertreterin ausübten, kam das Angebot eines Jobs als Forschungsassistent in der Fakultät für landwirtschaftliche Organisation und ländliche Entwicklung nicht ganz unerwartet.

Das IIM, vorübergehend in einer der Sarabhai-Villen in Shahibag untergebracht, während vom Architekten Louis Kahn bereits Pläne für einen großen Campus entworfen wurden, war 1961 ins Leben gerufen worden. Innerhalb der Gründungsfakultät verfügte niemand über eine formelle Managementausbildung, eine akademische Disziplin, die es einzig in den USA gab. Die Fakultät kam aus praktischen Bereichen wie Finanzwesen, Marketing und Personalwesen und zumeist aus der Industrie, obwohl einige Mitglieder Akademiker von Handelslehranstalten waren. Als Partnerinstitut verschaffte die *Harvard Business School* nicht nur jedem Mitglied der indischen Fakultät eine sechsmonatige Ausbildung in ihrem *International Teachers Program,* sondern hatte auch ein Mitglied der eigenen Fakultät und drei Doktoranden nach Ahmedabad entsandt, um dabei zu helfen, den bunt zusammengewürfelten indischen Haufen zu Dozenten zu machen, die nach den Richtlinien Harvards mit dem Schwerpunkt Fallstudien und Seminardiskussionen unterrichteten.

Meine Erinnerung an die Atmosphäre im IIM ist von der Begeisterung und dem Idealismus der Pionierzeit geprägt. Die Fakultät und die erste Studentenschaft von etwas 40 Personen, die 1963 zum zweijährigen Postgraduiertenprogramm zugelassen wurden, sah sich als Speerspitze einer Revolution, die die Effizienz indischer Institutionen verbessern sollte. In den 1960er-Jahren war «Management» mit den gleichen Hoffnungen und dem gleichen Nimbus verknüpft wie heutzutage «Governance», und alle Beteiligten am Projekt, ein Bildungsinstitut für Management aufzubauen, glaubten, dass sie bei den Bemühungen um eine nationale Konsolidierung an vorderster Front standen. Dieser Idealismus führte beispielsweise zur Gründung einer Fakultät für landwirtschaftliche und ländliche Entwicklung, die es im eher auf Praxis orientierten, weniger idealistischen Umfeld der *Harvard Business School* bislang nicht gab. Sie brachte Männer hervor – wie etwa den verstorbenen C. K. Prahalad, den bekannten «Management-Guru», aus der ersten zum IIM zugelassenen Studentengeneration, der 1965 sein Examen ablegte –, die etwas vom ursprünglichen Idealismus lebendig hielten, indem sie versuchten, den Managementgedanken auf die wirtschaftliche Entwicklung der Armen zu übertragen und nicht auf die Anliegen der Großunternehmen zu beschränken. Obwohl die Mehrzahl der ersten Absolventen des Instituts Jobs in Industrie und Handel fanden, verstanden sie ihre Arbeit immer noch als nationale Aufgabe, neue Fertigkeiten in die Abläufe der zentralen Bereiche der indischen Wirtschaft einzubringen. Die Zukunft der Managementausbildung, in der das Endziel der Studenten darin bestehen sollte, einen gut bezahlten Job in multinationalen Unternehmen, Banken und internationalen Beratungsfirmen zu ergattern, war noch einige Jahrzehnte entfernt.

Meine eigene Arbeit betraf die Sammlung von beispielhaften Leitungsfunktionen in ländlichen Institutionen, insbesondere Genossenschaften. Die Beispiele sollten dann später bei der Ausbildung von Verwaltungsfachleuten für Entwicklungsprogramme Verwendung finden. In jenem Jahr unternahm ich weite Reisen durchs ländliche Nordindien und verlor während dieser Reisen jeden Idealismus, den ich hinsichtlich des Friedens und der Harmonie des indischen Dorflebens oder, was das betrifft, der neuen «Managementwissenschaft» gehegt hatte. Was rät man beispielsweise einem Dorfvorsteher, dessen größtes Problem darin besteht, dass die Oppositionsfraktion ihr Unbehagen an seiner Führerschaft dadurch zum Ausdruck bringt, dass sie ihre Frauen jeden Morgen und Abend ausschickt, um an die Wand seines Hauses zu pinkeln?

Ich reiste per Bahn und Bus in entlegene Dörfer und hatte dabei viel Zeit für mich selbst. Wenn ich in einem Dorf eine Reihe von Interviews gemacht und mein Tagespensum notiert hatte, gab es für mich abends nicht viel zu tun. Das Dorf ging früh zu Bett, und ich erinnere mich an viele Nächte, in denen ich im Freien lag und dem gelegentlichen Kläffen der Dorfhunde und dem Stimmengewirr in meinem Kopf lauschte. Ich hatte die Phantasie, Schriftsteller zu werden, aber wie würde meine Familie darauf reagieren? Konnte in Indien überhaupt jemand vom Schreiben leben? Ich wusste nicht, wie die drei bekanntesten, auf Englisch schreibenden Schriftsteller der damaligen Zeit – R. K. Narayan, Mulk Raj Anand und Raja Rao – überleben konnten, wusste jedoch, dass viele Hindi-Schriftsteller oder, was das betrifft, Schriftsteller anderer indischer Sprachen, Collegeprofessoren waren ... für Englisch! Ich dachte daran, mich in Europa an einer Filmakademie zu bewerben, um Filmregisseur zu werden. Ich bewarb mich tatsächlich auch beim Bildungsministerium in Delhi um eines der von der polnischen Regierung ausgeschriebenen Stipendien an der Filmakademie von Lodz, die erst kürzlich ungewöhnlich vielversprechende Regisseure wie Roman Polanski und Andreas Wajda hervorgebracht hatte. Oder sollte ich damit vorliebnehmen, Professor an Indiens erstem Institut für Managementausbildung zu werden und nebenbei durch Beratertätigkeit für Firmen viel Geld zu verdienen?

Die Verwirrung erstreckte sich auch auf mein Privatleben. Sollte ich eines der drei Mädchen heiraten, die meine Eltern so fürsorglich für mich ausgewählt hatten – alle drei schön, kultiviert und «aus guter Familie» –, oder sollte ich auf westliche Weise in der Tradition der romantischen Literatur, nach der ich süchtig war, *die* große Liebe meines Lebens suchen? Es war typisch für mich, dass ich die Entscheidung hinauszögerte, indem ich einen ungewöhnlichen Schritt machte. Ich lebte auf indischem Boden, hatte den Kopf aber immer noch in europäischen Wolken; in Ahmedabad hatte ich einer attraktiven jungen Professorin, die ein paar Jahre älter war als ich, vorgeschlagen, sich mit mir eine Wohnung zu teilen. Sie hatte zugestimmt, und wir wohnten jetzt zusammen, wenn auch nicht im gleichen Zimmer, und zwar in einer Stadt, die zumindest in der Öffentlichkeit als eine der konservativsten Städte Indiens galt. Ich machte mir kaum Gedanken darüber, ob dieses Arrangement meine Kollegen am IIM schockieren würde oder die Nachbarn in der *Navrangpura Housing Society*, in der wir ein einstöckiges Haus mit drei Zimmern mieteten. Die Frau wie vielleicht auch meine Kollegen und Nachbarn verstanden dieses ungewöhnliche Arrangement als Vorspiel vor der Legitimierung der Beziehung durch Heirat, besonders dann, als ich ihren Eltern vorgestellt wurde und ihr Elternhaus im Süden besuchte. Für mich war dieses Arrangement aber nur Bestandteil des Lebensstils meiner deutschen Schriftsteller- und Künstlerfreunde, unter denen ein Mann und eine Frau, die sich zueinander hingezogen fühlten, ohne die Erwartung künftiger Verpflichtungen zusammenlebten. Von Heirat war keine Rede, und ich war ehrlich, wenn nicht geradezu naiv bestürzt angesichts der Schwierigkeiten, in die ich sie brachte, als ich die Beziehung löste.

*

Im Rückblick verstehe ich meine fünf Jahre in Deutschland als das, was Erik Erikson als «psychosoziales Moratorium» bezeichnet hat, eine freiwillig verlängerte Pubertät und Jugend, in der ich mit verschiedenen Identitäten, mit Verhaltensmustern, die sowohl jugendlich als auch erwachsen waren, experimentieren und hoffen konnte, eine gesellschaftliche Nische zu finden, die eindeutig definiert und dennoch ausschließlich meine eigene war. Ein Moratorium dämpft den Zeitdruck, und ich hatte das Glück, in eine Familie und Gesellschaftsschicht geboren zu sein, die mir eine legitime Verzögerung einräumte, «die häufig durch eine Kombination aus verlängerter Unreife und provozierter Frühreife besteht».[1] Ich hatte das Glück, dass es zu keinem voreiligen Abbruch des Selbstfindungsprozesses kam. Ich hatte das Glück, dass es zu keiner Identitätsausgrenzung und zu keiner voreiligen Berufswahl kam, die ich nicht wollte und den Rest meines Lebens bedauert hätte. Ich hatte das Glück, dem Schicksal zu entkommen, allen auf dem Altar der Nützlichkeit geopferten, potenziellen Identitäten lebenslänglich nachzutrauern.

Zurück in Indien, traf nun jedoch mein Zögern, mich beruflich zu binden und eine Ehefrau zu wählen, das meine Familie jahrelang toleriert hatte, nicht mehr auf Gegenliebe. Das galt sogar für Kamla, die mein Bedürfnis nach Selbstfindung nicht nur begrüßt, sondern auch bestärkt hatte. Nun legte sie mir vorsichtig nahe, dass es für mich an der Zeit sei, endgültige Entscheidungen zu treffen. Andere ältere Familienmitglieder, besonders solche, die sich kaum noch an ihre eigene Jugend erinnern konnten, empfanden mich einfach als desorientiert und disziplinlos. Meine Eltern konnten nicht begreifen, warum ich mich nun nicht einer Karriere zuwandte und eine Familie gründete, nachdem ich meinen Willen gehabt und das gemacht (oder fast gemacht) hatte, was ich so stur gewollt hatte. Ich begriff es selber nicht. Um die Tiefen meiner Verwirrung auszuloten, brauchte ich die Hilfe von jemandem, der meinen inneren Aufruhr deuten konnte. Ich musste die Widersprüchlichkeit meiner Bedürfnisse verstehen, meine verstrickten Wahrnehmungen der Welt aufribbeln und realistisch die Möglichkeiten einschätzen, die für die Erfüllung meiner verborgenen Wünsche notwendig waren. Rückblickend erkenne ich in diesem Bedürfnis den Keim meiner späteren Berufung zum Psychoanalytiker: Ich wurde Arzt, weil ich kein Patient sein konnte.

Die Hilfe kam dann aus einer unerwarteten Richtung – durch die Zufallsbekanntschaft mit einem älteren, in Europa geborenen amerikanischen Gelehrten. Der Gelehrte war der Psychoanalytiker Erik Erikson, Professor für Entwicklungspsychologie in Harvard, der sich einige Monate in Indien aufhielt, um an seinem Buch über Gandhi zu arbeiten, das später unter dem Titel *Gandhis Wahrheit* erschien. Erikson war ein großer, stattlicher Mann mit langem, silberweißem Haar und einem hängenden Schnauzbart à la Einstein; mit seiner Frau Joan hatte er Kamlas Haus gemietet, während sie sich zu einem längeren Besuch in den USA aufhielt. Sie wurden meine Nachbarn, weil auch ich aus Navrangpura weggezogen war und im Anbau von Kamlas Haus am Ufer des Sabarmati-Flusses wohnte.

Erikson war auf dem Feld der Psychoanalyse bekannt, aber noch nicht jene Weltberühmtheit, die er später werden sollte. Als nach seinem Tod 1992 das ganze Ausmaß seiner Forschungen deutlicher wurde, pries ihn der Psychiater Robert Lifton als «den kreativsten psychoanalytischen Kopf seit Freud», und der bekannte Psychoanalytiker Robert Wallenstein schrieb, es lasse «sich, ohne zu zögern, behaupten, dass nach Freud kein Psychoanalytiker größeren Einfluss auf unsere Kultur des zwanzigsten Jahrhunderts und die ganze Welt gehabt hat als er. In der Tat haben nur sehr wenige Psychoanalytiker die Perspektiven der Psychoanalyse derart gründlich verändert wie er.»[2]

Erikson hatte weit mehr getan, als lediglich Freuds psychosexuelle Wachstumsstadien zu erweitern; mit seiner eigenen Theorie psychosozialer Stadien der menschlichen Entwicklung hatte er gezeigt, wie Beziehungen in verschiedenen Lebensphasen nachhaltig zu bestimmten Stärken oder Pathologien des Ichs im gesamten Lebenszyklus beitragen. Was er getan hatte, war für einige orthodoxe Freudianer reine Häresie, weil er der psychoanalytischen Sicht auf den Menschen einen optimistischeren Blickwinkel gab. Das Persönlichkeitsbild, das Erikson in seinen Schriften über Psychoanalyse und Religionspsychologie und bei der Grundlegung einer neuen Disziplin, die er «Psychohistory» nannte, entwickelte, bestand darin, dass ein Individuum weniger aus dem, was es verdrängt oder verleugnet, sondern aus sämtlichen Widersprüchen, die es selbst in sich vereinigen kann, charakterisiert werden sollte.

Für Gandhi und indisches Gedankengut hatte Erikson sich erstmals 1962 während seines letzten Besuchs in Ahmedabad interessiert, als Vikram und Kamla, die er aus Cambridge kannte, ihn eingeladen hatten, ein kleines Seminar über den indischen Lebenszyklus zu halten. Einer seiner Beiträge zu diesem Seminar bestand in einer Notiz zu Tagore im Anschluss an die Diskussion eines Referats über die Kindheit des Dichters. Diese unkorrigierte Notiz, die meines Wissens noch nie veröffentlicht wurde, habe ich neulich erst unter meinen Papieren aufgefunden und würde sie gern genauer analysieren, und zwar nicht nur wegen ihrer Erkenntnisse zu Tagore, sondern weil Eriksons Begriff der «Größe» meine eigenen psychobiografischen Schriften beeinflusst hat.

Erikson beginnt seine Bemerkungen über Tagore mit der Feststellung, dass man bei der Diskussion einer Biografie von dem Versuch Abstand nehmen muss, lediglich die gröbsten «Gründe» oder «Anfänge» ausfindig zu machen. Menschliche Erinnerungen sind retrospektive Selektionen, tendenziös und häufig in sich selbst widersprüchlich. Nimmt man nun noch die Auswahl des Biografen hinzu, wird deutlich, dass Biografierter wie Biograf sich «verschwören», das öffentliche Bild zu liefern, und dabei alle unfreiwilligen Hinweise auf die betreffende Psychologie unterdrücken. Gemäß Erikson scheinen sie fälschlicherweise zu befürchten, dass psychologische Einsichten den Zauber eines Persönlichkeitsbilds zerstören könnten, als bestünde zwischen «Größe» und normaler Menschlichkeit ein Widerspruch. In der Tat ist mein eigener Eindruck der, dass die inneren psychischen Konflikte großer Männer und Frauen sogar noch stärker ausgeprägt sind als bei Durchschnittsmenschen, doch ergibt sich in ihrem Fall sehr häufig durch den kreativen Prozess als solchen ein höheres Gleichgewicht.

In seinen Bemerkungen bezeichnet Erikson Einheit als das beherrschende Thema in der Innenwelt und Lyrik Tagores. Ich kann an dieser Stelle nicht alle Belege berücksichtigen, die diese Interpretation stützen, biografische, überlieferte Träume, literarische Produktion, sondern will lediglich sagen, dass bei der Analyse des dominanten Themas im Innenleben eines großen Mannes alles verfügbare Material sorgsam abzuwägen ist und manchmal miteinander kontrastiert werden muss, um zu einem Resultat zu gelangen. Zum Beispiel sagt uns Tagores Behauptung, der Tod seiner Mutter habe keinen bewussten und unmittelbaren Eindruck auf ihn als Jungen gemacht, gar nichts über die Bedeutung des Todes für ihn selbst; aber vielleicht sagt es dieses Gedicht:

Ich kann mich nicht an meine Mutter erinnern,
nur manchmal mitten im Spiel
scheint eine Melodie über meinem Spielzeug zu schweben,
die Melodie eines Lieds, das sie summte,
wenn sie meine Krippe wiegte.

Ich kann mich nicht an meine Mutter erinnern,
doch wenn in herbstlicher Morgenfrühe
der Duft der Siuli-Blumen durch die Luft schwebt,
kommt der Duft der Morgenzeremonie im Tempel
wie der Duft meiner Mutter zu mir.

Ich kann mich nicht an meine Mutter erinnern,
nur wenn ich aus meinem Schlafzimmerfenster
die Augen zum Blau des fernen Himmels wende,
spüre ich, dass die Stille des Blicks meiner Mutter
auf meinem Gesicht den ganzen Himmel umfasst.

Erikson schreibt:

Niemand von uns, der nicht Bengali spricht, wird je den wahren Reiz seiner Dichtung verstehen. Es muss in der Tat gesagt sein, dass einige seiner wiederkehrenden Themen (zum Beispiel alle Variationen von «das Herz») in der Übersetzung eine stereotype Sentimentalität vermuten lassen, die manchmal, jedenfalls bei mir, eine leichte Übelkeit auslöst. (Tagore empfand es gelegentlich selber so.) Insbesondere wird die Identifikation mit den (sterbenden) weiblichen Gestalten oder die durch sie ersehnte Erlösung häufig nahezu schmalzig. Aber abgesehen von einer traditionellen «Weichheit» bengalischer Lieder müssen wir all das unter zwei Gesichtspunkten betrachten. Ein Dichter kann nur kraft einer graduellen Integration des Maskulinen und Femininen in sich selbst geboren werden. Manche drücken dies nur in ihrer Lyrik aus, manche auch in ihrer äußeren Erscheinung. Und gegen Ende schien Tagores ganze Erscheinung jenseits der Geschlechter zu sein. So wie er bereits schon in jungen Jahren weibliche Schüchternheit in einem großen, männlichen Körper zeigte. Sein Bart war patriarchalisch, aber seine Gewänder verhüllten einen irgendwie geheimnisvoll schwangeren Leib. Der asketische Gandhi tolerierte diese schillernde Erscheinung: Er verstand, dass sie Tagores Rolle in Indien und in der Welt prägte: Denn in einem Land, dass dazu gezwungen war, sich gegen das Ideal eines Fremdherrschers (nämlich der Männlichkeit des britischen Rindfleischessers) zu behaupten, und in einer Welt, die im Begriff stand, sich einer Mischung aus technologischem Übermenschen und nationalistischem Rüpel zu unterwerfen, bestärkte Tagore den zur indischen Identität gehörenden Aspekt des Weiblichen und Mütterlichen, des Sinnlichen und Empirischen, des Rezipierenden und Transzendierenden im menschlichen Leben.

Das Thema der Einheit mit seinen beiden Grundstimmungen, nämlich der Melancholie, und das heißt: Tod vor Vollendung, und Verzückung bei Vollendung der Einheit, findet sich überall bei Tagore und lässt sich bis in die «Geografie» seiner Kindheit zurückverfolgen. Hier,

gefangen am Rand des großen Hauses, der Rand ist, wo ‹die Leute› hausen – die Diener, die Schwägerin Kadambri, die Lehrer –, sehnt sich das Kind nach dem geheimnisvollen inneren Sanctum (den Gemächern seiner Mutter, ihrem ‹Duft›, einer Vereinigung mit dem Mütterlichen), aber auch nach der großen Außenwelt des heimkehrenden Vaters, der Inspiration durch Natur, der Einkehr in den Großen Geist.

Zumindest *ein* Aspekt des Genies Tagores – nicht das ganze – kann in seinen Gedichten und Stücken verstanden werden als das Ausspielen eines vitalen Kindheitsthemas in komplexer und reifer Weise.

*

Als ich Erikson 1964 kennenlernte, war ich mir seiner Bedeutung nicht bewusst und verwechselte seinen Namen sogar mit dem Erich Fromms, der beim lesenden Laienpublikum besser bekannt war. Ich konnte ihm deshalb unbefangen und ohne hemmende Scheu begegnen. Wenn ich von meinen Reisen nach Ahmedabad zurückkehrte, ging ich bei Sonnenuntergang, wenn er mit seiner eigenen Arbeit fertig war, gern zu seinem Haus hinüber. Wir saßen dann draußen auf dem Balkon mit Blick auf den Sabarmati. In einverständigem Schweigen schlürften wir Gin mit Tonic und genossen den Anblick des uralten Lebens, das sich am Flussufer abspielte: Wie an der Schnur gezogen trotteten kleine, grauweiße Kathiawari-Esel, so sanft und nicht größer als Schafe, beladen mit Sandsäcken für die Bauvorhaben der Stadt, vorsichtig die Ufer empor; sehnige, von der Sonne schwarz gegerbte Wäscher mit Lendenschürzen schlugen unter lautem, rhythmischem Gegrunze Stoffe auf flache Steine; mit ihren dampfenden Kesseln über Holzfeuern übten Färber ihr altes Handwerk aus; die frisch gefärbten, fünf Meter langen Saris hingen in bunter Farbenmischung zum Trocknen zwischen Bambusstangen, während die Sonne langsam hinterm Horizont versank und zinnoberroter Dunst sich zu Grau verdunkelte.

Wir sahen zu und sprachen über Gandhi und die Männer und Frauen, deren Leben er verwandelt hatte. Wie Gandhi war auch Erikson selbst kein alltäglicher Verwandler. Seine lakonischen Bemerkungen waren voll von Einsichten und einem sanften Humor, der mich bezauberte. Am meisten beeindruckte mich an ihm seine Güte, die völlig frei von jeder Herablassung war – nicht die des Alten dem Jungen gegenüber noch die des Wissenden gegenüber dem Unwissenden, nicht die des erfahrenen Gelehrten gegenüber dem Anfänger noch die des Berühmten gegenüber dem Unbekannten. Er hatte die seltene Gabe, über die nur die geistig wahrhaft Großzügigen verfügen, der Person, mit der er zusammen war, völlige und totale Aufmerksamkeit zu schenken – selbst dann noch, wenn das, was die Person sagte, weder besonders originell noch sonderlich interessant war.

Ich erinnere mich nicht mehr an die Details unserer Gespräche, die wir auf Deutsch führten, in seiner Muttersprache, die er aber nur selten anwenden konnte, doch ihr Geist ist immer noch in mir lebendig. Die Art und Weise, in der er mit jener undefinierbaren Eigenschaft namens Weisheit Menschen und Ereignisse betrachtete, öffnete mir den Verstand – und auch meinen Geist – auf eine Weise, die ich zuvor noch nie erlebt hatte. Nicht, dass er viel geredet hätte. Er gehörte nicht zu jenen Leuten, die das öffentliche Leben und unsere Fernsehschirme heimsuchen, in die Länge und Breite gehen, unsere Ohren belästigen und unsere Sensibilität mit Banalitäten beleidigen. Erikson war sehr wohl dazu in der Lage, sich meine unausgegorenen Ansichten über Gandhi und das Leben an sich mit nachdenklicher Höflichkeit anzuhören und auf eine Weise zu antworten, die mir nie das Gefühl gab, dass er diese Ansichten oder mich nicht ernst nahm. Viele Jahre später erlebte ich diese Eigenschaft immer wieder in seinen Seminaren. Selbst wenn ich den Eindruck hatte, dass jemand Unsinn redete, paraphrasierte Erikson den Betreffenden auf eine Art, die dem Beitrag einen Wert zuwies – einen Wert, den er selbst hinzufügte. Immer wieder sah ich diese freudige Überraschung im Gesicht eines Studenten – «Habe ich das gesagt?» Jeder, der an einem Seminar Eriksons teilnahm oder mit ihm sprach, ging mit einem Gefühl, bestärkt, niemals jedoch herabgesetzt worden zu sein. Ich glaube, es war dieser angeborenen geistigen Großzügigkeit zu danken, dass er mir Beachtung schenkte. Ich war 26 Jahre alt, einsam, sehnte mich heftig danach, nach Europa zurückzukehren und zugleich in Indien bleiben zu können, und war voller höchst hanebüchener Pläne für mein Leben, wollte so viele Dinge zugleich tun, weil ich nicht wusste, was ich wirklich machen wollte.

Ich las seine Schriften – *Kindheit und Gesellschaft, Der junge Mann Luther, Einsicht und Verantwortung* – anfangs aus Neugier und später mit wachsender Begeisterung. Ich entdeckte, dass meine eigene innere Desorientierung vielleicht gar keine mentale Störung war (wie ich insgeheim befürchtet hatte), sondern etwas, das viele Menschen in ihrem Leben durchgemacht hatten. Meine «Identitätsprobleme», die sich vielleicht nur über Gebühr in die Länge gezogen hatten, gehörten zur normalen Adoleszenzkrise des jungen Erwachsenseins, in der meine spezifischen Begabungen nach einer entsprechenden beruflichen Umsetzung gesucht, diese aber noch nicht gefunden hatten. Darüber hinaus war meine Identitätsstörung nicht rein subjektiv, sondern lag auch in meiner Gemeinschaftskultur begründet, insofern sie auch die zeitgenössische Krise der historischen Entwicklung der indischen Mittelklasse reflektierte, zerrissen zwischen Ost und West, den Widersprüchen zwischen europäischen und indischen Weltanschauungen. Das, was im Alter von 26 Jahren mit mir geschah, wies viele Elemente einer Bekehrung auf. Ich entdeckte, dass das, was ich wirklich wollte, jene besondere, geistige Lebensart war, von der ich glaubte, dass die Psychoanalyse sie mir geben konnte. Ich wollte sein wie er – ein «schreibender Psychoanalytiker».

Der Tag, an dem Erikson und seine Frau auf ihrem Rückweg in die USA nach Delhi aufbrachen, war auch der Tag, an dem ich entdeckte, dass ich mehr als alles andere als sein Assistent mit ihm zusammenarbeiten wollte. Wie in einer Offenbarung wurde mir klar, dass er der Guru war, nach dem mein indisches Ich gesucht hatte. Unglücklicherweise schien es keine Möglichkeit zu geben, ihn noch rechtzeitig zu erreichen, um ihm die frohe Kunde zu überbringen, dass ich ihn zu meinem Guru erwählt hatte. Die Zugfahrt nach Delhi dauerte 23 Stunden, und zu der Zeit würde er Indien bereits verlassen haben, und einen Flug konnte ich mir nicht leisten. Hier hatte ich wieder einmal das Glück auf meiner Seite. Der Vorsitzende der Ford-Stiftung, die beim Aufbau des IIM eine bedeutende Rolle gespielt hatte, hielt sich an diesem Tag in Ahmedabad auf und flog noch am selben Abend mit dem Privatflugzeug der Stiftung nach Delhi zurück. Ich musste also nur einen kostenlosen Platz im Flugzeug ergattern, und er gewährte mir großzügig meine entsprechende Bitte. Gegen zehn Uhr abends erreichten wir Delhis Flughafen Safdarjang. Ich nahm ein Taxi zum *India International Centre (IIC)*, wo die Eriksons wohnten. Nachdem er sich erst am Tag zuvor von mir verabschiedet hatte, muss Erikson sich gewundert haben, mich vor seiner Zimmertür stehen zu sehen. Gleichwohl verriet sein Gesicht keine Überraschung, während er zuhörte, wie ich mit der Neuigkeit meiner Entdeckung herausplatzte. Höflich und mit der ihm eigenen Aufmerksamkeit hörte er sich an, was ich von ihm wollte.

Es muss ihm hoch angerechnet werden, dass er nicht laut lachte, als ich ihm erzählte, ihn zu meinem Mentor auserkoren und die Absicht zu haben, mit ihm zusammenzuarbeiten, sobald er auf seine Professur für Entwicklungspsychologie in Harvard zurückgekehrt sein würde. Meine einzigen offiziellen Qualifikationen waren meine Examen als Ingenieur und Betriebswirtschaftler; aber er wusste, dass ich auch Kurzgeschichten auf Deutsch veröffentlicht hatte. Ernst, aber mit einem Augenzwinkern verwies er auf die entscheidende Schwäche in meinen Plänen, mit ihm bei seinem Seminar über den menschlichen Lebenszyklus zusammenzuarbeiten.

«Sie haben nie Psychologie studiert», sagte er.

Zu diesem Einbruch der Realität konnte ich lediglich zustimmend nicken.

«Das macht aber nichts», sagte er. «Das habe ich auch nicht.»

Obwohl er in seinem späteren Leben mit Ehrendoktorwürden von Universitäten aus der ganzen Welt überschüttet wurde, bestanden seine einzigen offiziellen Ausbildungsqualifikationen aus dem Abitur und einem Montessori-Diplom. Er hatte nie an einer Universität studiert und seine Wanderjahre in Europa als, wie er es nannte, «nichtsnutziger Künstler» verbracht, der zeichnete und Holzschnitte anfertigte, bevor er nach Wien als Kunsterzieher für Kinder einer Privatschule kam, die von Freuds Tochter Anna Freud und ihrer Freundin Dorothy Burlingham geleitet wurde. Der Umgang mit Anna Freud brachte ihn dazu, sich von ihr psychoanalytisch ausbilden zu lassen, und so geriet er in Freuds Umfeld. Ich würde gern glauben, dass er trotz der Kluft des Lebensalters, der Kulturen und ethnischen Herkunft in mir eine verwandte Seele witterte, deren Lebensreise nicht in gerader Linie, sondern in einem Zickzackkurs verlief, der oft die Hauptstraße verließ, um Seitenwege mit wunderbaren, unerwarteten Ausblicken zu erkunden, auch wenn einige von ihnen sich definitiv als Sackgassen erwiesen.

«Mir haben Ihre Geschichten aber gefallen. Sie beweisen einen Sinn für Psychologie, und das genügt mir», sagte er.

Hier agierte Erikson im Geiste Freuds, dessen Auswahl der Männer und Frauen, die die erste Generation der Psychoanalytiker bildeten, dem Kriterium folgte, dass sie lediglich über eine gute Allgemeinbildung verfügen und mit einer gewissen Aufnahmefähigkeit für das Nicht-Rationale begabt sein mussten,

was besagt, dass sie gesund genug sein mussten, um die Gefahren der Beschäftigung mit den unausgeloteten inneren Welten zu überstehen, und gerade ‹wunderlich› genug sein durften, um diese studieren zu wollen.[3]

«Ich sage Ihnen, was ich tun werde», fuhr Erikson fort. «Wenn Sie in den nächsten zwei bis drei Jahren Ihren Doktor machen, werde ich mein Bestes versuchen, Sie nach Harvard zu holen und mit Ihnen zusammenzuarbeiten.»

Wir schüttelten uns die Hände, und ich verabschiedete mich noch einmal von ihm.

DER ENTSCHLUSS

1965–1968
Wien–Harvard

Die einzige Möglichkeit, schnell den Doktortitel zu erwerben, bot weiterhin die Wirtschaftswissenschaft, und im Frühjahr 1965 reiste ich nach Wien, um mich im Doktorandenprogramm der Wirtschaftsuniversität einzuschreiben. Wie auch alle deutschen Universitäten war sie in verschiedene Institute aufgeteilt, die jeweils die Domäne eines allmächtigen Professors waren, der, abhängig von der Größe des Instituts, mithilfe einer Reihe von Assistenzprofessoren und Forschungsassistenten Lehre, Forschung und Verwaltung vertrat. Auf Empfehlung Michel Hofmanns, eines Mannheimer Assistenzprofessors, mit dem ich während meiner Studentenzeit in jener Stadt enge Freundschaft geschlossen hatte, wurde ich als Doktorand am Institut für Makroökonomie zugelassen.

Ich lernte nicht mehr über Wirtschaft als ich bereits wusste, und das wenige, was ich lernte – eine extrem eigensinnige und politisch reaktionäre Mischung aus Ethik, Soziologie und Sozialphilosophie –, hätte ich mir auch selbst beibringen können. Wie ich später herausfand, repräsentierte das Institut eine ökonomische Denkschule, die selbst einigen der besten Gelehrten dieser Disziplin unbekannt war. Der Professor Walter Heinrich war ein Schüler Othmar Spanns gewesen, der in der Zeit zwischen den beiden Weltkriegen in Wien Wirtschaft und Soziologie gelehrt hatte. Das war die Ära, in der die österreichische Wirtschaftsschule, in der Eugene Boehm-Bawerk und Friedrich Wiser und am Rande noch Friedrich Hayek die führenden Köpfe waren, in ökonomischen Kreisen durchaus bekannt war. Othmar Spann war ein erbitterter Gegner seiner Wiener Kollegen. In der Nachfolge Adam Müllers, des bedeutendsten deutschen Ökonomen der Romantik, leitete sich Spanns ökonomische Theorie von seiner Ganzheitslehre ab, einer ständisch-korporatistisch bestimmten Theorie mit einer Variante, die man später in Mussolinis faschistischem Italien in die Praxis umzusetzen versuchte.

Die Ganzheitslehre geht davon aus, dass jede Gesellschaft ein charakteristisches «Ganzes» bildet und im Wesentlichen eine geistige Gemeinschaft ist. Soziale Gruppen oder «Stände» sind durch ihre Stellung zu den zentralen geistigen Werten des Ganzen in ihrer Rangfolge unterschieden. Wirtschaftliche Aktivitäten haben eine ähnlich hierarchische Struktur; zum Beispiel besetzt Bildung eine höhere Stellung in der Hierarchie als Handel, weil sie dem «geistigen Kern» einer Person näher steht. Um das geistige Wohlergehen einer Gesellschaft zu gewährleisten, war die Verteilung von Ressourcen keine Frage pragmatischer Entscheidungen, sondern hatte die Hierarchie zu berücksichtigen. In dieser Theorie der «Ganzheiten» wird Führung durch die Gruppe geleistet, deren Lebensform am deutlichsten die gemeinsamen gesellschaftlichen Werte ausdrückt. In Europa war dieser «Ständestaat» ein Staat des Adels, dessen Dominanz die Grundlage aller kulturellen Errungenschaften bildete, jetzt jedoch durch den Aufstieg industrieller Klassen zerstört zu werden drohte.

Das extrem konservative, antisozialistische und antiindividualistische ökonomische Denken, das aus der Ganzheitslehre abgeleitet wurde, verachtete analytische oder mathematische Modelle und denunzierte alle zeitgenössischen ökonomischen Theorien als ethische Verarmung und philosophischen Irrtum. Deshalb war Walter Heinrich, mein Wiener Professor, den ich nur ein einziges Mal vor der mündlichen Prüfung traf – alle Fragen, die meine Doktorarbeit über Führungswesen in indischen Genossenschaften betrafen, wurden von einem der Assistenzprofessoren beantwortet –, ein großer Bewunderer des indischen Kastensystems und bedauerte, dass es durch moderne, materialistische Philosophien und Gleichheitsideen untergraben wurde. In gewisser Weise stand dieser konservative Professor politisch so weit rechts, dass sogar die Nazis ihn aus der Universität entließen, nachdem sie sich Österreich einverleibt hatten.

Da die Wirtschaftsuniversität nur eine Zwischenstation zu meinem Ziel war, machte ich mir nicht allzu viele Gedanken über die ideologische Ausrichtung des Instituts oder darüber, ob sie der richtige Ort war, in die Zunft der Makroökonomiker aufgenommen zu werden, eine Mitgliedschaft, auf die ich keinen besonderen Wert legte. Der für mich zuständige Assistenzprofessor, ein dicker, umgänglicher Mann aus Graz, verlangte nicht das Mindeste von mir. Auf der Basis des Materials, das ich in Indien gesammelt hatte, schrieb ich für meine Dissertation Fallstudien über Genossenschaften und besuchte die vorgeschriebenen Seminare nur, damit der Professor meine Anwesenheit registrierte. Um Geld für meinen Lebensunterhalt in Wien zu verdienen, arbeitete ich während der Woche Vollzeit im *Institut für Europäische Studien*. Dieses Institut war ein Privatunternehmen, das amerikanischen Studenten ein Studiensemester in Wien ermöglichte, und angesichts des Wechselkurses des Dollars zum österreichischen Schilling schlug ich aus dieser Aktivität einen hübschen Profit aus. Während der Sommerferien organisierte das Institut für Studentenchöre drei- bis vierwöchige Konzertreisen inklusive Besichtigung von Sehenswürdigkeiten. Zu meiner Arbeit gehörten die Vorbereitungen dieser Tourneen, Kostenberechnung, Hotel- und Reisebuchungen, und wenn dann der Sommer kam, fuhr ich mit einer der Gruppen als Reiseleiter durch Europa. Dass ein Inder Amerikaner durch Europa führte, fand niemand befremdlich.

Abends ging ich in mein Wiener Lieblingscafé, das Café Hawelka in der Dorotheergasse, fünf Minuten Fußweg von meinem Arbeitsplatz in der Tegetthofstraße hinter der Oper. Hier saß ich gewöhnlich mit einer Gruppe von Freunden bis Mitternacht, unterbrochen von kurzen Ausflügen in einen der sechs Weinkeller in der Nachbarschaft für ein schnelles Essen. Hawelka war bereits als «Künstlercafé» bekannt, obwohl es noch nicht so berühmt wie später war. Es lag in einer schmalen, vom Graben abzweigenden Gasse gegenüber einem Hotel mit einer Plakette über dem Eingang mit der Inschrift *Hier wohnten 1911 Franz Kafka und Max Brod*. Hawelka war eine Kneipe für Künstler, Möchtegernkünstler, Schauspieler, publizierte und unpublizierte Schriftsteller, Studenten und Rentner.

Wenn man das Café betrat, bemerkte man als Erstes Plakate der Wiener Kunstgalerien, Ankündigungen literarischer Lesungen und Jazz- und Avantgardemusikkonzerte, die zur Linken die ganze Wand bedeckten. An den Wänden hingen kleine Ölgemälde, Aquarelle und Bleistiftzeichnungen, die Herr und Frau Hawelka, denen das von ihnen geführte Lokal auch gehörte, von ihren Künstlerstammgästen erworben hatten – entweder durch Ankauf oder öfter als Kompensation für ausstehende Schnapsrechnungen. Gleich hinterm Eingang stand ein riesiger Tisch mit Marmorplatte, auf dem sich Zeitungen und Zeitschriften stapelten. Die meisten waren auf Deutsch, aber Hawelka zog inzwischen auch so viele ausländische Bewohner Wiens an, dass man die *International Herald Tribune* wie auch die Sonntagsausgaben des *Observer* und der *Times*, des *Figaro* und von *Le Monde* abonniert hatte. In den Ecken gab es Plüschsofas mit abgenutzten, roten Veloursполstern, und an der Seite des Cafés, von der aus man auf die Gasse sehen konnte, standen Holzstühle mit steifen Rückenlehnen um Marmortische und einen Tresen im Hintergrund, an dem vorbei es in die Küche ging. Die Luft war schwer von Zigaretten- und Pfeifenrauch, doch obwohl das Café nicht gut durchlüftet war, roch es dort nie unangenehm.

Tagsüber, bis etwa fünf Uhr nachmittags, war Hawelka wie viele andere ein ruhiges Café, in dem Herr Hawelka das Kommando führte und das von Rentnern frequentiert wurde, die ihren kleinen Mokka oder kleinen Braunen bestellten. Der Kaffee wurde mit einem Glas Wasser serviert, und die älteren Pensionäre saßen stundenlang und arbeiteten sich langsam durch die Tageszeitungen. Gemäß der Wiener Kaffeehaustradition wäre es einem Kellner nach Erledigung der ersten Bestellung nicht einmal im Traum eingefallen, einen Gast mit der Frage zu belästigen, ob der Herr oder die Dame noch etwas wünschte, sondern der Kellner beschränkte sich darauf, gelegentlich die Zigarettenkippen aus den Aschenbechern zu leeren.

Abends belebte sich das Café und blieb bis weit nach Mitternacht gut besucht. Die Stammgäste gingen den ganzen Abend ein und aus. Wer einer regelmäßigen Arbeit nachging, verließ das Lokal gegen neun, und dann gab es eine kurze Flaute, bis sich das Café später wieder füllte, wenn die Theater- und Opernbesucher nach den Abendvorstellungen vor dem Heimweg auf eine Tasse Kaffee oder ein Glas französischen Cognac kamen. Für viele war Hawelka ein Heim jenseits des eigenen Zuhauses. Man erledigte und empfing seine Telefongespräche in der Telefonzelle neben dem Eingang, und oft dröhnte die Stimme eines Kellners durchs Stimmengewirr der Unterhaltungen: «Telefon für Herrn ---, bitte.» Herr Heinz und Herr Franz, die beiden Kellner, makellos gekleidet in schwarze Anzüge, weiße Hemden und schwarze Fliegen, kannten alle Stammgäste, und man musste nur ihren Blick auffangen und mit einem Kopfnicken «das Übliche» ordern – in meinem Fall ein 0,2-Liter-Glas Rotwein, das dann mit freundlichem Lächeln und einer höflichen Frage nach dem werten Befinden an den Tisch gebracht wurde. Frau Hawelka hatte die Eigenart, jeden Stammgast mit einem Titel anzusprechen, der stets eine Stufe höher als der tatsächliche Status war. Ein Büroangestellter wurde zu einem Herrn Direktor, ein kleiner städtischer Beamter war ein Regierungsrat und so weiter. Ich war ein Herr Doktor, während ich noch an meiner Doktorarbeit schrieb, und nachdem ich dann den Doktortitel hatte, begrüßte sie mich bereits mit Herr Professor, als ich noch längst keiner war.

Die Stammgäste an unserem Tisch waren einer meiner indischen Freunde aus der Mannheimer Zeit, der jetzt nach Wien gezogen war, ein schwuler irischer Schauspieler, ein französischer Musiker, der von einem mysteriösen Leiden in seiner linken Hand geplagt wurde, das ihn daran hinderte, Geige zu spielen, seine umwerfende Freundin, die sich in der Begierde sonnte, die sie in den Männern an den Nachbartischen auslöste, und Errol, ein begabter türkischer Maler, den die Wiener Schule des Phantastischen Realismus, der damals in Mode war, unter ihre Fittiche genommen hatte. Bis sie ihn heiratete, war Errols Freundin ein inoffizielles Mitglied dieser Gruppierung. Zwei Tage nach der Hochzeit wurden Schwüre gebrochen; Errol zog aus der Wohnung aus, in der die beiden zwei Jahre lang gelebt hatten. «Nach der Hochzeit hat sich etwas verändert, Sudhir. Plötzlich konnte ich es nicht mehr ertragen, mit ihr zusammen zu sein», lautete Errols einziger Kommentar.

Im Hawelka begegnete ich auch meinen beiden Vermietern, bei denen ich während meiner zwei verschiedenen Aufenthalte in Wien unterkam. Der Erste war Dr. Artner, den ich eine Woche nach meiner Ankunft im Hawelka kennenlernte. Er hatte eine große Wohnung in der Silbergasse in Wiens 19. Bezirk an den Hängen des Wienerwalds. Ein Zimmer dieser Wohnung bewohnte Dr. Artner selbst. Das Wohnzimmer und ein weiteres Schlafzimmer, beide mit schwerem Mobiliar der Jahrhundertwende ausgestattet, standen leer, und er stellte sie mir für eine sehr günstige Miete zur Verfügung. Küche und Bad teilten wir uns.

Dr. Artner war ein korpulenter, glatzköpfiger Endvierziger mit einem goldgerahmten Kneifer und ungesund teigiger Haut. Wenn er abends ins Hawelka ging, trug er stets einen der beiden Anzüge, die er besaß, einen braunen und einen grauen. In der Wohnung begegnete ich ihm kaum, weil er sich schlafend und lesend in seinem Zimmer verschanzte. Normalerweise stand er gegen zwei Uhr nachmittags auf; an den Wochenenden, wenn auch ich zu Hause war, verriet sich seine

Anwesenheit durch einen strengen und eigentümlichen Geruch, der selbst dann noch aus der Toilette drang, wenn er mehr als einmal gespült hatte. Der Geruch verdankte sich seiner ungewöhnlichen Ernährung: Tagaus, tagein kochte sich Dr. Artner das gleiche Mittag- und Abendessen aus zwei Spiegeleiern und einer enormen Portion gekochtem Spinat. Auf meine Einladungen zu Reis und *Keema Mattar* reagierte er stets mit überschwänglicher Dankbarkeit, bezweifelte jedoch, dass sein infolge des Kriegs sehr empfindlicher Magen eine derart scharf gewürzte Sache vertragen würde.

Als Infanterist während der alliierten Invasion in Frankreich war Dr. Artner ein Krieger wider Willen gewesen. Beim allgemeinen Rückzug der deutschen Wehrmacht war er immer einer der Letzten, die ihren Posten räumten, weil sein innigster Wunsch darin bestand, von den vorrückenden amerikanischen Truppen gefangen genommen zu werden. Leider missverstand der Feldwebel seiner Kompanie sein Zurückbleiben, wenn die Kompanie bereits das Schlachtfeld geräumt hatte, als Beweis seines Muts und seiner Hingabe fürs Vaterland. Er schlug Dr. Artner für die Tapferkeitsmedaille vor. «Ach, Herr Kakar», sagte Dr. Artner, «Sie können sich gar nicht vorstellen, wie glücklich ich war, als ich mich endlich den Amerikanern ergeben konnte.»

Dr. Artner verbrachte ein paar zufriedene Jahre in einem Kriegsgefangenenlager der Alliierten, bis er entlassen wurde und nach Wien zurückkehrte. Eine Tante hatte ihm die Wohnung und etwas Geld vererbt, und Dr. Artner schrieb sich an der Universität für eine Promotion in Literaturwissenschaft ein, die er nach 15 geruhsamen Jahren auch ablegte. Nach seinen Kriegserlebnissen hatte er ans Leben keine großen Erwartungen mehr, erzählte er mir. Er wollte nur noch in Frieden gelassen werden, um tagsüber in seinem Zimmer lesen und abends auf ein Glas Wein ins Café gehen zu können.

Wenn Freunde zu einer Party kamen, lud ich ihn einige Male in meinen Teil der Wohnung ein. Die Einladungen nahm er stets mit übertriebener Höflichkeit an. Er hockte dann auf der Sofakante, schlürfte ein Glas Wein und unterhielt sich höflich mit jedem, der sich zu ihm setzte. Einmal jedoch, als er mehr Wein getrunken hatte, als ihm zuträglich war, machte ich die Entdeckung, dass Dr. Artner noch nicht den vollendeten buddhistischen Geisteszustand, frei von sämtlichen Begierden, erreicht hatte. Nachdem die Gäste gegangen waren, erzählte mir meine damalige Wiener Freundin, eine Kommilitonin von der Universität, Dr. Artner habe sie sehr höflich und unter heftigem Kopfwackeln gefragt, ob es ihr etwas ausmachen würde, ihn auf sein Zimmer zu begleiten und ihn mit einem Lederinstrument, das er zu diesem Zweck bereitliegen hatte, auszupeitschen. Sie sagte, sie habe das Angebot ebenso höflich abgelehnt.

Mein zweiter Vermieter, den ich ebenfalls bei Hawelka kennenlernte, als ich im folgenden Jahr für einige Wochen nach Wien zurückkehrte, wohnte auch im 19. Bezirk. In einem kleinen Garten hatte er ein Landhaus und war erfreut, mir ein Zimmer anbieten zu können; die Höhe der Miete sollte sich an meinen finanziellen Möglichkeiten orientieren. «Cappy», wie meine Freunde ihn nannten, war Jude, ein kultivierter Mann aus gutem Haus, der die Kriegszeit in Südafrika verbracht hatte und in den 1950er-Jahren nach Wien zurückgekehrt war. Er war ein Abkömmling Leopold von Sacher-Masochs, eines erfolgreichen Schriftstellers des 19. Jahrhunderts, der heute noch in Erinnerung ist wegen der sexuellen Störung, der er seinen Namen gab: Masochismus. Cappy, der allein lebte, war ebenfalls ein passionierter Leser, aber anders als Dr. Artner ging er auch oft tagsüber aus, bekam jedoch nie Besuch. Am ersten Morgen, an dem ich erst spät erwacht war, klopfte Cappy an meine Zimmertür – er musste draußen gewartet und Geräusche meines Erwachens gehört haben – und trat mit einem georgischen Teetablett aus Silber, das mit einem edlen weißen Spitzenleinentuch bedeckt war, ein. Auf dem Tablett standen eine silberne Teekanne, eine Tasse mit Untertasse aus Meißener Porzellan und zwei Biskuits auf einem Tellerchen. Er schenkte mir eine Tasse ein, fragte, wie viele Löffel Zucker ich wünschte, und sah mir mit liebevoller Miene zu, wie ich meinen Tee trank. Als ich abends wieder nach Hause kam, war mein Bett gemacht und der Rand der Steppdecke umsichtig aufgeschlagen.

Das Servieren des Morgentees, das Säubern meines Zimmers und Herrichten meines Betts während meiner Abwesenheit setzte sich einige Tage fort, doch wurde mein Verdacht eines Tages zur Gewissheit, als meine Freundin mich besuchte und über Nacht blieb. Cappys betrübte Miene und der vorwurfsvolle Blick, den er uns zuwarf, als wir morgens das Haus verließen, bereiteten mich auf das Gespräch vor, das wir an diesem Abend nach meiner Rückkehr von

Hawelka führen sollten. Er hätte sich, sagte Cappy, in mich verliebt und festgestellt, dass ich seine Gefühle nicht erwiderte. Er war enttäuscht, dass ich die gröbere, weltlichere Liebe von Frauen bevorzugte und nicht die Liebe zwischen zwei Männern, die nach unerhörten geistigen Höhen strebte. Um ihm weiteres Unbehagen zu ersparen, wünschte er jedenfalls, dass ich keinen Damenbesuch mehr empfangen möge, solange ich unter seinem Dach wohnte. Da ich keine Ausweichmöglichkeit hatte, stimmte ich zu. Die morgendliche Teezeremonie hatte ein Ende, und unsere Beziehung nahm die distanzierte Höflichkeit zwischen Vermieter und Mieter an. Abgesehen von melancholischen Blicken, die er mir gelegentlich noch zuwarf, war Cappy zu kultiviert, um sich mit weiteren Aufmerksamkeiten aufzudrängen.

*

Seit meiner Abreise aus Indien hatte ich nichts mehr von Erikson gehört. Ich hatte Angst, ihm zu schreiben, weil ich nicht hören wollte, dass die Übereinkunft, die wir an jenem Abend im April in Delhi erzielt hatten, seinerseits eine vorübergehende Laune und meinerseits eine Wunschphantasie gewesen war. Immerhin war er eine Berühmtheit, und zu jener Zeit war ich mir seiner Bedeutung in der psychoanalytischen und akademischen Welt völlig bewusst. Nach unserem letzten Treffen in Delhi war ich in den weitläufigen Lodi Garden neben dem IIC spazierengegangen. Die Gärten mit ihren imposanten, 800 Jahre alten Grabsteinen aus den Zeiten eines untergegangenen islamischen Reichs lagen still da, und nur eine sanfte Brise rauschte. Der starke Duft weißer, bei Nacht blühender Narzissen hing schwer in der Luft. Ich war leichten Schritts über den Kiesweg spaziert, der sich zwischen den Mausoleen entlangzieht, und fühlte mich äußerst belebt. Die Verwirrung war vorbei; die Zukunft lag verheißungsvoll vor mir. Ich hatte im Gehen vor mich hin gesummt und gepfiffen. Jetzt fürchtete ich, dass es vielleicht ein Pfeifen im Dunklen gewesen war und dass das Gefühl der Hoffnung, das ich seit jener Nacht empfand, sich in Verzweiflung verwandeln könnte, wenn er meinen Brief gar nicht oder so beantworten würde, als schriebe er einem Fremden. Sechs Monate nach meiner Ankunft in Wien schrieb ich ihm schließlich doch. Erikson antwortete unmittelbar:

Lieber Sudhir,

ich habe keine Entschuldigung dafür, Ihnen nicht früher geschrieben zu haben. Ich könnte sagen, dass es mir in der Zwischenzeit nicht immer gut ging, dass ich im Mai in New York ein «großes» Referat halten musste und dann im Juni in London noch eines, dass ich die Abgabefrist für einen Enzyklopädiebeitrag im Juli einhalten musste und dass wir dann hierher zurückgekehrt sind. Ich musste also meine indische Arbeit und Beschäftigung streng beiseitelegen, aber das entschuldigt keineswegs, dass ich Ihnen nicht geschrieben habe. Ich kann nur hoffen, dass Sie verstehen und akzeptieren, dass nicht zu schreiben für mich heißt, dass die Zeit in einem Lebensbereich für mich einfach stillstand und dass meine Gefühle immer noch die gleichen wie früher sind…

Bitte schreiben Sie bald: wie es Ihnen geht, was Sie machen und wie Sie die Zukunft sehen. Bevor im Herbst die «Schule» wieder beginnt, werde ich wohl kaum dazu in der Lage sein, Pläne hinsichtlich Harvards zu machen. Ich habe Ihnen ja gesagt, dass ich keinen Lehrstuhl habe; Sie müssten also ein Aufbaustudium in Erwägung ziehen, und zwar an einem Lehrstuhl, der damit einverstanden wäre, Sie mit mir zusammenarbeiten zu lassen. Ich bin gern bereit herauszufinden, was für Sie am vorteilhaftesten wäre. Lassen Sie mich aber auf jeden Fall wissen, was Ihnen derzeit durch den Kopf geht.

Herzlich
Erik

Doch der Weg der wahren Berufung verläuft nicht so glatt. Es war schon kompliziert genug, einen Ingenieur und Ökonomen fürs Doktorandenprogramm in Psychologie zuzulassen, aber ihm auch noch ein Stipendium zur Finanzierung seines Studiums zu bewilligen, war sogar von Harvard zu viel verlangt. Erikson bemühte sich weiterhin, aber das Problem, wie ich meinen Aufenthalt in den USA finanzieren sollte, schien unlösbar. Er konnte mir lediglich ein Honorar als Assistent in seinem Seminar anbieten, das jedoch viel zu niedrig war, um meinen Lebensunterhalt abzudecken. Es war bereits Juni 1966, ich hatte alle Voraussetzungen für meine Promotion in Wien erfüllt und meine Doktorarbeit eingereicht. Lediglich die mündliche Disputation meiner Dissertation stand noch aus. Das Herbstsemester in Harvard begann Ende September, und ich hatte immer noch kein Geld, um meinen Aufenthalt zu finanzieren.

«Ich wünschte, ich hätte die Mittel, Ihnen zu helfen, aber Joan und ich kommen mit unserem Einkommen nur knapp über die Runden, und Steuern und andere Belastungen lassen nur wenig Spielraum», schrieb Erikson.

«Ich bin Ihnen sehr dankbar, dass Sie sich so intensiv um mich bemühen, und obwohl ich mir wie Eklavya vorkomme, waren Sie das genaue Gegenteil von Dronacharya», antwortete ich und schickte ihm die Geschichte aus dem Mahabharata. Ohne Wissen Dronacharyas, des großen Bogenschützen und Lehrers der Prinzen Pandava und Kaurava, hatte sich ihn der im Wald lebende Ausgestoßene Eklavya zu seinem Guru auserkoren. Als Dronacharya entdeckte, dass Eklavya besser war, als seine eigenen Schüler, wollte er von dem Jungen den Namen seines Lehrers wissen. «Ihr seid mein Lehrer», sagte Eklavya. Der Junge hatte sich im Wald auf eigene Faust im Bogenschießen geübt, neben sich eine Lehmskulptur Dronacharyas als Guru. Da es einem Geächteten nicht erlaubt sein durfte, die hochwohlgeborenen Prinzen zu übertreffen, forderte Dronacharya von ihm sein *Gurudakshina*, das Geschenk, das ein Schüler am Ende seiner Lehrzeit seinem Lehrer macht. «Was immer Ihr wollt, Herr», sagte Eklavya mit gesenktem Kopf und ehrfürchtig gefalteten Händen. «Dann gib mir den Daumen deiner rechten Hand», erwiderte Dronacharya. Eklavya tat es und war also nie wieder dazu fähig, eine Bogensehne mit der Hand zu spannen. Und obwohl er recht gut lernte, dies mit den Zehen zu bewerkstelligen, wurde er nie der große Bogenschütze, der zu werden ihm verheißen war.

Erikson war ein zu guter Psychoanalytiker, um nicht meine kaum bewusste Botschaft in der Übermittlung dieser Geschichte zu registrieren: meine Identifikation mit dem dunklen Ausgestoßenen gegenüber seinen weißen Studentenprinzen in Harvard und mein gleichfalls unbewusster Versuch, ihm sowohl die Schuld als auch die Verantwortung an meinem Schicksal zuzuschieben. Er war auch klug genug, zu schweigen und sich eines Kommentars zu enthalten.

Die Lösung meiner finanziellen Probleme ergab sich durch Kamla, die für einige Tage nach Wien gekommen war, um mich zu besuchen, und dort auch Vikram traf. Das IIM Ahmedabad schickte seine neu for-

In Harvard, 1965

mierte Fakultät für ein akademisches Jahr zur Weiterbildung ins *International Teachers Program* der *Harvard Business School*. Obwohl ich nicht zu diesem Programm gehörte, sprach nichts dagegen, warum mir das IIM nicht auch die Mittel, die ich für mein Studium bei Erikson benötigte, zusprechen konnte. Das Stipendium war an die Bedingung geknüpft, dass ich mich bereiterklärte, nach einem Jahr in den USA nach Indien zurückzukehren und mich für mindestens drei Jahre der Fakultät des IIM anzuschließen.

Meine ursprünglich auf ein Semester beschränkte Tätigkeit in Harvard war die eines Dozenten in General Education in der Fakultät Geistes- und Naturwissenschaften, wo ich Erikson bei der Durchführung seines Seminars *Der menschliche Lebenszyklus* assistieren sollte. Eriksons guruartiger Status unter Harvardstudenten bewirkte, dass seine Vorlesungen enorm beliebt waren. Der Carr-Saunders-Hörsaal mit seinen etwa 400 Sitzplätzen war bei Eriksons 14-tägig stattfindenden Vorlesungen bis auf den letzten Platz gefüllt. Die Studenten, die die Vorlesung zwecks Scheinerwerbs besuchten, waren im letzten Jahr des Grundstudiums – fast der komplette Jahrgang, der 1967 in Harvard Examen machte. Ich war einer von sechs Assistenten oder «Gruppenleitern», wie wir genannt wurden, die jeweils eine studentische Gruppe während des Seminars begleiteten, sich nach Eriksons Vorlesungen mit den Gruppen trafen, um über das Gehörte zu diskutieren und die verbindlichen und zusätzlich empfohlenen Lektüren für den entsprechenden Tag durchzugehen. Da ich mit den psychoanalytischen, entwicklungspsychologischen und kognitivpsychologischen Texten genauso wenig vertraut war wie meine Studenten, musste ich dafür Sorge tragen, dass ich diesen sehr klugen jungen Männern und Frauen stets einen Schritt voraus war. Das gelang mir, indem ich mich nicht nur in die Pflichtlektüren versenkte, sondern auch die weitergehenden Empfehlungen las, die sich die meisten Studenten schenkten. Pamela Daniels, Eriksons langjährige Hauptassistentin, die mir zu einer lebenslangen Freundin wurde, war außerordentlich hilfreich mit weiteren Empfehlungen, was ich lesen sollte und wie mit den Erwartungen der Studenten umzugehen war. Auf diese Weise studierte ich Psychologie, indem ich sie lehrte; damals war mir nicht bewusst, dass ich damit dem Beispiel William James' folgte, eines Giganten des Fachs, der einmal gesagt hat, die erste Vorlesung in Psychologie, die er je gehört habe, sei diejenige gewesen, die er selbst gehalten habe. Erikson selbst gab zu, dass das erste Seminar in Psychologie, das er je belegte, zugleich das erste (und letzte) war, in dem er durchfiel.

Ich glaube, dass es an meiner begeisterten Vergötterung von Eriksons Person lag, dass mir sein spezielles und psychoanalytisches Denken überhaupt viel schneller vertraut wurde, als es in einem normalen akademischen Umfeld der Fall gewesen wäre. Es bestätigte meine «angeborene» indische Überzeugung, dass ein Schüler mehr von einem Lehrer lernt, wenn er sich mit ihm identifiziert, als wenn er sich kritisch mit ihm auseinandersetzt. Ich sehe große Vorzüge in der altindischen Tradition des Gelehrtentums, in der Schüler diese Idealisierung und Identifikation aufrechthalten, indem sie sich nichts auf ihre eigenen Innovationen zugutehalten, sondern diese als reine Vervollkommnung der Ideen ihrer Lehrer präsentieren. Der Wert psychischer Offenheit wird durch ebendiese Identifikation und Idealisierung bestärkt; diese beiden großen Konstrukte der menschlichen Einbildungskraft, die nicht nur die ästhetische Sensibilität fördern, sondern auch den intellektuellen Elan verstärken, werden sträflich unterschätzt vom modernen, rationalistischen Insistieren auf eine kritische Auseinandersetzung, die Gefühle ausgrenzt und glaubt, dass eine erfolgreiche akademische Karriere mit der «Ermordung» des Lehrers beginnen muss. Dies geht einher mit dem vorherrschenden Mythos westlicher Vorstellungen (man denke an Ödipus), dass Elternmord der Königsweg des generationellen Aufstiegs und der Entfesselung jugendlicher Kreativität ist. Die Entschiedenheit des generationellen Komplexes in der indischen Vorstellungswelt erfordert andererseits – der Gottkönig Rama liefert ein überzeugendes Beispiel – das Selbstopfer der Jugend, um die Vater-Sohn-Bindung aufrechtzuerhalten. Im Fall anderer mythologischer Helden wie Bhishma und Puru erstreckt sich das den Wünschen des Vaters gehorchende Selbstopfer sogar auf den Verzicht auf Fortpflanzungsfähigkeit, eine symbolische Selbstkastration, wie sie auch in der Geschichte von Eklavya zum Ausdruck kommt.

Geprägt vom formellen deutschen und einem etwas lockereren, doch ebenso hierarchischen indischen Universitätssystem, beeindruckte mich die informelle Lässigkeit des amerikanischen akademischen Lebens genau so, wie es auch weiterhin Tausende indischer Studenten anzieht, die für höhere Studienabschlüsse in die USA gehen. Berühmte Professoren mit Vornamen anzusprechen, nach seinem Seminar mit den anderen Gruppenleitern in Eriksons Büro in der Widener Library zusammenzusitzen, auf Augenhöhe miteinander zu reden und dabei ein Sandwich-Mittagessen von Elsie's zu verzehren war eine erfreuliche Erfahrung. Sie erfüllte mich mit dem angenehmen Gefühl eigener Wichtigkeit. Natürlich verleiht Harvard dem fremden Federschmuck noch zusätzlichen Glanz. Denn obwohl es keinen Zweifel daran gibt, dass die Universität einige der brillantesten Köpfe der Welt beherbergt, ist es doch auch wahr, dass nicht alle oder nicht einmal die meisten Fakultätsmitglieder und Studenten Harvards Genies sind. Oder wie man in Deutschland sagen würde: Die kochen auch nur mit Wasser. Doch habe ich während meiner zahlreichen Besuche dieser großartigen Universität beobachtet, dass bereits die Tatsache, ein Teil Harvards zu sein, oft einer Einladung zu Angeberei gleichkommt, zur Annahme eines hochmütigen Gehabes, das es so in einigen anderen der großen amerikanischen Universitäten wie Chicago oder Princeton nicht gibt.

Erikson selbst war ein schüchterner Mensch; ich lernte ihn in Gesprächen persönlich näher kennen, wenn ich ihn manchmal auf seinem Weg von seinem Büro über den Hof durch Cambridge Commons

Mit Erik Erikson, Cape Cod, 1980

zu seinem Haus in der Robinson Street begleitete. Er stellte mir lieber Fragen, als von sich selbst zu sprechen. Das änderte sich später, als er 1977 nach Indien kam, um ein Seminar über Identität und Erwachsenenalter zu halten, das ich in New Delhi organisiert hatte. Nach Abschluss des Seminars reiste ich mit ihm und seiner Frau Joan mit dem Auto von Delhi nach Agra und Jaipur und dann weiter nach Ahmedabad, wo wir uns kennengelernt hatten. Er erzählte von seinen Wiener Jahren, von Freud und der ersten Analytikergeneration. Er hatte Freud manchmal auf seinen Spaziergängen begleitet und sagte mir – ein Detail, das in der umfangreichen Literatur über den Meister fehlt –, dass Freud unter einer leichten Phobie litt; wenn es galt, eine Straße zu überqueren, klammerte er sich am Arm des jungen Erik fest und ließ ihn erst wieder los, wenn er sicher auf der anderen Seite angekommen war.

In den 1980er- und frühen 1990er-Jahren besuchte ich Erikson mindestens zwei- oder dreimal jährlich in seinem Haus in Tiburon in Kalifornien und später in Cotuit in Cape Cod. Als er Anfang 80 war, war es schmerzlich, mitansehen zu müssen, wie die Verheerungen der Alzheimerkrankheit nach und nach einen Vorhang über diesen einst so großartigen Geist zogen. In seinen letzten Lebensjahren – er starb

1994 im Alter von 92 Jahren – funkelten seine Augen nicht mehr, und ihre Stumpfheit wurde nur gelegentlich durch einen Blitz des Wiedererkennens durchbrochen, der aber die Energie fehlte, länger als einige Sekunden zu leuchten. Das verschmitzte Lächeln verschwand und wurde nur noch selten durch ein wehmütiges ersetzt, dessen Ursprung rätselhaft blieb, weil es in keinerlei Beziehung zu dem stand, was um ihn herum vorging. Mit Anfang 90 war es herzzerreißend zu sehen, dass er nur noch bei Mahlzeiten ein Interesse an der Außenwelt zeigte. «Was gibt's zum Nachtisch?», war der einzige Satz, den er während eines Essens von sich gab, bei dem Joan und ich uns um ein zwangloses Gespräch bemüht hatten. Der Körper hatte gesiegt und seine ursprüngliche Herrschaft zurückerobert.

1966 in Harvard freute ich mich darüber, ihm von meinen akademischen Aktivitäten zu erzählen und wie sehr ich meine Anwesenheit genoss; meine Dankbarkeit, dass er dies ermöglicht hatte, war offensichtlich. Als Teil meiner Dankesbekundungen hieß meine erste akademische Arbeit *Der menschliche Lebenszyklus. Die traditionelle hinduistische Sichtweise und die Psychologie Erik Eriksons* und wurde in der Zeitschrift *Philosophy East and West* publiziert. Erikson machte sich zahlreiche Randbemerkungen im Entwurf der Arbeit und nutzte sie später für sein Buch über Gandhi. Dieser Essay war mein erster Vorstoß auf einem Feld, das ich als mein eigenes vermaß und das mein Lebenswerk werden sollte: die Grundlegung einer indischen Kulturpsychologie oder, genauer gesagt, das Verständnis von Psyche und Gesellschaft in Indien unter psychoanalytischen Aspekten. Eine Hinterfragung der Allgemeingültigkeit psychoanalytischer Theorien und das Verständnis ihrer Relativität im Licht meiner eigenen klinischen Erfahrung bildeten zwangsläufig ein Nebenprodukt dieses Unternehmens.

Zur Vorbereitung meiner Rolle als Assistenzprofessor für Organisationsverhalten am IIM Ahmedabad besuchte ich auch ein Seminar an der *Harvard Business School*. Von meiner Wohnung über der beliebten Kneipe *Wursthaus* am Harvard Square war es nur ein kurzer Weg über die Brücke über den Fluss Charles. Das Seminar aus etwa zehn Doktoranden und Postdoktoranden war das geistige Kind Abraham Zalezniks, eines Pioniers der Anwendung psychoanalytischer Ideen auf Managementstudien. Inzwischen vertraut mit Eriksons Gesamtwerk einschließlich seiner sich entwickelnden Ideen zur «Psychohistory» – die Einführung psychologischer Einsichten ins Studium der Geschichte –, schrieb ich meine Abschlussarbeit für das Seminar über Frederick Taylor, den «Vater des wissenschaftlichen Managements», und benutzte dabei einige dieser Ideen. Eriksons psychohistorische Methode legte nahe, dass für das vollständige Verständnis eines historischen «Ereignisses», in meinem Fall die Anfänge wissenschaftlichen Managements, dieses aus vier Kontexten erklärt werden muss. Erstens: Was bedeutet im Moment seines Eintretens das Ereignis für die Lebensphase des Individuums? Zweitens: Welche Bedeutung hat das Ereignis in seiner Lebensgeschichte? Drittens: Was bedeutet das Ereignis im Kontext seiner Gruppe? Und viertens: Was bedeutete es in der Geschichte der Gruppe? Man erhält ein vollständigeres und wahreres Bild eines Ereignisses, wenn es in den Konfigurationen dieser vier Kontexte untersucht wird, als wenn die Untersuchung sich auf nur einen Kontext beschränkt. Die Methode kombiniert also Psychologie, Soziologie und Geschichte zum Verständnis eines historischen Ereignisses.

Zaleznik war von meiner Arbeit begeistert und fragte mich, ob ich für ein weiteres Semester nach Harvard zurückkehren wolle, diesmal als Forschungsassistent für Sozialpsychologie des Managements an die *Harvard Business School*. Wir wollten dann gemeinsam eine umfangreiche psychohistorische Studie über Taylor und die Anfänge des Managements als wissenschaftliche Disziplin erarbeiten. Ich nahm sein Angebot bereitwillig an. Ich sagte, dass ich zuvor für meine mündliche Prüfung nach Wien zurückkehren müsse, aber im Herbstsemester 1967 gern wieder nach Harvard käme, um die erforderlichen Forschungen am *Stevens Institute of Technology* in Hoboken, New Jersey, durchzuführen, wo das Taylor-Archiv beheimatet war. Ich freute mich. Gemeinsam mit einem hervorragenden Harvardprofessor würde ich mein erstes Buch schreiben. Ich würde wieder in Cambridge sein, wo ich so viel gelernt und enge Freundschaften geschlossen hatte. Darüber hinaus sollte ich ein fürstliches Gehalt von 800 Dollar im Monat beziehen und konnte es mir damit leisten, Bücher und mein allererstes Auto zu kaufen. Gleich am nächsten Tag meldete ich mich bei einer Fahrschule an.

Noch während der Arbeit an dem Taylor-Buch in Cambridge erklärte Zaleznik großzügig, nachdem er die ersten Kapitel gelesen hatte, dass das Buch auf eigenen Füßen stehe und ihn als Co-Autor nicht benötige. *Frederick Taylor: A Study in Personality and Innovation* wurde 1970 von der *MIT Press* veröffentlicht, als ich bereits wieder in Indien war. Es war mein erstes Buch. Da das Buch auch eines der ersten war, die sich auf Eriksons psychohistorische Methode stützten, die er in seinem *Der junge Mann Luther* entwickelt hatte und später in seinem Buch *Gandhis Wahrheit*, für das er den Pulitzerpreis erhielt, ganz entfalten sollte, wurde es überall rezensiert. Mir, der ich in der indischen Überlieferung der Guru-Schüler-Beziehung verwurzelt war, bedeutete das Lob unbekannter Rezensenten der *New York Times*, *Science* und anderer Organe weitaus weniger als die Reaktionen meiner Lehrer. Es war mein erster Soloauftritt auf einer Bühne, vor der Erikson und Zaleznik in der ersten Reihe saßen. Ihre Reaktion war ermutigend. Pamela schrieb: «Er [Erikson] murmelte immer wieder erfreut: ‹Es war ein gutes Buch, findest du nicht auch? Du hättest mal meinen kompletten Kommentar dazu hören sollen.›» Mein Freund Manfred übermittelte mir Zalezniks Reaktion auf die Rezeption des Buchs: «Auf Holländisch sagt man, ‹stolz wie ein Pfau sein›, und genau das war er angesichts der Reaktionen … Er hat sie jedem gezeigt.»

Zaleznik war derart zufrieden, dass er mich fragte, ob ich an der *Harvard Business School* bleiben wolle. Ich wollte jedoch Psychoanalytiker werden und musste auch meiner Verpflichtung am IIM nachkommen, bevor ich einen solchen Weg einschlagen konnte. Erik, der einen Klappentext für das Buch schrieb, unterstützte meine Pläne, wusste jedoch auch nicht, wie ich sie in die Tat umsetzen konnte. Damals ließen psychoanalytische Institute in den USA nur Ärzte zur Ausbildung zu, obwohl es Ausnahmen für hervorragende Sozialwissenschaftler gab, die sich intensiv mit Psychoanalyse vertraut machen wollten, um sie in ihren eigenen Spezialgebieten anzuwenden. Sie konnten die komplette theoretische und klinische Ausbildung einschließlich der überaus wichtigen Lehranalyse durchlaufen, durften jedoch nicht als Analytiker praktizieren. Der Soziologe Talcott Parsons, der Sozialpsychologe Robert Bales und Zaleznik hatten diese Ausbildung am Institut in Boston absolviert, aber als Postdoktorand ohne die Qualifikationen dieser hervorragenden Gruppe durfte ich nicht auf eine derartige Ausnahmegenehmigung hoffen. Die Unmöglichkeit meiner Situation beeinflusste jedoch nicht meinen Entschluss. Ich blieb optimistisch, dass ich schließlich dort angenommen werden würde, wo ich eigentlich gar nicht hingehörte. Je mehr psychoanalytische Texte ich las und Kontakt zu Analytikern bekam, desto attraktiver erschien mir die Psychoanalyse als Berufung wie auch als Beruf.

Ich darf nicht unterschätzen, wie sehr die damalige historische Situation mich in meinem Entschluss bestärkte, Psychoanalytiker zu werden. Als subversive und ikonoklastische Disziplin sondergleichen schien die Psychoanalyse, wie sie in den Schriften solcher Volkshelden wie Herbert Marcuse, Norman Brown und R. D. Laing repräsentiert wurde, besonders auf die diffusen Sehnsüchte der gebildeten amerikanischen Jugend abgestimmt zu sein. Viele junge Männer und Frauen revoltierten gegen den Traum ihrer Eltern von einem Haus im Vorort, zwei Autos, zwei Kindern und einem Hund, ein Traum, der auf unheimliche Weise an die Sehnsüchte der indischen Mittelklasse von heute erinnert. Sie verachteten ihre Väter in «grauen Flanellanzügen» auf der Jagd nach materiellem Erfolg und ihre Mütter mit ihren aufgetürmten Frisuren, die ihre Frauenrolle als Nestbauer glorifizierten. Das Aufbegehren gegen diesen allgemeinen Konsens hatte bereits in den späten 1950er-Jahren mit den Schriftstellern der Beatgeneration wie Jack Kerouac und Alan Ginsberg eingesetzt, genau wie die Anfänge des radikalen Feminismus und der Umweltbewegung.

In den 1960er-Jahren schien die Psychoanalyse der «Gegenkultur» der Jugend intellektuelle Orientierung zu geben. Das Ansehen, dass Psychoanalyse und Psychoanalytiker genossen, erreichte in den USA seinen Höhepunkt, und daran wollte ich teilhaben. Zudem war die Psychoanalyse der einzige Beruf, in dem man mit zunehmendem Alter für weiser galt, sodass ich mich darauf würde freuen können, bis ins hohe Alter hinein soziale Anerkennung und Bewunderung zu genießen. Ich würde dem Schicksal entgehen, von der Jugend als «alte Niete» oder «alter Sack» bezeichnet zu werden, und als weisem Mann würde man mir respektvoll lauschen. Die Analytiker, die ich kennenlernte, verströmten ein Selbstbewusstsein, um das ich sie beneidete und das mich faszinierte. Ich erinnere mich an einen Besuch im New Yorker Haus von John Ross, der mein Freund und ein Schüler Eriksons war und dessen Freundin und künftige Frau Jane in meiner Gruppe war. Johns Vater Nathaniel Ross war der Mitherausgeber des *Journal of the American Psychoanalytic Association* und eine der Säulen des psychoanalytischen Establishments. Dr. Ross, ein stämmiger, glatzköpfiger Mann, war ein orthodoxer Freudianer, der nicht den geringsten Zweifel daran hegte, dass die Psychoanalyse die Königin aller Human- und Sozialwissenschaften sei. Er erwies sich sogar noch in seiner Verachtung von Leuten, von denen er nichts hielt, als Freudianer: Handelte es sich um einen Mann, war er ein «Schlappschwanz», handelte es sich um eine Frau, war sie eine «vertrocknete Fotze». Beim Abendessen hörte ich ihm hingerissen zu, wie er gesellschaftliche und internationale Themen psychoanalytisch zerpflückte. Ich bewunderte das Selbstbewusstsein, mit dem er seine Ansichten über die Probleme Indiens und der Inder vertrat, obwohl ich meinte, dass sein Verständnis oberflächlich war und, wie bei den meisten westlichen Intellektuellen, einem kolonialen Geist entsprang. Ich war so eingeschüchtert, dass ich meinen Widerspruch nicht zu äußern wagte.

Cambridge war auch der Ort, an dem ich einen weiteren Freund fürs Leben fand. Es war Manfred Kets de Vries, ein Holländer, der wegen des *International Teachers Program* an die *Harvard Business School* gekommen war und auch Zalezniks Seminar besuchte. Manfred, heute Professor am INSEAD, dem *Institut Européen d'Administration des Affaires*, um den vollständigen Namen zu nennen, der führenden europäischen Business School in Fontainebleau bei Paris, wurde einer der weltweit führenden Managementgurus und ein Experte für Führungspsychologie. Unsere Freundschaft begann mit einem Missklang. Als wir am ersten Abend nach dem Seminar zum Harvard Square zurückgingen, beschlossen wir, auf ein Glas Bier ins Café Pampalona einzukehren. Wir kamen intensiv ins Gespräch, und nachdem aus dem einen Glas drei oder vier geworden waren, spürte ich das dringende Bedürfnis zu urinieren. Wie viele andere kleine Kneipen in den Seitenstraßen des Harvard Square verfügte auch das Café Pampalona über keine Toilette. Während Manfred sitzen blieb, machte ich mich auf die Suche, wurde jedoch nicht fündig. Mein Bedürfnis war nun sehr dringend, und da es inzwischen dunkel geworden war, überkamen mich meine indischen Instinkte. Ich öffnete meinen Reißverschluss und begann mich an der Ecke Mt Auburn Street und Massachusetts Avenue gegen eine Mauer zu erleichtern. Die Erleichterung, eine volle Blase zu entleeren, wurde durch ein lautstarkes «Hey, Du!» rüde unterbrochen.

Ich sah über die Schulter und erblickte hinter mir auf der Straße einen Polizeiwagen aus Harvard; auf dem Dach blitzte das Blaulicht. Ein stämmiger Polizist stand vor der Beifahrertür.

«Herkommen», befahl er in einem unfreundlichen Ton, der fast schon bedrohlich klang.

Ich zog den Reißverschluss hoch und ging zu ihm.

«Zeig mir mal einen Ausweis», sagte er.

Ich präsentierte ihm meine eben erst ausgestellte «Officer»-Karte, die mich als Mitglied der Fakultät von Harvard auswies.

Der Polizist sah sie sich genau an und warf mir einen merkwürdigen Blick zu.

«Sie dürfen das hier nicht machen», sagte er und fügte noch ein ironisches «Sir» an. Ich nickte tief beschämt.

«Sie können da drüben hingehen», sagte er etwas freundlicher und zeigte auf die erleuchteten Studentenwohnheime am Harvard Yard auf der anderen Straßenseite.

Ich ging ins erste Wohnheim, klopfte an eine Zimmertür im Erdgeschoss und fragte den erstaunten Studenten, der mir öffnete, ob ich seine Toilette benutzen dürfe. Nachdem ich fertig war, konnte ich nicht so unhöflich sein, gleich wieder zu verschwinden, sondern setzte mich zu den beiden Studenten, die sich das Zimmer teilten. Wir kamen ins Gespräch. Sie boten mir mehr Bier an, und als ich zwei Stunden später ins Pampalona zurückkam, war Manfred gegangen. In den 16 Jahren, in denen wir gemeinsam in seinem Führungsseminar für Topmanagement am INSEAD unterrichtet haben, vergisst er nie, den Teilnehmern diese Geschichte zu erzählen – eine späte Rache dafür, dass ich ihn vor über 40 Jahren in einer Kneipe in Cambridge sitzen ließ.

*

Harvard bestand nicht nur aus Studium und Arbeit. Tatsächlich war das «Geistesleben» zwar wichtig, bildete aber nur den kleineren Teil meiner Existenz. Die beiden Jahre in Harvard habe ich als eine Zeit hedonistischer Verzauberung in Erinnerung. Es war mitten in den 1960er-Jahren, der Zeit von «Sex, Drogen und Rock 'n' Roll». Drogen nahm ich nicht. Mein Freund John Ross lud mich oft zu den Partys anlässlich der Premieren und letzten Vorstellungen des Studententheaters des *Harvard Loeb Theatre* ein. John war ein aufstrebender, talentierter Schauspieler, der zu seinem wiederholten Bedauern in New York Psychoanalytiker wurde; sein beruflicher und materieller Erfolg und das hohe Ansehen, das er genießt, ist nur eine kleine Entschädigung für eine verpasste Berufung. Harvards Studententheatertruppe brachte gute Schauspieler hervor: Tommy Lee Jones hatte ein Jahr zuvor Examen gemacht, John Lithgow, der in Eriksons Seminar in meiner Gruppe war, war ein anderer, dem in Hollywoodfilmen und Broadwaystücken eine bemerkenswerte Karriere gelang. John wäre gern einer von ihnen gewesen.

Bei diesen Partys verschwieg ich stets meine Zugehörigkeit zur *Harvard Business School* und betonte stattdessen die zur Fakultät der Geistes- und Naturwissenschaften. Die Wirtschafts- und Jurafakultäten wurden als Domänen der «Spießer» verachtet, und keine selbstbewusste Studentin, die Teil der Gegenkultur sein wollte, hätte sich mit so einem eingelassen. Die «Spießer» trugen Sakkos, Hemden mit Kragenknöpfen und Krawatten, während diejenigen, die sich der Gegenkultur zugehörig fühlten, Blue Jeans anhatten. Es waren nicht die Designerjeans von heute, sondern ausgeblichene, manchmal schmutzige, mit Flicken versehene Schlaghosen. Lange Haare, grell gefärbte Hemden, Fransenwesten und handgemachte Sandalen bildeten weitere Accessoires der Gegenkultur. Auf den Partys hörten wir die Lieder von Joan Baez und Bob Dylan, tanzten zu den Beatles und Rolling Stones zum Beat des Rock 'n' Roll. Meine Erinnerung an mich selbst gilt einem, der sich nie vollständig mit der Gegenkultur seiner Freunde identifizierte. Ich mochte die Beatles, begeisterte mich aber mehr für den Jazz von Miles Davis und Gerry Mulligan. Ich hatte eine orangefarbene Cordjacke mit breitem Revers, trug aber ansonsten Sachen, die weder spießig noch sonderlich «hip» waren. Ich hatte lange Haare, schreckte aber vor Gesichtspelz zurück. Es war die Zeit der «sexuellen Revolution», aber ich rastete nie aus. Meine sexuelle Zurückhaltung war weniger Resultat moralischer Überzeugung als vielmehr meiner Schüchternheit gegenüber Frauen geschuldet.

Mitte der 1960er-Jahre gärte es auch politisch auf den Campus amerikanischer Universitäten. Atomängste und Widerstand gegen den Vietnamkrieg blühten zu einer radikalen Friedensbewegung auf. Die Wellen des Vietnamkriegs spürte man noch an einem so entlegenen Platz wie Eriksons Seminar. Jeder männliche Jugendliche musste sich in Amerika registrieren lassen. Sobald er registriert war, konnte er zum Dienst in Vietnam eingezogen werden. Studenten wurden zurückgestellt, aber wenn der Notendurchschnitt eines Studenten unter 2.0 auf ein C fiel, konnte die Zurückstellung aufgehoben werden. In unserem Seminar hing die Benotung eines Studenten wesentlich von der Arbeit ab, die er am Ende schrieb. Die zuständigen Gruppenleiter benoteten die Arbeiten, und Erikson reichte die Noten dann an die Prüfungskommission von Harvard weiter. Bei einem unserer letzten Arbeitsessen beharrte einer der Gruppenleiter – Richard Sennett, der später ein bekannter Soziologe wurde – darauf, dass er keinem seiner Studenten eine schlechtere Note als B geben würde. Nach dem Examen konnte ein Student eingezogen werden, wenn er sich nicht für ein Aufbaustudium einschrieb; um dort zugelassen zu werden, musste man mit seinem Notendurchschnitt oberhalb der Untergrenze liegen. «Ich will nicht dafür verantwortlich sein, dass jemand in Vietnam stirbt, weil meine Note darüber entschieden hat, ob er zur Armee eingezogen wurde oder nicht», sagte Dick irgendwie würdevoll.

Erikson zögerte, die Beurteilung von akademischen Leistungen durch außerakademische Erwägungen beeinflussen zu lassen, aber da wir alle Dick nachdrücklich zustimmten, erklärte sich Erikson bereit, dem Beschluss seiner Assistenten zu folgen. Als Protest gegen den Vietnamkrieg war, das aberwitzig – genau wie meine Selbstzufriedenheit, dem US-Imperialismus in Südostasien einen Schlag versetzt zu haben, was mehr war, als sich im Schutz einer Kneipe von Cambridge bei eisgekühlten Bierkrügen Antikriegsrhetorik anzuhören oder hinzugeben. Als ich einige Jahre später wieder in Indien war, kulminierte die wachsende Unruhe überall in den USA in massiven Studentendemonstrationen.

Der zweite Brennpunkt der Studentenunruhen, die amerikanischen Rassenverhältnisse, war stärker persönlich geprägt als der Vietnamkrieg. Es war die Zeit von Martin Luther King Jr. und der Bürgerrechtsbewegung. Der Höhepunkt von Kings gewaltlosem Protest wurde jedoch schon 1963 durch den Marsch auf Washington markiert. 1965 verlagerte sich der Schwerpunkt der Bürgerrechtsbewegung aufs Thema Selbstrespekt und schwarzer Stolz, repräsentiert durch Huey Newton und die Black Panthers, die nichts von Gewaltlosigkeit hielten. Als eine Bastion liberalen Denkens standen Harvards Studenten im Kampf gegen Rassendiskriminierung in vorderster Front. Manche gingen in den Süden nach Mississippi und Georgia, um an den von Bürgerrechtsgruppen organisierten Märschen und Demonstrationen teilzunehmen. Wenn man in meinem Freundeskreis in Cambridge in einen Jazzclub im Bostoner Stadtteil Roxbury ging, in dem die meisten Schwarzen (die damals noch Neger genannt wurden) lebten, brüstete man sich am nächsten Tag damit; aber nicht nur, weil es ein Solidaritätsbeweis mit den Schwarzen war, sondern auch Mut erforderte, sich auf gefährliches Gelände zu begeben, wo Weiße verbale und manchmal auch körperliche Attacken riskierten. Die wenigen schwarzen Studenten auf dem Campus waren von diesem Rassentourismus unbeeindruckt und blieben unter sich. Sie wurden umschwärmt von liberalen weißen Studenten, die ihren Ansichten über die amerikanische Gesellschaft schmeichelhafte Aufmerksamkeit schenkten und sich hüteten, ihnen zu widersprechen. Die Freundschaft mit einem Schwarzen verlieh den eigenen liberalen Überzeugungen hoch geschätzte Glaubwürdigkeit. Zugleich waren die Weißen jedoch davon überzeugt, dass die wenigen schwarzen Studenten und Fakultätsmitglieder ihren weißen Kollegen intellektuell unterlegen und nur deshalb in Harvard waren, weil die Universität eine Integrationspolitik verfolgte. Angesichts der liberalen Ambivalenz schlossen die schwarzamerikanischen Studenten trotzig ihre Reihen, und nur die afrikanischen Studenten überbrückten problemlos die Rassenkluft. Ich war ein brauner Inder, weder weiß noch schwarz, und obwohl ich stark einer Identifikation mit Letzteren zuneigte, fühlte ich mich im Umgang mit Ersteren wohler, weil sich die Gespräche nicht ständig um Rassenbeziehungen, weiße Unterdrücker und schwarze Opfer drehten.

Mein eigenes Leben beeinflussten die amerikanischen Rassenbeziehungen durch meine Freundin, die Tochter eines Harvardprofessors, deren Eltern aus New England eingefleischte WASPS *(White Anglo Saxon Protestants)* waren. Sie hatte sich vor Kurzem von ihrem Freund getrennt, einem schwarzen Musiker. Ihr Schuldgefühl wegen der Trennung war weniger persönlich als vielmehr sozial und historisch gefärbt, die Schuld der weißen Liberalen, die mit einem Schwarzen Schluss machte, eine Schuld, die auch durch die Wahl eines Inders als Ersatz nicht getilgt werden konnte. Die Schuldgefühle vergifteten unsere Beziehung. Ich wunderte mich nicht, als sie mir nach meiner Rückkehr nach Indien mitteilte, dass sie zu ihrem schwarzen Freund zurückgekehrt war. Und obwohl ihre Beziehung nicht lange hielt, machte sie doch die Rassengleichheit zu ihrer Sache. Sie vermittelte ihr eine Ideologie, die ihre volle Hingabe verlangte, und stärkte damit ihr labiles Selbstbewusstsein. Ich freute mich für sie, wenn auch die Liste meiner liebsten Menschen jahrelang nicht gerade von schwarzen Jazzpianisten angeführt wurde.

AUF DEM WEG ZUM PSYCHOANALYTIKER

1968–1975
Ahmedabad–Frankfurt

Inzwischen war ich ein altgedienter Reisender zwischen den Welten geworden, zwischen Indien und dem Westen, und meine tatsächlichen wie auch meine metaphorischen Jetlags waren nur noch minimal. Mein Innenleben glich einer Drehbühne mit zwei verschiedenen Kulissen für eine Theaterinszenierung. Wenn ein Akt endet, wird es auf einem Teil der Bühne mit all ihren Requisiten und Figuren dunkel, während sich die Scheinwerfer auf den anderen Teil richten, auf dem das Stück fortgesetzt wird. Das Publikum ist sich des dunklen Teils noch vage bewusst, wird aber nun von der Handlung gefesselt, die auf dem erleuchteten Teil stattfindet, und wenn die Handlung wieder auf dem ersten Teil spielt, wendet sich die Aufmerksamkeit wieder diesem zu. Obwohl meine Arbeit sich in Grenzbereichen zwischen verschiedenen Disziplinen – Psychologie und Anthropologie, Psychologie und Religion – entfalten sollte, war mein inneres wie äußeres Leben stets von einem völligen Eintauchen in die Welt geprägt, in der ich mich jeweils an einem bestimmten Punkt meines Lebens befand. Ausnahmen von dieser Regel, auf die ich noch zurückkommen werde, ergaben sich, wenn ich sehr verliebt war.

Als ich meine Lehrtätigkeit am IIM in Ahmedabad aufnahm, schlüpfte ich zurück in mein indisches Ich, indem ich wieder enge Fäden zu meiner Familie anknüpfte, aber auch zu alten Freunden wie Suhrid Sarabhai und besonders Subash Mashruwala, mit dem ich das sexuelle Desaster in Colombo geteilt hatte. In Ahmedabad wohnte ich wieder in Kamlas Gästehaus. Obwohl ihre Verbindung immer noch intensiv war, besuchte Vikram Kamla jetzt viel seltener als vor drei Jahren, als ich bei ihr gewohnt hatte. Ravi Matthai, der neue Direktor des IIM, hatte Vikram als ihren Liebhaber ersetzt. Ravi, der auf dem IIM-Campus in Vastrapur wohnte (seine Familie hatte den Wohnsitz in Bombay behalten), kam an den Wochenenden vorbei. Unsere sonntäglichen Mittagessen aus Fleischcurry mit Reis, eingeleitet durch

Mit Manfred, Ahmedabad, 1966

verbotenen Gin mit Tonic – in Gujarat galt damals wie heute strenge Prohibition –, wurden zu einem angenehmen Ritual, auf das ich mich schon die ganze Woche freute. Die flachen Halbflaschen *Blue-Riband*-Gin, in einem Koffer nach Ahmedabad geschmuggelt, wann immer einer von uns nach Delhi fuhr (Bombay war ebenfalls «trocken»), waren ein kostbares Gut und wurden mit der gleichen Ehrerbietung behandelt, die man sonst einer Flasche französischen Champagners entgegenbringt. Die Alternative zu diesem illegalen Konsum hätte darin bestanden, sich bei der Regierung als Alkoholiker, dessen Gesundheit ohne sein tägliches Quantum auf dem Spiel stünde, registrieren zu lassen und dann die beiden Flaschen, die pro Monat als Alkoholmenge erlaubt waren, beim lizenzierten Verkäufer im *Cama*-Hotel zu erwerben. Für die Alkoholgenehmigung benötigte man nicht nur ein ärztliches Attest, sondern musste auch einen Antrag ausfüllen, der einladend begann mit «Name des Trunksüchtigen (*Sharabis*)», in der nächsten Zeile gefolgt von «Name des Vaters des Trunksüchtigen». Ich brachte es nicht über mich, meinen Vater dieser Schmach auszusetzen.

Obwohl eine der größten Städte Indiens, war Ahmedabad 1968 durch und durch vegetarisch und asketisch und alles andere als eine «beschwingte» Stadt. Es gab ein Restaurant, das *Kwality* an der Relief Road, in dem zwei westliche, nichtvegetarische Gerichte serviert wurden: Spaghetti Bolognese und Fish and Chips. Für Collegestudenten und junge Mittelklassepaare war es der Höhepunkt des Tages oder der Woche, abends in den Law College Garden zu gehen und *Vadilals* Eis zu essen, besonders das neu eingeführte und extrem beliebte *Kajudraksh* – Cashew-Rosinen. Ich war recht zufrieden mit meinem Leben, das aus Unterricht, Schreiben, langen Bridgepartien an Samstagabenden und opulenten Sonntagessen bestand. Harvard Square war Teil einer anderen Galaxie, die sich rasend schnell entfernte.

Mein einziges Problem war ein unfreiwilliges Zölibat. Ich begann Tabla zu lernen, ein lange gehegter Wunsch, und einen Roman zu schreiben, aber wenn es sich dabei um Sublimationsversuche handelte, waren sie nicht erfolgreich. Als die Monate verstrichen und eine pummelige, mittelalte Bibliothekarin am IIM, die ständig die Stirn runzelte, mir attraktiv vorzukommen schien, wusste ich, dass es an der Zeit war, die Briefe meiner Eltern ernst zu nehmen, in denen sie mich drängten, «endlich sesshaft» zu werden, und mir zum Überdenken einige gute Heiratsvorschläge machten. Aber bevor ich nach Jaipur, wo meine Eltern nun nach der Pensionierung meines Vaters wohnten, reisen und mit der ganzen Prozedur beginnen konnte, mich unter dem Gesichtspunkt einer arrangierten Ehe mit verschiedenen Frauen zu treffen, lernte ich ein Mädchen kennen, das meine erste Frau und die Mutter unserer beiden Kinder werden sollte.

Mit meinem Freund Subash war ich nach Bombay gefahren, um ein schnelles kleines Fiat Sportcoupé, das ich auf meinem Rückweg von Europa gekauft und nach Indien importiert hatte, durch den Zoll zu bringen. Das war zur Zeit der «Planwirtschaft» und des «sozialistischen Gesellschaftsmodells», als während der politischen Instabilität und der Spaltung der regierenden Kongresspartei nach den allgemeinen Wahlen von 1967 Politiker ihre eigene sozialistische Glaubwürdigkeit herausstellten und zugleich die ihrer Gegner diskreditierten. Die Einfuhr von Luxusgütern war verboten, und Fabriken unterlagen Produktionsquoten. Beispielsweise kam eine Lizenz zur Autoproduktion einer Lizenz zum Gelddrucken gleich. Für Premier Padmini, Hindustan Ambassador und Standard Herald, die indischen Versionen des Fiat 1100, Morris Oxford und Triumph der 1950er-Jahre, gab es lange Wartelisten. In meinem hellblauen Sportcoupé würde ich garantiert eine blendende Figur abgeben, wenn ich damit durch die Straßen Ahmedabads brauste; diese Phantasie hatte meinen Kauf in erster Linie motiviert.

Wir kamen bei der Familie von Subashs Schwester in Bombay unter und tranken eines Abends gerade Tee, als sie eintrat. Als Erstes beeindruckte mich an Apeksha ihre umwerfende Lebhaftigkeit. Die schwarzen Augen funkelten; das rabenschwarze Haar schien vor Energie zu knistern. Subash stellte sie als seine Nichte vor, die Tochter einer älteren Schwester, die gestorben war, als Apeshka noch ein Kind war. Jetzt war sie 19 und in ihrem letzten Jahr auf dem College, wo sie Französisch studierte. Die spontane Zuneigung beruhte auf Gegenseitigkeit, und anders als die meisten jungen Inderinnen versuchte sie nicht, dies zu verbergen. Ermutigt durch ihre Kühnheit, folgte ich ihr diskret, als sie in eines der inneren Zimmer ging, und fragte sie, ob sie am nächsten Tag, nachdem wir den Wagen an den Docks, an denen die Zollstation lag, abgeholt hätten, auf eine Spritztour mitkommen wollte. Ich bat sie auch um ihre Telefonnummer, die sie bereitwillig auf ein aus ihrem Collegeheft gerissenes Stück Papier kritzelte. Nachdem sie sich wieder zu den anderen ins Wohnzimmer gesellt hatte, wartete ich noch einige Minuten, bevor ich zurückkam, und trocknete mir die Hände an einem Handtuch ab, als wäre ich im Bad gewesen. Niemand bemerkte das kleine emotionale Erdbeben, das wir beide eben erlebt hatten.

Die Heimlichkeit verlieh unserer Affäre eine besonders starke sexuelle Spannung. In den nächsten Monaten kam ich so oft wie möglich nach Bombay. Nachmittags nach dem College kam sie zu mir ins Hotel; eine Freundin gab ihr ein Alibi dafür, nach der Schule nicht gleich nach Hause zu kommen. Wir blieben im Hotelzimmer, bis sie abends gehen musste. Ich war ihr erster Mann und nicht gefeit gegen den atavistischen Kitzel, der damit einhergeht. Sie ging davon aus, dass wir heiraten würden, und auch ich war zur Heirat bereit. Alle Zweifel, und es gab durchaus einige, wurden durch die schockierte Reaktion ihrer Familie hinweggefegt, als sie ihr von ihrer Absicht erzählte. Wenn Heimlichkeit der schwarze Mantel der Nacht ist, unter dem sexuelle Erregung wächst und gedeiht, dann sorgen Hindernisse auf dem Weg zur Vereinigung garantiert dafür, dass eine aufblühende Beziehung von allen Zweifeln und Unsicherheiten gereinigt wird.

Sie war eine Kilachand, eine bekannte Familie von Geschäftsleuten aus Bombay, obwohl sie selbst einem relativ armen Zweig entstammte. Ihr Großvater Chhotelal, der ältere Bruder Tulsidas Kilachands, der jetzt das Familienoberhaupt war, hatte in den 1920er-Jahren durch unkluge Spekulationen an der Börse sein Vermögen eingebüßt. Ihr Vater und zwei Onkel, die alle mit ihren Frauen und Kindern in einer Großfamilie in einem heruntergekommenen Anwesen, dem Stammsitz der Kilachands, in Girgaum lebten, waren jetzt in Tulsidas Kilachands verschiedenen Unternehmen angestellt. Ich war «nur ein Professor», der nie das große Geld verdienen würde und dennoch Mitglied einer Familie werden wollte, der Ethos *Dhandha*, Geschäft, als höchste menschliche Leistung und Geldverdienen als einzig sinnvolles Lebensziel galten. Nicht, dass die Familie altmodisch oder unkultiviert gewesen wäre. Einige der jüngeren Männer hatten an amerikanischen Wirtschaftsschulen studiert und wussten, dass IIM Ahmedabad nicht irgendein College war, sondern das erste Institut des Landes für Managementausbildung. Sie hätten mich sehr gern als Berater für ihre Firmen gesehen, aber nicht als angeheirateten Verwandten. Die Älteren verfügten über den angeborenen Respekt der Hindus für Bildung, was jedoch nicht bedeutete, dass sie sich einen Lehrer als Schwiegersohn in der Familie wünschten. Zudem war sie eine Gujarati-*Bania* und ich ein Punjabi-*Khatri* (das Gegenteil der Kategorien in der Vikram/Kamla-Beziehung); die Unterschiede zwischen uns erstreckten sich nicht nur auf die Kaste, sondern auch auf die Region und die Sprache, die unterschiedliche Weltbilder, Lebensstile und Denkweisen implizierten. Rückblickend hatte ihre Familie nicht unrecht.

Um das Wissen um die inneren Hindernisse einer Liebe zu kaschieren, ist nichts so effektiv wie äußere Widerstände. Indem Apeksha sich abmühte, ihre Familie zu überzeugen, unsere Verbindung zu akzeptieren, wurde ich in den Konflikt hineingezogen, war deprimiert über die Rückschläge und jubelte über ihre gelegentlichen Erfolge, den einen oder anderen Verwandten auf ihre Seite zu bringen. Ich bewunderte den Mut der Neunzehnjährigen, dem Druck zu widerstehen, der auf sie ausgeübt wurde. Schließlich gab ihre Familie nach. Sie wusste, dass Apeshka ein willensstarkes Mädchen war, das mit mir durchbrennen würde, wenn die Hochzeit nicht zustande käme, eine Möglichkeit, die dem Ruf der Familie mehr schaden konnte als die Heirat mit einem punjabischen Professor. So kam es dann im Dezember 1969

Mit Apeksha, 1969

dazu, dass ich, gekleidet in einen *Achkan* aus Goldbrokat, *Churidars* und einen vier Pfund schweren Turban auf dem Kopf, mich auf einer schreckhaften weißen Stute wiederfand und den Hochzeitszug anführte, der aus meinen Verwandten bestand, die den weiten Weg von Amritsar und Delhi auf sich genommen hatten, um an den Feierlichkeiten in Bombay teilzunehmen. Die vor mir marschierende Blaskapelle spielte das schmissige «*Mere sapnon ki rani kab ayegi tu* – Königin meiner Träume, wann kommst du» aus *Aradhana*, dem größten Kinohit des Jahres, ein Lied, das Hochzeitskapellen in jenem Jahr auf mindestens der Hälfte aller Hochzeiten in indischen Städten gespielt haben müssen.

Falls meine Eltern Vorbehalte gegen meine Partnerwahl hatten oder meinten, dass meine Eile hinsichtlich der Hochzeit «zu überstürzt, zu unbedacht, zu plötzlich» war, dann behielten sie ihre Zweifel für sich. Sie waren so glücklich über die Tatsache, dass ich endlich heiratete, dass sie meine Wahl nicht infrage stellten. Meine eigenen Zweifel, ob wir wirklich zueinanderpassten, unterdrückte ich mithilfe zweier

Phantasien, die mir bewusst zu machen ich mich damals aber noch weigerte. Die erste war die, dass ich wegen ihrer Jugend, Unerfahrenheit und offensichtlichen Idealisierung meiner Person Apeshkas Persönlichkeit nach der Hochzeit meinen Wünschen gemäß würde formen können. Ich plante ein Pygmalion zu ihrer Galatea zu sein, ein weltläufiger Professor Higgins zu einer ungeschliffenen Eliza Doolittle. Die zweite Phantasie war eher schändlich als naiv, da sie mit der Vorstellung einherging, wie neidisch andere Männer sein würden, mit einer «reichen Erbin» verheiratet zu sein; das beschämende Eingeständnis, dass die Wahl einer Lebenspartnerin wie auch das Fiat Sportcoupé einen gemeinsamen Aspekt hatten – die Befriedigung meiner Eitelkeit.

Sobald die erotische Flut verebbte, die durch Heimlichkeit und Widerstände hochgeschlagen war, entpuppten sich unsere Unterschiede in Herkunft und Perspektiven als tief verwurzelte Unvereinbarkeiten. Um nur ein einziges Beispiel zu nennen: Ich war im Wesentlichen in einer Kernfamilie aufgewachsen und war als Kind der «Prinz», dem seine Eltern so gut wie nie böse gewesen waren; ich kann mich tatsächlich nur an ganz wenige Gelegenheiten entsinnen, bei denen sie mich mit erhobener Stimme ermahnten. Apeksha musste von Kindheit an um Anerkennung ihrer Person kämpfen, und zwar in einer Großfamilie mit tief verwurzelten patriarchalischen Werten, in der ihr schwacher Vater kaum je für seine Tochter eintrat, die im Gegensatz zu ihrem vergötterten Bruder als aufsässig und dickköpfig galt und gering geschätzt wurde. Wir drückten unseren Ärger auf jeweils charakteristische Weise aus: sie mit Wutanfällen und ich mit grollenden Rückzügen, die angesichts unserer Lebensläufe die schlechteste Art waren, eine Verstimmung auszuräumen oder die Aufmerksamkeit des anderen zu erlangen. Es gab noch weitere Konfliktpunkte und Unstimmigkeiten, die alle auf die vorhersehbare, wenn auch unausgesprochene Klage hinausliefen: «Mein Mann/meine Frau versteht mich nicht.» Eine traurige Wahrheit, die wegen ihrer allgegenwärtigen Banalität nur noch trauriger wird. Es ist eine Klage, die jede Menge Witzeleien und wissendes Gekicher auslöst, obwohl sie auf einer fundamentalen menschlichen Sehnsucht beruht, die Dostojewski «die Sicht der Liebenden» nannte: von unseren Partnern gesehen zu werden, wie Gott uns sehen mag – mit totaler Liebe, totalem Verständnis, totaler Nachsicht.

Noch lange nach dem Scheitern der Ehe versuchte ich das Geheimnis auszuloten, wie und warum unsere anfangs so heftige Anziehung im Lauf der Zeit zu Gleichgültigkeit oder noch Schlimmerem geworden war. Mit den enormen Unterschieden unserer sozialen Hintergründe konfrontiert zu werden, nachdem unsere anfängliche Leidenschaft verschwunden war und Gewohnheit unsere Illusionen und gegenseitigen Idealisierungen untergraben hatte, lieferte eine teilweise Erklärung. Es gab die unausweichlichen Schübe *mea culpa*, bei denen ich mich fragte, ob meine Partnerwahl nicht von Anfang an neurotisch gewesen war, ein Risiko, das eine «Liebesheirat» im Gegensatz zu einer «arrangierten Ehe» immer eingeht. Bei diesen Schüben der Selbstvorwürfe fragte ich mich, ob ich Apekshas Zweifel an ihrem eigenen Wert, der ihr von Kindheit an eingeimpft war, missbraucht hatte, um meinen eigenen Größenwahn beibehalten und mein Gefühl, etwas «Besonderes» zu sein, bestärken zu können. Hatte ich ihre Abhängigkeit gebraucht, um meine eigene Selbständigkeit zu unterstreichen? Oder musste umgekehrt ihr Gefühl, als Kind zu kurz gekommen zu sein, mein eigenes Ich bestärken, das während meiner frühen Lebensjahre so sehr verhätschelt worden war? Die mit einer neurotischen Wahl verknüpfte Rigidität hätte dann ein Wachsen und Reifen der Beziehung im Lauf der Jahre unmöglich gemacht. Abgesehen vom unbewussten Widerstand, eine derartige Wahl zu treffen, hätten alle Schritte in Richtung einer psychischen Ausgewogenheit, die zum Gedeihen einer Ehe, so sie nicht einfach nur überleben soll, unabdingbar ist, viel größerer Anstrengungen bedurft, als ich während unserer gemeinsamen Jahre vielleicht unternehmen wollte oder konnte.

Kulturelle Faktoren wie ein Indertum, das nicht übermäßig erschüttert wird, wenn sich eine anfangs leidenschaftliche Beziehung zu einer Vernunftehe entwickelt, ein Indertum, dem das Wohlergehen der Kinder sehr viel mehr gilt als das Glück des Ehepaars, spielten sicherlich eine Rolle, dass diese unbefriedigende Ehe über mehr als zwei Jahrzehnte bestehen blieb. Wir, und Apeksha vielleicht mehr als ich, waren wie der Frosch in einem Topf Wasser, den man übers Feuer hält, und der Frosch bemerkt das Ansteigen der Hitze erst, wenn es zu spät ist und er nicht mehr herausspringen kann. Als am Ende die Risse in der Ehe immer breiter wurden und dann auf beiden Seiten zu Scherben der Untreue zersprangen, räumte Apeksha in einem Brief ein, dass trotz der «wunderbaren Kinder, mit denen wir gesegnet sind», und obwohl die «ersten Jahre nicht schlecht waren», die «Beziehung sich aufzulösen begann».

Die unvermeidlich redigierte Version meiner unruhigen ersten Ehe werde ich nicht fortsetzen. Die Erinnerungen an eine gescheiterte Ehe sind noch selektiver und mit Sicherheit tendenziöser als die Erinnerungen an weniger intime Verbindungen. Darüber hinaus gibt es keinen Lebensbereich, in dem uns unser Unterbewusstsein mehr täuscht als in der Natur unserer intimsten Beziehungen. «Es scheint, dass gerade die Kunde, die unser Bewußtsein von unserem Liebesleben erhält, besonders leicht unvollständig, lückenhaft oder gefälscht sein kann.»[1] Ich bin keine Ausnahme.

*

Meine drei Jahre zwischen 1968 und 1971 am IIM erinnere ich nicht nur als eine Zeit, in der ich mit dem Verfassen von Aufsätzen und Monografien im Bereich «Organizational Behaviour» befasst war, um meine akademische Karriere voranzutreiben, sondern auch wegen meines zunehmenden Engagements in der Gesellschaft, zu der ich gehörte. Genau wie die indische Rupie, die mit all ihren kindlichen Assoziationen zwar nur einen Bruchteil des Dollars wert war, sich aber stets viel mehr wie echtes Geld angefühlt hatte als die amerikanische Währung, betrafen mich Ereignisse, die das Gewebe Indiens zerrissen, viel tiefer als die amerikanischen Studentenunruhen und Proteste gegen den Vietnamkrieg während meiner Zeit in Cambridge.

1969 wurde Ahmedabad zum Schauplatz eines der schwersten Gewaltausbrüche zwischen Muslimen und Hindus seit der Unabhängigkeit des Landes. Eine Kommission, die einen anderen Aufruhr untersucht hatte, wies darauf hin, dass die Stadt immer wieder Gewaltausbrüche, die bis ins Jahr 1714 zurückreichten, zwischen den beiden Glaubensgemeinschaften erlebt hatte. Die Unruhen von 1969 waren jedoch die blutigsten. Sie forderten offiziell 560 Tote und 561 Verletzte, was nur noch 2002 durch den Gewaltexzess in Gujarat übertroffen wurde; in beiden Gemetzeln waren die Mehrzahl der Opfer Muslime.

Über das Ereignis, das die Gewalt am 18. September auslöste, gibt es zwei Versionen. Beide Versionen erscheinen in Berichten über Gewalt zwischen Hindus und Muslimen derart regelmäßig, dass man sie wohl als Bestandteil eines von drei Archetypen bezeichnen kann. Der erste Archetyp hat mit muslimischer Gewalt gegen die Kuh zu tun, der zweite mit der Verletzung der heiligen Symbole der jeweils anderen Gemeinde, während der dritte Konflikte religiöser Prozessionen betrifft. Diese auslösenden Ereignisse sind in dem Sinn archetypisch, als sie unabhängig vom tatsächlichen Wahrheitsgehalt in einem bestimmten Fall als legitime Gründe für Gewaltanwendung verstanden werden – Startschüsse sozusagen. Demnach gibt es eine unausgesprochene Erwartungshaltung, dass ein Vorfall mit einer Kuh, dem Koran oder einer religiösen Prozession zur Grundausstattung eines Konflikts zwischen Hindus und Muslimen zählt, und zwar selbst dann, wenn so ein Vorfall gar nicht stattgefunden hat.

Die Version des auslösenden Vorfalls, die wir in Ahmedabad hörten, war die, dass ein hinduistischer Polizeiinspektor auf eine Koranausgabe getreten war, die vom Wagen eines muslimischen Verkäufers gefallen war. Diese Entweihung ihres höchsten religiösen Symbols hatte die Muslime auf die Straße getrieben, und es kam zu Gewalttaten. Die andere, offizielle Version des Berichts der Untersuchungskommission der Gewalttaten lautete, dass eine große Anzahl Muslime sich am Nachmittag vor dem Grab eines Heiligen versammelt hatte, als eine von ihren Besitzern begleitete Kuhherde auf dem Weg zum nächsten Tempel an der Versammlung vorbeigezogen war. Zwischen einigen Muslimen und den Sadhus kam es zum Streit, bei dem einige Sadhus verletzt wurden. Im Anschluss daran kam es in verschiedenen Stadtteilen zu schnell aufeinanderfolgenden Gewaltausbrüchen, die einen hohen Tribut an Menschenleben und Besitzgütern forderten.

Die Gewalt blieb auf die Altstadt innerhalb der Mauern beschränkt, und von jenseits des Flusses sahen wir Rauchwolken von Brandstiftungen aufsteigen und hörten das entfernte Gebsrüll des tobenden Mobs. Ich fühlte mich zu den Teilungsunruhen in Rohtak zurückversetzt und entschloss mich, meinen mir eigenen stillen Aktivismus zum Ausdruck zu bringen, indem ich eines Tages versuchen würde, die psychologischen Ursachen der Gewalt zwischen Hindus und Muslimen besser zu verstehen. Dieses mir selbst gegebene Versprechen löste ich 25 Jahre später mit *The Colours of Violence* (dtsch. *Die Gewalt der Frommen*) ein.

Bereits damals hatte ich das Gefühl, dass die Gewalt zwischen Hindus und Muslimen trotz all ihrer kontextuellen Besonderheiten und Unterschiede bei unmittelbaren Anlässen einige gemeinsame unterschwellige, stets wiederkehrende Motive aufwies. Zum Beispiel waren die 1969 in Ahmedabad kursierenden Gerüchte prinzipiell die gleichen, die ich auch schon 1947 als Kind in Rohtak gehört hatte und dann 2002 während der Gewaltausbrüche in Gujarat erneut hören sollte. Eines dieser ständigen Gerüchte dreht sich um vergiftetes Essen: «Die Muslime haben die Milch vergiftet.» «Die Hindus sind in Lebensmittelläden eingebrochen und haben Glasscherben in Weizenmehlsäcke gemischt» und so weiter – Gerüchte, die unsere potenzielle Paranoia freisetzen und Verfolgungswahn auslösen.

Ein anderer wiederkehrender Klassiker hat mit sexueller Gewalt zu tun, nämlich der Vergewaltigung von Frauen einer Glaubensgemeinschaft durch Männer der jeweils anderen. Abgesehen davon, dass Vergewaltigungsgerüchte dazu taugen, höchste moralische Empörung zum Ausdruck zu bringen, können sie Männern auch als ungewollte, aber ersehnte Ersatzbefriedigung ihrer sadistischen Triebe dienen.

Die Standardgerüchte über vergiftete Nahrung und Vergewaltigung teilen beide Glaubensgemeinschaften. Andere wiederkehrende Gerüchte sind gruppenspezifisch und betreffen die ausgeprägten und andauernden Ängste beider Gruppen, die während religiös motivierter Gewaltausbrüche an die Oberfläche drängen. Im Fall der Muslime beziehen sich diese Gerüchte auf eine angebliche Bedrohung ihrer religiösen Identität: «Exemplare des Korans werden verbrannt, der Islam ist in Gefahr.» «Sie zerstören unsere Moscheen.» «Jetzt werden sie versuchen, uns zu Hindus zu machen.» Solche Gerüchte spielen mit der andauernden Angst indischer Muslime, von zahlenmäßig überlegenen hinduistischen Heerscharen erdrückt zu werden. Solche Aufrufe zum Glaubenskrieg spiegeln die Angst indischer Muslime, irgendwie vom Glauben abzufallen und von der sie umgebenden hinterlistigen hinduistischen Gesellschaft aufgesogen zu werden.

Die gruppenspezifische hinduistische Angst verbirgt sich in Gerüchten wie: «Den Muslimen sind aus Pakistan große Mengen an Waffen und Munition geschickt worden» und 2002 bei den Unruhen in Gujarat: «Terroristen sind über die Grenze zu Kutch (mit Pakistan) eingedrungen und haben sich in ganz Gujarat ausgebreitet.» Letzteres ist lediglich eine zeitgenössische Variante des Gerüchts, das ich 1969 während der Gewalt in Ahmedabad hörte – bewaffnete pakistanische Agenten seien mit Fallschirmen bei Nacht über der Stadt abgesprungen. Indem man die muslimische Minderheit hier mit einem bewaffneten und gefährlichen Feind in Verbindung bringt, wird sie zu einer psychologischen Bedrohung, die sich aus ihrer Anzahl ansonsten nicht rechtfertigen ließe. Diese Gerüchte beschwören islamistische Horden herauf, die an den Landesgrenzen lauern, mittelalterliche islamische Marodeure wie Mahmud, der Sultan von Ghazni, einer der grausamsten und habgierigsten muslimischen Eindringlinge, der jedes Jahr wie ein Feuersturm über Nordindien hereinbrach und weit und breit als großer Zerstörer von Tempeln und als Geißel Indiens berüchtigt war.

Gemeinsam mit C.R. Rangarajan, einem neuen Mitglied der IIM-Fakultät als Assistenzprofessor für Wirtschaftswissenschaft (er ist inzwischen Vorsitzender des Wirtschaftsbeirats des Premierministers), der 1969 auf dem Höhepunkt der Gewalt in Ahmedabad meine Sorgen um die Ereignisse teilte, erarbeitete ich einen interdisziplinären Vorschlag für eine Studie über den mörderischen Konflikt. Nachdem sich die Situation normalisiert hatte und die Belastung durch unsere akademischen Verpflichtungen zunahm, verfolgten wir jedoch die Finanzierung des Projekts nicht weiter. Als Augenzeuge vieler derartiger Ereignisse im Lauf der Jahre – das letzte waren die terroristischen Angriffe vom 26. 11. 2008 in Mumbai – frage ich mich, ob liberale Empörung nicht eine klägliche Sache ist, so flüchtig wie Rauch. «Ganz wie der Blitz, der schon vorbei/Bevor man sagen kann ‹Es blitzt›.»[2]

Meine Beschäftigung mit der indischen Gesellschaft, die zur Publikation eines mittelmäßigen, mit Kamla gemeinsam verfassten Buchs über die indische Jugend führte, geriet auch mit meinem Wunsch in Konflikt, Indien zu verlassen, um meinen Traum, Psychoanalytiker zu werden, weiterzuverfolgen. Ich hatte immer noch die Hoffnung, ein psychoanalytisches Institut in den USA davon überzeugen zu können, mich als Ausbildungskandidaten anzunehmen. Diese Möglichkeit rückte in immer weitere Ferne, da ich selbst für den Fall, als Student angenommen zu werden, immer noch einen gut bezahlten Job benötigt hätte, um die vorgeschriebene kostspielige Ausbildung zum Analytiker finanzieren zu können. Das Land selbst, schrieben mir meine Freunde, sei nicht mehr so attraktiv wie bei meiner Abreise vor drei Jahren. Mit der Wahl Richard Nixons zum Präsidenten befanden sich die Liberalen in einem zwischen Wut und Verzweifelung schwankenden Zustand.

«Nixons Wahl», schrieb John, «könnte dem Denken und Fühlen einen neuen Deckel verpassen, eine Rückkehr in die Fünfzigerjahre und in eine Jugend, in der mir nicht zugestanden wird, einen Kopf oder einen Penis zu haben.»

Universitäten, an denen ich mich um eine Stelle hätte bewerben können, veränderten sich ebenfalls. «Die Studenten sind nicht mehr das, was sie noch vor drei Jahren waren», schrieb Pamela aus Boston. «Es herrscht weitgehend offenere Militanz, Kontrollwut für alle und jede Entscheidung, die sie betrifft, und jede Menge Wutanfälle und Faulheit kommen tatsächlich als moralische Empörung daher.»

Es sah danach aus, als würden sich meine beruflichen Träume in Luft auflösen, und wie der folgende Auszug aus einem Brief an einen Freund während dieser Zeit beweist, gab es Gelegenheiten, bei denen ich damit anfing, meine Unzufriedenheit auf die Außenwelt und meine Beziehungen zu projizieren:

Ich war auf einer Konferenz über Minderheiten und hatte in Jaipur Station gemacht, um meine Eltern zu besuchen, und zurück in Ahmedabad geriet ich mit A. in Streit. In Delhi hatte ich mich emotional prostituiert, um von Leuten gemocht zu werden, die mir völlig gleichgültig sind, in Jaipur mich den Erwartungen und Hoffnungen liebender Eltern ausgesetzt, deren höchst exklusive Liebe manchmal so erstickend ist, und in Ahmedabad den Vorwürfen einer Kindsfrau, in die sich A. manchmal verwandelt … Ich wünschte, ich wäre wieder so ‹cool›, wie ich es einmal war.

Wieder war es Erikson, der mir einen Rettungsring zuwarf; der Mann hatte wohl aus unseren früheren Leben gewaltige karmische Schulden abzutragen! Eines Tages erhielt ich einen Brief von Alexander Mitscherlich, dem berühmten deutschen Psychoanalytiker, Direktor des Sigmund-Freud-Instituts in Frankfurt und Autor des einflussreichen Buchs *Die vaterlose Gesellschaft*. Mitscherlich schrieb, dass auf Empfehlung seines guten Freunds Professor Erik Erikson das Freud-Institut sich freuen würde, mich als Ausbildungskandidaten aufzunehmen. Man war sich meiner finanziellen Zwangslage bewusst und hatte mir einen Job bei *Contest* beschafft, einem Institut für qualitative Marktforschung. Am folgenden Tag erhielt ich das Stellenangebot von *Contest*. Das Institut expandierte auf den neuen Bereich Zukunftsforschung und würde sich freuen, wenn ich dabei behilflich sein könnte, die Sache anzuschieben. Alle drei Geschäftsführer und auch die leitenden Angestellten hatten sich einer persönlichen Psychoanalyse unterzogen und wollten meine eigene Ausbildung nachdrücklich unterstützen, und zwar nicht nur finanziell, sondern auch durch Freistellung von der Arbeit für meine analytischen Stunden auf der Couch. Ich kündigte meine Vollprofessur am IIM, die ich erst kürzlich erhalten hatte, verkaufte mein Fiat Coupé an meinen Freund Suhrid und kaufte von dem Erlös unsere Flugtickets nach Frankfurt.

Knut Hebert, der Chef von *Contest*, war ein bemerkenswert charismatischer und kreativer Mann, inzwischen ein Mittvierziger, der mehr aus seinem Leben machen wollte, als lediglich seinen Geschäftskunden dabei zu helfen, Geld zu verdienen. Während der Großteil von *Contest* weiterhin die gleichen Marktanalysen durchführen sollte, die die Firma so erfolgreich gemacht hatten, hatte er die Absicht, den Schwerpunkt seiner Zeit der Zukunftsforschung zu widmen. Er glaubte, dass seine Vorstellungen auch in den Vorstandsetagen deutscher Firmen auf Interesse stoßen würden, Firmen, die das allgemeine Unbehagen über die derzeitigen sozialen Turbulenzen teilten und sich über die zukünftige Ausrichtung der deutschen Gesellschaft Sorgen machten.

Wie im Grunde ganz Europa nach den Studentenprotesten von 1968 und flächendeckenden Streiks in Frankreich, die fast zum Sturz Präsident de Gaulles geführt hatten, war auch Deutschland 1971 ein von Angst, Unsicherheit und sozialer Unruhe geplagtes Land. Die Polarisierung zwischen der älteren und der jüngeren Generation war schon längst auf dem Weg zu gegenseitigem Unverständnis. Die Jungen verunglimpften ihre Eltern als Spießbürger, verachteten ihren Materialismus, lehnten sie als Autoritäten ab und machten sie dafür verantwortlich, dass es nie zu einer Aufarbeitung der Nazivergangenheit Deutschlands gekommen war. Die Generationsunterschiede prägten sich vor allem in Lebensstilen und Erwartungen aus. Mit dem Aufbau von Jugendzentren und Kommunen suchte eine starke Minderheit der deutschen Jugend nach Alternativen für die herkömmliche Kleinfamilie und einer größeren Rolle der Sinnlichkeit in ihrem Leben. Bei meinen häufigen Besuchen in Wohngemeinschaften junger Leute, wo ich enge Freundschaften schloss, verblüffte mich ein Aspekt des Nationalcharakters, den die studentische Jugend mit ihren Eltern teilte. Im Gegensatz zu den USA konnte man in Deutschland anscheinend das Sinnliche nicht ohne Beimischung des Theoretischen haben;

sogar Spontaneität bedurfte theoretischen Unterfutters. Die hitzigsten Diskussionen, die abends in den Wohngemeinschaften stattfanden, drehten sich nicht darum, ob die Küchenarbeit vernachlässigt oder vergessen wurde oder wer mit wem fickte, es aber eigentlich nicht tun sollte, sondern um Kritik und Kritik der Kritik solcher abstrusen Themen wie das Wesen des Spätkapitalismus.

Die Jugendproteste beschränkten sich nicht auf gewaltlose Sit-ins und die Störung von Universitätsseminaren oder das Gründen von Kommunen. Sie bekamen auch Untertöne der Gewalt, obwohl die terroristischen Anschläge der Rote Armee Fraktion (RAF) noch einige Jahre in der Zukunft lagen. Auf meinem Weg von unserer Wohnung in der Beethovenstraße im Westend zu den Büros von *Contest* in der Eschenheimer Landstraße kam ich an Häusern vorbei, die abgerissen werden sollten, jetzt aber von jungen Hausbesetzern okkupiert waren; aus den Fenstern hingen große rote Banner mit aufgemalten Parolen, auf denen die Polizei davor gewarnt wurde, die Häuser zu räumen. Einige Jahre zuvor hatte man in zwei Frankfurter Kaufhäusern Brandbomben gelegt und den Anschlag als «Attacke auf die Symbole des Kapitalismus» ausgegeben.

Die Zukunftsforschung wollte ihre Geschäftskunden mit Analysen sozialer Trends auf ihren Geschäftsgebieten für die nächsten fünf bis zehn Jahre beliefern und ihnen damit helfen, langfristige Strategien zu entwickeln. Knut Heberts Angebot war keine neutrale Auflistung von Trends, sondern eine Tiefenanalyse, die sich, wie er meinte, die beiden machtvollsten Erklärungstheorien menschlichen Verhaltens zunutze machte – die Freud'sche Psychologie und den Neomarxismus. Während ich für den psychologischen Input sorgte, war ein junger Soziologe, der eben erst am *Institut für Sozialforschung*, der berühmten Frankfurter Schule, diplomiert worden war, für die Analyse soziologischer Trends verantwortlich. In den folgenden drei Jahren verfertigten wir Studien wie *Die Zukunft des Geldes* für die Dresdner Bank, eine der größten deutschen Banken, *Die Zukunft der Kommunikation* für den Medienkonzern Axel Springer und, meine Lieblingsstudie, *Die Zukunft des Schmutzes* für Henkel, Deutschlands größten Hersteller von Seifen und Reinigungsmitteln.

In dieser Art des Zusammenführens von Freud und Marx gab es in Frankfurt natürlich eine Tradition. Seit seiner Gründung im Jahr 1926 hatte das Institut für Sozialforschung, das mit den illustren Namen von

Theodor W. Adorno und Max Horkheimer verknüpft ist, sich darum bemüht, Psychoanalyse mit historisch-materialistischer Sozialforschung zu verbinden. Horkheimer hatte Freuds Ideen als einen der Grundsteine seiner eigenen Frankfurter Philosophieschule bezeichnet. 1929 hatte das Institut für Sozialforschung dem neu gegründeten Institut für Psychoanalyse, das mit den Namen von Erich Fromm und Frieda Fromm-Reichmann verknüpft ist, Büroräume zur Verfügung gestellt. Im Gefolge «linker» Analytiker wie Wilhelm Reich und Otto Fenichel hatte Fromm versucht, Freuds Theorie unbewusster Triebe mit Marx' Klassentheorie zu verbinden, und war in beiden Instituten beschäftigt. Mithilfe des Philosophen Jürgen Habermas, des führenden Kopfes der Frankfurter Schule, belebte Mitscherlich eine Tradition, die bei Hitlers Machtergreifung ein jähes Ende gefunden hatte. Mitscherlich hatte am Sigmund-Freud-Institut eine soziologische Abteilung etabliert, in der drei Soziologen des Instituts für Sozialforschung beschäftigt waren, die eng mit Psychoanalytikern zusammenarbeiteten und sogar an Konferenzen über klinische Fälle teilnahmen. Dies stand im starken Kontrast zur angelsächsischen Konzeption einer extrem individualistischen Psychoanalyse, bei der die Gesellschaft im weiteren Sinn in der Entwicklung der menschlichen Psyche eine untergeordnete Rolle spielte. In der Version der psychoanalytischen Theorie, die in den Instituten angelsächsischer Länder favorisiert wurde, galten Kultur und Gesellschaft als zweitrangig, was implizit bereits in ihrer Bezeichnung als «späten» im Gegensatz zu «frühen» Einflüssen zum Ausdruck kam und die mit dem Begriff «Oberflächenphänomene» abgetan wurden und somit als «oberflächlich» galten, statt zur Konstituierung von «Tiefe» beizutragen und damit im psychischen Leben des Individuums «wesentlich» zu sein. Sowohl Eriksons Beobachtung, dass sich das Ich weder rein psychologisch noch rein sozial ausbildet, sondern ein psychosoziales Konstrukt darstellt, als auch die besondere psychoanalytische Ausrichtung des Freud-Instituts, in der die soziale Umwelt der Person als integraler Bestandteil der Überlegungen zur menschlichen Psyche galt, beeinflussten meine eigene zukünftige Arbeit über die Rolle der Gesellschaft – in meinem Fall eher durch kulturhistorische als durch universalistisch-marxistische Begrifflichkeiten konzeptionalisiert – bei der Konstituierung der individuellen Psyche und deren Störungen.

Mein Interesse an der Rolle der Kultur in der Psychoanalyse begann nicht als abstrakte, intellektuelle Übung, sondern erhielt ihren kritischen Impetus durch meine eigene Lehranalyse, ein zentrales Element in der Ausbildung eines Kandidaten, der Analytiker zu werden hofft. Mein Lehranalytiker, zu dem ich fünfmal pro Woche zu jeweils fünfzigminütigen Analysesitzungen ging, war Clemens de Boor, ein Spezialist für psychosomatische Medizin, der stellvertretender Direktor des Freud-Instituts war und Mitscherlichs Nachfolger wurde, als dieser 1976 in Ruhestand ging. De Boor war ein ganz anderer Mensch als sein Mentor. Bei den wenigen Malen, an denen ich Mitscherlich begegnete, wirkte er formell und sogar etwas kühl. Im Umgang mit Patienten trug er einen weißen Arztkittel, für einen Analytiker eine merkwürdige Tracht, und lief normalerweise mit einer Aura des Unnahbaren, Abweisenden durchs Institut. De Boor war herzlich, redete sanft und war zuvorkommend.

Ich begann meine erste Sitzung auf der Couch, indem ich einen Traum der letzten Nacht erzählte. Ich fuhr mit meinem Auto in De Boors Einfahrt, als ich plötzlich bremste und vom Auto hinter mir gerammt wurde. Es war de Boors Auto. Er stieg aus, inspizierte den Schaden und versicherte mir freundlich lächelnd, dass gar kein Schaden entstanden sei. Dann gingen wir zu seinem Haus. Da es meine erste Sitzung war, in der die übliche Mixtur aus Angst und Hoffnung, mit der jeder seine Therapie beginnt, besonders hohe Wellen schlägt, konzentrierte sich de Boor als erfahrener Analytiker auf den beruhigenden Aspekt des Traums. Er betonte die Sequenz, in der wir nebeneinander hergingen, ohne dass Schaden entstanden war, und verschob die Interpretation meiner unterbewussten Homophobie – sein Auto «rammt meines von hinten» – auf einen späteren Termin, wenn ich damit besser würde umgehen können.

Während die Analyse fortschritt und meine verblichenen Erinnerungen ans Licht brachte, verwob sie beiläufige Momente, die dennoch Schlüsselerlebnisse meines Lebens waren, zu einer zusammenhängenden Geschichte. Ich wurde mir auch einer Reihe nagender, unbehaglicher Gefühle bewusst, deren Quelle mir jahrelang unerfindlich gewesen war. Diese Momente, während deren mein Analytiker und ich uns gegenseitig fremd wurden, standen im starken Kontrast zu den «bedeutungsvollen Momenten», in denen wir perfekt aufeinander abgestimmt waren und wussten, dass ein Schritt in Richtung höheren Verständnisses erreicht war, auch wenn wir die Ursache dieses Fortschritts bei der Eroberung eines Landstrichs aus dem Sumpf des Unterbewussten nicht kannten. Später begriff ich, dass die Momente der Entfremdung durch das Eindringen unserer kulturellen Differenzen zustande kamen, aber nicht in Form von Höflichkeit, Sprechweisen, Zeitempfinden oder gar Differenzen hinsichtlich ästhetischer Empfindungen (Beethoven war für mich damals einfach zu viel Lärm; umgekehrt bezweifele ich, ob mein Analytiker überhaupt etwas von der Existenz klassischer hinduistischer Musik wusste, die mich so stark bewegte). Die Differenzen betrafen tiefere kulturelle Schichten des Ichs, beispielsweise die kulturell geprägten Sichtweisen unserer spezifischen Beziehung und menschlicher Beziehungen im Allgemeinen.

Um mit der spezifischen Beziehung zu beginnen: Im Universum der Lehrer-Heilkundigen hatte ich de Boor an eine Stelle gerückt, die normalerweise einem persönlichen Guru vorbehalten ist. Es scheint, dass ich während der Lehranalyse unsere Beziehung von Anfang an unbewusst in der Kategorie einer Guru-Schüler-Bindung gesehen hatte, eine viel intimere Angelegenheit als die auf Übereinkunft beruhende Arzt-Patienten-Beziehung, die die professionelle Sichtweise meines Analytikers prägte. In *meinem* Kulturmodell war der Analytiker die Personifizierung des weisen Alten, der wohlwollend einen ernsten und fleißigen Schüler anleitet, der seinerseits die Verantwortung für sein Wohlbefinden an den Guru abgetreten hat. Mein Gurumodell verlangte auch, dass der Analytiker sein Mitgefühl, sein Interesse, seine Wärme und Zuneigung viel offener zum Ausdruck bringt, als das im psychoanalytischen Modell, dem de Boors therapeutische Eingriffe folgten, üblich oder gar möglich war. Ein Händedruck und ein «Guten Morgen, Herr Kakar» zu Beginn der Sitzung und ein Händedruck und ein «Auf Wiedersehen, Herr Kakar» am Ende der Sitzung waren, selbst wenn sie vom Anflug eines Lächelns begleitet wurden, nicht einmal Hungerrationen für einen, der den Analytiker zu seinem Guru erkoren hatte.

Unsere kulturellen Ausrichtungen implizierten auch unterschiedliche Wertigkeiten familiärer Beziehungen. Zum Beispiel habe ich viel Zeit in den weitverzweigten Familien meiner Eltern verbracht. Diverse Onkel, Tanten, Vettern und Cousinen – Sohanlal, Krishan, Darshana, Kamla – hatten auf meiner inneren Theaterbühne Hauptrollen gespielt und vitalen Anteil an meiner Erfahrung als Heranwachsender. Ich empfand es als eine schwere Verarmung meines Innenlebens, ihnen nur beiläufige Beachtung als unbedeutende Kleindarsteller zu schenken oder sie in der analytischen Interpretation zu elterlichen Figuren zu reduzieren.

Später wurde mir klar, dass auf einer allgemeineren Ebene viele unserer abweichenden Konzeptionen die Konsequenz einer tieferen Kluft zwischen unseren Weltbildern waren. Das psychoanalytische Weltbild entsteht durch eine Sichtweise auf menschliche Erfahrung, die im Wesentlichen eine Kombination des Tragischen mit dem Ironischen ist.[3] Sie ist insofern tragisch, als sie die menschliche Erfahrung von Zweideutigkeiten, Unsicherheiten und Absurditäten durchsetzt sieht, in der dem Menschen kaum eine andere Wahl bleibt, als seine Last an unbeantwortbaren Fragen, unausweichlichen Konflikten und unbegreiflichen Schicksalsschlägen zu tragen. In diesem Weltbild ist das Leben eine lineare Bewegung, in der die Vergangenheit nicht ungeschehen gemacht werden kann, viele Wünsche dazu verurteilt sind, unerfüllt, und Bedürfnisse, unbefriedigt zu bleiben. Bezeichnenderweise sind Ödipus, Hamlet und Lear seine Helden. Die psychoanalytische Sichtweise ist aber auch ironisch, und zwar insofern als die folgenschweren Aspekte des Tragischen geleugnet werden, und so entdeckt man, dass viele Götter auf tönernen Füßen stehen. Die tragische Weltsicht und ihre ironische Abmilderung werden in Freuds Angebot an den Leidenden, seine neurotische Misere gegen profanes menschliches Unglücklichsein einzutauschen, angemessen verdichtet. Dagegen ist die hinduistische Weltsicht im Wesentlichen romantisch. In den Launen des Schicksals und dem, was als Lebenstragödie erscheint, sieht sie Masken, hinter denen sich der eigentliche Kern der Person verbirgt, und das ist *sat-chit-ananda* – Sein – Bewusstsein – Glückseligkeit. Das höchste Ziel des menschlichen Lebens ist der Versuch, diese Essenz zu realisieren. Die hinduistische Weltsicht bietet eine romantische Suche, bei der der Suchende, wenn er allen Gefahren des Wegs widersteht, mit einer Verzückung jenseits der normalen menschlichen Erfahrung belohnt wird. Die Helden dieses Weltbilds sind nicht die Ödipusse oder Hamlets, sondern die Nachiketas und Meeras. All meiner westlichen Einflüsse zum Trotz war ich nie völlig frei von jenem hinduistischen kulturellen Erbe, das das Leben nicht als tragische, sondern als romantische Suche versteht, die sich über viele Wiedergeburten erstrecken kann und das Ziel und die Möglichkeit bietet, einen anderen, «höheren» Grad der Realität jenseits der verbindlichen, verifizierbaren, empirischen Realität unserer Welt, unserer Körper und unserer Gefühle zu erfassen. Auf bewusster Ebene billigte ich die psychoanalytische Sichtweise, dass die Wahrheit einer Person im «Schlamm» seine Psyche liegt; unbewusst war ich dennoch nicht frei von Spuren meiner kulturellen Sichtweise der Wahrheit als «Lotus», der aus dem Schlamm hervorwächst. Ohne mir dessen damals bewusst zu sein, hatte ich bereits meinen intellektuellen Ort in der Metapher des Stängels zwischen Schlamm und Blüte gefunden.

Sollte meine Analyse etwa daran scheitern, dass wir beide in unsere kulturellen Identitäten eingesperrt waren? Als Analytiker war de Boor sehr gut – sensibel, einsichtig, geduldig. Indem meine Analyse fortschritt, entdeckte ich, dass meine Entfremdungsgefühle, die Fragen nach kulturellen Differenzen ausgelöst hatten, immer schwächer wurden. Was war geschehen? Wurde der kulturelle Teil meines Ichs abgeschliffen, während der Analytiker immer «tiefere» Schichten dieses Ichs berührte, wie viele Analytiker behauptet haben? Ich würde Ja sagen, aber nur teilweise. Ich glaube, ich tat, was die meisten Patienten tun, und machte mir begeistert, wenn auch unbewusst, die Kultur des *Analytikers* zu eigen – in meinem Fall sowohl seine im weiteren Sinn westliche, nordeuropäische Kultur als auch im engeren Sinn seine freudianische psychoanalytische Kultur.

Mein ausgeprägtes Bedürfnis, vom Analytiker «verstanden» zu werden, ein Bedürfnis, das ich mit allen Patienten teilte, gebar eine unbewusste Kraft, die mich jene kulturellen Teile meines Ichs, von denen ich meinte, dass sie für die Erfahrungen meines Analytikers zu fremd sein würden, herunterspielen ließ. Nun weiß man natürlich, dass jede Form von Therapie auch eine kulturelle Anpassungsleistung ist. Der Psychoanalytiker R. T. Fancher bemerkt dazu:

Mit den Fragen, die wir stellen, den Dingen, die wir betonen, den Themen, die wir kommentieren, mit unserem Verhalten gegenüber dem Patienten, der Sprache, die wir benutzen – mit all dem und noch viel mehr kommunizieren wir dem Patienten unsere Vorstellungen dessen, was «normal» und normativ ist. Unsere Interpretationen der Ursachen der Themen eines Patienten enthüllen in reiner Form unsere Hypothesen, was wovon verursacht wird, was im Leben problematisch ist, wo der Patient nicht bekam, was er brauchte, und was hätte anders sein sollen.

Der häufig zu hörende Scherz, dass Patienten in einer Therapie mit freudschen Analytikern freudsche Träume und Patienten in einer jungianischen Analyse nur jungianische Träume haben (und, wie ich meine, Patienten in einer Verhaltenstherapie gar keine Träume haben oder sie vielmehr vergessen), birgt hinsichtlich dieser Anpassungsleistung durchaus Wahrheit.

Als ein Patient in der Agonie dessen, was Psychoanalytiker als «Übertragungsliebe» bezeichnen, war ich ausschließlich auf Fingerzeige auf die Werte meines Analytikers eingestimmt, auf seine Überzeugungen und Vorstellungen eines erfüllten Lebens, die im analytischen Prozess zu vermitteln nicht einmal der unaufdringlichste Analytiker verhindern kann. Ich war schnell aufnahmebereit für diese Hinweise, die unbewusst meine Reaktionen und Antworten entsprechend beeinflussten und allesamt das Ziel verfolgten, in den Augen des geliebten Analytikers Anerkennung und Zustimmung zu finden. Am meisten wünschte ich mir eine Nähe zum Analytiker, die Teilhabe an seinen kulturell geformten Interessen, Verhaltensweisen und Überzeugungen versprach. Paradoxerweise löste dieses heftige Bedürfnis nach Nähe und Verständnis Teile meines Ichs von der analytischen Arena des Verstehens ab, was dadurch evident wurde, dass ich auf Deutsch zu träumen begann, in der Sprache meines Analytikers, was mir vor oder nach meiner Analyse nie passiert ist.

Eine Konsequenz meiner geschärften Aufmerksamkeit für kulturelle Aspekte des Ichs und der Identität war die Rezeption der Literatur über Kindheit in Indien; im Anschluss bot ich dann als Gastdozent am Freud-Institut ein Seminar zum Thema an. Wie nicht anders zu erwarten, war das Interesse gering. Für das Seminar schrieben sich nur drei Personen ein, zwei Examenskandidaten, die lediglich mir zu liebe kamen, und einer unserer Lehrer, der vermutlich Mitleid mit mir hatte. Zusammen mit meinem Nachdenken über meine eigene Kindheit während meiner Analyse war dieses Seminar dennoch von unschätzbarem Wert, weil es den Ausgangspunkt für das Buch *The Inner World – a Psychonalytic Study of Childhood and Society in India* (dtsch. *Kindheit und Gesellschaft in Indien*) lieferte, an dem ich während der nächsten fünf Jahre arbeitete. Das Buch markierte den Beginn dessen, was sich zu einer lebenslangen Suche nach den Ursprüngen der indischen Identität im Vergleich oder Kontrast zur Identitätsentwicklung in westlichen Gesellschaften entwickeln sollte.

Ich hatte den Hauptteil meiner Ausbildung inklusive der Teilnahme an einigen Seminaren über psychoanalytische Theorie und Praxis absolviert und die mündlichen Prüfungen bestanden, was mich dafür qualifizierte, Patienten zu behandeln – für den Fall, dass dabei etwas schiefgehen sollte, allerdings unter Supervision eines erfahrenen Analytikers. Knut Hebert hatte entschieden, einen Teilbereich der Trendforschung mit einer Datenbank auszustatten, aus der mithilfe des Computers jedes beliebige Thema abgerufen werden konnte. Das einzige Problem bestand jedoch darin, dass für sein ehrgeiziges Unternehmen die Technologie, das optische Einscannen und Abrufen von Texten, noch nicht ausgereift war. Das war in den 1970er-Jahren, als Computer noch Ungetüme waren und Daten auf Lochkarten gespeichert wurden. IBM hatte eben erst begonnen, die notwendigen Technologien zu erproben, und Hebert machte *Contest* zu einem der ersten (wenn nicht dem ersten) IBM-Kunden in Deutschland. Was Hebert vorschwebte, war visionär, aber wirtschaftlich nicht realisierbar. Die Wunder von Google lagen noch in ferner Zukunft. *Contest* blutete in alarmierendem Tempo finanziell aus, weil technische Pannen das Projekt beeinträchtigten. Mein eigener Aufgabenbereich veränderte sich von der Beschaffung psychoanalytischen Materials hin zur Auswahl und Eingabe relevanter Zukunftstexte ins System. Ich wurde zum Leser aller möglichen Texte – Bücher, Zeitungs- und Zeitschriftenartikel, Aufsätze in seriösen Fachzeitschriften –, die geschäftliche und gesellschaftliche Entwicklungen eventuell beeinflussen konnten. Ich erstellte dann entweder Zusammenfassungen oder markierte in den Dokumenten bestimmte Passagen, die in die Geräte einzugeben waren. Die Geräte, deren Programme noch keine Feinabstimmungen hatten, verhielten sich rätselhaft und träge, wenn sie das Futter verdauen oder auf Befehl und Knopfdruck ausspucken sollten. *Contest* geriet an den Rand des Bankrotts, als die Geschäftskunden sich weigerten, weiterhin Zukunftsforschung zu finanzieren. In der Firma herrschte Panik. Heberts Saufexzesse begannen jetzt schon beim Frühstück, wurden von Wutausbrüchen und Schuldzuweisungen begleitet und hatten nichts mehr von dem freundlichen Charme, der früher stets Teil unserer geselligen Umtrünke gewesen war. Um die Firma zu retten, wurde er nach einem firmeninternen Umsturz als Chef abgesetzt, und *Contest* beschloss, sich wieder auf das bewährte Feld von Marktforschungsgutachten zu konzentrieren. Ich war arbeitslos.

Shveta und Rahul, 1978

Drei Monate zuvor, im Dezember 1973, war unser Sohn Rahul geboren worden, und es war keine erfreuliche Perspektive, mit einer Frau und einem Baby arbeitslos in einem fremden Land zu sitzen. Nach einigem Ringen («Soll ich mich um eine akademische Stelle in den USA bemühen? Das halbherzige Angebot einer Stelle an einem Zentrum für angewandte psychoanalytische Studien in Chicago weiterverfolgen?») beschlossen wir, nach Indien zurückzukehren, wo ich in Delhi eine Praxis für Psychotherapie eröffnen wollte. Da es in Indien praktisch überhaupt kein Bewusstsein für Psychoanalyse als Therapieform gab und ich nun familiäre Verantwortung trug, würde ich mir für mindestens ein Jahr ein anderes Grundeinkommen beschaffen müssen, bis meine Praxis, wie ich hoffte, sich tragen würde. Ich bewarb mich beim *Indian Council of Social Science Research* (ICSSR) um ein Stipendium, und während ich auf eine Antwort wartete, was einige Monate dauerte, reiste ich als Gastprofessor an die Wiener Wirtschaftsuniversität.

Ich arbeitete langsam, aber mit großer Freude an zwei Büchern. *Kindheit und Gesellschaft in Indien* und mein erster, später verworfener Roman, der sein Schicksal redlich verdient hatte. Anfang 1975, als wir von der Geburt unseres Sohns und den entspannten Sommer- und Herbstmonaten in Wien immer noch leicht euphorisiert und voller Pläne für Bücher und klinische Arbeit waren, packten wir unsere wenigen Habseligkeiten, zumeist Bücher und Schallplatten zusammen, um in New Delhi ein neues Leben zu beginnen.

EIN SEELENKLEMPNER IN DELHI

1975–1990
New Delhi

Knapp zwei Monate nach unserer Rückkehr aus Wien, als wir noch bei meiner Großmutter wohnten und nach einem Haus in Delhi suchten, starb meine Mutter. Seit sie 10 Monate zuvor einen Schlaganfall erlitten hatte, ging es ihr nicht mehr gut. Sie starb allerdings an Magenkrebs, der zu spät diagnostiziert und operiert worden war. Sie war erst 55 Jahre alt. In der Nacht, in der sie in einem Privatzimmer des *Sawai Man Singh Hospital* in Jaipur starb, war ich allein bei ihr. Mein Vater und meine Schwester, die sie all die Tage vor meiner Ankunft aus Delhi hingebungsvoll gepflegt hatten, waren abends für eine dringend nötige Erholungspause nach Hause gegangen. Es muss etwa drei Uhr morgens gewesen sein, als ich erwachte, weil ich einen merkwürdigen Laut vom Bett meiner Mutter hörte. Es war das Stakkatogeräusch ihres Atems, der ihren Körper verließ, und der letzte Versuch des Körpers, sich dagegen zu wehren. Bevor ich noch die Nachtschwester rufen konnte, war sie tot.

Seitdem ich von zu Hause auf die Technische Hochschule nach Ahmedabad gezogen war, hatten wir uns langsam auseinandergelebt. Sie verstand nicht, warum und was ich vom Leben erwartete. Und nach dem ersten Jahr meiner Ehe war sie auch enttäuscht über meine Partnerwahl. Sie und meine Frau gingen höflich miteinander um, wenn sie sich trafen, wurden aber nie miteinander warm. Sie war auch enttäuscht, dass ich meine Gefühle als Sohn völlig auf meinen Vater fixierte und sie mit der gleichen gönnerhaften Zuneigung behandelte, wie mein Vater es tat. Sie wirkte gekränkt, wenn ich auf ihre Zuwendungen mit Ungeduld reagierte, was in mir Schuldgefühle auslöste und mich zugleich irritierte. So war dann meine Trauer über ihren Tod von Schuldgefühlen belastet. Oberflächlich rührte das Schuldgefühl daher, nicht die ganze Zeit bei ihr gewesen zu sein, als sie in Jaipur im Krankenhaus lag. Hin und her gerissen zwischen einer sterbenden Mutter und meiner Verantwortung gegenüber meiner Frau und meinem kleinen Sohn in einer fremden Umgebung in Delhi, war ich zwischen Delhi und Jaipur gependelt und musste mich dabei über die jeweils fünfstündige Hin- und Rückfahrt in einem klapprigen Bus in der Sommerhitze Indiens ärgern. Das Schuldgefühl war natürlich viel tiefer gehend. Es rührte an die Grundschuld eines Sohns gegenüber der Frau, die ihn zur Welt bringt und von der er sich trennt und die er in seiner Vorstellung verlässt. In meiner Jugend hatte ich mir ihre Schwester Kamla als Ersatzmutter und Empfängerin meiner intimsten Geständnisse gewählt, und wir waren uns beide meines Verrats bewusst. In einigen asiatischen Kulturen wie Indien (aber auch Japan), wo Märchen und Filme das Selbstopfer der Mutter betonen und ihre unerschöpfliche Hingabe ans Wohlergehen des Sohns, der ihr doch auch Schmerzen bereitet hat, reicht das Schuldgefühl tiefer. In ihren Briefen an mich hatte meine Mutter unbewusst diese kulturelle Vorstellung berührt; in meinem tiefsten Inneren war auch ich nicht frei von ihrer Macht.

In den folgenden Wochen wechselten schuldbewusste Bilder der «verletzten Beschützerin» mit früheren des glücklichen, pummeligen Kinds an der Hand einer jugendlichen Mutter, zu der das Kind mit einer Liebe aufschaut, die von Ambivalenzen noch völlig ungetrübt ist. Die bittersüße Nostalgie der späteren Bilder war mir angenehm, obwohl ich zugleich den Schmerz der früheren unterdrücken musste. Denn es gibt, wie Dante bemerkt hat, keinen größeren Schmerz, als sich im gegenwärtigen Leid an vergangenes Glück zu erinnern. Psychoanalytisches Verständnis half da nur wenig. Vielleicht brauchte ich die Katharsis, wie sie etwa die japanische Naikan-Therapie bietet, in der ein Patient, getrennt von seinem alltäglichen Leben in ein Zimmer eingesperrt wird, um Erinnerungen heraufzubeschwören, aber nicht an solche des Konflikts, sondern an jene Zeiten, in denen er seinen Eltern gegenüber Dankbarkeit für Hilfe, Pflege und Schutz empfand.

In den ersten drei Jahren nach unserer Rückkehr wurden der Mangel an Intimität mit Apeksha und die damit einhergehende Unzufriedenheit in den Hintergrund gedrängt durch die Anforderungen und Aufregungen, sich um die neuen Leben, die wir in die Welt gesetzt hatten, zu kümmern. Dies und die mit Bedenken gemischte Beunruhigung, unter ungewissen Zukunftsaussichten ein Leben in Delhi zu beginnen, ließen meine Frau und mich wie ein belagertes Heer, das um sein Überleben kämpft, enger zusammenrücken. Unsere Ehe konzentrierte sich – wie unzählige andere auch – auf die Kinder, gefangen in den Notwendigkeiten des Alltags und den Ablenkungen, die ein lebhafter Freundeskreis bot. All das trug dazu bei, zu kaschieren, dass der Ehe jede echte Intimität fehlte, in der Heimlichkeiten im Lauf der Zeit wegfallen und man eine emotionale Sphäre betritt, in der ohne Angst vor Verletzungen oder vor dem Verlust der jeweiligen Individualitäten die Identitäten hätten miteinander verschmelzen können. Meine täglichen Erfahrungen mit Intimität in meiner psychoanalytischen Praxis – in der ich als Analytiker zugleich der Empfangende war – erinnerten mich immer wieder schmerzlich an die in meinem eigenen Leben fehlende Intimität. Ich ließ die Maske aber nicht zu meinem Gesicht werden. Die Sehnsucht nach leidenschaftlicher Liebe ist meiner Überzeugung nach nichts weiter als ein intensives Begehren nach Intimität, einer Seelenverschmelzung, bei der die beiden Körper lediglich lustvolle Behälter sind. Auch wenn sie nur vorübergehend ist, verspricht sie doch Erlösung von den inneren Spaltungen, die unser menschliches Schicksal sind.

*

Ich begann mit meiner klinischen Praxis in einem 10 Quadratmeter kleinen Würfel mit Sperrholzwänden und einer niedrigen Holzdecke in einem großen Bürogebäude an der Barakhamba Road direkt hinter dem Connaught Place. Mein Haus lag weit vom Stadtzentrum entfernt, und angesichts des miserablen Verkehrssystems von Delhi glaubte ich, ein zentral gelegenes Büro zu benötigen. Die teure Räumlichkeit, für die ich keine Miete zahlen musste, verdankte ich der Großzügigkeit Vinay Bharat Rams, des Enkels von Sir Sri Ram, dem Freund und Gönner meines Chirurgen-Großvaters. Vinay, den ich schon als Kind kennengelernt hatte und mit dem ich nun befreundet war, schien das Gönner-Empfänger-Muster zwischen unseren beiden Familien fortführen zu wollen. Wie bei den Sprösslingen der dritten Generation vieler großer Geschäftshäuser reichten auch Vinays Interessen übers rein Geschäftliche hinaus in Bereiche von Kunst und Literatur. Er leitete mit der *Delhi Cloth Mill* nicht nur den Grundpfeiler des Familienvermögens, sondern war auch ein geschulter Sänger, der seine musikalische Ausbildung beim Sitar-Maestro Ravi Shankar bekommen hatte und Hindi-Lyrik schrieb. Er war ein Beispiel für das «Buddenbrooks-Gesetz», das die Lebensspanne großer Geschäftshäuser zu prägen scheint. Der Patriarch der ersten Generation ist ausschließlich am Erwerb des Reichtums interessiert, das Interesse der zweiten Generation erweitert sich auf öffentliche Aufgaben und unterstützt Tätigkeiten zum Allgemeinwohl, während sich schließlich Vertreter der dritten Generation ernsthaft mit Kunst oder Wissenschaft befassen, was oft zum Niedergang des Geschäfts beiträgt. Die Familie Sarabhai aus Ahmedabad war ein Beispiel dieses Buddenbrooks-Prinzips.

Der großen Belegschaft von Vinays Büro, die auf Schreibmaschinen herumtippte und über Konten- und Rechnungstabellen brütete, muss rätselhaft gewesen sein, was ich dort trieb, besonders dann, wenn sie sahen, wie alle möglichen Leute einschließlich unbegleiteter Frauen in meinem Würfel neben dem Büroeingang verschwanden und nach einer Stunde mit Gesichtsausdrücken, die von Leere bis zu tiefer Nachdenklichkeit reichten, wieder herauskamen. Ich frage mich, was sie von dem Schluchzen hielten, das gelegentlich durch die Holzwände drang, die sich trotz all meiner Bemühungen nie hinreichend gegen Schall isolieren ließen.

Den meisten Patienten, die mich zu Beginn meiner Praxistätigkeit konsultierten, war von ihren Familien oder traditionellen Heilern diagnostiziert worden, von bösen Geistern besessen zu sein. Sie hatten die ganze Palette benachbarter Exorzisten, Heiltempel, Ayurveda-Ärzte und Drogen verschreibender Psychiater schon durchgemacht. Ich war eine neue Art von «Gehirndoktor», geadelt mit dem Prestige westlicher Medizin, und für einige war ich die letzte Hoffnung auf Rettung. Meine Fehlerquote lag bei etwa 90 Prozent, und meine Beschämung war viel größer als die Enttäuschung bei den Familien der Patienten. Es rührte mich, wenn ein Familienmitglied *mich* zu trösten versuchte. «Es ist nicht Ihre Schuld, Doktor, dies ist ein besonders schwieriger Fall.» Ein anderer ergänzte nicht ohne einen gewissen Stolz: «Der Geist, von dem sie besessen ist – *Bhuta* –, ist außergewöhnlich stark.»

Wenn diese Konsultationen damals auch demütigend waren, hatten sie doch einen positiven Nebeneffekt. Ich erwarb mir nach und nach ein rudimentäres, aber aus erster Hand stammendes Wissen, wie mentale Störungen wahrgenommen und von einer großen Anzahl meiner Landsleute verstanden wurden. Ich machte auch langsam die Bekanntschaft mit der großen Gesellschaft der Besessenheitsgeister, von denen ich aber keinen kontrollieren oder wenigstens beeinflussen konnte.

Unter diesen waren die *Devi-Devtas*, mindere lokale Gottheiten, und die Geister verstorbener Verwandter relativ harmlos. Wenn es einem Exorzisten gelang, einen von ihnen in einen Dialog zu verwickeln, beklagte sich der Geist, entweder sei die von ihm besessene Person in der Familie schlecht behandelt worden oder die Lebenden seien bestimmten Verpflichtungen gegenüber den Toten nicht nachgekommen. Diese Geister waren leicht zufriedenzustellen und verließen freiwillig den Patienten, die zumeist Teenager oder Anfang 20 waren, wenn Abhilfe geschaffen und rituelle Abbitten erfolgten. Sehr viel bösartiger waren die Dämonen, deren Macht einen Patienten ernsthaft krank machen konnte und sich den Bemühungen eines Exorzisten, sie aus dem Körper des Patienten auszutreiben, beharrlich widersetzten.

Die bösartigen Geister, von denen ich hier spreche, sind allgemein als *Bhuta-Preta* bekannt, obwohl die Hindu-Dämonologie zwischen verschiedenen Kategorien dieser übernatürlichen Wesen unterscheidet. Zum Beispiel bildet sich der *Bhuta* aus den Seelen derjenigen, die früh eines gewaltsamen Todes sterben, während ein *Preta* der Geist eines Kindes ist, das als Kleinkind starb oder missgestaltet geboren wurde. Eine dritte Kategorie, die der *Pishacha*, steigt aus der mentalen Verfassung einer toten Person auf; ein *Pishacha* ist zumeist der Geist eines Mannes, der entweder verrückt, lasterhaft oder gewalttätig war. Um das Pantheon der Bösartigkeit zu vervollständigen, gibt es außerdem einige weibliche Geister, von denen der bekannteste der *Churel* ist – der Geist einer unglücklichen Witwe, einer kinderlosen Frau oder, noch allgemeiner, irgendeiner verstorbenen Frau, deren sinnliche Bedürfnisse zu Lebzeiten extrem unbefriedigt blieben.

Die *Bhuta-Preta* sollen in einem Zwischenreich zwischen der menschlichen Welt und der Welt der Ahnengeister (*Pitri-Lok*) existieren. Bis über sie geurteilt ist und ihre karmischen Schulden getilgt sind, um in die Welt der Ahnengeister eingehen zu können, sehnen sie sich nach einem menschlichen Körper, in den sie hineinfahren und ihn mit ihrem schändlichen Tun arglistig krank machen können.

Eine besondere Nuance geben Muslime dem Reich dämonischer Wesen, die, wie sie sagen, von *Jinn* – Geistern – abstammen, die eine der drei über den Menschen stehenden Ordnungen bilden; die beiden anderen sind *Farishta* – Engel – und *Shaitan* – satanische Wesen. «Jedes menschliche Wesen hat seinen eigenen *Jinn*, der mit ihm geboren wird und ihn bis zum Tod begleitet», erklärte mir ein muslimischer

Exorzist. «Wenn die Engel kommen, um die Seele eines guten Menschen abzuholen, töten sie den *Jinn*. Das ist der Grund, warum wir Muslime einen Toten begraben und ihr Hindus ihn verbrennt – um sicherzugehen, dass der *Jinn* des Menschen getötet wird. Manchmal, besonders im Fall eines sündhaften Menschen, passiert es jedoch, dass der *Jinn* entkommt, indem er sich in den Ausscheidungsorganen versteckt, die unrein sind und von den Engeln nicht erreicht werden können. Er wird dann zu einem dämonischen Geist und lauert auf ein Opfer, in dessen Körper er sich einnisten und dessen Blut er trinken kann.»

Woher auch immer sie stammen mögen, Geister hatten und haben für viele Inder immer noch eine fassbare, lebendige Präsenz. Selbst eine nicht besessene Person kann gelegentlich Begegnungen mit der Geisterwelt haben, und zwar nicht nur in Träumen, ohne dass diese Begegnungen zwingend als akustische oder visuelle Halluzinationen empfunden werden. Ich hatte keine Probleme damit, Fälle von Geisterbesessenheit – wie unzureichend auch immer – mit dem psychoanalytischen Begriff unbewusster und unakzeptabler Wünsche zu fassen, Wünsche, die ins Bewusstsein drängen und einen inneren Konflikt auslösen, der sich in Symptomen der Besessenheit äußert. Mein Problem bestand darin, dass der besitzergreifende Geist, der auch für die kulturelle Überzeugung der Patientin stand, dass ein *äußerer* Einfluss für ihre Störung verantwortlich sei, sich meiner freudschen Exorzismusmethode introspektiver Selbstreflexion entzog.

Obwohl ich bei Patienten, die davon überzeugt waren, von Geistern besessen zu sein, regelmäßig versagte, bedeutet dies nicht, dass die psychoanalytische Theorie bei traditionellen Indern nicht greift und nur für ihre modernen, westlich beeinflussten Landsleute therapeutischen Nutzen hat. Nicht alle traditionellen Inder glauben, das emotionelle Störungen durch äußere Einflüsse wie Planetenkonstellationen oder verschiedene Geister verursacht werden. Die Psychotherapie ist hervorragend geeignet, emotionelle Störungen vieler anderer Inder, die in ihrer traditionellen Kultur verwurzelt sind, zu lindern. Es handelt sich um Patienten, die zwar in ihrem Lebensstil traditionell ausgerichtet, *psychologisch* aber modern sind. Es ist wichtig, daran zu erinnern, dass psychologische Modernität erstens nicht mit historischer Modernität identisch und zweitens kein Ergebnis der europäischen Aufklärung ist. Psychologische Modernität ist die Einsicht des Individuums, dass er/sie über ein Bewusstsein mit all seiner Komplexität verfügt. Es ist das, wie auch immer vage, unfreiwillige oder widersprüchliche Eingeständnis der Subjektivität des Bewusstseins, das zu episodischem Leiden an einigen Ideen und Gefühlen führt (mörderische Wut, Neid und Besitzgier in der Psychoanalyse), und zwar zusammen mit dem Wissen, dass das Bewusstsein dazu beitragen kann, verwirrte Gedanken und Gefühle zu kontrollieren und zu verarbeiten. Ein in seiner Tradition gebildeter Hindu würde der Aussage zustimmen, dass menschliches Leiden durch fünf Leidenschaften des Bewusstseins verursacht wird: sexuelle Begierde, Wut, Habgier, Verblendung und Egoismus. Ähnlich würde auch ein Buddhist das Leiden internen Ursachen des Individuums zuschreiben, einer aus Angst erzeugten Bewusstseinstrübung, Gier und Neid, die den Komplex «habgieriger Veranlagung» ausmachen. Ob nun im traditionellen Indien oder im modernen Westen, Psychoanalyse ist nur mit Personen möglich, die in dem Sinn psychologisch modern sind, als sie glauben, dass kein äußerer Anlass – ein zorniger Gott, ein bösartiger Geist, das Karma eines früheren Lebens –, sondern ihr eigenes Bewusstsein sowohl die Quelle als auch der potenzielle Heiler ihres emotionellen Leidens ist.

Der Aufbau einer psychoanalytischen Praxis in Delhi war sowohl leicht als auch schwierig. Leicht, weil es auf Angebotsseite nur noch zwei weitere Analytiker gab, von denen einer gar nicht praktizierte. Es handelte sich um Shib Mitra, einen freundlichen, bescheidenen Mann, der 1964 in Eriksons Seminar in Ahmedabad das Referat über Tagore gehalten hatte und nun Direktor des *National Council on Educational Research and Training* war. (Er wurde auch mein Supervisionsanalytiker für die beiden Fälle, die ich bearbeiten musste, um als Vollmitglied in die *Indian Psychoanalytic Society* aufgenommen zu werden). Schwierig war der Beginn der klinischen Praxis, weil die überwiegende Mehrheit meiner potenziellen Patienten noch nie etwas von Psychotherapie gehört hatte, obwohl Freuds Ideen schon früh in Indien Einzug gehalten hatten. Die 1922 gegründete *Indian Psychoanalytic Society* wurde sogar Mitglied der *International Psychoanalytic Association*, bevor diese Anerkennung organisierten Psychoanalytikern in den meisten europäischen Ländern zuteilwurde.

Freud'sches Gedankengut war unter indischen Intellektuellen durchaus auf heftige Ablehnung gestoßen. Die marxistischen Intellektuellen lehnten die Betonung des Individuellen ab, während die eher idealistischen Philosophen den Materialismus der Psychoanalyse und ihrer Neigung, sämtlichen Göttern tönerne Füße anzudichten, beklagten. Freuds Ikonoklasmus mit seiner «Hermeneutik des Verdachts» war ihnen unbehaglich. Sri Aurobindo, ein einflussreicher Mystiker-Philosoph, brachte diesen Trend auf den Punkt, wenn er schrieb:

Man kann die Bedeutung des Lotus nicht entdecken, indem man die Geheimnisse des Schlamms analysiert, aus dem er wächst ... [Psychoanalyse als Wissenschaft] steckt noch in den Kinderschuhen – undurchdacht, peinlich und fragmentarisch zugleich.[1]

Viele indische Intellektuelle, sogar solche, die professionell nicht mit indischer Philosophie befasst sind (und ihrer Voreingenommenheit gegenüber dem, was ich als «Hermeneutik der Idealisierung» bezeichnen würde), pflegen diese Haltung immer noch. Im Gefolge eines zeitgenössischen Trends innerhalb der westlichen Psychiatrie gibt es darüber hinaus eine schlecht informierte ablehnende Haltung gegenüber der Psychoanalyse, die als überholt dargestellt wird. Es wird ignoriert, dass die Kernelemente *sämtlicher* Psychotherapien, unabhängig von ihrer theoretischen Ausrichtung und egal, ob kognitiv, verhaltenstherapeutisch oder wie auch immer, *alle* auf den Grundlagen der psychoanalythischen Therapie aufbauen.

Nicht, dass die Psychoanalyse als universelle Theorie des menschlichen Bewusstseins keine schwerwiegenden Probleme aufwerfen würde, wenn sie auf nichtwestliche Kulturen bezogen wird. Auf meinen Reisen durch Europa und die USA werde ich oft gefragt, ob die Psychoanalyse überhaupt möglich sei in einer traditionell nichtwestlichen Gesellschaft wie Indien mit ihrem Familiensystem, ihren religiösen Überzeugungen und kulturellen Werten, die sich unterscheiden von denen des bürgerlichen Europa, in dem die Psychoanalyse ihren Ursprung hat. Ich gebe dann nicht die einfache Antwort, dass indische Analytiker in den Enklaven westlicher Modernität in Delhi, Mumbai, Kalkutta und Bangalore praktizieren. Hier gibt es in der Oberschicht und den oberen Mittelschichten genügend Patienten – zumeist aus modernen Berufen in Werbung, Journalismus, Medizin, Justiz, akademischen Bereichen und so weiter (eine Klientel mit einem soziologischen Profil, dass dem in anderen Teilen der Welt nicht unähnlich ist) –, die sich stark angezogen fühlen von den Freuden der Individualität, «vom Leben nach eigenen Vorstellungen». In einer Gesellschaft, in der die Bindungen an Familie und Gemeinschaft als höchster Wert der menschlichen Existenz gelten, fühlen sich diese Leute vom Gewicht familiärer Erwartungen und Verpflichtungen erdrückt und sehen in der Psychoanalyse einen Verbündeten in ihrem Kampf um persönliche Entfaltung. Die klinische Arbeit mit diesem Patiententypus unterscheidet sich nicht wesentlich von der in den Metropolen Europas und Nordamerikas. Ein Analytiker, der aus einer anderen Kultur stammt und der in seinem Gegenüber eher die Befremdung der «kulturellen Maske» als die Ähnlichkeit des individuellen Gesichts erlebt, kann sich zu einer Überbetonung der Unterschiede verleiten lassen. Wenn er aber lange genug und mit einem sensiblen Ohr die symbolischen und sprachlichen Welten seines Patienten in sich aufnimmt, würde er die individuellen Stimmen heraushören, die aus den Leidenschaften, den Stichen lastender Schuld, dem unersättlichen Hunger nach Verschmelzung und die Verzweiflung über die Abwesenheit des anderen heraufsteigen, und die in Indien ebenso deutlich zu finden sind wie in der Psychoanalyse westlicher Patienten. Ich füge jedoch schnell hinzu, dass ich trotz der Ähnlichkeiten zwischen der indischen und westlichen Klientel psychoanalytischer Psychotherapie nicht implizieren möchte, dass es keine Unterschiede zwischen Patienten aus Mumbai, Madrid oder München gibt. Urbane, gebildete Inder aus der Mittelschicht sind zwar gegenüber dem Sirenengesang der Individualität empfänglicher und stehen in diesem Aspekt ihres eigenen Erlebens ihrem westlichen Gegenstück näher, sind mit Letzterem aber keineswegs identisch. Mit traditionellen Indern teilen sie das Weltbild und viele der allgemeinen sozialen und kulturellen Muster, die sich in den kulturellen Besonderheiten des Selbst widerspiegeln.

Aber ich weiß, dass die Fragestellung auf eine Antwort nach der Relevanz von Psychoanalyse für die Mehrheit der Inder zielt, die immer noch tief in ihrer Zivilisation verwurzelt sind. Meine Antwort lautet: Ja, das traditionelle Indien ist in der Tat ganz anders. Man legt eher Wert auf die Groß- als auf die Kleinfamilie, Muttergottheiten sind wichtiger als ein Vatergott, das Wesen einer Person wird nicht individuell und triebhaft verstanden, sondern inter- und transpersonell. Weiterhin gibt es fundamentale Unterschiede zwischen dem traditionellen Indien und dem modernen Westen hinsichtlich der menschlichen Erfahrungsweise und eines erfüllten menschlichen Lebens. Dennoch beweist mir meine Erfahrung mit traditionell indischen Patienten, dass Psychoanalyse durchaus möglich ist, indem «man die notwendigen Anpassungen vornimmt» (wie der indische Astrologe sagte, als er gefragt wurde, wie man angesichts neu entdeckter Planeten, die es in seinem herkömmlichen System noch gar nicht gab, Horoskope stellen könne).

Einige dieser Anpassungen waren mit den herkömmlichen analytischen Techniken verknüpft, die ich anfangs als schwierig empfand, weil man zu Beginn seiner Arbeit als Analytiker dazu neigt, päpstlicher als der Papst zu sein. Ich bemerkte rechtzeitig genug, dass genau wie bei meinen eigenen unbewussten Erwartungen an Dr. de Boor, meinen Lehranalytiker in Deutschland, meine Patienten auch in mir eher einen Guru als einen Arzt sahen. Im kulturellen Kontext einer offen auf Sympathie basierenden Guru-Schüler-Beziehung musste ich die «Spiegelfunktion» des Psychoanalytikers, der «neutral» und «abstinent» bleibt, neu interpretieren und ausrichten. Die Menschlichkeit des Analytikers, seine Sympathie und seine therapeutische Absicht konnten nicht wie im Westen in einer Atmosphäre formeller Reserviertheit subtil vermittelt werden, sondern verlangten einen offeneren und aktiveren Ausdruck. Ich stolperte ständig über die widersprüchlichen Anforderungen zwischen meiner Kultur und meinem Beruf, indem ich etwa den Kompromiss einging, mich für ein Einzelgespräch mit den Familien von Patienten zu treffen, es jedoch ablehnte, deren Schwester, Mutter und Vater als Patienten anzunehmen oder ihren wiederholten Einladungen zum Essen daheim im Familienkreis nachzukommen.

Eine weitere Anpassung an analytisches Verfahren hatte damit zu tun, wie aktiv oder passiv sich ein Analytiker in der Analyse verhalten sollte. Sowohl für den traditionellen Inder als auch für den modernen westlichen Patienten, der sich einer Psychoanalyse unterzieht, ist Einsicht der Königsweg zur Heilung emotionaler Störungen. Traditionelle indische Methoden der Selbsteinsicht, Meditationen verschiedener psycho-philosophischer Schulen der «Bewusstwerdung», sind jedoch nicht das Gleiche wie die in der Psychoanalyse geforderte Selbsterkenntnis. Als westliche Disziplin basiert die Psychoanalyse auf Elementen der Selbsterkenntnis spätgriechischen Gedankenguts, in dem die Definition des Ichs von der aktiven Erforschung der Ereignisse und Abenteuer des eigenen Lebens abhing, der durch den Satz des Sokrates «Erkenne dich selbst» auf den Begriff gebracht wurde. Auch Inder, genauer gesagt: die Hindus, kennen eine ähnliche Vorschrift: *atmanam vidhi* – kenne dich selbst. Allerdings ist das *Atman* oder Selbst, vom dem die Rede ist, ganz anders als das, auf das Sokrates sich bezieht. Es ist nämlich das metaphysische, nicht das biografische Selbst, unberührt von Zeit und Raum und also ohne die lebensgeschichtliche Dimension, die im Fokus der Psychoanalyse steht. Insofern ist ein traditioneller Inder psychologisch modern, auch wenn er im psychoanalytischen Sinn nicht *psychologisch orientiert* ist. Ganz unabhängig von der introspektiven Kapazität eines individuellen Patienten, sei er Inder oder Europäer, muss biografische Selbstbeobachtung also erst beigebracht werden, und indische Analytiker sind deshalb zu Beginn einer Analyse eines traditionellen indischen Patienten notwendigerweise offener didaktisch als ihre westlichen Kollegen. Ich merkte bei fast allen meinen indischen Patienten sehr schnell, dass ich an den analytischen Techniken, die ich in Deutschland erlernt hatte, Änderungen vornehmen musste. Ich musste die Tatsache akzeptieren, dass für die meisten dieser Patienten ihre emotionalen Probleme keine biografische Dimension hatten. Ich musste eine aktivere, sogar führende Rolle einnehmen, indem ich Patienten oft fragte: «Wann haben Sie das zum ersten Mal empfunden?», um ihre Aufmerksamkeit auf die lebensgeschichtlichen Vorläufer eines bestimmten Gefühls oder Problems zu lenken. Oder wenn jemand die Störung auf das Karma eines früheren Lebens zurückführte, wies ich darauf hin, dass auch die frühe Kindheit ein vergessenes, früheres Leben ist, dessen karmische Auswirkungen auf die gegenwärtige Situation des Patienten wir gemeinsam erforschten.

Weitere Anpassungen betreffen Haut und Knochen, wenn nicht gar das Herz der psychoanalytischen Theorie. Der indische Analytiker muss begreifen, dass viele psychoanalytische Voraussetzungen – was psychologische Reife konstituiert, geschlechtsangemessenes Verhalten, «positive» oder «negative» Lösungen entwicklungsbedingter Konflikte und Komplexe wie etwa den Vater-Sohn-Konflikt des Ödipuskomplexes (genauer gesagt, die Art, in der er in der klassischen Psychoanalyse konzeptionalisiert wurde) –, die häufig im Gewand universell gültiger Wahrheiten erscheinen, im Grunde nur die Überführung westlicher bürgerlicher Erfahrungen und Werte in psychoanalytische Theorie sind.[2] Diese Art der Beobachtungen und Widersprüche gaben den Anstoß für meine lebenslange Arbeit, die Umrisse der indischen Identität zu vermessen, die ja nicht «abweichend» ist, nur weil sie nicht mit den westlichen Kulturvorstellungen über die menschliche Psyche übereinstimmt; diese Vorstellungen, maskiert als allgemeingültige Wahrheiten, haben die Psychoanalyse wie auch das Fach Psychologie unterwandert.

Es gibt zwar in der Tat psychologische Universalien, die wir alle als menschliche Wesen teilen, aber zugleich gibt es weite Teile unseres psychischen Lebens, die kulturell geprägt sind, und zwar in dem Sinn, dass es sich um psychische Repräsentationen unserer gesellschaftlichen Kultur und sozialen Einrichtungen handelt, und es ist oft unmöglich, das Allgemeingültige vom kulturell Vermittelten zu trennen. Es ist wie mit der witzigen Bemerkung des verstorbenen Anthropologen Clifford Geertz über seine Feldforschung auf Java: «Menschlich sein heißt Javaner sein.»

Ich beziehe mich hier auf das Beispiel des bedeutenden männlichen Komplexes der indischen (hinduistischen) Kultur, den ich als Ganesha-Komplex bezeichnet habe, eine Geschichte über «mütterliche Vereinnahmung», die mir unter meinen Patienten oft begegnet ist und die auch in den Mythen über diese sehr populäre Gottheit häufig vorkommt. Mütterliche Vereinnahmung bezieht sich auf die Paradoxa im psychischen Leben eines Sohns: der Wunsch, von der Mutter unabhängig zu werden und sich zugleich vor der Trennung zu fürchten, inzestuöses Begehren (und quasiinzestuöse Erfahrungen) gehen einher mit der Angst vor dominanter weiblicher Sexualität – Abstraktionen, die ich anhand zweier Fallgeschichten bruchstückhaft mit Fleisch und Blut füllen möchte.

Ich beginne mit den ersten zehn Minuten einer Analysesitzung mit Mohan (Name geändert), einem 26-jährigem Sozialarbeiter. In dieser Sitzung beginnt er mit einer Phantasie, die er während einer Busfahrt hatte. Die Phantasie bezog sich auf einen im Dschungel lebenden Stamm, der seine Toten entkleidet und an Bäumen aufhängt. Mohan stellte sich die frische Leiche einer schönen Frau vor, die am Ast eines Baums hing. Er stellte sich vor, nachts mit der Leiche Geschlechtsverkehr zu haben. Dieser Phantasie folgte sofort die Erinnerung an einen Vorfall vom Vorabend. Mohan besuchte sein Elternhaus, in dem er bis vor Kurzem gelebt hatte, bis er selbst heiratete und einen eigenen Haushalt gründete. Dieser Schritt war nicht nur für ihn persönlich schmerzlich, sondern auch ungewöhnlich, da Söhne in seinem sozialen Milieu, ihre Frauen normalerweise nach Hause bringen und die verschiedenen Generationen zusammenleben. Zur gleichen Zeit war auch seine jüngere Schwester mit ihrem dreijährigen Sohn zu Besuch. Die starke Aufmerksamkeit, die seine Mutter und Großmutter dem Jungen widmeten, irritierte Mohan. Die Großmutter sagte dem Kind immer wieder, nicht draußen vorm Haus zu spielen, sich nicht zu weit zu entfernen und so weiter. Bei meiner Bemerkung, dass er sich vielleicht in seinem Neffen wiedererkenne, rief Mohan mit ungewöhnlichem Abscheu: «Ja, alle Frauen [seine Mutter, Großmutter, die Frau seines Onkels väterlicherseits und die unverheiratete Schwester seines Vaters, die bei ihnen wohnte] haben mit mir ständig das Gleiche gemacht.»

Ausgehend von dieser Sitzung, möchte ich Mohans Konflikte mit mütterlichen Repräsentationen aufrollen und diese mit dem zentralen Thema mütterlicher Konfigurationen in der hinduistisch-indischen Kultur verknüpfen.

Mohan wurde in einem großen Dorf in der Nähe Delhis in einer Mittelschichtsfamilie geboren; er war der älteste unter drei Brüdern und zwei Schwestern. Seine Erinnerungen ans Aufwachsen bis weit in die Jugend hinein wurden dominiert durch die «mütterliche Phalanx» von vier Frauen. Wie seine Mutter, die sich in seinen frühesten Erinnerungen als besondere Gestalt von einem mütterlich-femininen Kontinuum abhebt und dann darin aufgeht, taucht auch Mohan häufig aus einer eingebildeten Weiblichkeit auf und versinkt dann wieder darin. In der «Übertragung» – unbewussten, kindlichen Verhaltensweisen, die ein Patient auf den Therapeuten überträgt – erscheinen die Phantasien, sich mir gegenüber als Frau zu empfinden, nicht sonderlich verstörend; genauso wenig wie die Phantasien, ein Säugling zu sein, der an meiner (phantasiert) übermäßig behaarten Brust nuckelt.

Von Frauen gebadet, angezogen, gekämmt und liebkost, wurden Mohans Wünsche und Bedürfnisse bereits von der einen oder anderen Frau erfüllt, bevor er sie äußerte. Essen, besonders Süßspeisen auf Milchbasis, wurde ihm aufgenötigt. Wenn eine Therapiesitzung besonders anstrengend war, weil Mohan in meinen Interventionen etwas als Mangel an mütterlicher Zuwendung empfand, spürte er lange Zeit den Drang, ein Restaurant aufzusuchen, wo er sich dann mit Süßspeisen vollstopfte, bevor er nach Hause ging.

Neben der Allgegenwart von Frauen in seinem Innenleben beeindruckten mich an Mohans frühen Erinnerungen besonders die wiederkehrenden Orte der Nacht und ihre überwiegend ertastbare Qualität. Das verdankt sich teilweise den beengten, öffentlichen Wohnverhältnissen indischer Familien. Privatsphäre ist hier undenkbar, ganz zu schweigen von solchem Luxus wie getrennten Schlafzimmern für Eltern und Kinder, die übrigens in westlichen Fallgeschichten ein unbeachtetes Phänomen sind. Wenn er in der Hitze leicht oder gar nicht bekleidet neben einer seiner Behüterinnen schlief, einen Arm oder ein Bein auf den mütterlichen Körper gelegt, gab es eine besonders hervorstechende, verstörende Erinnerung. Sie galt Mohans erigiertem Penis, der gegen den Hintern seiner schlafenden Mutter stieß, und seinem Widerstreben, sich abzuwenden, wobei er zugleich gegen das Schamgefühl ankämpfte, dass sie erwachen und die verbotene Berührung bemerken könnte. Später in der Pubertät wurden die «Mütter» durch Cousinen ersetzt, wenn diese zu Besuch waren und er mit ihnen auf dem Dach ausgerollte Matratzen teilte, wobei es zum heimlichen Aneinanderreiben von Körpern und gelegentlichem Genitalkontakt kam, während sich andere Mitglieder der Großfamilie in unterschiedlichen Schlafphasen befanden.

In einen solch glückseligen Überfluss mütterlichen Fleisches und promisker Berührungen eingebettet zu sein ist gleichwohl ein Albtraum. Seit seiner Kindheit und noch weit bis in die Anfangsphase der Analyse hinein schrie Mohan oft im Schlaf auf, weil ein vager, dunkler Schatten ihn einzuhüllen drohte. Bei diesen Gelegenheiten konnte Mohan nur dann wieder einschlafen, wenn sein Vater ihn weckte und versicherte, dass alles gut sei. Der Vater, ein sanfter, kurz vorm Ruhestand stehender Mann, der frühmorgens zur Arbeit fuhr und erst spätnachts zurückkam, war ansonsten nur eine schwache Figur an den Rändern eines lebhaften Familienlebens.

Bei der ersten Analysesitzung erzählte Mohan von einem beschämenden sexuellen Zwang. Dieser bestand darin, in einem überfüllten Bus zu fahren und zu versuchen, sich gegen die Hüften irgendeiner plumpen Frau mittleren Alters zu drücken, die im Gang stand. Für die anschließende Erregung war es unerlässlich, dass die Frau ihm den Rücken zukehrte. Wenn sie sich umdrehte und Mohan mit dem Wissen um seine Begierde im Blick fixierte, verschwand seine Erektion sofort, und er suchte schnell das Weite. Auch nach der Hochzeit war seine Begierde am stärksten, wenn seine Frau neben ihm, den Rücken zugewandt, schlief. Mit steigender Erregung rieb Mohan sich dann an ihrem Hintern und wollte mit ihr schlafen, noch bevor sie ganz wach war. Seine Lust nahm abrupt ab, wenn sie vollständig erwachte und ihm eine begeisterte Partnerin sein wollte.

Aus diesen knappen Fragmenten von Mohans Fallgeschichte geht klar hervor, dass sein sexuelles Begehren von einigen der trägsten Teile eines Frauenkörpers stimuliert wurde: Hüften und Hintern. Wie in der Phantasie von den hängenden Leichen, mit denen Mohan nachts Geschlechtsverkehr hatte, musste die Frau sexuell tot sein, um sein Begehren zu befriedigen. Das Thema mütterlicher Vereinnahmung mit dem zentralen Dilemma für den Sohn, eine idealisierte Beziehung mit der Mutter und dem mütterlichen Körper angesichts männlicher Begierde und seiner männlichen Identität aufrechtzuerhalten, sucht sich die Phantasie verschiedene Wege, von denen Mohans Lösung nur ein Beispiel ist. Der vollständige Verzicht auf sexuelle Begierde in einem Zölibatsgelöbnis, die Verleugnung weiblicher Sexualität oder der heftige Wunsch, selbst eine Frau zu sein, sind andere Lösungen, die mir in Fallgeschichten indischer Männer häufig vorgekommen sind. Es ist wichtig festzustellen, dass keine dieser «Lösungen» a priori «ungesund» oder «nicht anwendbar» ist, sondern sie müssen nach sorgfältiger Untersuchung der individuellen Motive entsprechend eingeschätzt werden. Dass der Wunsch, eine Frau zu sein, tiefere Einsichten ins Bewusstsein des indischen Mannes gewährt, muss aus dem kulturellen Kontext begriffen und darf nicht an westlichen Standards gemessen werden. Die Unterscheidung menschlicher Wesen in männlich und weiblich ist universell, aber erst unser kulturelles Erbe bestimmt darüber, was es bedeutet, wie eine Frau oder ein Mann auszusehen, zu denken und sich zu verhalten. Das leuchtet stärker ein, wenn man an griechische oder römische Skulpturen denkt, die die westliche Geschlechterdarstellung wesentlich geprägt haben. Männliche Gottheiten werden hier mit harten, muskulösen Körpern und Brustkörben ohne Fett dargestellt. Man muss griechische und römische Statuen lediglich mit bildhauerischen Darstellungen hinduistischer Götter oder des Buddha vergleichen, in denen die Körper weicher, geschmeidiger und mit der Andeutung von Brüsten dem weiblichen Körper näher sind.

Der visuell weniger ausdifferenzierte Unterschied zwischen männlichen und weiblichen Darstellungen in der indischen Hindukultur wird noch verstärkt durch die wichtige, vielleicht dominante Religionsform des Vaishnavismus, der das männliche Streben nach Weiblichkeit nicht nur sanktioniert, sondern aufs Niveau eines religiös-spirituellen Strebens hebt. Es handelt sich um eine Kultur, in der ein kultureller Held wie Mahatma Gandhi öffentlich erklären kann, geistig zu einer Frau geworden zu sein, weil es für einen Mann ebenso gute Gründe für den Wunsch gibt, als Frau geboren zu sein, wie es für Frauen umgekehrt der Fall ist, und es ist selbstverständlich, dass er damit bei seinem Publikum auf Resonanz stößt. Zwischen einem Minimum sexueller Unterschiedlichkeit, die zum heterosexuellen Funktionieren mit einem Minimum von Lust unerlässlich ist, und einem Maximum, das jedes Empathiegefühl und jeden emotionalen Kontakt mit dem anderen Geschlecht verhindert, weil es dann als völlig fremdes Wesen erfahren wird, gibt es eine große Bandbreite der Positionen. Die Kulturen, die diese verschiedenen Positionen besetzen, behaupten alle von sich, dass ihre die einzig reife und gesunde Haltung sei.

Ähnliches gilt fürs Zölibat, das sich zu verschiedenen Zeiten in vielen Kulturen hoher Wertschätzung erfreute, obwohl es nicht «natürlich» sein dürfte, aber das Bemühen um seine Einhaltung Respekt verlangt, weil es mit dem Spirituellen verknüpft ist und also mit dem überragend Menschlichen. Freud selbst, der angeblich ab Mitte 30 zölibatär geworden sein soll, beschrieb das Zölibat mit relativierender Begrifflichkeit, indem er darauf hinwies, dass eine Sublimierung der Sexualität von Person zu Person unterschiedlich sei:

Ein abstinenter Künstler ist kaum recht möglich, ein abstinenter junger Gelehrter gewiss keine Seltenheit. Der letztere kann durch Enthaltsamkeit freie Kräfte für sein Studium gewinnen, beim ersteren wird wahrscheinlich seine künstlerische Leistung durch sein sexuelles Erleben mächtig angeregt werden.[3]

«Mütterliche Bezauberung» war nicht nur Thema meiner Fallgeschichten, sondern ist eine der dominanten Erzählungen der indisch-hinduistischen Kultur – von Devi, der großen Muttergottheit. In Fallgeschichten von Mittelschichtsfrauen stößt man dagegen öfter auf «Vaterhunger», eine Sehnsucht nach früherer Nähe zum Vater, die während des Heranwachsens fehlte, als sie seine Bewunderung für die Frau, zu der sie wurde, und seinen Stolz über ihre intellektuelle Entwicklung, die sie zum Ergreifen eines Berufs befähigte, am nötigsten gehabt hätte.

Klinische Arbeit kann lediglich umrisshafte Hypothesen über die indische Identität liefern; ihre weitere Überprüfung zur Gewinnung verallgemeinerbarer Aussagen erfolgt am besten durch ihre Anwendung auf den zentralen Bereich kultureller Imaginationen – die Mythen, Erzählungen, Filme, Folklore, Sprichwörter und so weiter. Mütterliche Vereinnahmung ist, wie ich festgestellt habe, in der hinduistischen kulturellen Imagination tatsächlich weit verbreitet. Zumindest in Indien ist eine Hauptaufgabe der Psychoanalyse, der Wissenschaft von der unbewussten Phantasie und Einbildungskraft, ja sogar «der Wissenschaft der Illusionen» (als Inder würde ich sie als «Mayalogie» bezeichnen), ihre Verankerung in *Mahamaya*, der großen Illusion, wie die Gottheit auch genannt wird. Die Reise dieser mächtigen, sexuellen Mutter durch hinduistische Mythen, Volksglauben, Sprichwörter, Symptome und die rituelle Verehrung der Gottheit in ihren schrecklichen und wildesten Formen habe ich in einigen meiner Schriften detailliert nachgezeichnet.[4] Hier geht es mir darum, Mohans Geschichte mit der umfassenderen Kulturgeschichte der Göttin als Mutter und insbesondere als Mutter Ganeshas und Skandas zu verknüpfen.

Ganesha, der Überwinder von Hindernissen und Gott allen Anfangs, ist im hinduistischen Pantheon vielleicht die am meisten verehrte Gottheit. Ikonografisch wird er als dickbäuchiges Kleinkind mit Elefantenkopf und einem fehlenden Stoßzahn dargestellt; in Stein gemeißelt, geschnitzt oder farbig gemalt, findet sich sein Bild überall: in Tempeln, Häusern, Läden, Marktbuden, auf Armaturenbrettern von Taxis und Autorikschas. Ganeshas jüngerer Bruder Skanda oder Kartikeya hat seine eigenen Anhänger, besonders in Südindien, wo er überaus beliebt ist und unter dem Namen Murugan oder Subramanya verehrt wird. Im Gegensatz zu Ganesha ist Skanda ein hübsches Kind, ein heldenhafter Jugendlicher von schlanker Gestalt.

Ganeshas Mythos sagt uns etwas über einen Teil von Mohans Innenleben, während Skanda den Blick auf einen anderen Teil freigibt. In vielen Mythen ist Ganesha nur das Geschöpf seiner Mutter Parvati. Da sie sich nach einem Kind sehnte, Shiva aber nicht als Erzeuger gewinnen konnte, erschuf sie ihn aus ihrem Schweiß, Körperschmutz und ihren Hautpartikeln. Wie in Mohans femininen Phantasien, ist auch Ganesha nicht nur der Junge seiner Mutter ihr Wesenskern. Obgleich er wie Skanda zweifelsohne ein Mann ist, ist Mohan in eine Welt von Müttern eingebettet, die eine indische Großfamilie für ein

Kind hervorbringt. Skanda ist wie Mohan der Sohn von mehr als einer Mutter: Da der Same seines Vaters Shiva zu kraftvoll war, um von nur einer Mutter ausgetragen zu werden, wanderte er bis zu Skandas Geburt von Leib zu Leib. Mohans Süßspeisenkonsum, den er für sein Wohlbefinden braucht, hat Parallelen zu Ganeshas Appetit auf *Modakas*, die süßen Weizen- oder Reisbällchen, die Gläubige dem Gott in großen Mengen darbringen, weil sie wissen, dass der Gott niemals satt wird, egal, wie sehr er gefüttert wird. Wie beim schlanken Mohan bilden die Süßspeisen des fetten Gottes eine Verbindung zur Mutterbrust; sein Hunger nach dem Körper der Mutter ist trotz vorübergehender Sättigung auf ewig dazu verurteilt, ungestillt zu bleiben.

Mit der Zuspitzung von Mohans Dilemma in Bezug auf seine Mutter, die ein Kind aufgrund entwicklungsbedingter Veränderungen dazu bewegt, seine äußere Welt zu entdecken, während es gleichzeitig zunehmend vertrauter mit seiner äußeren biologischen Identität als Mann wird, beginnen Ganesha und Skanda führende Rollen zu übernehmen. In einem bekannten Mythos trieb eine Mango flussabwärts, und Parvati sagte, welcher der beiden Söhne als Erster das Universum umrundet, solle die Mango bekommen. Skanda bestieg rasch seinen Pfau und umrundete das Universum. Ganesha umkreiste jedoch seine Mutter und sagte zu ihr: «Ich habe mein Universum umrundet.» Parvati erklärte Ganesha zum Sieger und gab ihm die Mango. Skanda war wütend, als er zurückkam und die Mango forderte. Aber bevor er etwas tun konnte, biss Ganesha in die Mango und brach sich dabei einen seiner Stoßzähne ab.

Skanda und Ganesha personifizieren die beiden widersprüchlichen Wünsche des Jungen zwischen seinem dritten und sechsten Lebensjahr: einem mächtigen Drang nach Unabhängigkeit und autonomem Verhalten und zugleich einem starken Drang nach Hingabe und Wiedereintauchen in die ihn umgebende mütterliche Einheit, aus der er sich eben erst gelöst hat. Indem er sich dem Drang nach Individuation und Unabhängigkeit nachgibt, unterliegt er der Bestrafung – Exil von der Gegenwart der Mutter –, wird jedoch auch belohnt durch das Versprechen, als ein handlungsfähiger, potenter Mann zu funktionieren. Die Rückkehr zur Mutter – und ich würde Ganeshas Essen der Mango mit der Mutterbrust gleichsetzen, zumal wir wissen, dass Mango und Mutterbrüste in Tamil Nadu eine verbreitete Analogie ist – hat den abgebrochenen Stoßzahn zur Folge, den Verlust potenzieller Männlichkeit. Ganeshas Lohn, nämlich ein Kleinkind zu bleiben, führt andererseits dazu, dass er nie den Trennungsschmerz von der Mutter erleben muss, nie die Verzweiflung ihrer Abwesenheit.

Mohan sehnte sich oft nach Ganeshas Haltung und kehrte in der Phantasie manchmal zu ihr zurück. Das führte jedoch nicht zu einer dauerhaften Lösung des Problems, angesichts einer überwältigenden inneren Präsenz der Großen Mutter phallisches Begehren aufrechterhalten zu können. Auftritt Skanda. Nachdem er den Dämonen Taraka getötet hat, der die Götter terrorisiert hatte, zeigte sich die Göttin gegenüber ihrem Sohn nachsichtig und erlaubte ihm, sich nach Lust und Laune zu amüsieren. Skanda wurde störrisch, seine Lust zügellos. Er schlief mit den Frauen der Götter, und die Götter konnten ihn nicht daran hindern. Als sie sich bei der Göttin beschwerten, beschloss sie, die Gestalt jeder Frau anzunehmen, die Skanda verführen wollte. Skanda rief eine Götterfrau nach der anderen zu sich, erblickte jedoch in jeder seine eigene Mutter und wurde impotent. Im Glauben, dass «das Universum von meiner Mutter erfüllt ist», beschloss er, auf ewig zölibatär zu bleiben.

Wie wir gesehen haben, wurde auch Mohan lustlos, wenn die mütterliche Frau, der er sich im Bus näherte, sich ihm zuwandte. Doch statt enthaltsam zu bleiben, versuchte er, sein sexuelles Begehren aufrechtzuhalten, und ermordete den sexuellen Anteil der Mutter, indem er ihre untere Körperregion, die ihn mit Impotenz bedrohte, abtötete. Auch wird die imaginierte sexuelle Übermacht der Mutter, der sich ein Kind ausgeliefert und in keiner Weise gewachsen fühlt, und die in ihm die Angst auslöst, von ihren dunklen Tiefen verschlungen zu werden, von Mohan nicht als klare und deutliche Phantasie erlebt, sondern als wiederkehrender Albtraum, aus dem er schreiend erwacht. Genau wie Mohans sanfter und etwas zurückgezogener Vater, der ihm als Einziger dabei helfen konnte, den Schrecken des Albtraums aufzulösen, erscheint in den Devi-Mythen auch der Gott Shiva als stille Figur, der die Macht und Energie der großen Mutter bändigen kann.

Die frühe Wahrnehmung des Vaters eher als Verbündeter und Beschützer denn als Rivale war für viele Männer Gegenstand ihrer Erinnerungen. Hier muss ich an Karan (Name geändert) denken, einen vierzigjährigen Dozenten an einem College in Delhi, dessen Analyse das Bedürfnis des Jungen nach dem, was ich als «ödipale Verbindung» bezeichnet habe, klar in den Fokus rückte. «Ödipale Verbindung» bezieht sich auf das tief sitzende und unerfüllte Bedürfnis vieler männlicher Patienten nach tatkräftiger Unterstützung, Führung und emotionaler Verfügbarkeit des Vaters, den der kleine Junge in der «ödipalen» Phase seines Lebens (etwa zwischen drei und sechs Jahren) braucht, um sich von der überwältigenden, allgegenwärtigen und insbesondere sexuell bedrohlichen Mutter in den Tiefen seiner Psyche zu lösen und zu befreien. Ich möchte nicht auf die Details von Karans Fallgeschichte eingehen, sondern nur eine Phase innerhalb der Analyse erwähnen, als die frühen Erinnerungen einer idealisierten Mutter-Sohn-Welt, in der er jemand «Besonderes» und Teil der mütterlichen «Perfektion» war, verstörenden Erinnerungen an fast inzestuöse Erfahrungen während seiner Teenagerzeit wichen. Das Wiederauftauchen dieser Erinnerungen, in denen die Mutter keine passive Empfängerin, sondern aktive Teilnehmerin der sexuellen Aufmerksamkeit des Jungen war, wurde begleitet von intensiven Angstgefühlen und wiederkehrenden Träumen, in denen Karan sich mit wechselnden Vaterbildern auf eine verzweifelte Suche nach der ödipalen Verbindung gemacht hatte. Bei einer Sitzung unterlief Karan ein Versprecher: «Ich hatte eine erotische Mutter» statt «Ich hatte einen erotischen Traum», bevor er auf das Traumbild zu sprechen kam: «Ich liege auf meinem Bett und beobachte, dass meine Mutter sich mir nähert. Sie ist fast nackt, und auf ihrem Gesicht liegt ein Ausdruck des Ergötzens. Ich bin sehr erschrocken, aber dann sehe ich Sie [den Analytiker] in einer Zimmerecke mit einem erigierten Penis neben Ihrem Stuhl, der vom Boden zur Decke reicht. Ich ergreife den Penis und fühle mich geborgen.» Während ich Karans Traum zuhörte, erinnerten mich meine eigenen Assoziationen an ein mythologisches Motiv, das in manchen Tempeln dargestellt ist und in dem sich ein Junge am Penis seines Vaters festhält, um Yama zu entkommen, dem Gott des Todes und Vorboten der Selbstvernichtung. In Karans Fall war der Todesgott natürlich eine Muttergottheit.

Nicht, dass es in der indischen Vorstellungswelt keine Vater-Sohn-Konflikte gäbe. In indischen Mythen und in vielen Fallgeschichten ist die Vater-Sohn-Rivalität, die in westlichen Fallgeschichten und westlicher Literatur ein zentrales Motiv bildet, nicht vordringlich ödipal, wobei sich ja die Macht des Mythos aus der Schuld des Sohns an einem unbewussten Vatermord speist – Ödipus tötet unwissentlich seinen Vater Laius und heiratet seine Mutter Jocasta. Demgegenüber betont der indische Kontext den Generationsneid des Vaters und ist aufgeladen mit der Furcht vorm Sohnesmord und der Kastration des Sohns durch den Sohn selbst oder durch den Vater als Lösung des Kan zwischen Vater und Sohn um die Mutter. Shiva enthauptet Gane der auf ausdrücklichen Wunsch seiner Mutter vor ihren Privatgemächern wacht, während sie badet, und sein Kopf wird vom reumütigen Vater gegen den eines Elefanten ausgetauscht; oder auch die Legenden von Bhishma und Puru, denen sexuelle Aktivität untersagt wird, um die Zuneigung ihrer Väter nicht zu verlieren, sind einige der bekannteren Illustrationen des anderen Teils des Ganesha-Komplexes, der dominierenden Erzählung über das männliche Ich im hinduistischen Indien.

Eine weitere Schwierigkeit, in Delhi Psychoanalyse zu praktizieren, bestand in der Inkompatibilität der psychoanalytischen Sicht auf die Person und die indische Sicht, der viele meiner Patienten verhaftet waren. Die Psychoanalyse beruht, wie wir wissen, auf einer Vorstellung menschlicher Erfahrung, die die Individualität eines Menschen und seine eigenständige Psyche hervorhebt. Nach psychoanalytischer Vorstellung lebt jeder von uns in seiner eigenen, subjektiven Welt, verfolgt Vergnügungen und private Phantasien und baut sich ein Leben und Schicksal auf, das mit seinem Tod endet. Diese Perspektive schließt ein, dass unsere Seele tiefere Geheimnisse beherbergt als wir zugeben wollen. Mit ihr wird die Existenz einer erkennbaren, objektiven Realität und die komplexe und tragische Seite des Lebens betont, in der viele Wünsche unerfüllt bleiben. Die der Psychoanalyse zugrunde liegenden Annahmen sind zugleich die höchsten Werte des modernen Individualismus. Abgesehen davon, dass sie die Endlichkeit des Lebens verneinen, betonen traditionell indische Wertvorstellungen andererseits, dass Glauben und Hingabe an eine überindividuelle Macht besser sind als individuelles Streben und Bemühen, dass die Quelle menschlicher Stärke in einer harmonischen Integration in die eigene Gruppe liegt und dass die Zugehörigkeit zu einer Gemeinschaft das fundamentalste menschliche Bedürfnis ist. Sie beruhen darauf, dass nur ein Mensch, der wahrhaft zu solch einer Gemeinschaft gehört, natürlich und unbewusst ein erfülltes, spontanes Leben führen kann.

Trotz der kulturellen Betonung des Interpersonellen und Transpersonellen stellte ich fest, dass viele meiner traditionellen indischen Patienten in ihrem Unterbewusstsein individualistischer ausgerichtet waren, als sie anfangs glaubten. Umgekehrt waren meine europäischen und amerikanischen Patienten trotz der westlichen Betonung autonomer Individualität stärker relational ausgerichtet, als *sie* glaubten. Individualistische und relationale Haltungen sind sich ergänzende Sichtweisen der Organisation des Seelenlebens und unserer Welterfahrung, obwohl eine Kultur über einen gewissen Zeitraum hinweg die Bedeutung der einen oder anderen Haltung hinsichtlich ihrer Vorstellung eines erfüllten menschlichen Lebens betonen mag und damit das *bewusste* Selbsterlebnis einer Person entweder vorwiegend individualistisch oder relational ausprägt. Inder sind zweifellos sehr relational orientiert; Familie und Gemeinschaft (einschließlich der Götterfamilie) spielen in ihrer Selbsterfahrung eine zentrale Rolle. Weniger evident ist, dass Inder zumindest in ihrem Phantasieleben dazu in der Lage sind, sich ein Ich vorzustellen und zu wünschen, das von *sämtlichen* Beziehungen und Verwandtschaften frei ist.

Wenn ich in der Praxis glaubte, die Psychotherapie entwickele sich erfolgreich und der Patient sei auf dem bestem Weg zu einem Mindestmaß an psychologischer Autonomie, ergab sich immer wieder das Problem, dass dann Familienmitglieder zu mir kamen und sich beklagten: «Was machen Sie mit meinem Sohn/meiner Tochter? Er/sie wird von uns unabhängig. Er/sie will jetzt seine/ihre eigenen Entscheidungen treffen, er/sie glaubt zu wissen, was für ihn/sie das Beste ist, und hört nicht mehr auf uns.» Ich entsinne mich noch lebhaft des Patriarchen einer weitverzweigten Geschäftsfamilie, der, gekleidet in Anzug und Krawatte, aber mit dem traditionellen Turban auf dem Kopf, eines Tages in meine Praxis kam, um mit mir über die Fortschritte der Therapie seiner 21-jährigen Enkelin zu diskutieren, die klinisch depressiv geworden war, als der Termin ihrer arrangierten Hochzeit mit dem Spross einer anderen reichen Familie immer näher rückte. Er saß mir am Schreibtisch gegenüber, verschränkte die Hände überm Silberknauf seines Spazierstocks und konnte kaum seine Enttäuschung über mich verhehlen: «Es mag ihr ja besser gehen, Doktor, aber uns geht es jetzt viel schlechter.» Die Familien waren verblüfft, dass das psychoanalytische Ideal darin besteht, die Wahlmöglichkeiten des Individuums zu stärken und nicht ihre Integration in die Wünsche der Familie.

Bei so viel Zweifeln am Skelett der Psychoanalyse, genauer gesagt: der westlichen Psychotherapie, könnte ein westlicher Kollege die

Frage stellen, was dabei vom Freud'schen Körper übrig bleibt. Seine wichtigsten Teile, würde ich antworten. Ich bin mit den grundlegenden Voraussetzungen der Psychoanalyse völlig einverstanden: der Wichtigkeit des unbewussten Teils des Geistes in unserem Denken und Tun, der vitalen Bedeutung früher Kindheitserfahrungen fürs spätere Leben, der Wichtigkeit des Eros für die menschliche Motivation, dem dynamischen Zusammenspiel einschließlich der Konflikte zwischen den bewussten und unbewussten Bereichen des Geistes und der vitalen Einführung von Übertragung und Gegenübertragung in die Therapeuten-Patienten-Beziehung. Tatsächlich belegen Entwicklungen in der Neurologie und experimentellen Psychologie während der letzten beiden Jahrzehnte viele freudianische Postulate, weisen aber natürlich auch einige andere als unhaltbar zurück. Diese Entwicklungen geben dem Unbewussten eine viel größere Rolle in unserem Leben, als Freud es tat. Das Unbewusste ist vielleicht eher wie ein Elefant, den man nicht richtig kontrollieren kann, der aber zumeist gutartig ist. Es ist nicht das störrische Pferd der freudianischen Vorstellungen, das vom Reiter, dem bewussten Teil des Geistes, nur mühsam im Zaum gehalten werden kann. Der Elefant ist viel stärker als der Elefantentreiber und geht, wohin er will, aber der Treiber kann ihn in bestimmte Richtungen lenken. Es ist völlig sinnlos, sich auf einen Streit mit dem Elefanten einzulassen, weil der Treiber diesen Streit mit Sicherheit verliert. Die Neurologie hat auch die enorme Wichtigkeit frühkindlicher Erfahrungen bei der Ausbildung der Neuronenbahnen nachgewiesen, der Software des Gehirns. Ich persönlich stimme mit Erich Kandel überein, dem Nobelpreisträger für Medizin aus dem Jahr 2000, dass die Psychoanalyse immer noch die kohärenteste und intellektuell befriedigendste Perspektive auf den Geist bietet. Und das trotz meines wachsenden Interesses an Jung (den ich wunderbar weise finde) und an Yoga-Psychologie, die beide das aufschlussreiche Bild eines Selbst entwerfen, das sich an der Schnittstelle von Körper und Universum befindet – wie ein Fernsehgerät, das auch Signale aus dem Kosmos und nicht nur von den Neuronenfeuern im Gehirn empfängt. Leider kommen mir beide Systeme etwas blutleer vor, weil ihnen der «Schlamm» der Erde fehlt, der für meine Begeisterung für die Psychoanalyse unverzichtbar ist.

Ich bin auch gefragt worden, ob ich mir als Psychoanalytiker in Delhi nicht einsam vorgekommen sei zu einer Zeit, als es dort noch keine anderen Kollegen gab, mit denen ich meine Fälle oder meine Ideen zur indischen Psychologie hätte diskutieren können. In gewisser Weise konnte ich von Glück sagen, dass es in Delhi kein psychoanalytisches Institut gab. Ich konnte meine Ideen entwickeln, ohne Abweichungen vom freudianischen Kanon befürchten zu müssen, die sonst Zensurmaßnahmen seitens der eher orthodoxen Mitglieder meiner Zunft provoziert hätten. Der Nachteil, keine Kollegen zu haben, bestand im Fehlen des Gebens und Nehmens in Diskussionen und darin, dass meine Vorstellungen nur von der Disziplin kontrolliert wurden, die ich selber aufbringen konnte. Zur Zeit ihrer Formulierung blieben meine Spekulationen ungeprüft. Sie konnten nur korrigiert, abgeschwächt oder erweitert werden, wenn sie publiziert wurden.

Ich glaube, ich hatte Glück, durch Überweisungen eines Analytikers in Bombay und durch Kollegen in den USA, die von dort lebenden Indern kontaktiert wurden, ihnen für in Delhi wohnende Verwandte einen Therapeuten zu empfehlen, während der ersten sechs Monate nach meiner Ankunft drei Patienten in Psychoanalyse und zwei in Psychotherapie zu haben («einer davon so reich», wie ich einem Freund schrieb, «dass er für die anderen vier bezahlt!») und nicht angewiesen zu sein auf gelegentliche Konsultationen besessener Patienten, die meiner Berufsmoral so abträglich waren. Bei einem Honorar von 20 Rupien pro Sitzung musste ich das magere Einkommen, das ich aus meiner klinischen Praxis erzielte, durch ein monatliches Gehalt irgendeiner akademischen Stellung aufbessern. Diese ergab sich durch die Unterstützung des ICSSR in Form eines Forschungsstipendiums.

Mein Stipendium vom ICSSR lief über ein Jahr und brachte mir monatlich 1500 Rupien ein, wovon ich in überschäumendem Optimismus ein Haus in Vasant Vihar mietete, einer der besten Wohngegenden in Delhi. Die Miete betrug 1100 Rupien im Monat, womit uns also 400 Rupien für die Lebenshaltung blieben. Bereits im ersten Monat wurden die fehlenden Mittel ausgeglichen, als mich ein ehemaliger Kollege aus meiner Zeit am IIM einlud, mit ihm zusammen einen Beratervertrag für eine große Organisation in Bombay einzugehen. Damit hatte ich mir sechs Monate mehr Zeit gekauft, um eine psychotherapeutische Praxis aufzubauen, die, da die Miete ja durch das Stipendium gesichert war, gewissermaßen das Essen auf den Tisch schaffen sollte, ganz zu schweigen von den Gehältern für den Koch und die *Ayah* für das Baby meiner Tochter Shueta, die beide in unserem gesellschaftlichen Umfeld als Bestandteil eines «normalen» Haushalts galten. Natürlich bot Delhi auch ein starkes Familiennetzwerk, das uns auffangen würde, falls ich finanziell straucheln sollte: Kamla, die von Ahmedabad nach Delhi umgezogen war und dem indischen Büro der *Ford Foundation* beigetreten war, meine Großmutter und meine Eltern im benachbarten Jaipur.

AN DER HOCHSCHULE UND IN DER WELT

1975–2000
New Delhi

Mein Stipendium war an die Bedingung geknüpft, dass ich einer akademischen Institution angehörte. Ich entschied mich für das *Centre for the Study of Social Systems* an der nahe gelegenen *Jawaharlal Nehru University* (JNU), einer der angesehensten Universitäten für Postgraduierte, die mich eher zurückhaltend aufnahm. Ich hegte die Hoffnung, dort nach Ablauf des Stipendiums Fakultätsmitglied werden zu können, um so eine akademische Laufbahn mit klinischer Praxis auf Teilzeitbasis zu verbinden. Angesichts der damaligen politischen Situation in Indien und deren Einfluss auf die Hochschulen erwies sich das erste Ziel als unrealistisch.

Es war die Zeit, in der nach der Spaltung der regierenden Kongresspartei im Jahr 1969 die Premierministerin Indira Gandhi ihre Position auf der linken Seite des politischen Spektrums zu konsolidieren versuchte. Auf internationaler Ebene bedeutete das engere Bindungen zur Sowjetunion, während man auf nationaler Ebene versuchte, den alten Slogan vom «sozialistischen Gesellschaftsmodell» mit entschieden neuen Inhalten zu füllen. Gegründet zum Zeitpunkt der Spaltung, bestand das erklärte Ziel der JNU darin, Nehrus Traum von der Herausbildung einer «wissenschaftlichen Haltung» in Indien zu unterstützen. In den Geistes- und Sozialwissenschaften entsprach «wissenschaftlich» marxistisch, und unter den wachsamen Augen Nurul Hasans, Erziehungsminister in Indira Gandhis Regierung, und Moonis Razas, Rektor der jungen Universität, die beide überzeugte Marxisten waren, entwickelte sich die JNU zu einer Bastion linken Gedankenguts – was sie heute immer noch ist.

Ganz anders als der Neo- oder Postmarxismus der Frankfurter Schule, mit dem ich vertraut war, galt dem harten Kern des indischen Marxismus jener Ära Psychologie als eine «bürgerliche Pseudowissenschaft», der an der Universität kein Institut zustand. Die JNU hatte einige brillante Dozenten; das Institut für historische Studien beschäftigte beispielsweise einige der besten Historiker Indiens. Im Allgemeinen schien sich die Rekrutierung der JNU-Fakultät jedoch eher an den Kategorien ideologischer Lupenreinheit als an akademischer Qualifikation zu orientieren. Meine ehemalige Lektorentätigkeit in Harvard war schon schlimm genug, aber eine Forschungsstelle an der *Harvard Business School*, der intellektuellen Hochburg des internationalen Kapitalismus, und eine ehemalige Fakultätsmitgliedschaft am IIM, Ahmedabad, dem indischen Vorposten der *Harvard Business School* und somit des internationalen Kapitalismus, waren keine Qualifikationen, die meinen zukünftigen Kollegen genehm waren. Ein Jahrzehnt später, als mich der Vizekanzler der JNU fragte, ob ich Interesse hätte, der Fakultät des *Centre for the Study of Social Systems* beizutreten, hatte sich die Situation immer noch nicht verändert. Ich signalisierte Interesse, doch einige Tage später informierte er mich mit Bedauern darüber, dass sich eine Reihe älterer Fakultätsmitglieder gegen meine Verpflichtung ausgesprochen hätten: Ich hätte den in Marx' Bart entspringenden Ganges verschmutzt.

Liberale, was ja eigentlich «gemäßigte» Linke bedeutet und zu denen ich mich selbst zählte, waren in den 1970er-Jahren an der JNU selten und fanden sich zumeist in der machtlosen Junior-Fakultät. Sie teilten nicht die Ansicht ihrer Vorgesetzten, die Karl und Sigmund zwar in feindliche Lager einordneten, die Psychoanalyse jedoch eher als Verbündeten bei der «Befreiung des Bewusstseins» im indischen Kontext sahen. Im Allgemeinen wurde Psychologie allerdings als Anhängsel der Soziologie verstanden, und zwar nicht nur an der JNU, sondern auch an den meisten anderen indischen Universitäten, wo die einzige als «wissenschaftlich» angesehene Spielart der Psychologie eine nichtkulturelle, antiintrospektive Verhaltensforschung war. Ich entsinne mich, dass ich einmal während eines Vortrags vor einem Auditorium von Psychologiestudenten eines Colleges in Delhi harmlose Scherze über die Verhaltenspsychologie machte, indem ich die Geschichte erzählte, wie zwei ihrer Vertreter miteinander schlafen und sich anschließend gegenseitig danach erkundigen: «Wie war es für *mich*?», und dass dann das Gelächter eher betreten ausfiel. Ich musste meinen Fauxpas ausgleichen, indem ich gleich anschließend den Witz über die Begegnung zweier Psychoanalytiker erzählte!

Doch selbst an der JNU, an der ich eine Selbsterfahrungsgruppe leitete, in der Studenten über ihr Leben und ihre Gefühle sprachen und mit den persönlichen Reaktionen der anderen Gruppenmitglieder konfrontiert wurden, blieb der Hunger danach, mehr über sich selbst als Person mit einer Lebensgeschichte im Zusammenhang mit der eigenen Kultur und Gesellschaft zu erfahren, wegen der marxistischen Exegese der sozialen Wirklichkeit Indiens ungestillt. Es war amüsant zu beobachten, wie Leute aus der Fakultät, die leidenschaftlich universelle Sozialtheorien entwarfen, überhaupt kein Bewusstsein ihrer eigenen individuellen und kulturellen Voraussetzungen hatten. Entsprechend hatte der Direktor eines akademischen Zentrums, der im Seminar auf brillante Weise die rückständige und feudale Struktur der indischen Gesellschaft analysierte, keinerlei Skrupel, von einem seiner Doktoranden zu verlangen, dass dieser für ihn seine Schecks zur Bank brachte, Gemüse einkaufte oder andere Arbeiten im Haus des «Gurus» übernahm. Der hierarchische Blick des indischen Auges war tiefer verwurzelt als die frisch implantierten, egalitären Ideologien.

Kurz vor Ablauf meines Stipendiums, bevor ich mir noch ernsthafte Sorgen über meine finanzielle Zukunft machen konnte, kontaktierte mich der Direktor des *Indian Institute of Technology* (IIT) in Delhi, damals eines der fünf besten wissenschaftlich-technischen Hochschulen des Landes, und fragte an, ob ich daran Interesse hätte, als Direktor des Fachbereichs für Geistes- und Sozialwissenschaften ans IIT zu kommen. Das IIT wollte einen Master-Studiengang für Industriemanagement aufbauen, und der Direktor meinte, dass ich mit meinem IIM-Hintergrund der richtige Mann sei, den neuen Studiengang anzuschieben. Mir blieb keine andere Wahl, als etwas zu akzeptieren, was anderen wie eine begehrenswerte Position vorkam, mir jedoch wenig behagte, weil das Schicksal mich zu meinen längst abgelegten, beruflichen Identitäten zurückzog.

Am IIT führten die Geisteswissenschaften eine Randexistenz, während die Ingenieursfakultät davon überzeugt war, an vorderster Front von Indiens Bestrebungen zu stehen, Anschluss an die Industrieländer zu gewinnen, worin sie auch vom allgemeinen Nehru-Ethos der Gesellschaft bestärkt wurde. Wegen meines Ingenieurdiploms entging ich der Geringschätzung, ja Verachtung, mit der die Verwaltung die Anliegen meiner literatur- und sozialwissenschaftlichen Kollegen strafte. Ihre Arbeitsmoral war dürftig und ihr Interesse an den Seminaren, die sie halten mussten, oberflächlich. Außer zwei Professoren, die um die Gunst einer Dozentin buhlten und deshalb pünktlich im Institut erschienen und sogar Überstunden schoben, wenn das Objekt ihrer Begierde zögerte, ins heimische Gezeter ihrer Großfamilie zurückzukehren, bevorzugten die meisten anderen die gemütliche Atmosphäre der Kantine mit ihrem Tee statt die öden Seminarräume oder, schlimmer noch, die Bibliothek. Das einzige Bonbon, mit dem ich die widerspenstigen Kollegen locken konnte, war die Aussicht auf Teilnahme am neuen, prestigeträchtigen Studiengang für Management. Diese konnte auch zur heiß begehrten «Auslandsreise» verhelfen, der großen Motivation für Akademiker zu einer Zeit, in der Auslandsreisen zwecks Teilnahme an Konferenzen genauso streng rationiert wurden wie die Freigabe kostbarer ausländischer Währungen durch die *Reserve Bank of India*.

Meine Dienstzeit am IIT überschnitt sich mit einer der politisch ereignisreichsten Entwicklungen Indiens nach der Unabhängigkeitserklärung. Einige Monate vor meinem Dienstantritt hatte Indira Gandhi im Juni 1975 den Ausnahmezustand verhängt, Bürgerrechte eingeschränkt und sich selbst diktatorische Vollmachten zuerkannt. Ihr jüngerer Sohn Sanjay Gandhi wurde zur Hassfigur dieses neuen Zeitalters, während die Medien unter Zensur gestellt und verdächtige Oppositionelle verhaftet wurden. Indira Gandhi mag eine gemäßigte Diktatorin gewesen sein, nicht jedoch ihr Sohn Sanjay. Noch unter meinen moderatesten Freunden erregte er Brechreiz. An dem Tag, an dem er einige Jahre nach dem Ausnahmezustand bei einem Flugzeugabsturz ums Leben kam, war ich bei Ravi Dayal, meinem Lektor und Verleger der indischen Niederlassung der *Oxford University Press*. Ravi, der in Oxford studiert hatte, gekleidet in die für ihn typische *Khadi Kurta* und Blue Jeans, eine Bidi zwischen den Lippen, war ein höflicher Mann mit scharfsinnigem Humor. Als sein Assistent mit der Nachricht hereinkam, sahen wir uns mit angemessener Betroffenheit an. Aber da wir im gleichen Moment wussten, dass wir keine Fremden, sondern Freunde waren, grinsten wir uns an. Es war ein spontaner Ausbruch der Erleichterung, den viele Inder teilten, obwohl es eine unverzeihliche Reaktion auf den Tod eines Mitmenschen war.

Während des Ausnahmezustands waren Gerüchte über die mysteriöse Macht des Sohns über seine Mutter ein häufiger Gesprächsgegenstand. Der Korrespondent der *New York Times* in Delhi berichtete, dass Sanjay seine Mutter eines Abends am Esstisch geohrfeigt hätte, eine Geschichte, die sich später wie viele andere auch als falsch erwies. In Ermangelung glaubwürdiger Informationen wurden Gerüchte – die mit einem adrenalinhaltigen «Lebensgefühl» einhergehen und die Leute lebendiger sein lassen als im normalen Alltagsleben – zur normalen Informationswährung, und zwar nicht nur in weiten gesellschaftlichen Kreisen, sondern auch in sämtlichen Institutionen einschließlich des IIT. Die Fakultät fühlte sich unbehaglich, weil immer weniger Informationen durch die Verwaltung sickerten, und ich wurde immer frustrierter.

Die durch den Ausnahmezustand provozierte diktatorische Gesinnung erfasste schnell sämtliche staatlichen Institutionen, indem untergeordnete Funktionäre ihre Vorgesetzten nachahmten und sich gewaltig aufbliesen. Ich wurde von Rundschreiben und Anweisungen überschwemmt, mit denen diverse Abteilungen der IIT-Bürokratie von mir detaillierte Auskünfte verlangten, angefangen von der Anzahl der Stahlschränke im Institutsbüro bis hin zur Anzahl der Seminare, die ein Fakultätsmitglied «aus welchen Gründen auch immer» versäumte. Der Ausnahmezustand trieb Indiens aufgeblähte Bürokratie zum Exzess. Die *Babus* erschienen pünktlich im Büro und arbeiteten noch für ein Trinkgeld. Antworten wie die eines Angestellten des Elektrizitätswerks, dem ich vorgeworfen hatte, seinen Job zu vernachlässigen, weil er auf eine längst erfolgte Beschwerde nicht reagierte, sondern mir erklärte: «Das ist nicht meine Aufgabe, ich arbeite hier nur», kamen mir nicht mehr zu Ohren. Der Anstieg der Effizienz ging einher mit einem unproportionalen Anstieg von Anmaßung. Der Ausnahmezustand enthüllte das autoritäre Gesicht von Beamten auf unterer Regierungsebene, wo sich das leitende *Dharma* «nach oben buckeln, nach unten treten» nicht länger zivilisiert maskieren musste.

Bildungsinstitutionen blieben nicht immun gegen diesen Virus. Dank deutscher Höflichkeit und amerikanischer Lässigkeit eher daran gewöhnt, hierarchische Macht und Statusunterschiede nicht offen auszuspielen, hasste ich es, wenn man mich im Vorzimmer des IIT-Direktors lange auf einen zuvor vereinbarten Termin warten ließ und ich von seinem persönlichen Assistenten lediglich die knappe Bemerkung «*Sahib* ist beschäftigt» zu hören bekam. Beim Eintritt in sein Büro wurde ich mit «Wie geht's, Kakar?» begrüßt, worauf ich «Gut, Sir» oder «Gut, Professor Apte» (Name geändert) zu antworten hatte. Doch seit dem Tag, als ich vom Drehbuch abwich und freundlich

«Gut, Apte, und Ihnen?» antwortete, kühlte unsere Beziehung merklich ab.

Der Ausnahmezustand lehrte mich, dass niemand völlig immun ist gegen faschistische Mentalität, die tief versteckt in uns allen lauert. Es ist eine Mentalität, die uns dazu bringt, die Macht zu lieben oder, wie Foucault es ausdrückt, «genau das zu begehren, was uns beherrscht und ausbeutet».[1] Der latente Faschismus einer Person bricht zu Zeiten an die Oberfläche, in denen der Wind des Totalitarismus eine Gesellschaft ins Wanken bringt und selbst diejenigen umwerfen kann, die ihr Leben lang höchst liberalen Überzeugungen anhingen. Ich selbst spürte seine Verlockung, als ich einem Freund schrieb:

In meinem letzten Brief habe ich Dir von meinem neuen Job berichtet. Zurzeit missfällt er mir total – die Notwendigkeit, Macht ausüben zu müssen, die eingeschüchterten, duckmäuserischen Gesichtsausdrücke derjenigen, mit denen ich zusammenarbeiten muss. Ich wusste bislang nicht, dass auch ich so viele sadistische Phantasien habe.

Der Ausnahmezustand wurde 1977 aufgehoben und Parlamentsneuwahlen anberaumt, bei denen Indira Gandhi und die Kongresspartei eine schwere Niederlage erlitten. Am Abend und während der ganzen Nacht, in der die Ergebnisse verkündet wurden, herrschte in Delhi eine Atmosphäre gespannter Erwartung, wie ich sie bei keiner der folgenden Wahlen je wieder erlebte. Die Massen drängten sich vor den elektronischen Anzeigetafeln, die vor den Redaktionen der großen Zeitungen in der Asaf Ali Road angebracht worden waren. Bei der Bekanntgabe jedes neuen Ergebnisses, das einen Kandidaten der vereinigten Opposition der Janata-Partei zum Sieger erklärte, brach die Menge in Jubel aus. Mit einer Gruppe von Freunden verfolgten wir die Wahlergebnisse im Fernsehen und blieben bis zum Morgengrauen wach. Der staatseigene *Doordarshan*-Kanal, damals noch der einzige Fernsehsender, zeigte alte Hindifilme, die von Einblendungen der neuesten Ergebnisse unterbrochen wurden. Auch wir jubelten lautstark, mitgerissen von der gleichen Begeisterung, die auch viele Inder erfasst, die Wahl für Wahl nicht aufhören, sich am Tag, an dem die Ergebnisse bekannt gemacht werden, von einer falschen Morgenröte betören zu lassen. An Pamela schrieb ich:

Ja, die Wahlergebnisse waren euphorisierend. Und was auch immer geschehen wird – ob die Regierung im Amt bleibt oder nicht –, war diese Bestätigung der (ich weiß kein besseres Wort dafür) Menschenwürde eines der ermutigendsten Ereignisse, die stattgefunden haben. Ich und viele meiner Freunde waren am Tag der Bekanntgabe des Wahlergebnisses wirklich stolz darauf, Inder zu sein. Kindermärchen mit dem Tenor «Das Gute triumphiert über das Böse» wurden diesmal wirklich wahr.

Auch in anderen Lebensbereichen empfand ich Zufriedenheit. Das Manuskript meines Buchs *The Inner World* war fast fertig und erfüllte mich mit jener besonders warmen Befriedigung, die auf die Bewältigung einer Aufgabe folgt, die alle Kräfte in Anspruch genommen hat. Dieses Buch zu schreiben, bescherte mir großzügig Flow-Erlebnisse, Zeiträume, in denen man so vollständig in der Aufgabe aufgeht, dass die Zeit stillzustehen scheint. Aber sechs Monate nach Drucklegung des Manuskripts erfasste mich die Trennungsdepression, die viele Autoren quält, wenn sie nach Jahren des Reifens ein Buch abgegeben und noch kein neues konzipiert haben. Zum Glück kamen im Januar 1977 Erikson und seine Frau nach Delhi für ein Seminar über Identität und Erwachsensein, das ich im Auftrag des ICSSR organisierte. Nach dem Seminar reiste ich mit ihnen nach Agra, Jaipur und Ahmedabad. «Es war wundervoll, mit ihnen einige Zeit zu verbringen. Es hat mich fast, wenn auch nicht ganz, von meinem derzeit lieblosen, geldlosen, ideenlosen Leben abgelenkt», lese ich in einem Brief, den ich damals an eine Freundin schrieb, wobei ich im Werben um ihr Mitgefühl alle drei Faktoren übertrieb.

Auf seine Bitte hin hatte ich Erikson zur Vorbereitung auf das Seminar das Manuskript meines Buchs geschickt. Er war überaus liebenswürdig und gab das Manuskript an die *University of California Press* weiter, die dann den Wunsch äußerte, das Buch zu verlegen. Das einzige Problem bestand darin, dass sie die weltweiten Rechte forderten, während ich die indische Ausgabe in einem indischen Verlag veröffentlichen wollte und zu dem Zweck die *Oxford University Press* in Delhi gewählt hatte. Ich befand mich damals in einer quasinationalistischen Phase, eine kindische Reaktion auf die unbewusste Anerkennung der Überlegenheit westlicher Gelehrter, die, schlimmer noch, unabhängig von der individuellen Leistung des europäischen oder amerikanischen Beitrags, zweifellos auch von den meisten indischen

Akademikern geteilt wurde. *Sie* befanden sich im Zentrum der intellektuellen Welt, während *wir* an der Peripherie siedelten. Sie schrieben Bücher und Zeitschriftenbeiträge, aus deren Titeln nie hervorging, dass sich die Inhalte auf ihre eigenen Gesellschaften bezogen. Zum Beispiel basierte ein Buch mit dem Titel *Psychologie der Jugend* auf einer empirischen Studie einer Auswahl amerikanischer Collegestudenten, ging aber wie selbstverständlich davon aus, dass die Ergebnisse auf junge Leute in der ganzen Welt übertragbar wären. Der aus Sri Lanka stammende Anthropologe Gananath Obeyesekere bemerkte zur westlichen Arroganz beim Studium anderer Kulturen:

Es widerspricht dem schlichten, gesunden Menschenverstand, dass ein junger Mensch mit beschränkten Sprachkenntnissen sich zu Feldstudien einer anderen Kultur aufmacht, um dann nach einem Zeitraum von einem oder höchstens zwei Jahren das Weltbild der Eingeborenen zu präsentieren.[2]

Obeyesekere bezieht sich auf junge westliche Anthropologen der 1980er-Jahre, aber von wenigen Ausnahmen abgesehen, beziehen sich seine Bemerkungen auch auf die meisten westlichen akademischen Schriften über Indien in den 1960er- und 1970er-Jahren. Solche Wissenschaftler, die über die Probleme des Landes im sozialen und religiösen Bereich, in Erziehung, Verwaltung, Politik und so weiter schreiben, galten damals innerhalb der indischen Universitätslehre als Autoritäten und wurden im intellektuellen Diskurs Indiens ehrfurchtsvoll zitiert. Auf meinem eigenen Feld der Psychologie erlaubte es beispielsweise das kulturelle Selbstbewusstsein, das sich aus der politischen Weltordnung der letzten beiden Jahrhunderte ableitete, einem westlichen Psychiater oder Psychologen, verbindliche Aussagen über Indien beziehungsweise über jedes nichtwestliche psychologische Thema zu treffen, wohingegen ein Inder sehr viel mehr Mut, wenn nicht gar Chuzpe hätte aufbringen müssen, über die psychologische Entwicklung französischer oder amerikanischer Kinder zu schreiben. Indische akademische Forschung in den Geistes- und Sozialwissenschaften und selbst noch an amerikanischen und englischen Universitäten entstandene Doktorarbeiten von Indern, waren streng darauf bedacht, sich auf indische Themen zu beschränken. Und das trotz der Tatsache, dass im Gegensatz zum Westen, wo «Orientalistik» eine akademische Disziplin mit lediglich einer Handvoll Experten war, viele hoch gebildete Inder «natürliche» Okzidentalisten waren (und sind), verfügen sie doch über seit frühester Kindheit aufgesogene, tiefe und umfangreiche Kenntnisse der Sprache, Geschichte, Literatur und Gesellschaft ihrer ehemaligen Kolonialherren.

In westlichem Schrifttum psychoanalytischer oder literarischer Natur, das sich mit dem Innenleben Indiens befasste, war die Situation noch schlimmer. Vertrautheit mit dem eigenen Gegenstand ist vielleicht das wichtigste Instrument, um Kontrolle über das Geschriebene zu erlangen, und obwohl diese Schriften, von einigen brillanten Ausnahmen abgesehen, vielleicht frei von groben Fehlinterpretationen der Fakten gewesen sein mögen, waren sie doch von Nuancen durchzogen – eine falsche Note hier, ein fehlender Rhythmus dort –, die ihre rhetorische Autorität untergruben. Beispielsweise fehlte westlichen psychoanalytischen Untersuchungen Indiens und der Inder im Allgemeinen die intime Kenntnis der indischen Kulturvorstellungen, der Phantasien, die in symbolischen Hervorbringungen verschlüsselt sind. Sie waren auch nicht mit dem Sprachkosmos der Patienten vertraut, insbesondere der Kindheitssprache. Vielleicht besteht für einen Psychoanalytiker die einfachste und beste Methode, die Kulturvorstellungen seines Patienten zu verstehen, darin, selbst in diese hineingeboren zu sein und bereits vorbewusst mit Fleisch und Blut absorbiert zu haben. Ansonsten erlangt man nur durch eine sehr lange Beschäftigung mit der betreffenden Kultur – ihrer Alltäglichkeit und ihren Mythen, ihren Folklore und ihrer Literatur, ihrer Musik und ihres Theaters – eine Absorption, die nicht durch Fleisch und Blut, sondern durch Kopf und Herz erfolgt. Diese Voraussetzungen wurden im westlichen Schrifttum über Indien nur selten erfüllt. Mein eigenes Vorgehen, eine Biografie des Amerikaners Frederick Taylor zu schreiben und das Buch über indische Identität lieber in Delhi als in Berkeley erscheinen zu lassen, war der weltfremde Emanzipationsversuch eines kolonialisierten Bewusstseins. Mit dem Aufkommen einer selbstbewussteren Generation, die nicht den gleichen Komplex hat, mit dem ich mich manche Jahre rumschlagen musste, hat sich die Situation in den letzten beiden Jahrzehnten zwar verbessert, aber psychologische Freiheit erfordert wesentlich mehr Zeit und geistige Arbeit als politische Unabhängigkeit.

*

Im Sommer 1977 schied ich aus dem IIT aus, um für ein akademisch Jahr eine Gastprofessur in Kanada an der *McGill University* vc Montreal wahrzunehmen. Mein Motiv, an die McGill zu gehen, war rein finanziell – wenn es denn überhaupt so etwas wie ein «reines» Motiv gibt. Ich benötigte Rücklagen, wenn ich meinen Traum eines «Schriftsteller-Psychoanalytikers» wahr machen und mich nicht in den Lehr- und Verwaltungslabyrinthen des Universitätssystems verlaufen wollte. Bei meiner Rückkehr baute ich 1978 das Gästezimmer unseres Hauses zu meinem Büro um, in dem ich Patienten empfing. Im gleichen Jahr erschien als erstes einer ganzen Reihe von Büchern über die Kulturpsychologie Indiens *The Inner World*. Es hatte die unschätzbare Aufmerksamkeit von Pamelas Lektorat durchlaufen, die mir beibrachte, meine Tendenz zur Spekulation, die vielleicht eher der Literatur angemessen ist, im Zaum zu halten. An und für sich ist die Spekulation – wörtlich übersetzt «Erkundung» – eine wertvolle Gabe, die im intellektuellen Diskurs zu schnell zurückgewiesen wird. Wir vergessen, dass spekulieren, *speculari*, bedeutet, etwas ausfindig zu machen, das nicht sofort evident ist.

Das Buch erregte in Indien und anderen Ländern breite Aufmerksamkeit, was dazu führte, dass aus dem anfangs nur tröpfelnden Patientenaufkommen ein kleiner Strom wurde. Das erlaubte es mir, diejenigen auszuwählen, die meiner Meinung nach für die psychoanalytische Arbeit auf der Couch am besten geeignet waren. Ich erhöhte auch mein Honorar auf 50 Rupien pro Stunde. Fast ein Drittel der um Analyse Nachsuchenden waren Frauen von Mitgliedern des diplomatischen Korps und in Delhi lebende, westliche Ausländer, vor allem Deutsche und Amerikaner. Für ein Zehntel des Preises, den sie zu Hause für eine Psychoanalyse hätten zahlen müssen, war es wohl ein ziemliches Schnäppchen. Für mich bedeutete die Kombination aus westlicher und indischer Klientel – einer depressiven Deutschen folgte ein unter multiplen Phobien leidender Inder, gefolgt von einem amerikanischen Diplomaten, den Zweifel an seiner sexuellen Identität plagten, gefolgt von einer traumatisierten Inderin, die als Teenager von ihrem Vater missbraucht worden war – nicht nur eine tief gehende Auseinandersetzung mit menschlichen Individuen, sondern verschaffte mir auch tiefe Einblicke in den Einfluss von Kulturtraditionen auf die menschliche Psyche.

Mein nächstes Projekt war eine Erforschung indischer Heiltraditionen. In *Shamans, Mystics and Doctors* (Schamanen, Mystiker und Ärtzte) befasste ich mich mit Praktiken meiner einheimischen Kollegen – Exorzisten, spirituellen Gurus, ayurvedischen Ärzten – und den Patienten, die sie zu heilen versuchen, sowie den Prinzipien ihrer Heilpraktiken. Nach einem Jahr Feldforschung schrieb ich einem Freund:

Das Heilkundeprojekt läuft sehr gut. Mein Assistent [Ashok Nagpal, inzwischen ein hervorragender Professor für Psychologie an der Universität Delhi], der die meisten Reisen absolviert, ist äußerst helle und sieht sich selbst als einen neuen Castaneda. Durch ihn bekomme ich detaillierte Gesprächsprotokolle mit den verschiedenen «Männern des Wissens». Ich würde dieses ganze Material nur ungern verlieren, obwohl ich am Ende darin ertrinken und mein Hauptproblem darin bestehen dürfte, es zu verarbeiten – wie und mit welcher Gewichtung das Rohmaterial mit Erläuterungen, Überlegungen etc. kombinieren. Mein vergessenes Romancier-Ich hätte gern viel mehr Beschreibung und Beobachtung, während das Analytiker-Ich nach Interpretation schreit. Derzeit schreibe ich also nichts, notiere nur weiterhin Ideen und sammele im Übrigen das Material.

Meine Zusammenkünfte mit den traditionellen «Psychotherapeuten» genoss ich außerordentlich, und ich glaube, dass sich etwas von diesem Vergnügen beim Schreiben niederschlug. In einem Land, das von Konformisten nur so wimmelt, zugleich aber auch durchaus mit Exzentrikern gesegnet ist, gehörten diese Männer und Frauen zu den eher erfreulich ungewöhnlichen Menschen, denen ich im Lauf meines Lebens begegnet bin. Als ich zum Beispiel für das Kapitel über Tantra und tantrische Heilverfahren recherchierte, lernte ich einen bengalischen Wirtschaftswissenschaftler kennen, ich nenne ihn hier Bose, der seit über 20 Jahren Tantra praktizierte. Wir kamen ins Gespräch, und Bose informierte mich über die zahlreichen tantrischen Übungen, die er absolviert hatte, um seine ungewöhnliche Konzentrationsfähigkeit und sein Einfühlungsvermögen in die Umwelt zu entwickeln. Diese befähigten ihn dazu, Hinweise aus seiner Umgebung um Millisekunden eher zu registrieren, als sie anderen ins Bewusstsein traten. Einer meiner Freunde, der leidenschaftlich gern kochte, hatte sich schon früher mit ihm über die Zubereitung eines seltenen gelben Fischs aus Tibet in der chinesischen Küche unterhalten und war voll des Lobes über Boses kulinarisches Wissen. Ein anderer Freund, der Spezialist für die chinesische Marine war, hatte sich mit Bose über die indonesische Marine unterhalten und war davon überzeugt, dass Bose auf diesem Gebiet über hervorragendes Wissen verfügte. Als Bose mich später am Abend in meinem Haus besuchte, fragte ich ihn, wie er derart unterschiedliche Bereiche wie die chinesische Küche und die indonesische Marine beherrschen könne. «Ich habe von beidem keine Ahnung», sagte er. «Ich habe nur Hinweise aus dem aufgeschnappt, was gesagt wurde, und ihnen dann ihr eigenes Wissen wieder zugespielt.»

Irgendwann im Lauf des Abends kam unser Gespräch aufs Thema Träume. Ich erläuterte Bose die zentralen Elemente von Freuds Traumtheorie, als er mich unterbrach. «Aber das ist genau das, was ein tantrischer Text aus dem siebzehnten Jahrhundert über Träume sagt! Träume sind Wunscherfülllungen, häufig eines sexuellen Wunsches. Der Text geht sogar über Freud hinaus, indem er behauptet, dass einige Träume zwar die Erfüllung eines Kindheitswunsches sind, andere jedoch Wünsche erfüllen, die aus einem früheren Leben stammen.»

Ich war begeistert. «Wollen Sie damit sagen, dass Tantra Freud antizipiert hat? Wo gibt es diesen Text?»

«In der *Royal Asiatic Library* in Kalkutta. Ich habe ihn selber studiert. Ich bin mir sicher, dass ich ihn auswendig hersagen kann. Es sind nicht mehr als 40 bis 50 Seiten.»

Bose hatte mir von den Gedächtnisübungen erzählt, die er während seiner tantrischen Ausbildung erlernt hatte. Bei einer forderte ihn sein Guru auf, wortwörtlich zu wiederholen, was während eines früheren Gesprächs zwischen den beiden gesprochen worden war. Der Guru machte ihn dann auf seine Gedächtnislücken aufmerksam und korrigierte seine Fehler, und beim nächsten Mal musste Bose das erste Gespräch wiederholen, und zwar zusammen mit den Ergänzungen und Korrekturen, die der Guru beim zweiten Mal gemacht hatte. So ging das eine ganze Weile weiter. Immer wenn sie sich trafen, sollte Bose das erste Gespräch mit sämtlichen Ergänzungen der folgenden Treffen wiederholen. «Es ist eigentlich reine Übungssache», sagte Bose. «Die Leute glauben natürlich, dass wir über übernatürliche Kräfte verfügen, bloß weil einige von uns ein gutes Erinnerungsvermögen oder eine Konzentrationstechnik haben, die alle Sinneseindrücke ausschließen – mit Ausnahme des einen, auf den sich in einem bestimmten Moment die Aufmerksamkeit richtet.»

Am nächsten Morgen erschien Bose am Frühstückstisch mit einem handgeschriebenen, etwa 30 Seiten langen Sanskrittext. «Das ist der Text über Träume, von dem ich Ihnen erzählt habe. Ich bin mir ziemlich sicher, dass ich ihn korrekt wiedergegeben habe», sagte er mit einer gewissen Befriedigung.

Er machte dann auf Abschnitte aufmerksam, die von Freud hätten stammen können. Ich war begeistert! Ein Tantrameister des 17. Jahrhunderts hatte Freuds *Traumdeutung* vorweggenommen. Ich musste unbedingt das Original sehen, es übersetzen lassen und dann einen Aufsatz über die Entdeckung schreiben.

«Kommen Sie nach Kalkutta. Ich gehe mit Ihnen in die *Asiatic Library*, und dann veranlassen wir eine Übersetzung», sagte Bose, während er sich über sein Omelette hermachte. Er war ein sehr chaotischer Esser und aß mit dem gleichen Enthusiasmus, mit dem er auch redete.

In der nächsten Woche flog ich mit *Indian Airline* nach Kalkutta. Bose wirkte sehr unglücklich, als er mich vor der Tür seines Hauses, in dem er mit seiner Mutter lebte, stehen sah. Mutter und Sohn hatten an der Universität gemeinsam den Masterstudiengang in Wirtschaftswissenschaft absolviert, und sie war gerüchteweise bei tantrischen Ritualen die Partnerin ihres Sohns. Der Besuch in der Bibliothek zwecks Einsicht in das begehrte Manuskript wurde unter irgendeinem Vorwand von einem Tag auf den nächsten verschoben. Bose nutzte meine Hartnäckigkeit als Entschuldigung, sich in dieser Angelegenheit die Hände in Unschuld zu waschen, und ich trottete schließlich allein in die Bibliothek. Ein solcher Text hatte nie existiert. Bose hatte den kompletten Text erfunden und, nachdem er nachts mein Haus in Delhi verlassen hatte, innerhalb von vier oder fünf Stunden in gelehrtem Sanskrit niedergeschrieben.

Als ich die Handschrift später einem Sanskritspezialisten zeigte, erfuhr ich, dass der Text nicht im Stil des 17. Jahrhunderts geschrieben war, sondern in einer moderneren Form dieser Schrift, die im Allgemeinen als «tote» Sprache gilt, die nur noch Ritualspezialisten und Kennern Altindiens verständlich ist. Angesichts des tantrischen Lebensziels der Befreiung von allen menschlichen Konditionierungen auf dem Weg zu Nietzsches Übermensch jenseits der Kategorien von gut und böse, schön und hässlich, wahr und falsch hätte ich mich eigentlich nicht darüber wundern dürfen. Ich hätte lediglich Boses

Brillanz und Erfindungsgabe bewundern sollen, anstatt mich zu ärgern, dass er, gesehen aus meiner unerleuchteten Perspektive, gelogen hatte.

Es gab noch einen berühmten Tantriker, der auch ein angesehener Astrologe war. Ich hatte seine Bücher gelesen und in Delhi seinen Vortrag vor der *All India Conference of Astrology* gehört, deren Vorsitzender er war. Er wohnte in Jodhpur in Rajasthan. Einige Tage bevor ich nach Jodhpur reisen wollte, um ihn zu interviewen, las ich in der Zeitung, dass sein Haus von der Steuerbehörde durchsucht worden war. Man fand in dem Anwesen eine große Geldsumme in gebündelten Hundert-Rupien-Scheinen. Jetzt saß er im Gefängnis, da es ihm nicht gelungen war, seine eigene Zukunft vorherzusehen. «Niemand kann über die Macht seines Karmas die Oberhand gewinnen», soll er philosophisch bemerkt haben.

1982 erschien *Shamans, Mystics and Doctors* bei Knopf in den USA und bei der Oxford University Press in Indien. Ich hatte meinen früheren Vorsatz, meine Bücher ausschließlich in einem indischen Verlag erscheinen zu lassen, vernünftigerweise aufgegeben. Das Buch wurde gut aufgenommen und in viele europäische Sprachen übersetzt. Weitere Bücher folgten: 1984 *Über die Liebe und die Abgründe des Gefühls* und *Intime Beziehungen. Erotik und Sexualität in Indien*, eines der ersten Bücher, die im neu gegründeten indischen Zweig des Penguin-Verlags erschienen. 1986 wollte David Davidar, Penguins Cheflektor, für *Intime Beziehungen* eine Buchpremiere veranstalten, eine für die damalige Zeit recht neue Idee. Buchpremieren waren noch weit entfernt von den glitzernden gesellschaftlichen Ereignissen in Hotelsälen mit Cocktails, Kebabs, Kanapees und Hunderten geladener Gäste, zu denen sie heute geworden sind. Zu meiner Premiere erschien David mit zwei Flaschen Whisky der beliebten Marke *Peter Scott* und einem Dutzend großer Flaschen *Thumbs-Up*-Cola im Wohnzimmer meines Hauses. Unser Koch sorgte für die Samosas. Etwa zehn Journalisten erschienen. Während David das Buch vorstellte, schielte das ungeduldige Publikum heimlich zu den Erfrischungen, und ich drückte mich bescheiden lächelnd im Hintergrund herum. Die Whiskyflaschen waren schnell geleert, und die Journalisten verzogen sich wieder.

*

Wir hatten in Delhi einen engen Freundeskreis aufgebaut, Paare wie wir mit kleinen Kindern, mit denen wir uns oft zum Essen oder zu Partys in unseren Häusern trafen. Bei der unvermeidlichen Gütertrennung nach einer Scheidung, in der Freunde der wertvollste Besitz sind, war ich froh, Vikram und Anita Lal, zwei meiner liebsten Freunde, als meinen «Anteil» behalten zu haben. Vikram, der die fast bankrotte Traktorenfabrik seines Vaters zu einem der größten Autokonzerne Indiens machte, war in mancher Hinsicht ein höchst ungewöhnlicher Firmenchef, der aus der Not eine Tugend zu machen wusste. Da er extrem schüchtern war, delegierte er seine öffentlichen Aufgaben, die einen wichtigen Teil eines Führungsjobs ausmachen, an ein sorgfältig ausgesuchtes Team von Managern. Somit wurden sie zu Hauptdarstellern einer Erfolgsstory, und die öffentliche Anerkennung vertiefte nur noch ihre Verbundenheit mit der Firma, während Vikram weiter im Hintergrund arbeitete, wo er sich am wohlsten fühlte.

Ich galt inzwischen in den intellektuellen und kulturellen Kreisen Delhis als seltener Vogel: «der Psychoanalytiker». In großen Versammlungen war ich extrem schüchtern, die typische Krankheit der Introvertierten, wenn sie dazu gezwungen sind, sich extrovertiert zu verhalten, und hielt mich lieber in Gesellschaft enger Freunde auf. Dennoch gingen wir häufig aus, und gelegentlich lernte ich anregende Schriftsteller und Künstler kennen, die es nach Delhi zog, weil die Stadt auf dem besten Weg war, zum neuen kulturellen Zentrum Indiens zu werden.

Einer der ersten Schriftsteller, den ich einige Monate nach dem Tod meiner Mutter bei einem Abendessen im kleinen Kreis kennenlernte, war V. S. Naipaul. Naipaul sammelte Material für sein zweites Buch über Indien, das später unter dem Titel *Indien – eine verwundete Kultur* erschien. Wir unterhielten uns und verabredeten für den nächsten Tag ein Treffen in meinem Haus, wo wir uns weiter unterhielten. Während meiner Zeit in Wien hatte ich fast alle seine Bücher gelesen und war ein erklärter Fan. Mein erster Eindruck seiner Person findet sich in einem Brief an Pamela:

Ich bin neulich V. S. Naipaul begegnet – kennst Du sein Werk? –, und es war wirklich ein befreiendes Gefühl, dass er auf meine intensive Rastlosigkeit einging und mich darin sogar bestärkte. Ein wunderbarer Mensch!

Ich arbeitete damals an *Kindheit und Gesellschaft in Indien*, und Naipaul interessierte sich für meinen psychologischen Blick auf Indien. Wir korrespondierten, nachdem er nach London zurückgekehrt war. Das nächste Mal traf ich ihn vier Jahre später auf seiner zweiten Indienreise, und unsere Treffen vertieften den ersten Eindruck noch.

Naipaul war für eine Woche hier [Delhi] in einer Art Klausur, weil er sich von seinem Aufenthalt im Iran und in Pakistan erholte. Es scheint, als hätte Pakistan ihn erschöpft – «Die sind ja alle verrückt!» –, aber jetzt ist er auf dem Weg nach Malaysia und Indonesien, um seine Studie über den islamischen Gürtel zu vollenden. Wir trafen uns häufig, und ich lernte ihn näher kennen – seine Vergangenheit und Zukunft –, und meine Zuneigung zu ihm hat sich ebenso verstärkt wie meine Bewunderung. Die beiden Kapitel des neuen Buchs [Schamanen, Mystiker und Ärzte] haben ihm sehr gefallen (einschließlich des Kapitels über den Pir, das Du gelesen hast), er meinte jedoch, dass es sprachlich gestrafft werden müsste. Dass er es so empfinden würde, hatte ich mir schon gedacht.

Ich bedauerte, dass unsere Beziehung ein plötzliches Ende nahm. Um das Buch zu bewerben, hatte mich der New Yorker Verlag Knopf, der *Schamanen* in den USA herausbrachte, um Zitate «berühmter» Persönlichkeiten für den Klappentext gebeten. Die einzigen berühmten Persönlichkeiten, die ich kannte, waren Erikson und Naipaul. Erikson antwortete zuvorkommend. Aber Naipaul reagierte trotz einiger Nachfragen überhaupt nicht. Wenn ich heute selber mit Bitten um Klappentexte belästigt werde, verstehe ich Naipauls Schweigen, aber der völlige Abbruch unseres Kontakts im Gefolge einer Anfrage, die höflich hätte abgelehnt werden können, verblüfft mich immer noch.

Der Erfolg von *Kindheit und Gesellschaft in Indien* und später *Schamanen, Mystiker und Ärzte* war meine Eintrittskarte in die intellektuelle und kulturelle Elite Indiens, die ihren Ausdruck darin fand, dass mir die Mitgliedschaft in ihrem höchst exklusiven Club, dem *India International Centre* in New Delhi, angetragen wurde. Ein weiteres Zeichen meiner Erhebung waren Einladungen zum Mittag- und Abendessen bei Pupul Jayakar, einer Vertrauten der Premierministerin Indira Gandhi (die nach ihrem Wahlsieg von 1980 wieder an der Macht war) und ihre inoffizielle Kultusministerin.

In Delhi, 1981

Frau Jayakar gehörte zu einer Gruppe bemerkenswerter Inderinnen jener Ära, Töchter der indischen Unabhängigkeitsbewegung, zu denen auch Kamladevi Chattopadhyay zählte und die daran mitwirkten, die traditionelle indische Textil- und Handarbeitskultur wiederzubeleben. Begabt mit einem feinen Sinn für Ästhetik und Sprachgewandtheit, verfasste Pupul Jayakar ausgezeichnete Biografien über Jiddu Krishnamurti und Indira Gandhi. Sie war auch eine enge Freundin und «Schülerin» Krishnamurtis, eines international bekannten Philosophen, Mystikers und Lehrers. Im Gegensatz zu einem ekstatischen Mystiker habe ich Krishnamurti stets für einen intellektuellen Mystiker gehalten, also für einen, der eher dem Pfad des «Wissens» als dem der Hingabe folgt.

Wenn er nach Delhi kam, wohnte Krishnamurti bei ihr, und bei einem dieser Besuche lud sie mich und fünf andere Intellektuelle aus Delhi zu einem Gespräch mit ihm ein. Krishnamurti war ein durch und durch moderner Guru, obwohl ihm diese Bezeichnung missfiel; er hatte die Essenz der Upanishaden mit buddhistischer Weisheit kombiniert und konnte sie mit seltener Eloquenz vertreten. Seine charismatische Persönlichkeit, ikonoklastische Haltung gegenüber etablierten Religionen und Betonung der Vernunft statt des Glaubens verschaffte ihm großen Erfolg in Intellektuellenkreisen und höheren Gesellschaftsschichten. Er war keiner dieser Gurus, die ihre eigene Menschlichkeit hinter einem Panzer spiritueller Undurchdringlichkeit und der Maske eines Heiligen verstecken. Er liebte teure Autos und exquisites Essen und unterhielt, wie ich später in einer Biografie las, in seinem Rückzugsort im kalifornischen Ojai eine jahrelange Beziehung mit der amerikanischen Frau seines Vertrauten, Lektors, Managers und Spendengeldsammlers Rajagopal. Einer von Krishnamurtis Biografen wies darauf hin, dass die Probleme von Angst in Beziehung zum Tod, zu Ehrgeiz und Unsicherheit, über die er mit so tiefem Verständnis sprach, die gleichen waren, mit denen er sich selbst sein Leben lang herumschlug.

Ich teile nicht das implizite Urteil des Biografen, dass eine persönliche, lebensgeschichtliche Betroffenheit den Wert seiner Lehren mindert oder verdächtig erscheinen lässt. Jede große Philosophie, schrieb Nietzsche, ist eine Art unfreiwilliger und unbewusster Autobiografie. Im Fall einiger Gelehrter und Wissenschaftler, fügt er hinzu, «mag es wirklich so etwas wie einen Erkenntnistrieb geben, irgendein kleines unabhängiges Uhrwerk, welches, gut aufgezogen, tapfer darauflos arbeitet».[7] Ich würde noch weiter gehen und hinzufügen, dass nicht nur der Philosoph, sondern auch der Künstler, Schriftsteller und manch ein kreativer Gelehrter innerhalb der Geisteswissenschaften inspiriert wird von den fundamentalen Impulsen seines Charakters, die sich im Lauf des Lebens einprägen und formen. Ich glaube, dass ein originelles Werk nur dann entsteht, wenn die Problemfelder, die das Individuum als seine eigenen durchmisst, in den Leitmotiven seines Lebens anklingen, die unter der Oberfläche seiner bewussten Wahrnehmung angeschlagen werden. Einsichten dämmern und werden häufiger schicksalhaft, wenn das Werk eine unbewusste Fortsetzung des eigenen, inneren Theaters ist, der Autobiografie in einem anderen Register.

Das Gespräch fand an einem Wintermorgen im Hof von Pupul Jayakars Haus an der Safdarjung Road statt. Krishnamurti saß im Schneidersitz auf einer Empore. Frau Jayakar saß direkt hinter ihm, kümmerte sich um seine Wünsche, ein Glas Wasser, ein weißes Leinentuch, um sich die Lippen abzuwischen, und flüsterte ihm ins Ohr, wenn er ein Wort nicht verstanden hatte – er war damals bereits Ende 80. Und wie sich herausstellen sollte, war es sein letzter Besuch in

Indien. Er war immer noch ein schöner Mann mit feinen Gesichtszügen, sorgfältig gekämmtem, leicht schütterem Haar und einem klaren, warmen, braunen Teint, der noch betont wurde durch den über eine beige Seidenkurta geworfenen beigen Kaschmirschal. Die sechs «Intellektuellen» saßen um ihn herum, während etwa 200 geladene Gäste, zumeist Krishnamurtis Anhänger aus Delhis gesellschaftlicher Elite, auf dem Boden vor der Bühne auf ausgebreiteten Durries saßen.

Ich erinnere mich, dass Krishnamurti mit einer kurzen Erörterung seines Lieblingsthemas begann, dem Ursprung der Angst im menschlichen Denken, bevor er sich mit einem «Stimmen Sie dem zu?» an uns wandte. Das war die Lehrmethode des Weisen: Er stellte eine Frage, fuhr dann fort, seine Ideen zu entwickeln, und stellte anschließend eine weitere Frage. Ich war mit dem Vorgehen nicht vertraut und dachte, dass er aus psychoanalytischer Sicht falsch lag. Ich stimmte zu, dass Angst (er benutzte Furcht synonym für Angst) durch Denken entsteht, in meiner Formulierung durch Phantasietätigkeit, fand jedoch, dass er zu kurzen Prozess mit den Ursachen machte, die in der individuellen Vorgeschichte liegen, nämlich bei Lebensbeginn im Geburtstrauma. Als analytischer Grünschnabel, der von Freuds Konzeption überzeugt war, korrigierte ich den Weisen munter weiter, lieferte die psychoanalytische Standarderklärung verschiedener Formen von Angst während Säuglingsalter und Kindheit – Verlust der begehrten und geliebten Versorgerin, Verlust der Liebe der Versorgerin, der Angst vor Strafe durch die internalisierte Versorgerin – und vergaß dabei, dass die Leute nicht gekommen waren, um mich zu hören, sondern ihn.

Krishnamurti unterbrach mich plötzlich, indem er mit dem Finger auf das Hausdach hinter mir zeigte: «Sehen Sie den schönen Vogel!» Köpfe fuhren herum. Es gab «Ohs!» und «Ahs!», während ich in ein beschämtes Murmeln versank. Indem er auf den Vogel zeigte und damit die Aufmerksamkeit des Publikums in eine andere Richtung lenkte, hatte der Mystiker ein weiteres Mal die Hohlheit eines rein intellektuellen Diskurses entlarvt. Ich war gedemütigt! Ich war vom Zuhörer zum Gegner geworden. Angst, sagte er, entsteht außerdem, wenn man sich mit jemandem vergleicht, der über einem steht, mit jemandem, der etwas ist, was man selber nicht ist. Nein, so ist es nicht, sagte ich stumm zu mir selbst. Wenn man neidisch ist, sucht man nur noch nach den Fehlern und Mängeln der anderen Person;

jemanden, den man herabsetzen kann, beneidet man nicht. Mir war nicht klar, dass ich genau das mit Krishnamurti tat.

Aber Neid schärft die Wahrnehmung, auch wenn diese Wahrnehmung einseitig ist, der Scharten und Dellen im Panzer der beneideten Person zuungunsten ihrer Schönheit, Weisheit oder Leistung überbewertet. Nach dem Gespräch bat Frau Jayakar ein Dutzend von uns zu einem privaten Mittagessen. Ich ging hinter Krishnamurti ins Haus und bemerkte, dass er vor jedem Spiegel langsamer ging und sich eine spärliche Locke grauen Haars zurückstrich. Während des Essens war er in guter Form, unterhielt uns mit Geschichten schneller Autofahrten in Sportwagen und wunderbarer Restaurants in Kalifornien und in der Schweiz, wo er viele Anhänger hatte. Ich hörte ihm schweigend zu – tiefe Einsichten, durchsetzt mit menschlicher, allzu menschlicher Prahlerei. Er gefiel mir nun besser, weil ich in ihm einen gespaltenen Menschen spürte; der Weise existierte im gleichen Körper und Geist eines eitlen Jugendlichen und ängstlichen Kindes.

Im Rückblick bedauere ich, dass meine Demütigung und, ja, auch mein Neid, die seine Größe zu verkleinern suchten, mich daran hinderten, aufmerksamer auf das zu hören, was er anzubieten hatte, und so von der seltenen Begegnung mit einem enorm charismatischen und weisen Mann zu profitieren. Als ich später einige seiner publizierten Gespräche las, stellte ich fest, dass ich oft mit ihm übereinstimmte. In seinem sachlichen Blick auf die Realität des menschlichen Lebens und der Welt, in die es eingebettet ist, stand er einem «depressiven» Freud (und Buddha) näher als den optimistischen Vertretern – westlichen Psychotherapeuten oder indischen Gurus – einer möglichen psychischen Veränderung, die einen ständigen Aufenthalt im Land des «Glücks» verheißt. Krishnamurti war gewiss niemand, der Rosengärten versprach. Ich schätzte seine Betonung der Notwendigkeit kompromissloser Selbsteinsicht, um ein völlig bewusstes Leben führen zu können, eine Einsicht, die er mit dem weisen römischen Kaiser Marcus Aurelius teilte, der gesagt hatte, dass «diejenigen, die nicht die Bewegungen ihres eigenen Geistes beobachten, zwangsläufig unglücklich sein müssen».[8] Krishnamurti sagt immer wieder, dass kein geistiges Problem je endgültig gelöst werden kann. Es kann verstanden, aber nicht beseitigt werden. Auch Freud hatte beobachtet, dass ein Mensch sich nicht damit abmühen sollte, seine Komplexe zu eliminieren, sondern mit sich in Einklang zu bringen, weil sie das ausmachen, was sein Verhalten in der Welt bestimmt. Um tief zu verstehen (Freuds «in Einklang bringen»), bedarf es einer Beobachtung in voller Aufmerksamkeit, was nicht mit Konzentration verwechselt werden darf. Wenn das Bewusstsein aufmerksam ist, sagt er, denkt es nicht, sondern ist leer, aber bewusst – erst *dann* kann es beobachten. Hierin war sich Krishnamurti, der intellektuelle Mystiker, mit dem mystischen Psychoanalytiker Wilfred Bion einig, der Analytikern riet, dass zum vollen Verständnis des Patienten der Therapeut zu einer Analysesitzung mit leerem Bewusstsein kommen müsse – einem Bewusstsein «ohne Erinnerung oder Begehren».

In jenen Jahren widmete ich mich auch stärker dem, was man als «Dienst am Vaterland» bezeichnen könnte, und zwar sowohl auf seriöse als auch absurde Weise. Ich hatte mit meiner Familie ein Jahr am *Institute of Advanced Study* in Princeton verbracht und kehrte im Sommer 1984 mitten in einer Krise, die das Land im Juni erschütterte, nach Indien zurück. Es handelte sich um den Angriff der indischen Armee auf den Goldenen Tempel in Amritsar, der heiligsten Stätte der Sikhs, um den Bezirk von militanten Sikhs zu säubern, die den Bundesstaat Punjab mit einer Serie von Raubüberfällen und Morden an Hindus und Polizisten terrorisierten. Bei der Operation *Blue Star*, wie die Militäraktion genannt wurde, wurden nicht nur Dutzende Militanter und ihr Führer Bhindranwale getötet, ein zum Terroristen gewordener, feuriger Sikhprediger, sondern auch großer Schaden am Akal Takht angerichtet, der sowohl ein Symbol der organisierten Sikhmilitanz als auch religiöser Frömmigkeit war. Die Gefühle der Sikhs, besonders die der *Jat-Sikh*-Jugend, wurden verletzt, und es bestand die große Gefahr eines bewaffneten Aufstands, wenn nicht schnell etwas unternommen wurde, um die Lage zu beruhigen.

Eines Morgens im Juli bekam ich einen Anruf des Büros von Rajiv Gandhi, der jetzt Generalsekretär der Kongresspartei war und von seiner Mutter zu ihrem Nachfolger aufgebaut wurde, da sein jüngerer Bruder Sanjay nicht mehr lebte. Die Regierung, sagte man mir, verfüge über viele Informationsquellen – Politiker, Verwaltungsbeamte, Nachrichtendienste – über die Lage in Punjab, hätte jedoch auch gern eine psychologische Einschätzung des Zustands der Sikhmilitanz. Früh am nächsten Morgen fuhr ich mit dem Zug in die Region Doaba im Punjab, dem Herzland der *Jat Sikhs*, das zum Epizentrum der Sikhmilitanz werden sollte. Ich verbrachte dort drei Tage und traf mich mit Dorfvertretern und wurde dann nach Amritsar zum schwer bewachten Goldenen Tempel gebracht. Ich staunte über die Schäden am Akal Takht. Um den Tempel von schwer bewaffneten Militanten zu säubern, hatte die Armee Panzerkanonen eingesetzt. Im Bauwerk klafften große Löcher, und der Takht war nur noch eine Ruine. Sikhs, zumeist Bauern aus den umliegenden Dörfern, strömten herbei, um sich einen ersten Eindruck von den Zerstörungen zu verschaffen. Um unerwünschte Zwischenfälle zu vermeiden, wurde der Zutritt reguliert, damit sich innerhalb des Bezirks keine großen Menschenansammlungen bilden konnten. Ich ging herum und wurde Zeuge hitziger und wütender Diskussionen zwischen sich gelegentlich bildenden Gruppen.

In meinem handschriftlichen Bericht, den ich nach meiner Rückkehr nach Delhi verfasste und später teilweise veröffentlichte, schrieb ich, die Operation *Blue Star* habe das kriegerische *Khalsa*-Element der sikhistischen Identität ausbrechen lassen, ein Element, das sich zumindest seit dem zehnten Guru Gobind Singh und zumindest bei den *Jats* in Vorstellungen wie «zum Schwert greifen» gegen die «Unterdrückung durch einen Tyrannen» Bahn brach und dessen Mythos nur zwei mögliche Resultate zuließ – Sieg *(Fateh)* oder Märtyrertod *(Shaheedi)*. Der Angriff auf den Akal Takht, das historische Symbol des Kampfs der Sikhs gegen staatliche Unterdrückung, hatten die beiden Ms – Militanz und Märtyrertum – gestärkt, die inneren Gegenstücke zu den wohlbekannten fünf Ks (*Kesh* – langes Haar, *Kada* – Armreifen aus Stahl, *Kachha* – Unterwäsche, *Kirpan* – Kurzschwert, *Kanghi* – Kamm), die die äußeren Symbole des kriegerischen *Khalsa*-Selbstverständnisses ausmachen.

Aus der Armeeaktion, den Akal Takht von schwer bewaffneten Banditen zu säubern, war ein Angriff eines tyrannischen *Delhi Durbar* auf die Sikhnation geworden, ein Rückfall in die Taten der späten Mughalherrscher wie Aurangzeb. Die bei dem Angriff getöteten Sikhs galten nun als Verteidiger des Glaubens und Märtyrer – auch das ist ein geschliffenes historisches Muster. Durch eine von Legenden aus der Sikhgeschichte geschliffenen Linse wurde das Gefecht als bedeutende Schlacht betrachtet, als Niederlage, die die Truppen der *Khalsa* einem sie unterjochenden Herrscher zufügten. Die relativ hohen Verluste der Armee waren demnach kein Ergebnis des Versuchs, den Goldenen Tempel so wenig wie möglich zu beschädigen, sondern ein Beweis der

Kampfkraft der *Khalsa*-Krieger. Paradoxerweise wurden gleichzeitig die Verluste der Terroristen übertrieben, um die überwältigende Überlegenheit der Armee, aber auch die Bereitschaft der *Khalsa*, den Märtyrertod zu sterben, wenn ein Sieg nicht möglich ist, hervorzuheben.

Indem Bhindranwale die beiden Ms der Militanz und des Märtyrertums auf dramatische Weise vorexerzierte, schlug er besonders bei der Jugend tiefgreifende Akkorde an. Sein «Märtyrertod» machte seine Aufnahme ins militante Pantheon der Sikhs sakrosankt. Für die Folterungen und Morde im Tempelbezirk und außerhalb wurde er nicht länger verantwortlich gemacht; sie wurden als Taten irregeleiteter Anhänger gesehen, als Gewaltexzesse, von denen Santji nichts wusste.

Das Wiederaufleben der kriegerischen *Khalsa*-Identität, die dem Bundesstaat übel bekam, wurde von den Frauen der Gemeinschaft enorm angeheizt. Das wurde mir nur allzu deutlich, als ich vor den Ruinen des Akal Takht den Gruppen wütender Männer und Frauen zuhörte. Die meisten Männer machten einen niedergeschlagenen, mürrischen Eindruck und wurden von heulenden und wütenden Frauen mit Sätzen wie «*Vay Sikha* – O Sikh, wo ist die Stärke deines Schnurrbarts geblieben?» auch noch geschmäht und verhöhnt.

Der Einfluss von Frauen einer Gemeinschaft auf ihre zu den Waffen greifenden Männer oder auf die Entstehung von Terrorismus ist bislang nicht hinreichend gewürdigt worden. Ob nun in Punjab in den späten 1980er-Jahren oder während der vergangenen beiden Jahrzehnte in Kaschmir oder auch an anderen Orten der Welt, es gibt keinen stärkeren Antrieb, den Kampfgeist eines Mannes anzustacheln, als eine Frau, die sich über ihn lustig macht und damit seine Männlichkeit provoziert. Militanz verliert ihre Kraft, sobald die Frauen aufhören, von ihren Männern maskulines Verhalten zu fordern, sondern sich eher ums Überleben und Wohlergehen ihrer Kinder zu sorgen. Leider zielen Antiterrorkampagnen nur selten darauf ab, die Frauen einer Gemeinschaft zu beeinflussen.

Mein Bericht malte ein düsteres Szenario, aber im Juli und August 1984 gab es dann doch einen Silberstreif der Hoffnung, dass die drohende Gewalt eingedämmt werden könnte. Viele ältere Sikhs hegten immer noch Sympathien für Indira Gandhi und machten die Machenschaften und falschen Ratschläge eines anderen Sikhs, Präsident Giani

Zail Singh, für die Operation *Blue Star* verantwortlich. Es gab die Chance, dass sich zumindest in der älteren Generation viele der aufgepeitschten Gefühle besänftigen ließen, wenn die Premierministerin im nationalen Fernsehen eine Art Entschuldigung für die Armeeaktion vorbringen würde. Indira Gandhi wurde respektiert, wenn nicht gar geliebt, und ebendeshalb konnten Worte des Bedauerns aus ihrem Munde die Situation entspannen. Zumindest lautete so meine Empfehlung. Ich habe keine Ahnung, ob mein Bericht je die Entscheidungsträger erreichte oder ob er von den Hardlinern, die eine «raue» Gangart gegenüber den Sikhs vorschlugen, vom Tisch gewischt wurde. Indira Gandhi entschuldigte sich nicht und wurde 1984 von ihrem Sikh-Leibwächter ermordet.

Nachdem Rajiv Gandhi 1984 Premierminister geworden war, wurden meine «Staatsdienste» angenehmer und bestanden nur noch darin, an einigen Mittagessen zu Ehren durchreisender Würdenträger teilzunehmen, die im *Hyderabad House* stattfanden, dem offiziellen Schauplatz für Empfänge des Premierministers. Insbesondere erinnere ich mich an ein Mittagessen für Königin Beatrix der Niederlande, bei dem ich neben Prinz Klaus platziert wurde, dem Gemahl der Königin, der melancholisch den Fruchtsaft beäugte, der bei solchen Anlässen serviert wurde. Als er hörte, dass ich Psychoanalytiker war, hellte sich sein Gesicht auf, und er erzählte mir, dass er ein ehemaliger Alkoholiker sei, allerdings einer, der das Gefühl hatte, jederzeit rückfällig werden zu können. Obwohl im Allgemeinen nichts so ermüdend ist wie ein völlig Fremder, der einem seine Träume erzählt oder seine Symptome beschreibt, sind Prinz Klaus' Geständnisse, die von den anderen Tischgästen begierig aufgeschnappt wurden, der einzige erinnerungswerte Vorfall bei jenen ansonsten langweiligen Mittagessen, zu denen überhaupt eingeladen worden zu sein noch das Erhebendste war.

Einen der eher amüsanten Vorfälle im Dienst meines Landes erinnere ich gern als «die Haut des Sohnes retten». Das war in Alpach in Österreich, «zum schönsten Dorf Europas gewählt», wo im Juni 1983 ein indisch-westlicher Europadialog stattfand. Hochrangige Delegierte, angeführt vom damaligen Außenminister und späteren Premierminister P.V. Narasimha Rao, hervorragende Persönlichkeiten aus dem kulturellen Bereich und «Industriekapitäne», die meisten aus Bombay, repräsentierten Indien bei dieser Konferenz. Zum Leidwesen der österreichischen Gastgeber war aber Indiens Stellenwert innerhalb der damaligen Weltordnung nicht hoch genug, um gleichwertige Teilnehmer aus den führenden europäischen Nationen Frankreich, Deutschland, Spanien oder Italien anzulocken. So kamen dann die Dialogpartner vor allem aus Österreich selbst, das auf wirtschaftlicher oder kultureller Ebene nicht gerade eine europäische Großmacht darstellt. Unter den Indern war niemand mehr verschnupft als Narasimha Rao, der gleich nach der Eröffnungssitzung wieder abreiste. Er saß allein im Foyer des Hotels, als mich Frau Jayakar ihm vorstellte. Er beantwortete ihre Begrüßung nicht einmal mit einem Lächeln, musterte mich mit einem flüchtigen Blick, und da er dort nichts von Interesse fand, wandte er sich übellaunig ab. Um ihm gegenüber fair zu bleiben, sei gesagt, dass Narasimha Rao notorisch übellaunig war und sogar noch im Schlaf ein saures Gesicht zog.

Die Industriellen beschlossen, das Beste aus der verkorksten Situation zu machen, und nahmen ihren Aufenthalt als unverhofften Urlaub im heilsamen Klima des hübschen Alpendorfs. Champagnerpartys begannen nachmittags und endeten erst spät in der Nacht. Am letzten Morgen, als ich nach dem Frühstück an der Rezeption vorbeikam, wurde ich von dem aufgebrachten Hotelmanager angesprochen. Er wusste, dass ich Deutsch sprach, und bat mich um Hilfe bei der Lösung einer unerfreulichen Situation, die sich in einem Zimmer ergeben hatte, das von einem Vater-Sohn-Duo aus Bombay bewohnt wurde. Als das 16-jährige Zimmermädchen aus dem Dorf zum Bettenmachen kam, hatte der Sohn, ein stellvertretender Direktor in der Firma seines Vaters, anscheinend versucht, sie zu belästigen, indem er ihr im Zimmer nachgelaufen war, und zwar sogar noch dann, als sie zu fliehen versuchte. Das Mädchen wurde hysterisch. Ihre Mutter drohte damit, die Polizei zu rufen. Der Manager wäre mir verbunden, wenn ich dabei helfen könnte zu übersetzen, was seine indischen Gäste sagten, da es ihm schwerfiel, ihren englischen Akzent zu verstehen. Als wir ins Zimmer kamen, sah ich den jungen Mann mit gesenktem Kopf mitten im Raum stehen, während sein Vater ihn mit ausgesuchten Punjabi-Schimpfworten eindeckte. «Wenn der Dreckskerl eine *Gori* (weiße Frau) gewollt hätte, hätte er es mir sagen sollen», appellierte der Vater an mein Einfühlungsvermögen. «Ich hätte ihm zehn beschafft. *Saadi nak katwa diti* [wörtlich: Er hat uns die Nase abgeschnitten.] Wie will der Dreckskerl uns das vom Hals schaffen?»

Die Mutter des Mädchens wurde gerufen, es gab Entschuldigungen und ein Geldgeschenk, und die Sache war damit erledigt. Als das Duo am Nachmittag in das Zimmer kam, in dem gerade eine Abschiedsparty auf Touren kam, wurden allerlei Scherze auf ihre Kosten gemacht. Der junge Mann schaute so dämlich wie stolz aus der Wäsche.

«Du hättest der *Saali* von Anfang an ein paar Tausender geben sollen; dann hättest du dir die Anstrengung erspart, sie ums Bett zu jagen», sagte der inoffizielle Führer der Geschäftsdelegation zu ihm.

Wenig später brachen alle auf. Mercedeslimousinen folgten einander über Alpachs kurvenreiche Straße zur Autobahn und brachten die Geschäftsleute zu ihren diversen europäischen Zielorten, nicht wenige zur Steueroase nach Zürich.

ZWEI LIEBEN

Dieses Kapitel fällt mir am schwersten. Der Drang, etwas zu verschleiern, ist viel stärker als der Wunsch, etwas zu enthüllen, und zwar weniger aus Selbstschutz als vielmehr zum Schutz anderer. Besonders beherzigenswert finde ich in diesem Zusammenhang Samuel Goldwyns Bemerkung: «Ich meine, niemand sollte eine Autobiografie schreiben, solange er noch nicht tot ist.»

Auf dem Feld der Erinnerung an verflossene Lieben tun sich selbst für den Behutsamen viele Fallen auf: Eine davon sind selbstschützende Erklärungen. Ich könnte meine ehebrecherischen Liebesaffären auf den Zustand meiner Ehe zurückführen, in der, wie ich bereits oben beschrieben habe, nach einer Weile kaum noch eine emotionale Beziehung zwischen uns bestand. Ich war einsam, oder meine Einsamkeit vertiefte sich genau deshalb, weil sie in Gegenwart einer Partnerin aufkam, mit der ich keine Intimitäten mehr teilte. Ich näherte mich der Lebensmitte, wo trotz bemerkenswerten beruflichen Erfolgs das Fehlen von Intimität in meinem Privatleben den Beginn einer bleiernen Depression anzukündigen drohte, der ich mir zwar nicht bewusst war, die sich jedoch derart zuspitzte, dass sie sich selbst zu kurieren versuchte, indem ich mich auf die Höhenflüge leidenschaftlicher Liebesaffären einließ.

Eine weitere Falle, die mich zögern lässt fortzufahren, ist der Schmerz, den ich denjenigen zufügen könnte, die ich so leidenschaftlich liebte, weil sich in ihren eigenen Erinnerungen vielleicht alles ganz anders darstellt, aber auch den anderen, die ich mehr hätte lieben sollen, als ich es tat. Die Gefahr, die Vergangenheit ständig zu manipulieren und falsch zu interpretieren, ist in der Erinnerung an verflossene Lieben besonders akut. Für die Intention dieser Memoiren wäre es jedoch fatal, den wertvollsten Teil meiner selbst oder, wie ich allerdings glaube, jedes menschlichen Wesens, nämlich jenen «endlosen Fluss durch die Höhle des Menschen», durch Ausreden und Rationalisierungen zu kaschieren. Wenn einzig unsere Erinnerungen unsere Identität ausmachen – die Geschichten, die wir bewusst oder unbewusst über uns selbst erzählen und mit denen wir uns selbst und anderen erklären –, dann gibt es eine bestimmte, besondere Gattung von Geschichten, die verständlich machen können, wer wir sind. Abgesehen von den spirituell Veranlagten, den Mystikern, die behaupten, ein unabhängig und jenseits von Erinnerungen liegendes «wahres Ich» erkannt zu haben, wird für die meisten von uns die Wahrheit des «Ichs» durch Erinnerungen an die Lieben offengelegt, die unsere tiefsten Gefühle geweckt haben. Diese Gefühle sind nicht nur solche der Ekstase (mit den Worten Ibn Hazms) «jenseits aller Beschreibung der noch so ausgeklügelten Sprache: das Denken zuckt vor ihnen zurück, und der Verstand versagt beschämt»,[1] sondern auch solche fast unerträglichen Verlangens, von Schmerz und Verlust. Deshalb ist es unausweichlich, dass die folgenden beiden Liebesgeschichten auch kein Happy End haben. Im Leben wie in der Kunst ist «glückliche Liebe» im Vergleich zu ihrem melancholischeren Gegenstück stets unterlegen. Zufriedene und erfüllte Liebe hat kaum jemals ein erinnerungswertes Werk der Fiktion oder Dichtung hervorgebracht, und auch in unseren Erinnerungen wird sie stets von ihren unglücklichen Geschwistern übertrumpft.

*

In den späten 1970er-Jahren verliebte ich mich so stürmisch wie blind. Rückblickend finde ich, dass mir allein schon mein Gefühlssturm eine Warnung hätte sein müssen. Ein Feuer, dessen Flammen zu Beginn so hell brannten und so hoch schlugen, war dazu verdammt, ebenso schnell zu erlöschen. Nachdem längst alles vorbei war, glomm jedoch die mit Asche bedeckte Glut noch jahrelang durch meine Träume.

Anita (Name geändert) hatte soeben ihre erste Rolle in einem Film gespielt, ein «künstlerischer» Film im Gegensatz zum kommerziellen Kino Bollywoods. Leute, die sich diese ambitionierten Filme ansahen, die kaum je in die kommerziellen Kinos gelangten, sondern in den Filmclubs indischer Großstädte und auf unbedeutenden europäischen Filmfestivals kursierten, schwärmten von Anitas Schönheit und ihrer offensichtlichen Intelligenz. Ich lernte sie auf einer Party in Bombay kennen. Ich war in der Stadt, um ein Familienunternehmen zu beraten, in dem die Brüder untereinander um die Kontrolle kämpften. Es schmeichelte mir, dass sie bereits von mir als dem Psychoanalytiker gehört hatte, dessen eben erst erschienenes Buch *Die innere Welt* einige Aufmerksamkeit in Intellektuellenkreisen erregt hatte. Ich raffte all meinen Mut zusammen und fragte sie, ob wir unsere Unterhaltung am nächsten Nachmittag bei einem Kaffee in der Lounge des *Taj Hotel* fortsetzen könnten.

Ich glaube inzwischen, dass es Anitas Schönheit war, die unsere Affäre von Anfang an überschattete. In meinem ersten Roman *Kamasutra oder die Kunst des Begehrens*, einem fiktionalisierten Lebensbericht Vatsyayanas, des Autors des *Kamasutra*, diente Anita als Modell der Heldin Chandrika.

Ihre gute Laune und ihr glühendes Gesicht waren nicht nur Ausdruck ihrer Jugend, sondern wurden auch durch die lustvollen Blicke der Männer hervorgerufen, die ihren Körper streichelten, wenn sie über die Straße ging. Den Kopf hoch erhoben, blickte sie geradeaus, während ihr Körper in der Erotik erstrahlte, deren sie sich so sicher bediente. Mehr als einmal habe ich beobachtet, wie ein jainistischer Mönch, der allem Begehren, allem Schamgefühl und aller Kleidung entsagt hatte und nur zögernde Schritte machte, die Augen fest auf den Boden gerichtet, damit nicht eine unglückliche Geste ein Insekt verletzte, aufsah. Wie er stockte, sein Fliegenwedel mitten in der Bewegung innehielt, wenn er Chandrikas Nähe fühlte, die auf der Straße dicht an ihm vorbeiging. Ihr körperliches Wissen um das männliche Begehren ließ nie nach, nicht einmal dann, wenn sie alleine war…

Ich war von Anitas Schönheit, die durch ihre Intelligenz und geistige Unabhängigkeit noch verstärkt wurde, derart geblendet, dass ich sie nie richtig *sah*, da mein Blick sich in ihrer bezaubernden äußeren Schale verfing. Selbst wenn wir unter uns waren, verdunkelten die Nachbilder ihrer öffentlichen Präsenz ständig meine Wahrnehmung. Anita war der strahlende Mittelpunkt jeder Gesellschaft. Wenn sie eintrat, ging mit den Männern im Raum eine deutliche Veränderung vor. Ihre Unterhaltungen luden sich mit offensichtlicher Erregung auf, ein Gefühl, dass etwas Außerordentliches vor sich ging. Die Männer unterhielten sich weiter, warfen ihr aber Seitenblicke zu und hofften, dass diese von ihr erwidert würden. Nach und nach löste sich dann der eine oder andere aus der Gruppe und trieb so begierig wie beunruhigt, ihre Aufmerksamkeit zu erregen, in ihre Richtung.

Anita beteiligte sich an diesem Tanz der Begierde, indem sie zwar so tat, als bemerke sie nichts, zugleich aber mit leuchtenden Augen, gelegentlichem Zurückwerfen der schimmernden Mähne ihres langen schwarzen Haars und häufigem, stark übertriebenem Lächeln mitspielte. Ein Großteil meiner Vernarrtheit verdankte sich meinem um Gewissheit ringenden Glauben, dass ich, ohne die anderen Männer zu kennen, in diesem Tanz der Solotänzer war, das auserwählte Objekt der Begierde dieser hinreißenden Frau. Dieser Glaube verlieh meiner Sexualität die Gewalt der Verlustangst, die ihr zu Recht missfiel. Meine Liebe für Anita wurde durch die Maschinerie der Begierde angetrieben und durch triumphierende Trompetenstöße der Begierde verkündet, klang aber dürftig in den leiseren Tönen der Sehnsucht. Bewunderung und Wertschätzung, Zärtlichkeit und Verletzlichkeit – die der Beitrag der Sehnsucht zur Liebe sind und der Liebe Stabilität und Dauer verleihen – wurden von der Herrschsucht besitzergreifender Begierde überwältigt.

In den Monaten unseres Zusammenseins war ich mir Anitas Loyalität und Treue nie sicher. Tatsächlich trafen wir uns kaum öfter als 20 Mal, da ich nicht noch mehr Vorwände erfinden konnte, nach Bombay zu fahren. Die Affäre vollzog sich zumeist in einem Briefwechsel, bei dem meine Schreibwut sehr viel größer als ihre war. Anita trieb meine Eifersucht auf die Spitze, indem sie mir Details ihrer Treffen mit anderen Männern anvertraute, die hinter ihr her waren – Filmstars, reiche Industrielle und bekannte Politiker. Manchmal blieb sie quälend vage über das Ergebnis dieser Nachstellungen. Eifersucht zerfraß meine Eingeweide, während ich zugleich so tat, als wäre ich anders als die anderen Männer, weil ich der gelassene Psychoanalytiker-Liebhaber war, dem sie ihre Geheimnisse anvertrauen konnte und sie darin sogar noch bestärkte. Dadurch verkümmerte mein Vertrauen in meine eigene Attraktivität als Mann, und ich glaubte, dass der einzige Grund, warum Anita noch bei mir blieb, wie dürftig auch immer dies «bei mir» sein mochte, darin bestand, dass sie sich von mir verstanden fühlte. Im Grunde war ich von Anita besessen, aber ich misstraute ihr.

Ansonsten war der Affäre allein schon von den äußeren Umständen her ein frühes Ende vorherbestimmt. Anita hatte deutlich gemacht, dass sie das «gute Leben» liebte. Sie hatte die Absicht, einen reichen Mann zu heiraten, um der materiellen Enge ihrer sie dauernd verfolgenden Mittelklasseherkunft zu entkommen. Meinerseits hätte mir für den unwahrscheinlichen Fall, dass sie uns ein Leben zu zweit vorgeschlagen hätte, der Mut gefehlt, meine beiden kleinen Kinder zu verlassen und deshalb später von Schuldgefühlen geplagt zu werden. Die Liebe hätte über alles gesiegt … außer über meine Feigheit und ihre Selbstverliebtheit.

Anita sollte dann auch das Leben führen, nach dem sich ihr Herz gesehnt hatte: berühmt für ihre Schönheit, verheiratet mit einem reichen Geschäftsmann und erfolgreich beim Film, aber nicht als Schauspielerin, ein Beruf, den sie verachtete, sondern als gefeierte Drehbuchautorin für Bollywoodfilme. Im Lauf der Jahre sind wir uns nicht öfter als drei- bis viermal bei gesellschaftlichen Anlässen wiederbegegnet, wo wir uns höflich grüßten. Während dieser flüchtigen Begegnungen habe ich immer gemerkt, dass mein Herz plötzlich schneller geschlagen hat, als ob es sich damit abmühte, den schweren Vorhang der Erinnerung beiseitezuschieben. Sie trug stets ihr öffentliches Gesicht zur Schau – selbstzufrieden, doch zugleich darum bemüht, die Welt zu verführen, um sich am Elixier ihrer Aufmerksamkeit zu laben und sich bei diesen Anlässen lebendig zu fühlen, und ich habe mich gefragt, ob unsere Wiederbegegnungen irgendeine Bedeutung für sie hatten. Das heiße Schamgefühl, das ich bei diesen Gelegenheiten empfand, erinnert mich daran, wie unsicher ich immer war, ob meine Leidenschaft an ihre Wahrnehmung unserer Affäre heranreichte. Allerdings mag ich nicht glauben, dass ihre öffentliche Maske sich inzwischen nicht mehr von ihrem privaten Gesicht unterscheidet und damit verschmolzen ist. Wenn ich sie nicht wie hier explizit heraufbeschwöre, ist Anita aus meinen bewussten Erinnerungen verschwunden, taucht aber noch gelegentlich in meinen Träumen auf – als eine tief in die neuronalen Pfade des Gehirn eingeätzte Präsenz, die endlos den Spuren unglücklicher Liebe folgt.

*

Im Gegensatz zu Anita hat meine Liebe zu Mala (Namen geändert), vielleicht die wichtigste meines Erwachsenenlebens, bis ich meine jetzige Frau traf, mich nicht erniedrigt, sondern bestärkt, und ich bin dankbar für ihren Reichtum an erotischer Anmut, die nicht nur mein Gefühlsleben angeregt, sondern auch meine kreative Einbildungskraft bereichert hat.

Da unsere gesellschaftlichen Kreise sich nur am Rande überschnitten, trafen wir uns im Winter 1981 bei einem Abendessen das erste Mal wirklich. Wir waren beide in Begleitung unserer damaligen Partner. Als sich unsere Blicke aus der Entfernung kreuzten, beruhte die Anziehung auf Gegenseitigkeit. Ich reagierte auf ein ungesendetes Signal, schlenderte zu ihrem Platz und hörte, wie ein Mann sie mit aktuellem politischen und gesellschaftlichen Klatsch zu amüsieren versuchte. Dann kamen wir miteinander in ein Gespräch, aus dem sämtliche anderen Gäste ausgeschlossen waren. Andere Unterhaltungen, die uns umschwirrten, verwandelten sich in leises Hintergrundgemurmel. Mala war witzig, sehr klug und sehr, sehr schön. Sie unterrichtete Englisch an einem Mädchencollege, und wir stellten fest, dass wir beide eine Schwäche für Lyrik hatten. So wurde dann auch der Austausch von Gedichten, in denen die vielen Farben der Liebe zum Ausdruck kommen – von ihrer Beschwörung bis zu ihrer Verzweiflung, von ihren Sehnsüchten bis zu ihren Widersprüchen –, zu einem integralen Bestandteil unserer Briefwechsel, wenn einer von uns während der nächsten paar Jahre nicht in Delhi war.

Eine Woche nach diesem Abend rief Mala mich an und fragte, ob ich ihren Studentinnen etwas über Psychologie und Literatur erzählen könne. Ich hatte während der ganzen Zeit an sie denken müssen und erfolglos nach einem Grund gesucht, sie meinerseits anzurufen. Ob sie nachmittags zu mir nach Hause kommen könne, um über den Vortrag zu reden? An diesem Nachmittag wurden wir zu Liebhabern.

Angesichts starker Gefühle wird die Erinnerung am unzuverlässigsten und nahezu unbrauchbar, wenn erotische Leidenschaft im Spiel ist. Ich will die Geschichte dieser «Affäre» deshalb anhand der Briefe erzählen, die ich im Lauf der Jahre an Mala schrieb. Nicht, dass Briefe ein getreues Abbild all dessen wären, was zwischen Liebenden vor sich geht. Liebesbriefe haben ihre eigene Dynamik, die unabhängig von Absender und Empfänger ist. Ihr Ton ist klagend, als könnten sie Freude nur dann ausdrücken, wenn diese die Erwartung eines Wiedersehens enthält. Sie kultivieren eine gewisse Stimmung von Selbstmitleid, wenn der Verfasser sich in Vergleichen seines unglücklichen Schicksals mit dem der Geliebten ergeht. Ihre Geständnisse hegen die Illusion einer alles verzehrenden Obsession, die irgendetwas anderem in der Existenz der Geliebten keinen Platz einräumt.

Drei Monate nach unserem ersten Treffen deutet mein erster Brief aus Patna, wo ich zwei Vorträge hielt, bereits erste Hindernisse an, die unserer Liebe im Weg standen, obwohl der Brief vom Glück des Verliebtseins durchdrungen ist.

Heute Nachmittag habe ich meinen ersten Vortrag über Geister und Dämonen gehalten. Das Thema war durchaus angemessen, weil die beiden Stunden des Vortrags mit Diskussion seit langer Zeit die ersten Stunden ohne Dich waren, ohne diejenige, die ich inzwischen als einen ersehnten Dämon sehe, eine nur mir gehörende Bhuta. *Du warst in einem Winkel meines Geistes eingesperrt und konntest nicht frei umherschweifen, wie Du es sonst tust, während ich zu einem aufmerksamen und respektvollen Publikum sprach. Vielleicht war es ein bisschen zu respektvoll. Erstarrt in feierlicher Stimmung, lachten sie nicht über meine besondere Art hintersinnigen Humors und lächelten nicht über die Wortwitze.*

Jetzt sitze ich hier wieder in diesem etwas schäbigen Zimmer, das Moskitonetz über dem Bett warnt mich vor noch mehr Körpermarodeuren, und ich bin wieder ganz von dir und unserer gegenseitigen Leidenschaft erfüllt. (Warum sollte man sie nicht Liebe nennen?) Ich würde sie gern besingen, aber du weißt ja, dass ich kein Sänger bin oder bestenfalls ein gescheiterter. Meine Stimme klingt ironisch und eintönig. Ich weiß aber, was für Lieder ich singen würde, wenn ich singen könnte, Lieder einer banalen (so kommt es aber nur anderen Leuten vor) Sehnsucht und Dankbarkeit und einer wachsenden Vitalität und Lebensfreude, seitdem wir zusammen sind. Und dann hast Du neulich die Realität dieser Lieder bezweifelt, Deiner und meiner Lieder, und darauf bestanden, sie seien lediglich ein Lendenkitzel. Natürlich gebiert der Körper diese Lieder wie auch alles andere. Das miteinander Schlafen (oder wie jetzt sein Fehlen) ist sicherlich der Ahnherr dieser Lieder. Aber macht dieser Ursprung sie etwa weniger wertvoll, weniger real? Verändern die Lieder nicht sogar das Ficken? Erheben sie es nicht, machen sie nicht das Elementare persönlich, schmücken sie nicht das Einfache? Aber was rede ich schon wieder daher … Versprichst Du mir, meine pädagogischen Neigungen streng zu prüfen?

Ach, meine Liebe, wie viele Bilder ich von uns beiden im Kopf habe, Bilder der Vereinigung unserer Münder und Glieder, unseres Speichels und unseres Schweißes, unserer Augen und Hände! Natür-

lich bin auch ich mir meiner Verantwortung gegenüber anderen bewusst, wenn Du so willst, meinem Leben gegenüber. Und, Liebste, wenn ich manchmal etwas übertreibe – Du wirst es wohl «glätten» nennen –, dann kann ich nur meinen Seelenverwandten [den Dichter W. H. Auden] zitieren, obwohl er kleine Jungen vögelte (ich selbst ziehe große Mädchen vor).

Besingst du die Liebe, dann merk dir genau,
Mach es mit gutem alten Radau;
Wenn Damen dann fragen: Liebst du mich noch?
Lautet die christliche Antwort: doch, doch.
Doch Dichter sind keine Zölibatswesen:
Hätt's Dante gesagt, hätt' ihn niemand gelesen.[3]

Mala, ich liebe Dich aufs Tiefste, auch wenn ich der Wahrheit die Ehre geben und sagen muss, dass ich meine eigene Tiefe bewundere.

Malas Zweifel an meiner Liebe zu ihr («Liebst du mich wirklich, oder geht es nur um Sex?»), die durch Schuldgefühle wegen des Ehebruchs und der Missbilligung ihrer besten Freunde, die in die Affäre eingeweiht waren, noch verstärkt wurden, äußerten sich gelegentlich darin, dass sie mir die kalte Schulter zeigte. Ich reagierte darauf wie Liebende zu allen Zeiten verwirrt und verletzt und versuchte ihre Vorwürfe zu entkräften.

Liebste,
eines dieser Sanskritgedichte geht so:

Sie ließ ihn ein
Sie wandte sich nicht von ihm ab
Kein Ärger schwang in ihren Worten mit
Sie sah ihn einfach nur an
Als wäre zwischen ihnen
Nie etwas gewesen.[4]

Seit diesem Tag geht es mir schrecklich … Was geschieht mit der Frau, die ich liebe (und so intensiv liebe), wenn ihre Stimme in der warnenden Kakophonie ihrer Freunde und Verwandten untergeht und sie anfängt, sich hinter all den Vorstellungen der Frau, die sie eigentlich sein sollte, zu verstecken?

Für mich bist Du das Ende einer langen Suche: Geben und Nehmen in leidenschaftlicher Hingabe, die sich so wunderbar von anderen Beziehungen unterscheidet, und noch etwas, das ich mehr als alles [andere] schätze. Dem inneren Bild, das ich von Dir habe, wende ich mich mit einem Gefühl des Staunens und ungeheurer Dankbarkeit zu, weil Du meine Gedanken, Gefühle und Arbeit teilst. Selbst wenn ich wollte, könnte ich Dein Bild nicht ausradieren. Wenn Du Dich von mir trennen willst, dann wäre das wirklich ein tiefer Schnitt. Es wäre eine Operation, bei der ich bluten und schreien werde, und hinterher, wenn die Wunden schon vernarben, wird der Gedanke an Dich mich immer noch unter Schmerzwellen erzittern lassen wie das Zucken eines Phantomglieds, das mir amputiert wurde. Und Du? Glaubst Du, dass nagender Schmerz durch den einen großen Trennungsschmerz verschwindet? Oder bin ich das Opfer-«Bakra» [Lamm], an dem Du all deine gewalttätigen Rachegefühle gegen mich auslassen kannst, damit Du Dir wieder rein und gut vorkommst? Sieh doch, auch ich kenne Dich nicht, und meine Idealisierung Deiner Liebenswürdigkeit ist nicht völlig blind. Meine Gefühle von Liebe, Zärtlichkeit und Respekt überwiegen allerdings bei Weitem die Zweifel, und ich ertrage lieber den Schmerz, den Du mir zufügst, als den viel größeren Schmerz, den ich mir selber zufügen würde, wenn ich meine Liebe aufgeben oder mich dazu zwingen würde, meine Geliebte für unwürdig zu halten.

Wenn dieser Brief und Auszüge aus den weiter unten zitierten Briefen den Eindruck vermitteln, dass die Affäre nur aus blank liegenden Nerven und blutenden Wunden bestand, dann hat das auch damit zu tun, dass die Briefe geschrieben wurden, wenn wir längere Zeit voneinander getrennt waren, und Mala war gegenüber Zweifeln und Gewissensbissen besonders empfindlich. Da wir die Affäre geheim halten mussten, kamen wir auch in Delhi nur unregelmäßig zusammen. Wir trafen uns ein- oder zweimal pro Woche nachmittags für ein paar Stunden, bis sie wieder nach Hause musste. Dann gab es auch noch die kurzen Telefongespräche, unterbrochen durch die Angst, belauscht zu werden, und den Austausch höflicher, von Gefühlen vibrierender Floskeln, wenn wir bei gesellschaftlichen Anlässen aufeinandertrafen. Selbst wenn ich mit ihr am gleichen Ort war, etwa in einem Saal, in dem Musik aufgeführt wurde, fühlte ich mich stärker belebt, als wenn ich die Möglichkeit gehabt hätte, mit dem indischen Premierminister zu plaudern. Der Traum, einige Tage gemeinsam zu verreisen oder zumindest eine ganze Nacht zusammen zu verbringen, blieb genau das – ein Traum.

Die Treibhausatmosphäre unserer Treffen verstärkte sicherlich deren Intensität, sowohl im negativen wie im positiven Sinn. Als ich zwei Jahre nach unserem ersten Treffen für ein Jahr am *Institute of Advanced Study* in Princeton war und an einem Buch über die erotische Liebe arbeitete, schrieb ich in Wirklichkeit über uns, wenn ich mir Gedanken über das Schicksal sexueller Erregung in einer ehebrecherischen Beziehung machte («Alle Philosophie ist verkleidete Autobiografie»). In diesem Fall ging es um die Poesie der erotischen Leidenschaft zwischen Radha und Krishna, bei der die Dichter klarmachen, dass Radhas Verzückung durch die Gefahr, entdeckt zu werden, noch vertieft wird, dass also ihr betrogener Gatte als Hindernis zugleich die erotische Intensität steigert:

Das heimliche Leben der Ehebrecher besteht überdies aus kurzen Augenblicken gestohlener Zeit und nicht aus einer langen Periode des Zusammenlebens. Damit verringern sich die Forderungen nach vertrautem Umgang außerhalb der Sexualsphäre. Der Körper, gefesselt von den Zwängen der Gesellschaft und der individuellen Moral und verstrickt in ein Geflecht von unbewussten Erwartungen und Haltungen aus der Vergangenheit, sieht im Ehebruch eine Verheißung neuer Freiheiten und Spielräume. Es ist die spontane, lebendige und zugleich kurzlebige Begegnung, die ihn befreit.

Die Rechnung für die Befreiung des Körpers muss jedenfalls die Seele begleichen, die sich nach Nähe sehnt, wenn die körperliche Vereinigung fehlt, wenn die Umarmung nur noch eine Erinnerung ist. Es ist genau diese Nähe, die wir in unseren Briefen herzustellen versuchten und deren scheinbares Fehlen bei unseren kurzen Treffen Mala so sehr mit Zweifeln erfüllte.

Am 22. April 1982 lag ich nachmittags mit Mala im Bett, als das Telefon klingelte. Mein Vater war gestorben. Er hatte sich vor dem Mittagessen zu einem Nickerchen hingelegt. Als der Koch ihn wecken wollte, atmete er nicht mehr. Ich zog mich an, eilte zur Busstation und nahm den nächsten Bus nach Jaipur.

Der Tod meines Vaters brachte unsere Beziehung vollends aus ihrer prekären Balance. Die Todesumstände hatten eine unheimliche Ähnlichkeit mit denen des Tods von Gandhis Vater. Gandhi spricht in seiner Autobiografie von einem lebenslangen Schuldgefühl, weil er, statt sich um seinen kranken Vater zu kümmern, mit seiner Frau im Bett lag, als ein Diener an die Schlafzimmertür klopfte, um ihm mitzuteilen, dass sein Vater gestorben sei. Die Ursachen meiner Unausgeglichenheit waren allerdings viel undurchsichtiger als irgendwelche eindeutigen Schuldgefühle. Ich benahm mich auf unverzeihliche Weise, indem ich für zwei Monate nach Boston reiste. Ich legte genau jene Unzuverlässigkeit an den Tag, die Mala befürchtet hatte, und zwar zu einem Zeitpunkt, als wir uns gegenseitig besonders gebraucht hätten. Bevor ich abreiste, sagte Mala zu mir, dass sie mich nicht mehr sehen wolle.

Meine Briefe an Mala aus Boston ziehen alle Register eines abgewiesenen Liebhabers: grollend, wütend, selbstmitleidig. Sie schwieg dazu. Um etwas über Mala zu erfahren, suchte ich ihre beste Freundin Leela auf, die an einem College in Boston englische Literatur unterrichtete und soeben aus Delhi zurückgekehrt war. Sie sagte mir, dass die «Affäre» in der Tat ihr vorhersehbares Ende genommen habe und Mala sich erleichtert fühle – eine Erleichterung, die ihre Vertrauten teilten.

25.5.82
Was soll ich sagen, da ich nicht direkt von Dir gehört habe und also nicht genau weiß, wie es Dir geht? Leelas Meinungen zu dem, was Du mir gegenüber empfindest, und zu meinen Gefühlen für Dich sind bei allem guten Willen doch irgendwie wirr: Hier sind drei Personen eine zu viel … Ich habe versucht, bei Dir zu sein, habe versucht, Dir durch Zauberkraft Gedanken und Gefühle über die Entfernung zu senden, habe die metaphysischen Dichter gelesen, die Du so magst. Aber Dein Bild wird manchmal unscharf, eine Unschärfe, auf die ich nicht mehr mit Panik reagiere, sondern mit ungeheurer Traurigkeit. Ich liebe Dich, Mala, mit unbeständiger, aber wachsender Liebe. Und wenn die «Realität» Dich überwältigt, dann verstehe ich auch das. Schreib aber in jedem Fall, denn solange Du es nicht tust, weiß ich nicht, an wen ich eigentlich schreibe. Und blind bin ich hilflos.

Ein weiterer Brief versuchte ihre Zweifel zu thematisieren, die oft in Form von Vorwürfen daherkamen, worauf ich wütend reagierte – dass nämlich unsere Beziehung für mich ausschließlich auf sexueller Gier beruhte:

Wenn man nicht zusammenlebt, ergibt sich ein großer Nachteil daraus, dass Konflikte nicht schlicht und einfach ausgetragen werden können, sondern umgangen werden müssen; im Angriff auf Deine lockere «Moral» spiegelte sich mein Gefühl, verlassen worden zu sein… Ich empfinde aber auch diesen «schrecklichen Drang» [nach Wahrheit], und vielleicht sündige ich wie Dostojewski auf meinem Weg zu Gott. Mala, ich liebe Dich sehr, doch ist mir klar, dass Dir das in meinem derzeitigen aufgewühlten Zustand wie eine Bedrohung Deiner geordneten Verhältnisse vorkommen muss… Ich will versuchen, darauf [Sex] zu verzichten, wenn Dir das so wichtig ist. Der Wunsch nach Nähe, Vertrautheit und Ehrlichkeit (und Humor) bleibt gleichwohl bestehen. War es nicht das, was wir wollten und uns anfangs auch gegeben haben, und habe ich meinen Teil der Vereinbarung etwa nicht eingehalten?

Angesichts ihres beharrlichen Schweigens lauschte ich nach innen, die Ohren nun geschärfter für den Klang meiner eigenen Gefühle. In einem langen Brief aus Boston versuchte ich sie zu sortieren.

4.6.82
Wenn es dessen überhaupt bedurft hätte, hat mir die Reise endgültig klargemacht, wie tief ich auf Dich reagiere und wie viel Du mir bedeutest. «Was bedeutet deine Liebe?», könntest Du fragen, wie Du es schon oft getan hast und wie Du es jetzt vermutlich mit Deinem typischen, verschleierten Blick wieder tust. Ich kann nur nach einer Antwort auf etwas suchen, das Dich gequält hat, als wir zusammen waren, und über das ich mir den Kopf zerbrochen habe, wenn wir voneinander getrennt waren. Wie ein neutraler Kollege, der zu einer vorläufigen Diagnose kommt, kann ich es natürlich von außen betrachten. Es ist, würde er sagen, die Suche nach Erregung, der Griff nach sexueller Verjüngung, der die Depression eines Mannes mittleren Alters lindert, der schmerzliche Anzeichen seiner Sterblichkeit verspürt. Es ist ein Versuch, das Gefühl innerer Leere, das einen so oft

plagt, zu füllen. Mala ist nur ein Werkzeug, eine Waffe in einer Schlacht, die mit ganz anderen Waffen auf einem anderen Schlachtfeld zu schlagen ist. Der Kollege würde dann auf meine Lebensgeschichte zu sprechen kommen und seine Skizze ausmalen, indem er auf Muster hinweist und Auslösern nachgeht. Obwohl ich hier und da Einwände haben dürfte, bezweifele ich keinen Augenblick die Richtigkeit seiner Ansichten, während ich mich unter seinem durchdringenden Blick winde.

Aber ich habe auch noch andere Kollegen, nämlich die Schriftsteller und Dichter. Es ist, würden sie sagen, eine Flucht, aber denk daran: «der Mensch braucht die Flucht so sehr wie Nahrung und tiefen Schlaf». (Letzteres stammt von unserem alten Freund Auden.) In gewissen Momenten des Lebens <u>muss</u> man über die Anforderungen des rationalen Ichs hinweggehoben werden, und das ist die einzige Transzendenz (Herrlichkeit?), die wir je erreichen können. Denn dass ich mich in Dich verliebt habe, ist kein isolierter Akt, sondern Teil dieser Bewegung. Die irrationale Bewegung dieser Liebe bestätigt und verstärkt mein Gefühl einer völlig neuen Ausprägung meines Lebens, in dem Themen, die früher im Hintergrund standen, sich allmählich so unausweichlich in den Vordergrund schieben, wie ich selbst darum bemüht bin, mich an neuen Konstellationen zu orientieren. Ich rede hier nicht von einem neuen Leben, sondern von meinem alten in neuen Bahnen. Richtung und Details kann ich noch nicht erfassen, spüre jedoch den Unterschied in der Art und Weise, mit der ich auf neue Ideen eingehe, auf Dinge reagiere, wie mein Schreiben sich verändert und vor allem in der Art und Weise, wie mein Leben sich darin ausdrückt, dass es Dich als Geliebte wählt, die es sowohl teilen als auch beschleunigen wird. Denn irgendwo nehme ich Dich so wahr, dass Du die gleiche Unordnung und das gleiche Unbehagen teilst (um Worte zu gebrauchen, die sowohl dem Arzt als auch dem Dichter vertraut sind, obwohl sie ihnen jeweils unterschiedliche Bedeutungen zuschreiben würden!) und dass Du Dich in diesem Lebensmoment darum bemühst, der Liebe (und ihren Obsessionen) mehr Platz einzuräumen und Dich in Deinem Leben nicht mehr mit beschränkten Leidenschaften zufriedenzugeben. Wir haben uns wirklich gegenseitig «erwählt», auch wenn es keine freiwillige, rationale Wahl war. Was ich in Dir «erkannte», waren nicht nur ein hübsches Gesicht und ein fabelhafter Körper, sondern auch eine Seele, die mit der phy-

sischen Erscheinung verbunden war und sie erst zu einem menschlichen Wesen machte. Du warst eine Augenweide, ja doch, aber ich glaube, dass ich Dich genau wie Du mich auch mit anderen Wahrnehmungen berührt habe, indem ich die harten und weichen Stellen Deiner anderen Konturen spürte. Wenn Du jetzt meinst, einen «Fehler» zu begehen, ist das möglich, aber unwahrscheinlich. Ich bin so, wie Du mich damals kennengelernt hast, und Deine Enttäuschung bezieht sich auf mein Sosein, vielleicht sogar auf genau das, was Dich am meisten angezogen hat? Wie Du siehst, habe ich große Schwierigkeiten, mit Deiner Enttäuschung klarzukommen oder zu hören, dass Du das Gefühl hast, einen Fehler begangen zu haben. Kein Nachdenken und keine Erfahrung kann je vor Verletzlichkeit schützen. Sich zu verlieben ist keine Altersfrage (deshalb genießen wir es so sehr), und nichts schützt mich vor den Zurückweisungen. Fraglos kann ich mich nicht einmal gegen irgendwelche Vorwürfe, die Du mir machen könntest, verteidigen. Ich konnte lediglich den Schmerz ertragen. Und weißt Du, wie?

Der Spiegel wird zum Feind, zeigt Falten und Hässlichkeit in allem Noor *[Strahlenden] und in allem Anziehenden, das verschwunden ist, als die Augen, die es sahen, sich abwandten. Aber das weißt Du ja alles; Du musst das früher schon einmal in einer ähnlichen Situation mit einem anderen empfunden haben. (Warum sind Liebesdinge immer gleich und zugleich immer neu?)*

Alles gut und schön, würde der neutrale Kollege sagen, aber wie steht es um Ehefrauen und Ehemänner und Kinder und Verantwortung? Ich wollte nur ein vollständigeres Bild meiner Liebe liefern, würde ich antworten, und nicht nach Lösungen suchen, die vielleicht voreilig sein könnten. Derzeit bin ich eher damit beschäftigt, mich um die zarten Knospen zu kümmern und sie vor dem grellen Glanz der Realität, deren sich jeder so vollständig bewusst zu sein scheint, zu schützen. Ich möchte von diesem Glanz nicht geblendet werden, möchte vor dessen Licht aber auch nicht die Augen verschließen. Ist das eine unmögliches Aufgabe? Zu viel verlangt?

Nach meiner Rückkehr nach Delhi rief ich sie an, und wir trafen uns wieder. Auch Mala war in das Netz verstrickt, aus dem sie sich befreien wollte, während ich nur den Wunsch hatte, die Fäden fester zu ziehen, stärker und dauerhaft zu machen. Nähe und Zwietracht lösten einander ab und belegten wieder und wieder die Wahrheit von Freuds Beobachtung, dass wir dem Leiden nirgends so schutzlos ausgeliefert sind wie in der Liebe.

23.9.82
Der Traum: Wir lieben uns mit allen Anzeichen unmissverständlicher Befriedigung, als Du lachst und sagst: «Weißt du, dass du wie ein Seepferdchen schnaubst und stinkst?» Ich zwinge mich zu einem verschämten Grinsen, wende aber das Gesicht ab, damit Du meinen Atem nicht spürst, weil ich weiß, dass mein Atem stinkt, und dafür schäme ich mich.

Für mich dramatisierte der Traum ein Gefühl, das ich bei unseren letzten beiden Treffen hatte, nämlich eine lächerliche (nicht komische) Kreatur zu sein, die Du nicht riechen kannst. Hast Du das auch so empfunden? Ich hoffe, dass die Liebe wieder die Oberhand gewonnen und allen Ärger, den Du empfunden haben magst, begraben hat. Ich frage mich allerdings, woher die Distanz rührte, warum Deine Augen so kalt waren. Es kann nicht nur an meiner Lächerlichkeit liegen. In gewisser Hinsicht ist jeder lächerlich, einschließlich Gott in Seinen Unterhosen.

Im Januar 1983 schrieb ich:

Dein Sich-Zurückziehen reißt wieder Abgründe auf, in denen die Wirklichkeit plötzlich ihre angenehmen Konturen verliert. War die Wärme, die ich spürte, echt? War Deine Liebe von allen möglichen Bedingungen umstellt, die ich nicht beachtet habe? Sollte ich, genau wie Du, etwa das bezweifelt haben, woran ich am liebsten geglaubt hätte?

Im Februar fuhr ich nach Jaipur, um unseren Haushalt aufzulösen; seit dem Tod meines Vaters hatte ich nicht mehr die Kraft aufgebracht, das Haus zu betreten. Ich schrieb:

Zwischen all diesen Dingen in einem leeren Haus mit einem seit April letzten Jahres nicht umgewendeten Kalenderblatt, in den Regalen Zeitungen noch älteren Datums, hänge ich der Erinnerung an Dein Gesicht nach, als wir uns das letzte Mal trafen, und wie Du mich angeschaut hast – offen und durchdringend. In diesem Blick lag kein Zweifel, dass ich Dir nicht lieb sein könnte; ich halte mich an diesem Blick fest und hoffe, dass Du das auch tust, wenn sich die Schuldgefühle wieder regen …

Ein weiterer Brief vom Mai 1983, beigefügt ein Sanskritgedicht aus dem fünften Jahrhundert:

> *Sie erhebt sich, grüßt ihn von ferne,*
> *verhindert, dass sie gemeinsam Platz nehmen;*
> *unterm Vorwand, Betel zuzubereiten*
> *entgeht sie seiner schnellen Umarmung.*
> *Sie unterhält sich nicht mit ihm,*
> *sondern gibt der Dienerin Befehle;*
> *so lässt sie in aller Höflichkeit*
> *ihre Wut an ihm aus.*[6]

Mala hatte mir erzählt, wie ihre besten Freundinnen, allen voran Leela, sie dazu gedrängt hatten, endlich Schluss mit einer Affäre zu machen, die derart schlechte Auswirkungen auf ihren körperlichen und seelischen Zustand habe. Ich protestierte.

Die Sakhis *[Freundinnen] beschrieben Shakuntala so: eingefallene Wangen, erschlaffte Brüste, magere Taille, hängende Schultern, farbloser Teint … ein Frühlingsgewächs, dessen Blätter von einer Brise heimgesucht werden. In jenen Tagen gaben* Sakhis *ihr Bestes, um Liebende zusammenzuführen – sie hielten sie nicht voneinander fern (aber nur, wenn die Liebenden jung und unverheiratet waren). Sie sorgten sich um eine Vereinigung der Liebenden und fragten nicht, ob die Vereinigung richtig oder falsch war. Aber natürlich ist Shakuntalas Zustand im Gegensatz zu Malas unerfüllter Liebe geschuldet, nicht problematischer …*

Ich wehrte mich mit Händen und Füßen gegen das nahende Ende. Wenn ich in den flehentlichen Briefen lese, die ich ihr aus den USA schrieb, zucke ich zusammen. Freuds Beobachtung mag zutreffen, dass derjenige, der liebt, demütig wird, und dass diejenigen, die lieben, einen Teil ihres Narzissmus verpfändet haben, aber meine Demütigung war zu Erniedrigung geworden. Ich hoffte, das Ende mit einer gewissen Gelassenheit akzeptieren zu können. Ich sehnte mich nach einem Schlussstrich, den ich eigentlich gar nicht wollte und der deshalb schmerzlich lange auf sich warten ließ. Mala beantwortete meine Briefe nicht mehr. In meiner verzweifelten Suche nach Informationen über sie wandte ich mich ausgerechnet an die *Sakhi*, die von Anfang an gegen unsere Beziehung gewesen war und versucht hatte, sie zu torpedieren.

Leela sagte, dass Mala in an sie gerichteten Briefen froh und glücklich klang (aus der Formulierung war abzuleiten, dass Mala sich gut von einer Krankheit erholt habe, von der ich annahm, dass ihr Name «wir» war). Ich duckte mich unter ihrer Klarheit. Ich zuckte zusammen, als ich etwas über die Wirklichkeit von Ehen und Karrieren zu hören bekam, fühlte mich klein und klein gemacht und mit einer Sensibilität geschlagen, die meilenweit von der Wirklichkeit und der Sensibilität der Himmlischen Jerusalemer entfernt war.

In den folgenden Jahren trafen wir uns manchmal noch zum Mittagessen. Wir redeten dann wie gute Freunde, die wir jetzt waren, über unser Leben, obwohl ich auch jedes Mal verstohlen auf einen Ausdruck ihrer Augen oder auf Worte lauerte, die mir Hoffnung auf ein Wiederaufleben unserer früheren Leidenschaft hätten machen können. Nichts dergleichen. Sie fand genau wie ich neue Liebhaber. Ich unterdrückte meine Eifersucht; sie brach sich nur ein einziges Mal in einem wütenden, vorwurfsvollen Brief Bahn:

Ich wünschte, ich könnte Dir alles versauen oder zumindest alles mit Schuldgefühlen füllen und Dich zu der Einsicht zwingen, dass Deine juckende Seele viel übler ist als meine angeblich juckenden Lenden.

Acht Jahre nach unserem ersten Blickkontakt in dem Wohnzimmer in Delhi fanden aber auch diese gelegentlichen Treffen ein Ende. In den 1990er-Jahren fanden Mala und später auch ich Partner, mit denen wir unsere jeweiligen Bedürfnisse nach der Vertrautheit, die wir zwischen uns beiden gesucht hatten, realisieren konnten. Die Suche mag vergeblich gewesen sein, aber für die unterschiedlichen Gefühlsfärbungen, die ich unterwegs zu sehen bekam, bleibe ich immer in ihrer Schuld.

*

Indem ich diese beiden Berichte lese, wird mir die Unmöglichkeit bewusst, die Komplexität «unglücklicher Liebe» jemals vollständig zu erfassen. Vielleicht liegt es in der Natur der Liebe, dass man zuverlässig nur die Narben, die sie hinterlässt, beschreiben kann, aber nur ansatzweise begreift, was die Wunden verursacht hat. Um uns vor den akuten Schmerzen und später vor der Erinnerung an alte Wunden zu schützen, gießen wir sie unausweichlich in die beiden bekannten Erzählformen, die Geschichten von Liebe und Verlust bestimmen und die der Psychoanalytiker Stephen Mitchell als Selbstmitleid und Schuldgefühl beschrieben hat.[7] Es gibt eine Form des Selbstmitleids, einen Zustand, in dem man sowohl der Bemitleidende als auch der Leidtragene ist; sie spricht aus unzähligen urdischen *Ghazals* (wie auch aus dem Blues), die die Treulosigkeit des Geliebten beklagen, und sie hat auch die erste Liebesgeschichte mit Anita bestimmt. Schuldgefühle wegen meiner eigenen Untreue, die Mala von mir forttrieb und das Fundament «wahrer Liebe» untergrub, scheinen das Organisationsprinzip der zweiten Geschichte zu sein. Es ist möglich, dass ich mich lange Zeit dagegen wehrte, mich von dem Schuldgefühl zu befreien, weil es mich als moralisches Wesen bestätigte: Wenn ich mich schuldig fühle, muss ich ein guter Mensch sein.

Jahrzehnte später, in der Rückschau auf diese beiden Lieben, akzeptiere ich die Tatsache, dass wir diejenigen, die wir lieben, verletzen und von ihnen verletzt werden und dass diese vergangenen Beschädigungen nie wiedergutzumachen, aber notwendig sind. Sie haben mich reifer gemacht und die psychische Bühne bereitet für die Aufnahme der «glücklichen Liebe», von der ich im folgenden Kapitel spreche.

RÜCKZUG IN DEN WALD

2003
Goa

Memoiren sind *per definitionem* fast immer ein rückwärtsgerichteter Scheinwerfer, der die intrikaten Muster und subtilen Nuancen der Vergangenheit enthüllt. Je mehr sich Memoiren der Gegenwart nähern, desto blasser wird die Palette, und die Farben verlieren ihre Leuchtkraft. Sagen aus allen Zeiten und Kulturen, von Buddha über Marcus Aurelius bis Thoreau, haben uns immer wieder erzählt, dass Vergangenheit und Zukunft Illusionen sind, die nur in der Gegenwart existieren, außer der es nichts gibt. Spirituelle Lehrer raten uns, nur im gegenwärtigen Moment zu leben: *carpe diem* – nutze den Tag. Für diejenigen, die ausschließlich auf der Suche nach dem Glück oder zumindest nach Ausgeglichenheit sind, mag das zutreffen. Ich glaube aber, dass dieser Rat für diejenigen von uns, die das ganze Spektrum unserer Gefühle erforschen wollen, verfehlt ist; zum Beispiel lässt sich das Gefühl des Bedauerns nur erfahren, wenn man vom gegenwärtigen Moment nicht mehr erfüllt ist. Die meisten Menschen, und nicht nur alternde Memoirenschreiber, sind sich bewusst, dass der gegenwärtige Moment zwar von Eindrücken erfüllt ist, aber nur selten jene Lebensfülle vermittelt, die dem von Memoiren evozierten Gefühl oder jugendlichen Phantasien über die Zukunft durchaus gleichkommen kann. Das Vergnügen, ein lange verfolgtes Ziel zu erreichen, ist tief, aber flüchtig; länger anhaltende Freude liegt, selbst wenn sie kanalisiert wird, in der Antizipation des Glücks.

Anfang der 1990er-Jahre stand unsere Ehe vor dem Aus. Mein Sohn war zum Studium in die USA gegangen, und meine Tochter ging auf ein College in Delhi, was eine Trennung leichter machte, obwohl sie nie leichtfallen würde. Wir teilten unser Haus, das wir vor acht Jahren mit stolzen und hoffnungsvollen Gefühlen gebaut hatten, in zwei Wohnungen auf, damit Apeksha und ich getrennte Leben führen konnten. Hin und her gerissen zwischen «oben» und «unten», litt meine Tochter unter der Situation, zudem ich auch noch für längere Zeiträume außerhalb Indiens auf Reisen war. Ungeachtet meines eigenen dringenden Bedürfnisses, einer unerträglichen Situation zu entkommen, und angesichts ihrer stoischen Hinnahme der von mir getroffenen Entscheidung, beschloss ich, den Kindern die Auswirkungen der offenen Trennung zu erleichtern. Wenn Eltern sich trennen, sind die Auswirkungen auf die Kinder natürlich nie vorhersehbar. Zwischen den Binsenweisheiten, dass «Scheidung immer negative Auswirkungen aufs Seelenleben eines Kinds hat» und «es besser ist, eine lieblose Ehe zu beenden, weil es für Kinder wichtig ist – wenn sie die Fähigkeit zu Vertrautheit entwickeln sollen –, nicht nur von ihren Eltern geliebt zu werden, sondern dass sich auch die Eltern lieben», gibt es noch eine ganze Reihe anderer Möglichkeiten. Alter und emotionale Reife des Kinds zum Zeitpunkt der Trennung, die Art und Weise, wie das Kind beim Aufwachsen die Eltern erlebt, die Persönlichkeiten der Eltern und die Schwierigkeiten des Kinds, sich von einem Elternteil zu trennen, der das Gefühl hat, verlassen worden zu sein, ob nach der Trennung der eine oder andere Elternteil sich dem Kind als Verbündeter zuwendet, ein Vertrauter oder gar Ersatzpartner, die Beziehung zwischen den Eltern nach der Trennung, sei sie nun freundschaftlich oder ein offener Kriegszustand – all das verbindet sich in unbekannter Weise dazu, das Ende einer unglücklichen Ehe zu einem einzigartigen Ereignis mit unvorhersehbaren Konsequenzen für das Leben der Kinder zu machen. «Liebe dein Kind von ganzem Herzen, und überlasse alles Weitere dem Schicksal», lautete der Rat, den ich ängstlichen Eltern stets gegeben hatte; jetzt wurde er mir selbst zum Trost.

*

Direkt nach der Trennung stürzte ich mich in Lehrtätigkeit und Schreibarbeit, die mich monatelang von Delhi fernhielten. Zuerst einmal gab es drei Monate jährlich für insgesamt vier Jahre eine Gastprofessur in einer Kombination aus Psychologie und Religion an der *University of Chicago*. Ich liebte die intellektuelle Anregung dieser Frühjahrsquartale, die ich in Chicago verbrachte. Die Auslastung durch Arbeit und die intellektuelle Stimulation als beständige Kompensation für ein defizitäres Privatleben, ist einigen Männern, aber selten einer Frau zugänglich. In Chicago lernte ich einige gute Freunde kennen wie etwa die

Mit Rahul

Sanskritexpertin und Indologin Wendy Doniger, deren Witz kein bisschen geringer als ihre ausgezeichnete Bildung ist. Viele Jahre später arbeiteten wir dann gemeinsam für die *Oxford World Classics* an einer Neuübersetzung des *Kamasutra.* Dann gab es da noch den Dichter und Folkloreforscher A.K. Ramanujan, der einige Monate nach meiner Rückkehr aus Chicago 1993 auf tragische Weise ums Leben kam. Wir hatten gemeinsam an einem Papier über die Geschwisterbeziehung in Kannanda-Volksmärchen gearbeitet. Ich brachte es nie über mich, diesen unvollendeten Essay erneut vorzunehmen; er liegt nun mit anderen aufgegebenen Schriften in einem Ordner.

1995 verbrachte ich ein ganzes Jahr am *Wissenschaftskolleg* in Berlin, wo ich mein Buch über Gewalt zwischen Hindus und Muslimen fertigstellte. Dafür war ich häufig nach Hyderabad gefahren, um Opfer und Mörder zu interviewen. Einer der Mörder, der in der Stadt für seinen Umgang mit dem Messer berüchtigt war und den ich im Buch Akbar nannte, war mir sehr zugetan. Am Ende unserer Treffen bot mir Akbar in einer Geste der Freundschaft an, nach Delhi zu kommen, falls ich je seine Dienste in Anspruch nehmen wollte, um einen Feind loszuwerden. Ich bedankte mich höflich und wagte es nicht, das großzügige Angebot einfach abzulehnen.

Mit Shveta, Benaulim, Goa

Ein hocherfreulicher Aspekt meiner häufigen Reisen bestand darin, dass sie mir die Möglichkeit boten, Zeit mit meinen Kindern zu verbringen. Nachdem Shveta ihr Wirtschaftsdiplom vom *St. Stephen's College* erhalten hatte, studierte sie Jura an der *London School of Economics*, und wir trafen uns häufig, wenn ich in Europa war. Rahul hatte sein Wirtschaftsstudium an der *University of Chicago* absolviert und arbeitete in einer Investmentbank in New York. Während seines letzten Jahrs in Chicago konnte ich mit ihm zusammen sein, weil ich dort an der Universität während des Frühjahrsquartals unterrichtete, und immer wenn ich in New York war, machte ich einige Tage bei ihm Station. Ich hielt mich immer zurück, das Thema der Scheidung von ihrer Mutter anzuschneiden; das entsprang einer Kombination meiner Neigung, unerfreuliche Themen zu vermeiden, und einem Bedürfnis, ihre Bindung zu Apeksha nicht zu beschädigen, indem ich keine Bemerkungen machte, die sie in ein unvorteilhaftes Licht gerückt hätten.

Zusätzlich zu meinen Reisen und der fern von zu Hause verbrachten Zeit nahm ich auch noch eine Einladung meines alten Freunds Manfred Kets de Vries an, mit ihm zusammen ein Seminar über Führung am INSEAD zu leiten. Dazu war es erforderlich, sich alle sechs

Wochen je eine Woche im Januar, März und Mai in Fontainebleau in Frankreich aufzuhalten und einige Jahre später eine weitere Woche im Dezember auf dem INSEAD-Campus in Singapur. Inzwischen habe ich 17 Jahre lang an diesem Seminar für Führungskräfte unterrichtet und mit den etwa 20 Managern und einigen hochrangigen Beamten aus der ganzen Welt, die den Kurs jedes Jahr mitmachen, eng zusammengearbeitet. Der Kurs geht von der Voraussetzung aus, dass Firmenchefs den nichtrationalen Prozessen, die das individuelle menschliche Verhalten motivieren, zu wenig Aufmerksamkeit schenken und über kein angemessenes Verständnis ihrer jeweiligen Führungsstile und der emotionalen Aspekte von Entscheidungsfindungen verfügen. Mit der Darstellung seiner oder ihrer (es gibt noch immer nur sehr wenige Frauen in leitenden Positionen) Lebensgeschichte als Kernstück des Prozesses wird den Teilnehmern im Seminar geholfen, ihre Entscheidungen, ihr Verhalten, ihre Gefühle und Motivationen zu verstehen, was ihnen auch dabei hilft, diese Prozesse bei anderen besser zu begreifen.

Im Lauf der Jahre war der Kurs bemerkenswert erfolgreich, und Manfred hat mehr als ein Buch über Führung (leadership) verfasst, das sich dem Programm verdankt. Die genaue Beobachtung von mehr als 300 Führungskräften, zumeist aus Europa und den USA, aber auch einigen aus Asien und Lateinamerika, hat mich dazu veranlasst, über Führung in indischen Institutionen nachzudenken.

Vor über 25 Jahren nahm ich an einer kleinen Konferenz teil, die Rajiv Gandhi in der Residenz seiner Mutter, Premierministerin Indira Gandhi, einberufen hatte und an der noch zwei hohe Kabinettsminister teilnahmen. Rajiv war damals Generalsekretär der Kongresspartei ohne offizielle Funktion in der Regierung, aber es war klar, dass die Leute am Tisch in ihm den «Kronprinzen» und zukünftigen Premierminister des Landes sahen. Die Minister, die sich ansonsten bei diversen Eröffnungszeremonien vor Fernsehkameras spreizten oder Journalisten in Zeitungs- und Fernsehinterviews von oben herab behandelten, sprangen auf wie Laufburschen, als er den Raum betrat, senkten die Köpfe, schoben die Hälse vor und falteten die Hände vor der Brust. Breites, serviles Grinsen legte sich über ihre Gesichter, als er sie mit gefalteten Händen begrüßte. Rajiv war damals noch neu in der Politik, verhielt sich höflich, informell und respektvoll angesichts der Erfahrung und des Alters der Minister, obwohl klar war, dass er von ihren Diskussionsbeiträgen wenig hielt.

Ich entsinne mich, dass ich mich fragte, was wohl im Lauf der Jahre aus ihm werden würde, wenn er als mächtigster Mann des Landes tagaus, tagein immer nur den Rauch der Schmeichelei einatmen würde. Was wären die psychischen Konsequenzen der unterbewussten Wahrnehmung von Leuten, die sinnlos zustimmend mit dem Kopf nickten, selbst wenn sie mit dem, was er sagte, nicht einverstanden waren, und sich köstlich über seine Witzchen amüsierten, selbst wenn sie nicht zündeten. Obwohl es ein Allgemeinplatz ist, dass ein Führer immer von Lügnern umgeben ist, ist die Gefahr in den indischen Verhältnissen doch besonders hoch. Nicht etwa, weil indische Politiker Absolventen der Führungsakademie Samuel Goldwyns, des legendären Chefs von MGM, gewesen wären: «Ich will keine Jasager um mich haben. Ich will, dass mir jeder die Wahrheit sagt, selbst wenn es ihn seinen Job kosten sollte» oder: «Wenn ich Ihre Meinung wissen will, sage ich sie Ihnen.» Führungskräfte in indischen Institutionen neigen im Gegenteil dazu, in der Führungsfunktion die «Kuscheltier»-Rolle einzunehmen, und tun sich schwer mit der Einsicht, dass ein Führer gelegentlich auch Schmerzen zufügen und den «Zahnarzt» spielen muss.

Das Hauptproblem indischer Führungskräfte – von Universitätsfachbereichen bis zum Geschäftsleben, von Krankenhäusern bis zu politischen Parteien, von der traditionellen Guru-Schüler-Beziehung bis zu den Institutionen der Staatsbürokratie – besteht darin, dass Führern oft das kritische Feedback leitender Angestellter aus ihren Institutionen fehlt, das ihnen dabei helfen könnte, ihr eigenes Fehlverhalten abzulegen und effektivere Führungspraktiken zu entwickeln. Ich will an dieser Stelle nicht auf die verschiedenen Gründe für diesen Zustand eingehen, sondern möchte lediglich betonen, dass indische Führungskräfte besondere Anstrengungen unternehmen müssen, wenn sie ihren Realitätssinn über die Welt und insbesondere über sich selbst behalten wollen.

Bei Führungskräften, die von ihren Leuten geliebt und idealisiert werden, ist das Problem noch schlimmer. Mit negativen Images, die von Untergebenen auf Führungspersonen projiziert werden, kann man leichter umgehen, weil sie selbst bei den dickfelligsten Führungspersonen Unbehagen auslösen und sie dazu zwingen, die Images abzuwehren, indem überprüft wird, was an den ungünstigen Projektionen wahr und was falsch ist – was tatsächlich zu ihnen «gehört» und welche der projizierten Attribute unzutreffend sind. Diese schmerzliche Motivation, das Eindringen anderer ins eigene Ich abzuwehren, ergibt sich nicht, wenn solche Projektionen narzisstisch vorteilhaft sind, was bei bewundernden Untergebenen stets der Fall ist. Es ist schwierig, nicht an die eigene «Größe» zu glauben, wenn einem von seiner Umgebung ständig Scharfsinn und Weisheit attestiert werden. Die Römer hatten eine richtige Idee, wenn auf dem Streitwagen, mit dem Caesar nach seinen Siegen in fremden Ländern durch Rom zog und von Menschenmassen bejubelt wurde, ein Sklave stand und ständig wiederholte: «Bedenke, Caesar, dass du ein Mensch bist. Du bist nur ein Mensch, Caesar.» Ohne den hinten auf dem Streitwagen stehenden Mann oder ohne den Hofnarren, der berechtigt war, das Selbstwertgefühl des Königs zu dämpfen, müssen heutzutage Freunde oder Ehepartner in die Bresche springen. Selbst Gandhi, der für Kritik dankbarer war als für Lob und Menschen, die ihm widersprachen oder ihn kritisierten, lieber mochte als solche, die ihm bereitwillig beipflichteten, brauchte seine Frau Kasturba, um nicht der narzisstischen Verlockung zu erliegen. Wie sein Biograf Pyarelal berichtet, konnte sie ihn durch eine einzige, bodenständige Lebensweisheit, für die sie einen Sinn hatte, *ad absurdum* führen. Ich habe immer das Gefühl gehabt, dass eine der wichtigsten Eigenschaften, die Führungspersonen kultivieren müssen, darin besteht, den ersten Teil aller Sätze, die mit «Ich pflichte Ihnen bei» oder «Sie haben völlig recht» und so weiter beginnen, zu überhören und nur den Worten zu lauschen, die dann dem unausweichlichen «aber» folgen. Alles *vor* dem «aber» sind Räucherkerzen, die gefährlich giftig sein können und das Urteilsvermögen der Führungskraft schwächen.

Für jede Führungskraft ist es in der Tat schwierig, sich der Umarmung des Narziss zu entziehen. Für viele ist der Lustgewinn genauso groß, wenn nicht größer als das, was die vereinten Kräfte des Eros und des Gottes Kama verheißen. Ein Teilnehmer unseres Führungsseminars, an den ich mich voller Bewunderung erinnere, war der Chef der südafrikanischen Eisenbahngesellschaft, die über 60 000 Mitarbeiter hatte. John war Anfang 60, ein ruhiger, nachdenklicher Mann; wenn er über seinen persönlichen Führungsstil sprach, sagte er etwa Folgendes: «Ich habe eine Idee, die ich gern umsetzen würde. Ich kann mein Team aber nicht direkt darum bitten. Es gäbe Widerstände. Ich muss dafür sorgen, dass sie das Gefühl bekommen, dass es ihre eigene Idee ist. Wenn die Idee erfolgreich ist, kann ich sie nicht für mich reklamieren, weil ich damit das Team demotivieren würde. Wenn also eine meiner Ideen zu greifbarem Erfolg wird, komme ich abends nach Hause, setze mich vor den Spiegel und schenke mir ein Glas Whisky ein. ‹Gut gemacht, John›, sage ich dann und proste mir selbst zu.»

In der Tat geben die meisten Führungskräfte keine gute Figur ab, wenn es darum geht, ihre Mitarbeiter zu bestätigen, indem sie deren Erfolge feiern und sie angesichts von Fehlern ermutigen.

*

Nach einem Vierteljahrhundert Ehe ist eine Scheidung ein Konto, das man ohne hohe psychologische Reparationszahlungen nicht auflösen kann. Und zwar selbst dann, wenn die eheliche Bindung im Lauf der Jahre so brüchig geworden ist, dass sie keinen Ärger und keine Konflikte und Differenzen mehr aushält. Der Preis, den ich dafür zahlen musste, ein Jahr lang gewissermaßen obdachlos zu sein, war eine verkappte Depression, die sich in einer vorübergehenden Abwehr von Beziehungen äußerte. Beim Vergleich indischer und westlicher Haltungen gegenüber intimen Beziehungen habe ich die Meinung vertreten, dass die Kultur des «Weiterziehens» der zeitgenössischen westlichen Persönlichkeit durchaus das verkörpern kann, was die Jungianer als *puer aeternus* bezeichnen – als ewigen Jugendlichen, der voller Vitalität stets *seinen* Träumen nachjagt und sich dabei ausschließlich um sein eigenes Wohl kümmert, seine Mitmenschen jedoch vernachlässigt. Ich musste nun mit einigem Unbehagen feststellen, dass ich das, was ich so leichtfertig kritisiert hatte, selber auslebte.

In meiner psychischen Unruhe, die ich mehr oder weniger unwissentlich verbarg, indem ich den Schleier sinnlichen Vergnügens über sie zog, kamen auch das Ende eines Lebensabschnitts und der Beginn eines neuen zum Ausdruck. Mit der Trennung endete buchstäblich die *Grahasthya*, die «Haushälter»-Phase im altindischen Modell der Lebensstufen (*Ashramadharma*). Ich begann nun *Vanaprastha*, den «Rückzug oder die Abreise in den Wald», die dritte Lebensstufe, auf der man sich nach und nach aus rein familiären Dingen zurückziehen und für die größere Gemeinschaft engagieren soll. Es ist ein Wechsel von der Praxis der «Lebenskunst» (so würde ich *Dharma* in diesem Kontext übersetzen) hin zur Weitergabe dessen, was man als Wesentliches dabei gelernt hat, an die nächste Generation. Mein *Vanaprastha* wurde durch radikale Veränderungen in der Arbeit und im Privatleben und durch Ortswechsel ausgelöst.

Mitte der 1990er-Jahre bereitete ich das Ende meiner psychoanalytischen Praxis vor, indem ich keine neuen Patienten mehr zur Psychoanalyse annahm, die ja ein langwieriges, mehrjähriges Unternehmen ist, sondern nur noch Patienten für kurzfristige Psychotherapien. Diesen Prozess hoffte ich bis zum Jahr 2000 abgeschlossen zu haben. Parallel zur drastischen Einschränkung meiner psychotherapeutischen Praxis wollte ich einen abgebrochenen Teil meiner Arbeitsidentität wieder aufnehmen, nämlich das literarische Schreiben. Als ich im Sommer 1996 wieder für drei Monate ans *Wissenschaftskolleg* nach Berlin ging, begann ich ernsthaft mit der Arbeit an einem Roman, den ich einige Jahre zuvor einigermaßen planlos angefangen hatte.

Beim Wechsel von der einen Schreibweise in die andere, von der Kultur des akademischen Sachbuchs zum Verfassen literarischer Texte nämlich, plagten mich doch allerlei Befürchtungen. Vielleicht rührte mein Unbehagen daher, dass ich ein Späteinsteiger in die neue Kultur war. Ich hatte seit mehr als dreißig Jahren akademische Arbeiten verfasst, und immer wenn ich mit einem neuen Buch begann, hatte ich zunehmend das Gefühl der Vorhersehbarkeit. Noch bevor ich mit der Niederschrift begann, kannte ich bereits die Grenzen des Buchs. Ich kannte den Boden des Machbaren, unter den es nie fallen würde, aber auch den Himmel darüber, zu dem es sich nie erheben würde.

Meine Sachbücher waren erfolgreich, ja, aber Erfolg ist häufig der Feind des Möglichen, des Potenzials. Ich spürte auch die Gefahr, mich selbst zu wiederholen, zur Karikatur meiner selbst zu werden, ein Risiko, dem alle Schriftsteller, die ihr Handwerk über einen langen Zeitraum betreiben, ausgesetzt sind. Sätze, die in der Vergangenheit erfolgreich waren, tendieren dazu, sich ungebeten in den Vordergrund des Bewusstseins zu schieben, wollen erneut niedergeschrieben werden, und man muss wachsam sein und sie einfangen und wieder ins Lager der Erinnerung verweisen oder zwischen die Deckel eines alten Buchs, in das sie gehören. Dreißig Jahre akademischer Beschäftigung mit Sachbüchern hatten mein Gehirn bis zu einem Punkt gesättigt, an dem ich spürte, dass der Raum für neue Ideen immer enger wurde. Ich verstand immer besser die Wahrheit von Nietzsches Bemerkung, dass so mancher als origineller Denker versagt, weil er ein zu gutes Gedächtnis hat. Unter diesen Umständen beschloss ich, ins Land der Literatur auszuwandern. Dieser Schritt erlaubte es auch, wie schon gesagt, einem seit Langem abgeschnittenen Teil meines Selbst, wieder aufzutauchen und seinen angemessenen Platz einzufordern.

Es war dann auch ein waghalsiges Unternehmen, als ich mit fast 60 Jahren einen ersten Roman schrieb: *Kamasutra oder die Kunst des Begehrens*, eine fiktionale Biografie Vatsyayanas, des Verfassers des *Kamasutra*. Fiktionale Biografie ist vielleicht eine etwas hochtrabende Bezeichnung für einen Roman, in dem die einzige Information über den Hauptprotagonisten in einem Satz aus dem *Kamasutra* besteht, der sagt, dass der Autor «es in Keuschheit und höchster Meditation verfasste», woraus wir schließen dürfen, dass «es sich vielleicht so ereignet hat, vielleicht aber auch nicht», wie der Verfasser über eine andere Figur bemerkt, die Tugendhaftigkeit für sich in Anspruch nimmt.

Ich erreichte das Land der Literatur als ein Immigrant, den die Herausforderung begeistert, die Sprache und Gebräuche eines neuen Lands zu erlernen, und der sich über das Freiheitsversprechen der Imagination freut, das dem neu ankommenden Immigranten winkt. Zwischen beiden gibt es einen Unterschied des Schreibstils. Der eine ist eher imaginativ und konnotativ, während der andere eher diskursiv ist. Aber weil ich beide Stile praktiziere, dürfte es gewiss einige Gemeinsamkeiten geben. Die Lust an der Fiktion besteht im Vergnügen, der Imagination mehr Raum zu lassen, sich jenseits prosaischer Vernünftigkeit in eine weniger fassbare Welt der Gefühle, Mutmaßungen und Impressionen zu begeben und der Tyrannei der Zitate zu entkommen. Die Lust am Nichtfiktionalen besteht im stärkeren Einsatz rationalen Denkens und im Vergnügen, klar zu denken. Wenn sie erfolgreich sein sollen, verlangen Fiktion und Nichtfiktion idealerweise eine gut funktionierende Partnerschaft beider Schreibstile; bei beiden unterscheiden sich lediglich die Proportionen von Imagination und rationalem Denken.

Im Rückblick sehe ich jedoch, dass mein Schritt mir mehr Probleme bereitete, als mir damals bewusst war. Die Kultur des akademischen Diskurses, die für so viele Jahre meine Heimat gewesen war, konnte ich nicht einfach abstreifen. Insofern war es vielleicht unausweichlich, dass Vatsyayana, der Held meines Romans, ein Gelehrter war – und zwar ein Gelehrter der Sexualität.

Ich liebte es, über Leben und Schreiben im Indien des vierten Jahrhunderts zu recherchieren, ein Unternehmen, das mir ein angenehmes Vertrautheitsgefühl gab, während ich zugleich das Abenteuer einging, der Imagination, die das Material in Fiktion verwandeln sollte, freien Lauf zu lassen. Die beiden Kulturen – akademisch und literarisch, diskursiv und konnotativ, meine Vergangenheit und meine erhoffte Zukunft – waren beide im Roman präsent, manchmal harmonisch aufeinander abgestimmt, aber manchmal auch widersprüchlich. Anders als in Goethes *Faust* waren die beiden Kulturen keine zwei Seelen in meiner Brust, die sich gern voneinander getrennt hätten, sondern beide wollten die einzige sein und kämpften darum.

Ich glaube, der Geist einer anderen Zeit, eines anderen Orts und einer anderen Kultur ist am besten zu erfassen, wenn die beiden Sensibilitäten des Akademischen und Literarischen harmonisch miteinander verschmelzen. Das ist eine seltene Leistung, und der Romancier, den ich am meisten bewundere und dem dies am besten gelungen ist, ist Thomas Mann, und mein Lieblingsbuch ist und bleibt *Joseph und seine Brüder*.

Kamasutra oder die Kunst des Begehrens wurde bei Erscheinen in Indien lauwarm aufgenommen. Eine Ausnahme war Khushwant Singh, der große, alte Mann der Literatur, der in einem seiner vielen großzügigen Momente das Buch als den «besten Roman über Sex und Sexualität, den ich je gelesen habe», bezeichnete – eine Meinung, die ich gern geglaubt hätte. In anderen Ländern wurde der Roman jedoch positiv aufgenommen; es gab Übersetzungen in 12 Sprachen und einige begeisterte Rezensionen, die mir Mut machten, einen alten Traum weiterzuträumen.

Auf *Kamasutra oder die Kunst des Begehrens* folgten drei weitere, vielfach übersetzte Romane, nämlich *Der Mystiker oder die Kunst der Ekstase*, *Die Frau, die Gandhi liebte* und *Der Purpurthron*, die alle historische Figuren als Hauptprotagonisten nutzten. *Die Frau, die Gandhi liebte* erfreute sich ultimativer Wertschätzung, als es bei Demonstrationen in Delhi und Ahmedabad auf den Straßen verbrannt wurde, und ich musste neidischen Literatenfreunden versichern, dass

Proteste gegen Mira und der Mahatma

ich die Verbrennungen nicht selbst organisiert hatte. Die Demonstranten hatten das Buch natürlich gar nicht gelesen, aber allein schon die Verknüpfung Gandhis mit einer Frau im Titel reichte aus, empörte «Gandhianer» auf die Straße zu treiben. In Delhi wurde der Demonstrationszug von einem Esel angeführt, um dessen Hals ein Schild mit der Aufschrift hing: «*Kakar ko sanmati do bhagwan* – Gott schenke Kakar Einsicht». In einer Fernsehtalkshow verkündete Nirmala Deshpande, der als offizieller Nachlassverwalter Mahatmas gilt, dass ein Insekt – ich – nie die Größe einer erhabenen Seele wie der Gandhis erfassen könne. Mein matter Einspruch, dass ich ebendeshalb oft über Gandhi geschrieben hätte, weil ich ihn so sehr bewunderte, wurde gar nicht zur Kenntnis genommen. In der Häppchenkultur einer Talkshow war es schwierig zu erklären, dass Gandhi nicht wegen seiner «Größe» mein Held war, sondern weil er im Leben Zivilcourage und ein minutiöses Bewusstsein der inneren Konflikte zeigte, die sich im Gefolge menschlichen Verhaltens ergeben. Gandhi bemühte sich um die einzige Art des Glücks, die ich ehrlich bewundere, nämlich eine, die Walter Benjamin als die Fähigkeit der Innenschau, ohne vor sich selbst zu erschrecken, bezeichnet hat.

Nach den ersten drei Romanen beschloss ich, der altbekannten Landschaft der Sachbuchkultur einen Besuch abzustatten, sozusagen dort Urlaub zu machen. Ich merkte, dass mein achtjähriger Aufenthalt als Romanschreiber die Art und Weise, in der ich schrieb, sehr subtil verändert hatte. Es gab nun mehr erzählerische Momente und den Einsatz von Anekdoten in den späteren Essays. Ich merkte auch, dass ich bereit war, größere Risiken einzugehen, indem ich jenseits der mir vertrauten Details zu Verallgemeinerungen gelangte, was im akademischen Schrifttum normalerweise als Todsünde gilt. Endlich hatte ich mich von der vorwurfsvollen Stimme meines deutschen Professors – möge seine Seele in Frieden ruhen – emanzipiert, der verlangt hatte, jeden Gedanken durch Fußnoten zu belegen. Indem ich in der *Vanaprastha*-Phase zwischen den beiden Schreibweisen hin- und hergewechselt war, hatte ich gemerkt, dass man sich nicht völlig verändert, wenn man den Standort wechselt. Es gibt Anfänge, gewiss doch, aber niemand kann völlig neu werden: Wir können nur das werden, was wir sind.

Zwei der durchgehenden Themen – leidenschaftliche Liebe und spirituelles Streben – in vielen meiner Sachbücher erscheinen auch in meiner literarischen Arbeit. Ich bin vom Zusammenspiel dieser beiden Themen fasziniert, sowohl in meinem eigenen Leben als auch im Leben anderer Menschen. In meiner Literatur habe ich dieses Zusammenspiel beispielsweise in den Geschichten von Vatsyayana, Ramakrishna und Gandhi ausgelotet. Mein Blick aufs menschliche Unbewusste, umgangssprachlich Unterbewusstsein genannt, zeigt nicht nur Eros oder, allgemeiner gesagt, Begehren, sondern auch den «Geist» als seine Hauptantriebskraft. Das Unbewusste ist wie eine Maschine, die auf einer parallelen Bahn neben Begehren und Geist läuft. Begehren und Geist bewegen sich gemeinsam in jener psychischen Sphäre, die (um die Prägung des heiligen Augustinus zu benutzen) «tiefer als die tiefsten Winkel meines Herzens» und «höher als das mir erreichbare Höchste» ist. Beide mögen sich nie treffen, aber in unseren kreativsten und lebendigsten Momenten reiben sie sich verlockend aneinander in dem leeren Raum, der sich ansonsten zwischen ihnen ausbreitet.

*

Im Sommer 1995 lernte ich in Berlin Katharina kennen, kurz Katha, die jetzt meine Frau ist. Sie erschien mit einem Kollegen, um mich um einen Vortrag auf einem Indienfestival zu bitten, das sie Ende des Jahres in der norddeutschen Hafenstadt Bremen organisierte. Ich stimmte zu. Heute sagt sie mir, ich sei zwar höflich gewesen und hätte ihnen Tee angeboten, aber beide hätten den Eindruck gehabt, dass ich sie so schnell wie möglich wieder loswerden wollte. Ich sage ihr, dass das, was sie beobachtet hatte, wahrscheinlich meiner Aufregung angesichts ihrer Schönheit geschuldet war. Ausgelöst wurde meine Erregung durch ihre azurblauen Augen und ihr langes blondes Haar, das ihr über die Schultern fiel, und ihre leicht gebräunte Haut, die durch ein ärmelloses weißes Leinenkleid noch betont wurde. Um für beide Sichtweisen die Worte des unsterblichen Vatsyayana zu benutzen: «Es hat sich vielleicht so ereignet, vielleicht aber auch nicht.»

Später im selben Jahr befand ich mich auf der Rückreise aus den USA und musste in Paris noch einen Vortrag halten, bevor ich nach Bremen kommen konnte. Als ich in Frankfurt landete, sagte man mir, Air France werde bestreikt und der Flughafen Charles de Gaulle sei geschlossen. So hatte ich vor meinem Auftritt in Bremen plötzlich zwei freie Tage. Ich beschloss, früher als geplant nach Bremen zu fliegen. Der-Air-France-Gewerkschaft, die an jenem Tag, dem 9. Oktober 1995, streikte, kann ich gar nicht genug danken. Sie fungierte als Heiratsvermittler. Ohne die beiden gewonnenen Tage wäre ich aus Paris erst am Tag meines Auftritts in Bremen angekommen und am nächsten Morgen nach Delhi zurückgeflogen. Dank der beiden Extratage bekam ich die Gelegenheit, an einem Abend mit Katha essen zu gehen. Wir unterhielten uns bis zwei Uhr morgens, bis der Besitzer des Weinkellers uns schließlich hinauswarf. Katha war mit der Organisation des Festivals sehr beschäftigt, aber wir konnten uns trotzdem noch zu einem kurzen Mittagessen am folgenden Tag treffen und gingen dann nach meinem Vortrag wieder zum Abendessen.

Als neunzehnjähriges Mädchen hatte Katha kurz nach ihrem Schulabschluss Indien für sechs Monate bereist. Es war ein Abenteuertrip: per Anhalter mit Lastwagen nach Ladakh, später nach Patna, wo sie 14 Tage lang durch die Dörfer Bihars wanderte; auf einem Friedensmarsch durchs Land folgte sie zwei japanischen buddhistischen Mönchen und schlug dabei einen Gong. Nach ihrer Rückkehr nach Deutschland studierte sie an der Freien Universität Berlin Anthropologie und Religionswissen-

Mit Katha, Delhi 1999

schaft. Indien hatte sie so bezaubert wie alle Europäer, die es nicht völlig hassen – gegenüber dem Land gibt es keine mittleren Gefühle –, und sie unternahm später noch viele weitere Studienreisen durch das Land. Eine führte sie zum Sonnentempel bei Modhera in Gujarat, eine andere nach Whitefield in der Nähe Bangalores für ihre Magisterarbeit über die Organisation der *Sathya-Sai-Baba*-Bewegung. Nach ihrer Magisterprüfung begann sie im *Haus der Weltkulturen* in Berlin zu arbeiten, assistierte bei der Organisation diverser Veranstaltungen und entwickelte ein Interesse an afrikanischen und lateinamerikanischen Kulturen. Fast 10 Jahre später beschloss sie, sich von Indien abzuwenden – das Bremer Festival sollte ihr letzter Kontakt mit dem Land sein –, als wir uns begegneten. Für mich war es ein enormer Glücksfall, dass sie nach einer gescheiterten Beziehung emotional ungebunden war, während auch ich eine gleichfalls unglücklich verlaufende Vernarrtheit hinter mir hatte.

Wir versuchten beide erst gar nicht, die Sympathie, die wir füreinander hegten, zu verbergen. Als sie mich am nächsten Morgen zum Flughafen fuhr, legte ich meine Hand auf ihre, als sie einen anderen Gang einlegte, und ich fragte: «Ist das der Anfang, die Mitte oder das Ende?» Katha lächelte und gab keine Antwort, aber ihr offenes Gesicht hat noch nie verhehlt, was sie empfindet, und so bekam ich doch eine Antwort. Zurück in Delhi, begannen wir uns zu schreiben, beinah alle zwei Tage einen Brief; das Pfeifen der Faxmaschine, das ein eingehendes Fax verkündete, wurde zu meiner Lieblingsmusik.

Im Januar flog ich nach Berlin, um mit ihr eine Woche zu verbringen; die gemeinsame Zeit bestätigte, was in unserem Briefwechsel bereits offenbar geworden war: dass wir schwer ineinander verliebt waren. Es war keine vorübergehende Affäre, die Eros mutwillig herausgekitzelt hätte, sondern eine, die von der Anziehungskraft der Hingabe und also von Verpflichtung geprägt war. Wir teilten nicht nur die Leidenschaft füreinander, sondern hatten auch gemeinsame Interessen: Literatur und Musik, die Faszination der Geheimnisse von Kultur und Religion, der Abscheu vor Heuchelei und Humbug. Doch die starke Intensität meines Verlangens machte mir auch Angst. War ich nicht zu alt für sie? Katha konterte meine Bedenken ebenso entschieden wie leichtfüßig. «Ich habe Kama angerufen und gefragt, ob du immer so pessimistisch in die Zukunft schaust. Kama sagt, dass solche Anfragen unters Datenschutzgesetz fallen. Aber er hat auch gesagt, dass er dich ein bisschen leiden lässt, indem er die Temperatur deiner Sehnsucht nach mir bis zum 17. Mai [als sie in Delhi eintraf] auf 89 Grad heraufsetzt. Das führt dazu, dass sich dein Pessimismus hinsichtlich der Zukunft auflöst (weil er sich bei 87,5 Grad verflüchtigt).»

Je öfter wir uns trafen, desto klarer wurde, dass wir den Rest unseres Lebens gemeinsam verbringen wollten. Zwei Jahre später heirateten wir auf Hawaii, wo wir sechs Monate lang lebten, als ich dort Gastdozent an der Universität war. Die Hochzeitszeremonie war schlicht. Vor einer chinesischen Richterin unterzeichneten wir Erklärungen, nicht blutsverwandt zu sein, und tauschten Ringe und *Leis*. Unsere Freunde Vikram und Anita Lal, die zu Besuch gekommen waren, waren unsere Trauzeugen. So wie sie uns morgens zum Amtssitz der Richterin gefahren hatte, fuhr Katha uns auch von der Hochzeit ins *Royal Hawaiian Hotel*, das korallenrote Wahrzeichen am Strand von Waikiki, erbaut in einer wirren Stilmischung, in der das spanisch-maurische Element überwiegt, zu einem herzhaften Brunch, den wir mit *Pink Mai Tais*. Wie wir da saßen, die Augen vom Spiel der Sonne auf der Brandung geblendet, konnte ich mein Glück nicht fassen, dass Katha und ich nun Mann und Frau waren. Ich staune immer noch über das Gnadengeschenk, das ich im Herbst meines Lebens erhalten habe.

Heirat mit Katha in Hawaii, 25. Februar 1998

Im letzten Kapitel von *Der Mystiker oder die Kunst der Ekstase*, das ich unmittelbar nach unserer ersten Begegnung schrieb, lasse ich den Erzähler, der mit seiner Frau Malavika im freiwilligen Exil lebt, mein eigenes zukünftiges Leben mit Katha ausmalen. Sie wohnen in einem stillen Viertel, weit entfernt von den brodelnden Stätten ihres früheren Lebens, und der Erzähler reflektiert über die Nähe, die sich zwischen den beiden ergeben hat:

Unsere Vertrautheit hat die Leidenschaft nicht ausgetrocknet. Wenn wir einander während des Tages berühren oder im Vorübergehen streifen oder wenn wir uns nachts im Bett aneinanderkuscheln, mein Arm auf ihrer Brust liegt, mein Körper sich an ihren Rücken schmiegt und wir zusammenpassen wie zwei ungespannte Bogen in einer Hülle, dann knistert unsere Berührung immer noch vor verliebter Spannung.

...

Unsere Vertrautheit hat uns auch ein ganz anderes Gesicht Kamas enthüllt, das Vatsyayana und die alten Lehrmeister in ihren Schriften verschwiegen haben. Dieses Gesicht ist in einer flüchtigen sexuellen Begegnung unsichtbar, ganz gleich, wie lebendig und spontan diese auch sein mag. Erst jetzt, nachdem ich seit so vielen Jahren mit Malavika zusammenlebe, erhasche ich nach unserer nächtlichen Umarmung manchmal einen kurzen Blick darauf. Wie ein Regenbogen nach einem Wolkenbruch kann ich Kamas Gesicht in diesen seltenen glückseligen Momenten unaussprechlicher Vertrautheit sehen, wenn unsere Körper sich voneinander gelöst haben und Seite an Seite nebeneinanderliegen, aber noch nicht wie zwei getrennte Wesen fühlen. Es offenbart mir, daß das Ziel des Begehrens in seinem Ende liegt, daß das einzige, was ein Wunsch begehrt, das ist, keiner mehr zu sein. Wonach Mann und Frau sich sehnen, ist eine Stille, die daher rührt, daß ihr Begehren gestillt ist, nicht besiegt oder verleugnet. Als Shiva sein drittes Auge öffnete, um den Gott der Liebe zu vernichten, erkannte er nicht, daß er damit Kamas sehnlichsten Wunsch erfüllte. Ich habe dieses Gesicht des Liebesgottes erst einige Male gesehen, doch seine Spuren haben in meinem Herzen einen Raum geschaffen, von dem aus ein Gefühl unendlicher Ruhe in meinen Körper und meinen Geist ausstrahlt, ein Frieden, der nicht auf der Selbstgefälligkeit des Herzens beruht, sondern auf innigster Versunkenheit und Gelassenheit. Dieser Raum bleibt selbst dann von der Leidenschaft unberührt, wenn ich bei Malavika liege – das Auge des sexuellen Sturms. Kamas seltenes Geschenk.

Was ich damals schrieb, ist im Lauf der Jahre zur Wirklichkeit des Lebens geworden, das wir uns aufgebaut haben. Ein Fall von Realitätsantizipation durch Phantasie? Der fiktive Traum eines Autors, der seine eigene Zukunft vorhersagt?

Gelegentlich erschreckt uns die Tiefe unserer Vertrautheit, die Zufriedenheit, in Gesellschaft des jeweils anderen zu sein. Da ich viel älter als Katha bin, werde ich wahrscheinlich vor ihr sterben. Egoistisch, wie ich bin, tröstet mich der Gedanke. Ich freue mich, nicht zurückbleiben und mit dem Trennungsschmerz leben zu müssen oder, schlimmer noch, mit den Erinnerungen vergangenen Glücks, die Trauer noch quälender macht. Falls es ein Leben nach dem Tod geben sollte, woran ich nicht glaube, auf das Katha aber jede Wette hält, habe ich ihr versprochen, sie wie ein gütiger Geist zu umschweben, über ihre Träume zu wachen und sie als freundliches Gespenst zu umhegen, bis sie sich wieder gesammelt hat und mich in die Sphären der Verstorbenen entlässt, an deren Existenz ich nicht glaube.

*

Drei Jahre lang teilten wir unsere Zeit zwischen Berlin und Delhi. Das waren die Jahre, in denen Katha ihre Doktorarbeit in Religionsanthropologie schrieb. Ihre Dissertation über die religiösen Praktiken urbaner Inderinnen gestattete es uns, sieben Monate in Delhi zu leben, dem Ort ihrer Feldforschung, und im Frühling und Sommer fünf Monate in Berlin, wo sie an der Universität ein Seminar über indische Religionen hielt. Als ich 2001 zum 40-jährigen Jubiläum Fellow des *Centre for the Study of World Religions* in Harvard und Katha Dozentin am gleichen Institut war, diskutierten wir häufig die Frage, wo wir uns nach diesem Jahr niederlassen sollten. Das Nomadenleben mit seinen europäischen Sommern, das uns auf den ersten Blick so attraktiv vorgekommen war, hatten wir beide satt. Man wusste nie, welches Buch oder welches Kleidungsstück sich gerade wo befand. Wichtiger war jedoch, dass das ständige Pendeln zwischen zwei Ländern uns von unseren Freunden sowohl in Berlin als auch in Delhi entfremdete. Da wir monatelang weg waren, wurden wir nie richtig heimisch in ihrem Alltagsleben, das ja während unserer Abwesenheit weiterging. Der anthropologische Blick zwang sich unseren eigenen Augen auf, die eigentlich die von guten Freunden sein wollten.

Ich war bereit, überall zu leben, wohin es Katha zog, aber sie spürte, dass ich in Berlin nicht glücklich werden würde oder eigentlich nirgends außer in Indien. Frohgemut würde sie Berlin, ihre Familie und Freunde verlassen und mit mir in Indien leben. Aber wo in Indien? Indische Städte mit ihrer Lebendigkeit, aber auch ihrem Schmutz boten nicht die Qualitäten eines *Vana*, des «Waldes», den ich brauchte. Da Katha in Norddeutschland aufgewachsen war und Kindheitserinnerungen an Segeltouren mit ihrem Vater auf der Ostsee hatte, wollte Katha in Meernähe wohnen, während ich einen Ort mit guten Reiseanbindungen suchte, um meinen Lehrverpflichtungen in Frankreich und weltweiten Vortragstätigkeiten nachkommen zu können. Goa erfüllte all diese Bedingungen; es war ein *Vana*, aber einer mit Internetanschluss und guten Flugverbindungen.

Während der Winterferien 2001 flogen wir nach Goa, um ein Haus zu suchen. Ich war seit 30 und Katha seit 15 Jahren nicht mehr in Goa gewesen. Der Makler zeigte uns eine Woche lang Häuser am nördlichen Strandgürtel Goas. Die Strände von Calangute, Candolim und Baga, die in den 1970er-Jahren durch Hippies bekannt wurden, waren nun der Tummelplatz wohlhabender Inder und Massen von Chartertouristen aus Europa und Russland, die sich dort während der Wintermonate drängten. Trance-Musik, Ravepartys und verschmutzte, mit leeren Plastikflaschen und Müll übersäte Strände waren nicht das, was wir uns unter unserem Refugium vorgestellt hatten. Im sattsam bekannten Stil von Maklern handelte es sich bei den Häusern, die man uns während der ersten Woche zeigte, um solche, die schon seit vielen Jahren nicht loszuschlagen waren, nicht einmal an Ahnungslose wie uns. Wir sammelten zwar eine ganze Menge Informationen über Häuser in Goa – juristische Probleme, die sich aus den in Goa geltenden portugiesischen Erbschaftsgesetzen ergaben, Renovierungskosten für alte Häuser und so weiter –, konnten jedoch keines finden. Wir wollten die Suche schon fast aufgeben, als uns der Makler einen Tag vor unserer geplanten Abreise fragte, ob wir Interesse hätten, uns Häuser in Süd-Goa anzusehen, dem ruhigeren und verschlafenen Teil des winzigen Bundesstaats. Da wir den Unterschied zwischen Nord- und Süd-Goa nicht kannten, stimmten wir gern zu. In dem Augenblick, als Katha und ich das Farmhaus in Benaulim sahen, in dem wir jetzt wohnen, sahen wir uns an und sagten sofort «Ja!», erst zu uns und dann zum Makler.

Unsere Erfahrungen während der letzten sieben Jahre in diesem Haus und die uns erzählten Geschichten über die Schwierigkeiten anderer, die einen ähnlichen Schritt erwogen, haben die Wahrheit von Freuds Beobachtung bestätigt, dass man bei einer weniger wichtigen Entscheidung stets jedes Für und Wider bedenken muss. Bei wichtigen Dingen sollte die Entscheidung jedoch unseren tiefen, intuitiven Gefühlen folgen. Empirische Forschung hat Freud bestätigt – allerdings unter der Einschränkung, dass dies nicht bedeutet, dass wichtige Entscheidungen impulsiv und ohne nachzudenken getroffen werden. Unser Gehirn braucht Zeit, um alle relevanten Informationen zu verarbeiten, und bei dieser Informationssammlung von Daten und Fakten ist das Bewusstsein unbewussten Prozessen überlegen. Erst nach einer gründlichen und bewussten Informationssammlung sollte der folgende Entscheidungsprozess dem Unterbewusstsein überlassen werden. Mit einer Datenbasis, die schätzungsweise 10 Millionen Mal größer als die des Bewusstseins sein dürfte, ist das Unterbewusstsein meistens der klügere Teil des Geistes.

Ich muss zugeben, dass der Umzug nach Goa nicht nur von dem Wunsch diktiert wurde, eine neue Lebensphase zu beginnen, die frei war von den Sorgen und Belastungen einer älteren, vergangenen Phase, sondern auch eine Flucht vor einer zunehmend schmerzlicher werdenden Kluft, die sich nach meiner Heirat mit Katha zwischen Kamla und mir auftat. Da wir beide auf dem Gelände der *Vikram Sarabhai Foundation* in Delhi arbeiteten, war es für mich qualvoll, tagtäglich ihre Kälte erleben zu müssen. Ihr täglich mehrfach über den Weg zu laufen und zu sehen, wie sich dann ihr Gesicht verhärtete und das Funkeln und die Wärme aus ihren Augen wichen, während wir formelle, gestelzte Konversation trieben, war eine psychische Anstrengung, die mich abends müde und deprimiert nach Hause kommen ließ. Mein Ärger darüber, dass meine Versöhnungsversuche von ihr regelmäßig ausgeschlagen wurden, wechselte mit nagenden Schuldgefühle, mit dem Beginn eines neuen Lebens mit Katha irgendwie die Vertrautheit verraten zu haben, die Kamla mir immer gegeben und die ich so oft gebraucht hatte. Was sie als Achtzehnjährige über ihren eigenen Charakter notiert hatte, hatte sich nun, da sie 80 war, nicht verändert. 1940 hatte sie in ihr Tagebuch geschrieben:

Ich bin sehr liebevoll veranlagt, aber mit der Liebe, die ich bekomme, werde ich nie zufrieden sein. Ich werde immer das Gefühl haben, dass mir mehr zusteht, dass die Quantität und Intensität der Liebe, die ich gebe, nicht in gleichem Maße erwidert wird.

Indem ich jetzt selber älter werde, wird mir klar, dass einige ihrer überzogenen Erwartungen und stummen Schuldzuweisungen nicht nur ein Teil ihres Charakters waren, sondern auch eine Alterserscheinung. Wie viele andere alte Leute auch wurde sie zunehmend liebesbedürftig, tat jedoch zugleich so, als habe sie kein Interesse an einem Bedürfnis, das nicht zu dem passt, was junge Leute gern für die Abgeklärtheit und Weisheit des Alters halten. Bei manchen alten Leuten wird das Bedürfnis nach demonstrativer Zuwendung zu einer Sehnsucht, das dem eines Babys gleicht, das ständig berührt und gestreichelt werden will, nur dass dem alten Menschen der Wunsch zutiefst beschämend erscheint, da er mit der abschreckenden Realität runzliger Haut kollidiert.

*

Mit unserem Leben hier im Dorf sind wir sehr zufrieden. Unsere Entscheidung, Goa zu unserem Zuhause, dem Platz unserer «Hütte im Wald», zu machen, haben wir nie bereut. Mit seiner Einwohnerzahl von 15 000, von denen mehr als 90 Prozent Katholiken sind, ist Benaulim ein großes Dorf. Wie die meisten Goans sind auch die Leute von Benaulim selbst dann noch freundlich und gutmütig, wenn sie betrunken sind. Wie viele andere Goans trinken auch die Männer aus Benaulim gern. In Benaulim gibt es sechs Kirchen, von denen in dreien täglich die Messe gelesen wird, und bei den Sonntagsgottesdiensten sind alle gerammelt voll, aber es gibt auch über 20 Kneipen, und viele bieten *ihre* Dienste schon am frühen Morgen gleich bei Sonnenaufgang an. Manche dieser Kneipen haben wunderbare Namen, die für die Frömmigkeit ihrer Besitzer stehen: *Jesuskind-Bar* gefällt mir persönlich am besten. Wenn ich Freunden eine Wegbeschreibung zu unserem Haus gebe, habe ich einen Heidenspaß, ihnen zu sagen: Fahrt auf der Hauptstraße vom Maria Hall bis Margao und biegt dann rechts in den schmalen Weg neben der *Salvation Bar* ab. Man sagt, dass man garantiert entweder einen Priester oder eine Kneipe trifft, wenn man einen Stein in unserem Dorf wirft.

Wenn man in einem Dorf lebt, macht man auch Bekanntschaft mit Lokalpolitik an der Basis, wobei es eher um Vergünstigungen, örtliche Kleinkriege, Stimmenkauf per Schnaps und Geld bei Wahlen und weniger um unterschiedliche Ideologien oder Parteiprogramme geht. Viele der gewählten Vertreter Goas sind politisch promisk und haben ihre Parteizugehörigkeit mehr als einmal gewechselt. Ob sie bestechlicher sind als andere Politiker in Indien wird ständig diskutiert. Dreister sind sie mit Sicherheit. Ich bin dahintergekommen, dass eine der wichtigsten, wenn auch unbekanntesten Funktionen von Politikern darin besteht, Klatsch über ihre Aktivitäten zu verbreiten und damit das Rad des gesellschaftlichen Diskurses zu schmieren, das Leute miteinander verbindet, die sich ansonsten fremd bleiben würden. Da die Wählerschaft in Goa klein ist, sprechen sich die Schrullen und Possen unserer gewählten Repräsentanten schnell herum, von ihren Verbrechen zu schweigen – von Drogenhandel über Kreditwucher bis zu Mordanschlägen –, was jedoch ihre Wahlchancen kaum beeinflusst.

Unser altes Haus im indisch-portugiesischen Stil ist liebevoll renoviert. Es steht mitten auf einem halben Hektar Land mit 70 Kokospalmen und zwei Mangobäumen, von denen einer die ausgezeichnete

Mancurado-Frucht trägt, die der viel bekannteren Alfonso in Konsistenz und Geschmack gleichkommt. Es gibt noch andere Bäume – Chikoo, Guaven, Jamun –, obwohl wir deren Früchte bislang noch nicht gegessen haben, da die Vögel und Fledermäuse den Vorzug genießen, den wir ihnen nicht streitig machen können oder wollen. Vorm Haus gibt es zwei Veranden. Von ihnen blickt man in einen Garten voller Pflanzen und blühender Büsche, die einen guten Teil von Kathas Energie beanspruchen. Es bedarf einiger Anstrengung, dem Garten sein verwildertes Aussehen zu lassen.

Wir verbringen den Großteil unserer Tage und Abende auf den Veranden, schreiben, lesen, hören Musik, reden. Mein Schreibtisch steht auf einer Veranda, Kathas auf der anderen. Wir können uns während der Arbeit etwas zurufen und schauen dann auf, um Informationen oder verbale Zärtlichkeiten auszutauschen. Abends gehen wir oft am Strand spazieren, setzen uns in unsere Lieblingsstrandkneipe und sehen zu, wie der Sonnenuntergang über dem Arabischen Meer langsam den Dunst am Horizont einfärbt und unter uns die feuchten Sandflächen von blassrosa in dunkelrot verwandelt.

EIN ENDE

Als ich mit diesen Memoiren begann, war mir klar, dass bei ihrer Niederschrift der gefährlichste Fallstrick in der Versuchung bestünde, die lineare Erzählung eines Lebens zu liefern, das vielversprechend beginnt, später ins Stolpern gerät und gelegentlich fehlgeht, am Ende jedoch von Erfolg gekrönt ist. Ich hatte nicht die Absicht, zu jener Art Memoirenschreiber zu gehören, die sich eine Flagge aus Erfolgen um die Schultern hängen, um damit eine Ehrenrunde auf der Laufbahn der Erinnerung zu drehen. Ich wollte mittels jener Erinnerungen, die höchst lebendig waren und immer noch starke Emotionen auslösten, von meinem Leben sprechen. Meine Absicht bei diesen Memoiren war die Wiederbelebung der Gipfel und Täler meines Lebens, die Rückkehr in die Zeiten, in denen ich mich in Freude oder Leid am lebendigsten fühlte.

Es wird den Leser nicht überraschen, dass die meisten dieser Ereignisse mit der Liebe zu tun hatten, ihren Höhen und Tiefen, ihren Ekstasen, aber auch ihren Widersprüchen. Ich spreche von der Liebe im weitesten Sinn, vom Eros, der auch die Liebe des Kinds zu Mutter, Vater, Geschwistern und anderen Sorgetragenden umfasst. Denn wenn es etwas gibt, das mir das Schreiben meiner Memoiren enthüllt hat, dann ist es die machtvolle und dauerhafte Verbindung zwischen den Generationen. Mir ist klar geworden, wie sehr ich von meinen Eltern, Großeltern und diversen Onkeln und Tanten geprägt worden bin. Ihr Leben war Teil eines Flusses, der auch durch mein Leben und weiter flussabwärts strömt in die Leben meiner Kinder und deren Kinder. Zu glauben, wir könnten ohne diesen Fluss existieren, bedeutet zu glauben, dass wir in einer Atmosphäre ohne Sauerstoff atmen können.

Ich weiß nicht, inwieweit ich mein ursprüngliches Ziel erreicht habe, Memoiren zu schreiben, die so intim, freimütig und (mit Mark Twains Worten) «ungeniert wie ein Liebesbrief» sind. Wenn mir das gelegentlich misslungen sein sollte, liegt es daran, dass meine Reflexionen über die Gärungen innerhalb einer intimen Beziehung durch die Grenzen, die Memoiren gesetzt sind, beschränkt wurden. Diese Grenzen zu überschreiten hätte «gegen das Copyright verstoßen», das andere auf ihr Leben haben. Am Ende der Reise, einer Reise, die sowohl schmerzlich als auch beschwingt war, ist es jedoch an der Zeit, Bilanz zu ziehen.

Ich war nie ein sentimentaler Mensch, den Yeats beschreibt als einen dieser

praktisch veranlagten Männer, der an Geld, eine Stellung und an Hochzeitsglocken glaubt und dessen Vorstellungen vom Glück darin besteht, mit Arbeit oder Spiel so beschäftigt zu sein, dass er außer dem momentanen Ziel alles vergisst.[1]

Ich möchte gern glauben, dass ich ein Romantiker war, aber einer mit einem gut entwickelten Realitätssinn, der instinktiv dies begriff:

Wenn das Leben einen seiner Zaubertricks nach dem anderen ablegt, dürften sich das Weinglas und die sinnlichen Küsse als diejenigen entpuppen, die uns am längsten täuschen, denn unsere Handelskammern und Parlamente besitzen nicht die göttliche Architektur des Körpers, und ihr Wahnsinn ist auch nicht unter der Sonne gereift.[2]

Ich war ein Romantiker, der sich lange und willig von der *Maya* der Begierde täuschen ließ, aber stets wusste, dass sinnliches Vergnügen nicht der einzige Sinn des Lebens ist.

Indem ich in den Herbst, wenn nicht gar Winter meines Lebens eintrete, beginne ich mich zu fragen, ob das Übergewicht des Erotischen in meinem Leben nicht auch ein anderes Ziel verfolgte, als dem göttlichen Architekten des menschlichen Körpers Ehre zu erweisen. Ich frage mich, ob Wahrheit in dem liegt, was viele Mystiker behauptet haben, dass nämlich das Erotische eigentlich kein Tribut an unser normales biologisches Schicksal ist, sondern eher die Suche nach dem Göttlichen oder Geistigen zum Ziel hat und dass der menschliche Partner immer nur eine Wegstation ist, ein «Durchgangsobjekt». Ich erinnere mich an Geschichten von Heiligen wie etwa Tulsidas, des Autors von *Ramcharitamanas*, dem Hindi *Ramayana*, die auf dem Höhepunkt ihrer Betörung durch einen menschlichen Geliebten plötzlich zu dieser Einsicht gebracht wurden. Könnte der heilige Augustinus recht haben, dass die menschliche Unruhe nur Ruhe in Gott findet? Ich weiß es nicht. Ich schwanke immer noch zwischen Zweifel und Überzeugung, zwischen Skepsis und Staunen.

Ich glaube, dass ich flüchtige, verlockende Einblicke ins Unsichtbare hatte, habe mich allerdings auch gefragt, ob es sich dabei nicht eigentlich um noch größere Illusionen der Seele handelte. Vielleicht bin ich zu sehr der Sohn meines Vaters, um einen unwiderruflichen Schritt über die Grenze der Vernunft zu riskieren und das Unfassbare aus vollem Herzen anzuerkennen. Vielleicht ist es mein Schicksal, der Stängel zwischen Lotusblüte und Schlamm zu bleiben. Wie Yeats' Dichter habe auch ich nie die heiligen Hallen des Geistes betreten, sondern mich bestenfalls «in den Wirbelstürmen, die ihre Schwellen umtosen», aufgehalten. Und genau hier im Aufenthalt auf der Schwelle erhoffe ich mir Vergebung. Aber wie ich bereits sagte, sind dies nur belanglose Vorstellungen und keine ernsthaften Unzufriedenheiten. Schopenhauer hat einmal gesagt, dass kein Mensch, der es ernst meint und im Vollbesitz seiner Geisteskräfte ist, sich am Ende seines Lebens wünschen würde, es noch einmal durchzumachen. Indem ich ernsthaft zurückschaue und hoffentlich im Vollbesitz meiner Geisteskräfte bin, würde ich dennoch das gleiche Leben noch einmal leben … nun ja, vielleicht nicht das ganze. Aber ich will das Schicksal nicht herausfordern, damit es mir keine Schwierigkeiten in dem Leben macht, das noch vor mir liegt.

DANKSAGUNG

Ravi Singh von Penguin bin ich für seine Unterstützung und seine Kommentare zum ersten Entwurf dieser Memoiren dankbar. Für die endgültige Fassung der Memoiren waren die Hinweise R. Sivapriyas, meines neuen Lektors bei Penguin, von unschätzbarem Wert. Ich freue mich auf unsere zukünftige Zusammenarbeit bei weiteren Büchern. Alle anderen Personen, die bei der Entstehung dieses Buchs (und in meiner Lebensgeschichte) eine Rolle spielten, sind auf diesen Seiten bereits erwähnt. Ein besonderer Dank gilt meiner Frau Katha, die mir über gelegentliche Zweifel und Anflüge von Verzagtheit, die beim Schreiben von Memoiren wohl unvermeidlich sind, hinweghalf.

ANMERKUNGEN

Ursprünge

1 Abdul Hamid, «Lahore Lahore Aye: Where Hindus and Sikhs Once Lived», in: Daily Times, 7. Januar 2007.
2 Ein Geschichtsschreiber des 14. Jahrhunderts, Zia-ud-din Barani, empfahl muslimischen Herrschern, die ‹niedrigen Konvertiten zum Islam› nicht zu bilden, weil dies dem Reich mehr Schaden als Nutzen brächte; siehe Mohammad Habib und Afsar Umar Salim Khan, The Political Theory of Delhi Sultanate. Allahabad 1961, S. 49.
3 Sudhir Kakar, Kindheit und Gesellschaft in Indien. Frankfurt/M. 1988, S. 154.
4 Sudhir Kakar, Intime Beziehungen. Erotik und Sexualität in Indien. Frauenfeld 1994, S. 36–57.

Von Vätern und Männern

1 Sudhir Kakar, «A Personal Introduction», in: Indian Identity. New Delhi 1996, S. IX f.
2 Sudhir Kakar, Die Gewalt der Frommen. Zur Psychologie religiöser und ethnischer Konflikte. München 1997, S. 33 f.
3 Ebd., S. 41 ff.
4 Mohammad Habib und Afsar Umar Salim Khan, «The Political Theory of Delhi», in: American Sociological Review 54 (1989), S. 380.

Ein Willkommensgruß an die Welt

1 Rāmayana 3.57.17 (Baroda, Oriental Institute, 1960 – 1975).

Kamla

1 Susanne Hoeber Rudolph und Lloyd I. Rudolph, «Rajputana under British Paramountcy», in: Essays on Rajputana: Reflections on History, Culture and Administration. New Delhi 1984.
2 Ebd.
3 The Times of India, 29. September 2000.
4 Vladimir Nabokov, Ada oder das Verlangen, in: Werke, Bd. XI. Reinbek b. H. 2010, S. 173.

Rebell aus bekanntem Grund

1 Gabriela Mistral, «The Immigrant Jew», in: Selected Poems of Gabriela Mistral. Hrsg. und übers. von Doris Dana. Baltimore 1971, S. 49.
2 V. S. Naipaul, An der Biegung des großen Flusses. Köln 1980, S. 206.

3 St. John of the Cross, Poems. Übers. von Roy Campbell. Baltimore 1960.
4 Vladimir Nabokov, Sprich, Erinnerung sprich, in: Werke, Bd. XX. Reinbek b. H. 1991, S. 323.

Identitätskrise

1 Erik H. Erikson, Jugend und Krise. Stuttgart 1970, S. 159.
2 Ideas and Identities: The Life and Work of Erik Erikson. Hrsg. Robert S. Wallerstein und Leo Goldberger. Madison, CT 1998, S. 1.
3 Erik H. Erikson, Lebensgeschichte und historischer Augenblick. Frankfurt/M. 1977, S. 21.

Auf dem Weg zum Psychoanalytiker

1 Sigmund Freud, Über die Psychogenese eines Falles von weiblicher Homosexualität, in: Ders., Gesammelte Werke, Bd. XII. Frankfurt/M. 1986, S. 296.
2 Roy Schaefer, «The Psychoanalytic Vision of Reality», in: International Journal of Psychoanalysis 51 (1970), S. 279-297.
3 Robert T. Fancher, «Psychoanalysis as Culture», in: Issues in Psychoanalytic Psychology 15/2 (1993), S. 89 f.

Ein Seelenklempner in Delhi

1 Sri Aurobindo, Bases of Yoga, zitiert nach Emilio Servadio, «A Psychodynamic Approach to Yoga Experience», in: International Journal of Parapsychology 9 (1966), S. 181.
2 Es ist wichtig festzuhalten, dass jeder in seiner Kindheit seine eigene Erfahrung des Oedipus-Komplexes macht und dass kulturelle Umstände eher die eine oder andere Variante verstärken, welche zur Lösung des Konfliktes kulturell angeboten wird. Außerdem kann man festhalten, dass in einer großen Mehrheit der Volkslieder und Märchen aus aller Welt nicht der Vater-Sohn Konflikt im Mittelpunkt steht, sondern die Mutter-Sohn Beziehung.
3 Sigmund Freud, Die kulturelle Sexualmoral und die moderne Nervosität, in: Ders., Kulturtheoretische Schriften. Frankfurt/M. 1974, S. 26.
4 Natürlich möchte ich nicht die Bedeutung der mächtigen Mutter in der westlichen Psychoanalyse leugnen oder unterschätzen. Es soll jedoch hervorgehoben werden, dass das Mütterlich-Weibliche in indischen Mythen eine sehr viel zentralere Rolle spielt als in den westlichen.

An der Hochschule und in der Welt

1 Gananath Obeyesekere, The Work of Culture. Chicago 1990, S. 218.
2 Friedrich Nietzsche, Jenseits von Gut und Böse, in: Ders., Werke, Bd. II. München 1955, S. 571.

Zwei Lieben

1 Sudhir Kakar, Kamasutra oder die Kunst des Begehrens. München 1999, S. 63.
2 Aus dem Gedicht von Wystan Hugh Auden «The Truest Poetry is the most Feigning».
3 Sanskrit Love Poetry. Übers. von William S. Merwin und Jeremy M. Masson. New York 1977.
4 Sudhir Kakar und John Ross, Über die Liebe und die Abgründe des Gefühls. München 1986, S. 117.
5 Stephen A. Mitchell, «You've Got to Suffer if You Want to Sing the Blues», in: Psychoanalytic Dialogues 10/5 (2000), S. 713-755.

Rückzug in den Wald

1 Sudhir Kakar, Kamasutra oder die Kunst des Begehrens. München 1999, S. 345.

Aus dem Verlagsprogramm

Sudhir Kakar bei C.H.Beck

Der Mystiker oder die Kunst der Ekstase
Roman
Aus dem Englischen von Nathalie Lemmens
2001. 272 Seiten. Gebunden

«Kakars Bücher, die sich nicht nur an Spezialisten wenden, sind voller überraschender Einsichten und Geschichten, die der gründlichen Kenntnis beider Kulturen entstammen; diese Qualität macht ihn zum idealen Übersetzer zwischen Konzepten und Vorstellungswelten, deren Grenzen keineswegs starr zwischen dem Westen und Indien verlaufen.»
Neue Zürcher Zeitung

Die Frau, die Gandhi liebte
Aus dem Englischen von Karl-Heinz Siber
2005. 287 Seiten mit 1 Frontispiz. Gebunden

«*Die Frau, die Gandhi liebte* (so der Titel), sorgte für beträchtliches Durcheinander im Gefühlsleben des großen Asketen und in der englischen Kolonialpolitik.» *Die ZEIT*

Die Inder
Porträt einer Gesellschaft
3. Auflage. 2006. 206 Seiten. Gebunden

«Das Buch ist eine Fundgrube voller Aha-Effekte – nicht nur für Indien-Liebhaber, sondern für alle, die in Zeiten der Globalisierung über den Tellerrand des eigenen Kulturkreises hinausblicken wollen.»
Spiegel special

Verlag C.H.Beck München